中国社会科学院年鉴

一九九六年

中国社会科学出版社

（京）新登字030号

图书在版编目（CIP）数据

中国社会科学院年鉴 1996/吴介民主编．－北京：中国社会科学出版社，1998.3
ISBN 7-5004-2233-4

Ⅰ．中… Ⅱ．吴… Ⅲ．中国社会科学院-年鉴-1996 Ⅳ．G322.22-54

中国版本图书馆CIP数据核字（98）第04190号

中国社会科学出版社出版发行
（北京鼓楼西大街甲158号）
北京兆成印刷厂印刷 新华书店经销
1998年3月第1版 1998年3月第1次印刷
开本：787×1092毫米 1/16 印张：25.5 插页：8
字数：602千字 印数1－850册
定价：65.00元

1995年8月，我院与中共中央党史研究室在人民大会堂联合举办纪念抗日战争胜利50周年学术讨论会，上图为江泽民、李鹏、刘华清、胡锦涛等中央领导接见会议代表的合影。

1995年1月20日，江泽民总书记在中南海中共中央举办的社会主义法制建设讲座上，与我院法学研究所王家福研究员亲切交谈。

1995 年 2 月院工作会议前夕，胡绳、王忍之同志在一起亲切交谈。

1995 年 2 月 15～17 日，我院 1995 年工作会议在学术报告厅隆重举行。

1995年12月13日，王忍之同志在学术报告厅会见来我院发表题为“巴西和中国在2000年国际舞台上的作用”讲演的巴西总统卡多佐。

1995年5月11日，汝信同志在学术报告厅会见来我院发表题为“世界化与社会保固”讲演的韩国总理李洪九。

1995年11月1日，我院经济研究所在人民大会堂举办庆祝《经济研究》创刊40周年、《经济学动态》创刊35周年暨市场经济理论研讨会，王忍之、刘国光、孙尚清、王洛林同志出席。

1995年1月10日，我院国情调查与研究中心经济委员会在学术报告厅召开成立大会，王洛林同志出席。

1995年12月21日，我院哲学研究所在学术报告厅举办该所成立暨《哲学研究》创刊40周年纪念大会，汝信、刘吉同志出席并讲话。

1995年6月18日，我院与中共中央党史研究室、中共中央文献研究室和中共江苏省委在京联合举办瞿秋白就义60周年纪念暨学术讨论会。

1995年10月19日，我院文学研究所在学术报告厅举办《文学遗产》创刊40周年暨复刊15周年庆祝会，汝信同志出席表示祝贺。

1995年4月24～28日，我院民族研究所在京举办影视人类学国际学术讨论会，汝信同志出席。

1995年9月19日，我院西亚非洲研究所在学术报告厅主持召开中国社会科学院海湾研究中心成立大会，滕藤同志出席。

1995年10月，我院党委在河北西柏坡举行中国社会科学院党委书记思想政治工作研讨会，王忍之、滕藤、龙永枢、李英唐同志出席。

1995年1月25日，我院在学术报告厅召开信息工作会议，汝信同志出席并做重要讲话。

1995年11月21～23日，我院在学术报告厅召开管理体制改革研讨会，龙永枢、郭永才同志出席。

1995年12月22日，我院第二届青年优秀成果奖颁奖大会在学术报告厅隆重举行，王忍之、汝信、龙永枢同志向获奖人员颁奖。

1995年1月23日，《中国社会科学》编辑委员会在学术报告厅召开成立大会，并举行首次工作会议，胡绳、汝信同志出席。

1995年8月7日，我院党委办公室会同老干部局在学术报告厅主持召开纪念抗日战争胜利50周年座谈会，曾经参加过抗日战争的部分老干部与会，龙永枢、郭永才同志出席。

1995年5月，全国马列文论研究会第十四届年会在湖北宜昌市召开，会长吴介民主持会议。

1995年7月12日，我院研究生院在学术报告厅召开九五届博士生毕业典礼暨"金时光"奖学金、研究生优秀成果奖颁奖大会。

1995年6月1日，中国社会科学出版社社长兼总编辑郑文林向朝鲜新闻出版部门的最高领导人赠送该社出版的《金日成回忆录——与世纪同行》第一、二卷中文版，并就双方的进一步合作进行友好会谈。

1995年11月22日.我院郭沫若纪念馆在福州市展览厅举办“郭沫若展” 开幕式。

江苏扬州宋大城西门及瓮城遗址(东向西俯瞰) 我院考古研究所主持的该项发掘,荣获1995年全国十大考古新发现提名奖。

编 辑 说 明

一 《中国社会科学院年鉴》(1996)收录了我院1995年的组织机构以及科研、对外学术交流、行政后勤、党务等工作和活动情况的综合性资料，较为全面、系统地反映了全院以学术研究活动为中心的各项工作的进展状况。因此，它是了解中国社会科学院1995年全貌的一部内容比较丰富翔实的综合性资料书。

二 全书共分为八编，即：综述、组织机构、工作概况、科研成果及学术活动、学术人物、重要规章条例、统计资料、大事记。第一、六编收录了本院年度工作会议文件和政策性管理资料；第二编介绍了本院机构设置及其领导人，同时将院专业技术职务评审委员会名单及各研究所学术委员会名单列入这一部分；第三、四、五编分别收录了院属各部门（包括研究所、院机关、院直属单位）的工作概况、研究所的主要科研成果及学术活动、本年度审定的博士生指导教师名单和晋升正高级专业技术职务人员情况；第七编收录了本年度主要的统计资料；第八编是本年度大事记。

三 一如既往，本卷的编辑工作是在院领导的关心和指导下进行的，并得到编委会和全院各研究所、直属单位及职能部门的关注和支持。各类资料的提供本着谁主管、谁负责的原则，院属各所局单位都分别确定有供稿人和审稿人。在此我们对各方面的大力支持和密切合作表示衷心的感谢。

四 编辑出版《中国社会科学院年鉴》是一项连续性的工作，年年都会遇到一些新情况、新问题。我们一定要不断总结经验，做好工作，把《中国社会科学院年鉴》一本比一本编得更好、出得更好。

《中国社会科学院年鉴》编辑部

一九九七年八月

目　录

1996 YEARBOOK OF THE CHINESE ACADEMY OF SOCIAL SCIENCES

CONTENTS

Institute of Archaeology
Institute of History
Institute of Modern History
Institute of World History
Institute of Literature
Institute of Ethnic Minority Literature
Institute of Foreign Literature
Institute of Linguistics
Institute of Law
Institute of Political Science
Institute of Nationality Studies
Institute of Sociology
Institute of Journalism and Media
Institute of World Economics and Politics
Institute of East European and Central Asian Studies
Institute of European Studies
Institute of West Asian and African Studies
Institute of Latin American Studies
Institute of Asia-Pacific Studies
Institute of American Studies
Institute of Japan Studies
Institute of Taiwan Studies

2. Work of the Administrative Organs

Scientific Research Management
Personnel and Education
Foreign Academic Exchanges
Finance, Capital Construction and Planning
Work in Relation to the Party and the Masses
Disciplinary Inspection, Supervision and Auditing
Veteran Cadres
Logistics and Services

3. Institutions Directly under CASS

The Graduate School
Center for Documentation and Information
China Social Sciences Publishing House
Social Sciences in China
Social Sciences Literature Press
The Guo Moruo Museum

第　一　编

综　　述

一　一九九五年基本情况

（一）人员、机构

1. 机构：至1995年末，全院有局级单位43个，其他单位10个。其中，科研机构32个，职能局8个，院直属单位10个，代管单位2个，派驻单位1个。

2. 人员：至1995年末，全院总人数6103人。其中，在职人员4119人，离退休人员1978人。在职人员中，专业人员3210人，占在职人员的77.8%；行政人员440人，占在职人员的10.7%。

3. 专业人员结构：专业人员中，研究人员1814人，编辑人员514人，翻译人员109人，教学人员71人，财会人员128人，工程技术人员65人，图书资料人员451人，其他专业人员52人。全院研究人员与科研辅助专业人员比例结构为57∶43。

专业人员中，高级研究人员1530人，占专业人员的47.8%；中级研究人员1209人，占专业人员的37.7%。

4. 研究所人员：至1995年末，全院31个研究所总人数4235人，占全院总人数的69%。其中在职人员2975人，占全院在职人员的72%；专业人员2623人，占全院专业人员的82%。在专业人员中，高级研究人员1334人，占全院高级人员的87%；中级研究人员961人，占全院中级人员的79%。研究所专业人员中，高级、中级、初级人员的比例结构是51∶37∶12。

（二）科研

1. 科研成果：1995年度全院完成科研成果，专著434部，论文3792篇，调研报告682份，译著83部，教材及普及读物87部，工具书65种，累计总字数30716万字。

2. 学科调整：完成了1995年度全院学科调整的任务，二、三级学科由300个左右收缩为260个。其中，有107个确定为重点学科，24个为重点扶持学科。为保证学科调整方案全面落实，提出了对重点学科实行目标管理责任制的重大措施，有50个学科将实行目标责任制管理。

3. 课题立项：1995年度，全院新增科研项目96个，课题经费投资215.5万元。其中，新增院重点项目35个，经费投资96.3万元；院青年科研基金新立项46个，经费投资36.7万元；试行课题招标项目15个，经费投资82.5万元。

4. “863”项目：1995年度，完成2项国家级（863）计划项目，即“CIMS应用工程综合评价的理论研究和方法”、“普通话两音节音联模型及其规则合成”。

5. 期刊工作：全院共有正式学术期刊82种，非正式期刊17种。1995年度，院组织各刊物参加全国优秀刊物评优活动。《考古》获优秀社科学术理论期刊奖，《历史研究》和《哲学研究》获提名奖。

6.研究中心：全院共有研究中心57个，其中院属40个（1995年新组建14个）；所属17个（1995年新组建14个）。院属“有中国特色社会主义理论研究中心”是全国研究“特色理论”五大基地之一，主要开展组织“特色理论”的研究工作。立项的12个研究课题已完成5个，另外7个已完成阶段性成果。

7.出版补贴、社科基金、社团管理：1995年度全院出版补贴51种、金额96.7万元；申报中华社科基金55项；院主管全国性学术社团共107个，资助经费95.55万元。

8.大型学术活动：

为纪念我国取得抗日战争胜利50周年，我院和中共中央党史研究室联合举办“纪念抗日战争胜利50周年”学术讨论会。180余位专家学者与会，收到论文114篇。江泽民、李鹏、胡锦涛等中央领导接见了会议代表，刘华清在开幕式上作了重要讲话。

与中共中央党史研究室、中共中央文献研究室联合举办“瞿秋白就义60周年纪念暨学术讨论会”。70余位学者与会，收到论文40余篇。刘华清等中央领导出席会议并作重要发言。

院日本研究基金会组织召开“跨世纪：中国与日本——亚太地区研究合作发展与中日关系”研讨会。中日双方共有40余位专家学者与会，收到论文24篇。

（三）学术交流

1.交流规模：1995年度，全院学术交流的总量为1014批、2694人次，其中，派出630批、1288人次，来访384批、1406人次。

在交流学科中，经济学科725人次（派出452人次，来访273人次），居各学科交流量的首位。在交流的地区分布上，与亚非国家的交流865人次（派出364人次，来访501人次）；与欧洲国家的交流434人次（派出343人次，来访91人次）；与美大地区的交流385人次（派出224人次，来访161人次）；与台、港、澳地区的交流438人次（派出203人次，来访235人次）。

2.国际研讨会：1995年度，院举办11个国际会议。

3.留学和研修：我院1995年派出长期研修人员64人，回国53人。至1995年末，全院长期在国外留学、研修人员236人。

（四）行政事业经费

1.总经费和总支出：1995年度，财政部对我院事业行政经费限额拨款为14176万元（含当代中国研究所418万元），比上年同期增加1303万元，增长10%。全院年度实际支出合计13296万元。

2.支出结构分析：

在总支出13296万元中：

人员经费支出5037万元，占总支出的37.9%；

公务费支出1490万元，占总支出的11.2%；

设备购置费支出1987万元，占总支出的14.9%；

修缮费支出 1679 万元，占总支出的 12.6%；

业务费支出 2728 万元，占总支出的 20.5%；

其他支出 375 万元，占总支出的 2.9%。

3. 支出项目分析：

社会科学管理机构经费（院直机关经费、全院修缮费、院长基金、办公自动化经费等）3495 万元，占总支出的 26.3%；社会科学研究机构经费 8116 万元，占总支出的 61%；研究生院经费 425 万元，占总支出的 3.2%；国际学术交流经费 570 万元，占总支出的 4.3%；其他社会科学事业费 690 万元，占总支出的 5.2%。

4. 基本建设：1995 年度基本建设投资基数为 2200 万元，追加投资 1500 万元，总计 3700 万元。实际完成投资 3867 万元，其中竣工交付使用固定资产 1065 万元，在建工程 2722 万元。

5. 固定资产：至 1995 年末，全院固定资产原值 39032.2 万元，其中，房屋和建筑物 19668.9 万元。院拥有房屋总面积 39.5 万平方米，其中办公用房为 13.7 万平方米，宿舍 25.8 万平方米。

6. 三产实体：1995 年末，院所两级共有开发创收实体 60 个，其中院属 6 个，所属 54 个。

（五）图书出版

1995 年度，我院出版单位出版本版图书 530 种，总印数 401.8 万册，定价总金额 7101.5 万元。其中，中国社会科学出版社出版本版图书 234 种，总印数 191 万册，定价总金额 3334.5 万元；社会科学文献出版社出版本版图书 110 种，总印数 45.8 万册，定价总金额 800 万元；经济管理出版社出版本版图书 186 种，总印数 165 万册，定价总金额 2967 万元。

（六）文献馆藏

1995 年末，全院各图书馆藏书总计 583 万册，馆舍面积合计 2.28 万平方米。

二　一九九五年院工作会议文件

王忍之同志在院工作会议上的工作报告

（一九九五年二月十五日）

同志们：

中国社会科学院1995年度工作会议的主题是：继续贯彻十四大和十四届三中、四中全会精神，贯彻全国宣传部长会议精神，以邓小平同志建设有中国特色社会主义理论为指针，巩固、完善、深化改革，推进学科建设和科研工作，为实现我院发展战略目标而努力，为我国的改革开放和两个文明建设做出更大的贡献！

现在，我代表院党委和院务会议作工作报告。

关于1994年的工作回顾

在去年的工作会议上，胡绳同志代表院党委、院务会议在工作报告中提出了我院的战略发展目标，围绕科研工作和深化改革部署了1994年的十项主要工作。经过全院同志一年来的共同努力，各项工作进行情况较好，全院初步出现了为深化改革而团结奋进的新气象，为实现我院发展目标迈出了坚实的一步。

（一）完成了一批重大研究课题，产生了较好影响

1994年，我院贯彻“面向经济建设主战场、促进各学科共同繁荣”的方针，科研管理开始引入竞争机制，加强对重大项目的检查、督促，试行部分课题招标，依靠广大科研人员辛勤耕耘，较好地完成了一批国家、院所重点项目，取得了可喜成绩。由建设有中国特色社会主义理论研究中心组织的全国社会科学院系统关于“邓小平同志建设有中国特色社会主义经济理论研讨会”、参与组织的全国性的“邓小平同志建设有中国特色社会主义理论研讨会”，对我院和全国社科界、理论界深入研究有中国特色社会主义理论起了一定的推动作用；我院入选两次会议的8篇论文，具有较高的理论价值和实践价值，得到与会学者的肯定。由院或院领导直接主持、组织实施的重大项目进展顺利：“国外社会主义跟踪研究”全面展开，课题组编印的《国外社会主义研究动态》受到中央领导同志和有关部门的重视；《1991～2010年中国经济发展思路和政策选择》、《我国文化市场法制建设的思考与建议》，以及关于经济形势、社会形势、国际形势的年度分析与预测，已分别做出研究成果。广大科研人员紧密结合改革开放和现代化建设实践提出的重大理论问题、实践问题，撰写了大量的研究报

告、对策建议，上报后，有不少受到中央领导同志和有关部门的重视，对党和政府的决策起到了咨询作用。基础研究和建设有新的进展，出版了《中国珍稀法律典籍集成》、《版权国际惯例》、《中华大藏经》（全书106卷全部定稿，已出90卷）、《十九世纪香港史》、《西方宗教学说史》等等，其中《中华大藏经》已获新闻出版署古籍整理奖。由考古所完成的陕西九成宫遗址等3处考古发掘，被列为1994年全国十大考古发现。这里，特别值得提出的是，胡绳院长去年连续发表了《毛泽东一生所做的两件大事》、《什么是社会主义，如何建设社会主义》、《马克思主义是发展的理论》等3篇论著，在学术界、理论界都产生了重大的影响。

（二）基本完成了学科调整方案的拟定工作

进行学科调整，使我院学科布局和科研力量配置同现代化建设相适应，是逐步实现我院发展战略目标的一项重要措施。遵照院党委和院务会议提出的"根据需要和可能，有所加强，有所保持，有所合并，有所舍弃，以突出重点"的指导思想，各研究所对各学科发展状况进行了认真分析、研究，拟定了本所的学科调整方案。在综合各研究所方案的基础上，经过院务会议审议，同意向这次院工作会议提出全院学科调整初步方案，供大家讨论。按照拟定的方案，全院二、三级学科规模将由调整前的300个左右收缩至260个左右，与二、三级学科相对应的研究室将由210个左右调整为180个左右；260个左右的二、三级学科中拟作为重点学科和予以加强的学科有120多个。这一方案的特点是，第一，基本体现了"既确保主攻方向，又兼顾各学科共同繁荣"的指导思想，基础理论研究、人文学科已经形成优势的学科，以及改革开放和现代化建设亟需的学科（如财政学、金融学、社会保障研究、经济法学、知识产权研究、国际法学、国际经济贸易研究等学科）将保持和得到明显加强；第二，战线有所收缩，但幅度适当，基本上保持了学科门类较全、综合性实力较强的优势；第三，调整的步骤、方法比较平稳，计划在3～5年内逐步到位，不会引起大的震荡。由于拟予加强的重点学科明确，向重点学科倾斜的要求、措施比较具体，这就有可能避免今后再走分散力量、铺摊子的老路。这一方案经这次工作会议讨论，广泛听取意见，准备再作进一步修订，然后付诸实施。

（三）"三定"工作取得了阶段性成果

我院"三定"工作分两步进行。在1994年6月基本完成院机关"三定"工作后，着手院属事业单位的"三定"工作，其基本方针是："适当精简规模，重点调整结构，优化力量配置"。在对各事业单位的内设机构、人员状况全面调查摸底的基础上，经过与各单位磋商，拟定了《中国社会科学院院属事业单位机构编制方案》，已于9月上报中央机构编制委员会办公室。方案中保持31个研究所和8个直属单位的规模，适当地压缩编制，较大幅度调整各类人员比例。31个研究所科研人员数将由1993年底实有的2060人增加到2300人左右，所占比重由不到60%上升为70%以上；管理人员、编辑人员、图资人员均将有不同程度的减少，这三类人员所占比重将分别下降7个百分点、2个百分点和3个百分点。对于我院"三定"的指导思想和做法，中编委办给予了充分肯定。我们将争取国务院及早批准这一方案，以便组织实施。

为了实现调整人员结构、加强科研力量的目的，去年严格执行了院党委关于除个别特殊情况外，不再从院外调入行政管理人员、编辑人员、科研辅助人员的规定。全年共调进79人，其中高研、博士生、硕士生64人，本科生11人，因特殊需要所进4名非专业人员，均经过严格的审批程序。

（四）在队伍建设方面出台了一批新的举措

为加强科研和管理两支队伍的建设，1994年陆续出台了以下五项举措：一是在政策上加强了对中青年科研骨干倾斜的力度。在继续进行国家级有突出贡献中青年专家选拔工作的同时，建立了评选院级有突出贡献中青年专家制度，评选出首批院级突出贡献专家15名；特批21套宿舍，用以从院外遴选部分中青年科研骨干和解决院内部分中青年科研骨干的住房困难；在部分所设置所长助理，为一些优秀的中青年专业干部经受锻炼，脱颖而出创造条件；健全、完善博士后站管理制度，新设博士后站2个。二是规范晋升专业技术职务考试制度。1994年参加晋升考试的348人，并举办多期马列主义基础理论、外语、古汉语培训班，对200多人进行了培训。三是健全考核制度，相继制订了“管理人员考核办法”、“专业人员量化考核办法”、“对不称职人员处理的暂行规定”等，为今后强化激励竞争机制做了一些基础性工作。四是着手对于现代化设备使用技能的培训工作。全年举办计算机使用技能培训班3期，160多人参加了培训班学习。五是进一步完善了对长期出国进修、考察人员的管理工作。注意选派政治素质、业务素质、思想作风好的中青年科研骨干出国进修、考察，并加强同他们的联系，及时帮助他们解决在国外遇到的各种问题，取得较好效果。1993年派遣出国人员全部按期于1994年返回；1993年以前派出逾期未归人员，通过工作也有一批于去年陆续归来，有的已成为科研骨干。

（五）图书馆改革初见成效

为推进图书管理现代化，1994年，院党委决定，改革图书管理体制，组建院图书馆，并确定了“精心设计，妥善运作，平稳过渡，更好服务”的改革方针。一年来，文献信息中心同科研大楼内各所密切配合，认真贯彻16字方针，图书馆改革进展顺利，在以下五个方面取得明显成效：（1）实现了全院图书馆统一采购、统一编目工作；（2）组建统一的中文报刊、外文报刊、港澳台图书报刊、工具书、新书等五大阅览室的工作已于年初基本到位；(3) 新书库基本筹备就绪；（4）在实现图书馆自动化管理方面开始迈出了可喜的一步；（5）从科研大楼内各所集中的图资人员全部培训上岗。由于实行全院图书报刊统一采购，共节约资金86万元。统采后增订新报刊186种，扩大了信息源，初步实现了图书资料资源共享。上述工作的顺利进行，初步改变了我院各所图书馆自成体系、互相封闭，图书资料重复采购、专业馆藏日渐衰竭的局面。

（六）对外学术交流活跃

1994年对外交流持续稳定发展，全年交流总量为872批2050人次，交流量大于1993年，创历史最高水平。对外交流继续坚持为科研和人才培训服务，紧密结合国家、院所重点课题，特别是结合在我国建立和完善社会主义市场经济体制方面的重点课题，安排出访项目，组织多边、双边国际学术讨论会，取得一批较高水平的学术成果；在利用国外可以利用的资助方面也取得了一定成效。

（七）行政后勤工作取得新的成绩

去年是我院行政后勤工作取得较大成绩的一年。年初提出的改善全院工作环境和职工生活条件的10件实事已全部落实。全年共完成基本建设投资3600万元。郎家园和研究生院两处2万平方米住房，去年底已竣工4500平方米。太阳宫3.4万平方米住宅楼已经完成前期准备，今年春即可开工。原计划1995年底投入使用的“青年公寓”楼（48套住房），因抓紧筹办，院工作会议后便可投入分配。研究生院阶梯教室工程已经开工。采取措施，收回违反住房管理规定的闲置用房21套共44间。财务物资部门加强财、物管理，并初见成效，受到国务院有关部门表彰。创收开发工作有了一定的规模，完成了年初确定的创收指标。去年行政后勤部门深化改革，在整章建制，转换职能，理顺关系和计划管理上下功夫，使后勤管理工作出现新的气象。

（八）进一步加强了党的建设和领导班子的建设

去年深入开展学习《邓小平文选》第三卷和党的十四届四中全会文件，提高了全院职工对什么是社会主义，怎样建设社会主义等一系列重大问题的认识，增强了用建设有中国特色社会主义理论指导我院改革和科研工作的自觉性。在完成所局级领导班子换届收尾工作的基础上，调整、充实、组建了24个研究所的党委和5个联合党委，在全院完成了由所长负责制向党委领导下的所长负责制的转变。举办了两期所局长研讨班。修订颁发了《研究所党委会工作条例》，健全了党的工作制度，使党的领导得到加强和改善。积极贯彻四中全会精神，召开了全院基层党支部建设工作会议，全院290个党支部完成了换届改选。院直机关召开了党代会，选举产生了新的机关党委。加强了党校工作，轮训处以上干部49名。认真开展纪检监察工作，加强了党的作风建设和廉政建设，全年共查处违法违纪案件和问题27件。由于加强了党的建设和领导班子建设，对我院的科研工作和其他各项工作起了保证作用。

（九）完成了建立社会科学院院士制度的前期工作

根据广大社会科学工作者的要求，参照中国科学院、中国工程院的经验，我们起草了《关于建立中国社会科学院院士制度的请示》、《中国社会科学院第一批院士推荐办法》、《中国社会科学院院士章程》等文件，并征求了国家教委、中央党校、总政治部等部门的意见，作了相应修改，完成了文件的草拟工作。

在过去的一年，其他各方面工作也有新进步。老干部、工会、共青团、妇工委和统战等部门和系统，根据各自工作对象的特点，组织了各种形式的有意义的活动，加强了党同群众的联系。保卫部门为保障良好的科研环境和维持正常工作秩序作出了努力。

1994年是我院改革办法出台较多的一年，做了一些多年想做而没有能做的事，有些取得了阶段性成果；但我们必须清醒看到，去年出台的改革措施，有的仅仅是刚刚起步，有的尚须进一步巩固和完善；尤其应该看到的是，有些方面的改革，如在建立竞争激励机制方面，仍然没有实质性的突破。科学研究仍然远远不能适应国家改革开放和两个文明建设的客观需要，不少学科科研骨干断层的问题远未解决。在行政、后勤保障方面，经费紧张、住房困难的局面仍未根本缓解，管理、开发经营同我院的发展要求相比，还存在较大差距。在科研条件和物质生活条件方面仍面临不少困难和问题。因此，我们必须进一步振奋精神，扎实工作，深化改革，以促进科研及其他各项事业的发展。

关于 1995 年的工作任务

1995 年是我们提出全院发展战略目标并付诸实施的第二个年头。在新的一年里，我们要紧紧把握“抓住机遇，深化改革，扩大开放，促进发展，保持稳定”这个全党全国工作大局，按照院党委、院务会议确定的办院方针和战略目标，着重抓好以下几个方面的工作。

（一）认真学习马克思列宁主义、毛泽东思想，特别是邓小平建设有中国特色社会主义理论，用科学的理论武装头脑

江泽民总书记在去年召开的全国宣传思想工作会议上提出，以科学的理论武装人，以正确的舆论引导人，以高尚的精神塑造人，以优秀的作品鼓舞人。他在为我院去年工作会议的题词中又指示我们“把中国社会科学院建设成马克思主义的坚强阵地”。要实现把我院建成马克思主义坚强阵地的目标，做到以科学的理论武装人，先要以科学的理论武装自己。全院同志必须认真学习马克思列宁主义、毛泽东思想，掌握马克思主义的基本原理。坚持理论与实践相结合，树立正确的世界观和人生观，坚定社会主义、共产主义信念，自觉执行党的基本路线，自觉抵制拜金主义、个人主义和腐朽生活方式的侵蚀，全心全意为人民服务，兢兢业业做好本职工作，立志为科学而献身。

人文、社会科学研究以人类社会为主要对象。而人类社会是五光十色、纷繁复杂、变化无穷的。在复杂的社会现象面前，如果没有科学的理论作指导，就会如堕五里雾中，茫无头绪。古人说得好：“工欲善其事，必先利其器”。马克思主义是完整的科学的世界观和方法论，它是广大社会科学工作者研究各种问题的锐利武器，它就像显微镜和望远镜一样，能够帮助人们发现事物的本质和内在联系，揭示事物的发展规律。因此不论是从事社会学科研究，还是人文学科研究；不论是从事应用研究，还是基础研究，都应努力掌握并运用马克思主义的立场、观点、方法，这样就会事半功倍，做出优秀的研究成果，为伟大的变革的时代服务。尤其是中青年同志，更要下苦功夫学习马克思主义基本理论，使自己具备较好的马克思主义理论修养，以保持正确的政治方向，取得较大的学术成就，成为跨世纪的优秀人才。

邓小平同志建设有中国特色社会主义理论把马克思主义基本原理同当代中国实际和时代特征结合起来，继承和发展了毛泽东思想，是当代中国的马克思主义，是指引我国社会主义事业走向胜利的根本指针。学习马克思主义首先应该重点学习建设有中国特色的社会主义理论。要在认真学习邓小平同志原著上下功夫，全面准确地掌握这一理论的科学体系，领会其精神实质；并担当起研究、宣传这一理论的崇高使命，紧密联系改革开放和两个文明建设的实际，力求推动这一理论的研究向深度和广度发展。

社会科学研究坚持以马克思主义为指导，与执行党的“双百方针”是一致的。学术中的是非问题，应该通过专家、学者们的自由讨论去解决。认真贯彻党的百家争鸣的方针，社会

科学才能发展和繁荣；同时，马克思主义也会在不同学术观点的争鸣、讨论中汲取营养，不断地丰富、发展自己，并加强自己在社会科学研究中的指导作用。因此，我们应该欢迎和鼓励不同学派、不同学术观点的争鸣和讨论，保障学术民主，活跃学术气氛，对于非马克思主义者的有学术价值的研究成果应该给予肯定和支持。

（二）全面实施学科调整方案，加强对重点项目的管理，创造出尽可能多的、具有较高学术水平和较大社会效益的科研成果

实施学科调整方案，真正实现院党委和院务会议提出的“学科布局合理而又重点突出”的目标，是一项复杂、艰苦的工作。我们应该以高度的历史责任感专注于这项工作。

首先，要千方百计地建设好重点学科和拟予重点扶持的重要学科。加强重点学科建设，措施务必具体、可操作，要特别注意解决好两个问题：一是要解决好学科带头人和科研骨干队伍的建设问题。所谓是否具备学科优势，归根到底是有没有高水平的学科带头人。院所两级都要把培养学科带头人作为建立学科优势的战略任务来抓。力争从今年开始，经过五年的努力，使每一个重点学科形成一支由1～3个学科带头人或在学术上具有发展前途的学者领衔的、年龄梯次结构合理的科研骨干群体。二是要解决好重点学科的重点科研项目的立项及实施问题。多年的实践表明，不论是学科优势的形成也好，还是学科带头人和科研骨干的培养也好，常常是通过有效组织重大科研项目来实现的。因此，每一个重点学科和拟予重点扶持的学科，都应尽快选定几个对学科建设具有重大意义、对社会能起重大影响的项目，并精心组织实施，力争在五年内陆续推出1～3种高水平的研究成果。全院各方面的工作，如院重点项目经费的安排，专业技术职务的评聘，派遣出国考察进修，职工住房分配，以及研究生的招收与培养等等方面的工作，都要同加强重点学科建设密切配合，以求尽快见到实效。

其次，对于已经决定收缩、舍弃的学科，要坚定不移地予以收缩、舍弃。为保证这项工作顺利进行，各级领导要做过细的思想工作，及时化解有关同志可能产生的思想矛盾，引导科研人员从大局出发，支持学科调整过程中必要的收缩、舍弃，并切实帮助有关科研人员调整研究方向或妥善分流。

在全面实施学科调整方案的同时，还要花大气力组织好今年的科研工作。院科研局和各研究所要对正在执行的近600项国家重点、院重点、社科基金项目进行全面检查和督促。应继续坚持重点项目重点管理的办法。对去年项目清理后所确认的由院所领导直接管理的86个课题，以及去年立项的12个招标课题和建设有中国特色社会主义理论研究中心组织实施的12项课题，尤其要加强检查和督促，以确保在年内陆续推出一批“拳头产品”。要注意引导科研人员去深入研究有中国特色社会主义理论中的一些难点问题和深层次的问题，去探索现实生活中的一些热点问题，拓展和丰富建设有中国特色社会主义理论，为改革开放和现代化建设提供智力支持。在继续加强基础理论研究、应用研究、对策研究的同时，也要重视社会科学知识的普及工作。适当组织力量，运用马克思主义的世界观、方法论，撰写一批关于文、史、哲、经、法等方面的深入浅出、繁简适当的通俗的学术著作普及读物，使广大读者特别是青年读者在获得知识的同时，接受马克思主义基本原理和社会主义价值观、道德观、人生观，以及集体主义、爱国主义的教育。在这方面，已经立项并计划于今年结题的“中华文明史话”、“中华百年史话”等院重点项目，应抓紧组织实施，尽快拿出具有较好社会效益

的成果。

（三）抓紧制订“九五”科研规划，争取我院的科研工作在“九五”期间跃上一个新台阶

“九五”时期，是我国社会主义市场经济体制确立和完善的关键时期，也是实现“三步走”战略第二步目标，并为下一个世纪的腾飞打下坚实基础的关键时期。在这一关键时期，社会科学面临着为推进有中国特色社会主义事业，迎接21世纪中国社会主义新的辉煌提供理论支持和智力保障的繁重使命。我院的学科建设、科学研究和人才培养在“九五”期间应该能跃上一个新的台阶。制定好“九五”科研规划，是今年的一项重要工作。

制订“九五”科研规划，是一项导向性、科学性要求很强的工作。关于“九五”科研规划的具体内容，有待于在座的以至全院同志去做深入研究和论证。这里，讲几点关于制定“九五”科研规划的原则要求。

第一，要以党中央和国务院领导同志对我院的重要指示精神为指导，坚持“把中国社会科学院建设成马克思主义的坚强阵地”、“以研究有中国特色社会主义理论为崇高使命”的正确方向。这就要求我们的科研规划，必须将关于马克思主义的研究，特别是关于建设有中国特色社会主义理论及其科学体系的研究放在突出的地位，以便在今后的五年中，组织力量在马克思主义研究的若干方面取得新的进展，为坚持和发展马克思主义做出贡献。

第二，要贯穿“既确保主攻方向，又兼顾各学科共同繁荣”的指导思想。既要根据国家改革开放和两个文明建设的需要，围绕现实生活中的难点、热点问题选题立项，及时为改革开放和两个文明建设提供理论依据和智力支持；又要根据各学科自身建设和发展，尤其是全面实施学科调整方案、加强重点学科建设的需要，确定一批基础理论研究项目，这样才可能加强应用研究、对策研究的后劲。这两者不可偏废。

第三，要以争创全国第一流的哲学社会科学研究成果为坐标，选定若干个具有重大理论意义和实际指导作用的大项目。在“九五”期间，应充分发挥我院在综合性、战略性问题研究方面实力强的优势，通过组织集体合作，甚至多学科协作攻关，拿出一批经得起实践检验的、令世人瞩目的高品位研究成果，乃至传世之作、学科奠基之作。

现在已是2月中旬，距迈入“九五”时期已不足一年，时间相当紧迫。为保证制订“九五”科研规划的工作能够在年内高质量地完成，要充分发挥院所两个积极性。各研究所应在6月底以前制订出本所的“九五”科研规划，报院审议。科研局及有关部门要在下半年集中精力，协助院领导综合各所规划内容，于年底前制订出全院的“九五”科研规划。

（四）加强科研和管理两支队伍的建设，组织实施跨世纪人才工程

培养跨世纪的社会科学人才队伍，特别是造就一支德才兼备、学贯中西的学科带头人队伍，是一项刻不容缓的、具有战略意义的艰巨任务。院、所领导都必须竭尽全力、倾注心血，力争在五至十年之内，建设起一支高层次的跨世纪社会科学专业人才队伍和一支优秀的社会科学管理人才队伍。具体目标是：培养和罗致200名左右40岁上下至50岁的能运用马克思主义指导研究、学术造诣高的学科带头人；培养100名左右马列主义水平较高、熟悉社会科学工作、具有较高管理水平、德才兼备的管理干部，并按1:1的比例建立所、局级后备

干部队伍，其中45岁以下的不少于二分之一。

跨世纪人才工程的组织实施，需要全院各单位、各部门达成共识，通力合作，共同创造有利于人才成长的良好环境和实施有利于人才脱颖而出的政策措施。为了保证这项工程得以顺利进行，院党委、院务会议决定，要研究探索职称评聘改革办法，拨出100个高研指标，专门用于优秀中青年科研骨干的专业职务晋升和从院外招纳延揽优秀中青年科研人才；采取切实措施，提高研究生院办学质量；加强博士后流动站工作，力争新建10个博士后流动站，培养、遴选我院急需的优秀科研人才；拿出100套住房吸引和安置高级人才；划拨250万元专项经费，用以扩大青年科研基金投入。上述措施分5年逐步到位。有关职能部门要制定具体实施计划。

今年，我们要力争再增设2个博士后流动站，并拿出20个高研指标、20套住房、50万元科研经费（含院原青年研究基金等），以及一定数额的出国考察、进修指标，专门用于跨世纪学科带头人的培养和引进。与此同时，要通过在有条件的所实行所长助理制、有计划地组织到地方挂职锻炼、进党校学习培训和实行干部交流等多种形式，加强对中青年的培养，并大胆起用一批优秀的中青年同志及时充实各级领导班子，以改善所、局领导班子的年龄构成，提高领导班子的整体素质。为加强领导，院党委决定，成立跨世纪人才工程领导小组，具体负责制订计划和组织实施协调工作。

（五）建立和健全科研成果评估体系，不断完善专业人员和管理人员考核制度，建立奖勤罚懒、优升劣汰的竞争激励机制

在去年的工作会议上，院党委和院务会议已经提出，“逐步建立能上能下、能出能进、奖勤罚懒、优升劣汰的竞争机制”。但由于各种原因，其中，主要是由于认识不够统一，决心不够大，措施不够得力，1994年这方面的工作未能取得预期效果。院党委和院务会议认为，竞争激励机制不建立，就不可能从根本上革除队伍臃肿、人浮于事，以及少数人懒散度日、无所作为的弊端和陋习；就无法实现我院发展战略目标所要求的“生动而又充满活力”的生动局面。因此，在新的一年里，各级领导务必进一步统一认识，扎扎实实地抓好以下四项工作，在建立竞争激励机制方面取得实质性进展。

第一，尽快完成有关社会科学科研成果评估指标体系的课题研究，建立和健全科研成果评估制度，以便通过一个比较科学和规范的成果管理方式和标准，为科研人员的业绩考核、专业职务评聘、晋升、奖惩提供可靠依据。

第二，进一步深化人事管理制度改革。结合落实“三定”方案和学科调整方案，由“点”到“面”地推行“双向选择”，以调整人员结构，定岗分流人员。允许和鼓励富余人员向外分流、离岗待聘、停薪留职、提前退休。“院人才交流中心”要在转岗培训、分流人员方面制定办法，做出实效。有条件的研究所也可成立“分中心”或“人才交流部”，以便院、所协调，共同做好人员转岗和分流工作。

第三，要完善和认真执行各类人员的考核制度，并将工资津贴部分的分配与考核结果挂钩。年度考核优秀的将工资津贴在相当本人工资总额30%的基础上增加10%，年度考核不称职的，可将工资津贴由相当本人工资总额的30%降为20%直至全部扣除。

第四，积极筹办我院第二届青年优秀成果奖评选活动，以表彰和激励我院优秀青年科研

人员，促进他们潜心研究、努力成才，不断提高科研能力和水平。

（六）继续推进行政后勤改革，以改革促进服务，逐步改善我院职工科研和生活条件

由于种种原因，我院在经费、用房及其他后勤保障方面，仍然面临着许多困难。在新的一年里，后勤战线的职工，要继续坚持一手抓改革，一手抓服务，以改革促进服务的工作方针，改进工作，提高效率，尽可能为全院职工多办好事、多办实事。应继续加强财、物的综合管理，抓好住宅和办公用房基建项目的施工，搞好“开源”和“节支”，精打细算，避免浪费，提高后勤服务质量。经院务会议研究决定，为进一步深化我院行政后勤管理制度的改革，拟在年内先后出台关于职工医疗制度改革、向职工出售公有住宅楼房、改进研究所业务经费分配办法等改革方案，进一步修订完善住房分配办法，建立住房公积金制度。全面推行房改和实行职工医疗制度改革，涉及到每一个职工的切身利益，一定要扎扎实实地做好工作，细细致致地组织实施，确保改革的各个环节顺利进行。

要继续推进科研、办公手段现代化建设。年内要完成全院科研、办公手段现代化的规划工作，并按规划要求，分步实施。要优先解决院图书馆的现代化管理问题，力争早日实现与国内、国际有关图资信息中心联网。

要继续积极开发创收。院属各公司在经营工作中要把握好以下四条：一是严格遵守国家的有关法律、规定，不得违反；二是确保完成上交任务和国家、集体财产不得流失而且实现增值；三是公司内部职工收入分配与经营效益挂钩，奖罚要分明，要有透明度；四是搞好院内服务工作的同时积极发展对外经营。各公司在保证做到上述四条的前提下，享有充分的经营自主权，可以放开手脚，大力开拓，充分调动职工的积极性，切实提高开发创收能力，真正把公司办好。

（七）加强党的思想建设、组织建设和作风建设，增强基层组织战斗力，调动一切积极因素，保证我院深化改革和以科研为中心的各项任务胜利完成

党的十四届四中全会对社会主义市场经济条件下加强和改进党的建设任务作了部署，全院各级党组织要按照全会《决定》的要求，把党的建设这项新的伟大工程认真实施好。

把党的思想建设放在首位。各级党委要遵照中央的要求，以提高素质、增强党性为目标，认真组织全体党员学好建设有中国特色社会主义理论、学好党章。要重点抓好处室以上领导干部的学习，坚持和完善所局党委学习中心组制度。要围绕科研、改革和国内外形势做好思想政治工作，经常分析研究本单位人员思想状况，正确把握科研工作的政治方向。要加强政治纪律，在思想上、政治上和行动上同以江泽民同志为核心的党中央保持一致。院党委拟在今年适当时候召开全院学习《邓小平文选》经验交流会，推动我院学习活动进一步深入开展。

加强所局领导班子民主集中制的制度建设。各级领导班子都必须坚持和不断完善集体领导与个人分工负责相结合的制度，进一步增强领导班子内部的团结、合作。要切实贯彻执行我院《研究所党委会工作条例》，在实践中不断巩固和完善党委领导下的所长负责制。今年

院党委要对各单位执行《党委会工作条例》的情况进行一次检查，并把加强民主集中制建设作为考核所局领导班子的重要内容。

加强和改进基层党支部的建设。各所局党委要高度重视并切实抓好本单位的党支部建设工作，充分发挥党支部在研究室及其他基层单位的保证监督作用。要组织好党员生活会，认真开展批评和自我批评，发挥党员的先锋模范作用。院党委将在进一步调查研究的基础上，制定我院《加强和改进基层党支部建设的若干意见》，使全院党支部建设工作逐步实现规范化和制度化。

不断提高各级领导干部的自身素质和领导水平，积极培养和选拔优秀年轻干部。要进一步加强对处以上干部特别是在职所局领导干部的教育、监督、考核和培训工作。各级党委都要高度重视培养和选拔德才兼备的年轻干部，按照四中全会《决定》和中央组织工作会议的要求，制定规划，建立和完善后备干部管理体系。加强院党校建设，充分发挥其培养各级领导干部和学术骨干的作用。

进一步加强党的作风建设和廉政建设，做好反腐倡廉工作。各级领导干部要自觉坚持全心全意为人民服务的宗旨，努力改进领导作风和领导方法，认真搞好领导班子的勤政和廉政建设，切实担负起治所、管所的领导责任。要加强党内监督和群众监督，尤其是要加强党组织对党员领导干部的监督。各级纪检监察部门要加强对党员干部、特别是处以上领导干部廉洁自律的教育和检查，及时查处违纪案件。

加强对统战工作和工青妇等群众组织的领导。各级党委应重视和加强统战工作，关心党外知识分子的工作和生活，充分发挥工青妇等群众组织的作用，调动一切积极因素，为推进我院的科研、改革及其他各项工作献计献策，齐心协力，团结奋斗。

同志们，1995年将是全党、全国各族人民在以江泽民同志为核心的党中央领导下，团结奋斗，继续实现国民经济持续、快速、健康发展和社会全面进步的一年。在新的形势下，我们社会科学院的任务十分艰巨，前景充满希望。我们要“统一思想，总揽全局，加强协调，扎实工作”，努力完成今年全院的各项工作任务，为繁荣社会科学事业，促进改革开放和社会主义现代化建设，创造出新的业绩。

王忍之同志在院工作会议结束时的讲话

（一九九五年二月十七日）

同志们：

1995年度院工作会议就要结束了。这次会议开得紧凑，是成功的。各个小组的讨论，热烈认真，畅所欲言。刚才5位同志分别介绍了本单位在组织科研、进行人才双向选择等方面的做法和取得的经验，相信对大家会有启发。

同志们在讨论中对院党委、院务会议提出的工作报告是肯定和赞成的。认为报告对去年工作的估价是实事求是的；认为提出的今年的工作任务是恰当的，同去年院工作会议确定的发展目标和方针保持了连续性。大家认为，如果能够落实提出来的各项任务，那么今年的工作也会在去年的基础上继续进步。

讨论中，大家提出了不少具体的意见和建议。这些意见和建议都围绕着如何更好地落实报告中提出的工作任务。会后有关的职能部门应该逐条地进行研究，院党委、院领导也要努力吸取好的意见，把能够做到的建议付诸实施。

下面，我想就落实院工作会议精神，讲两点意见：

（一）在马克思主义指导下多出成果，多出人才

院里今年提出的七项任务，前四条可以用一句话概括，就是在马克思主义指导下多出成果、多出人才。在这四条中提出了要求，提出了若干可操作的措施。当然，这些措施不能说已经足够了，还要逐步地补充、完善。现在应该强调的是，要把已经想到的、能够做的先做起来，在做的过程中进一步完善，形成新的措施。当前一件重要和紧迫的工作是，各所要尽快地确定而且要着力抓好几个对学科建设有重大意义、对社会发展能起重大影响的研究项目，组织必要的科研力量，发挥集体智慧，在马克思主义指导下刻苦钻研，力争拿出高品位的成果。重大的科研项目大都是在研究所的范围内组织，有些还要跨所由院来组织。这是应当做、能够做的。学科调整的目的是加强重点学科，保持优势，出成果，做好这项工作是落实学科调整的中心环节。制订“九五”科研规划，当然也要求定一批骨干项目，所以做好这项工作也是制订“九五”规划的中心环节。每个项目确立以后，就要研究马克思主义在这方面有些什么论述，邓小平同志有些什么论述，用科学的理论指导研究工作，这就把学习马克思主义理论、学习邓小平同志建设有中国特色社会主义理论这一条具体化了。培养跨世纪的学科带头人，要通过组织实施重大的研究项目来实现。总之这项工作涉及到许多方面，抓好了对各项工作都会有推动。

一位名家、一位大学者都有他的代表作，一个所也要有自己的代表作，我院也要有自己的代表作。人们提到巴金，就会想到《家》、《春》、《秋》。一个名家是如此，一个所也应该如此。一讲到某个所，人们就能想到这个所有若干名著；一讲到这些著作，人们就想到这是社科院某个所的著作。在五六十年代，我们有相当多的所是有其代表作的，如果在 90 年代没有新的代表作，还是吃老本，那就难以保持在社会科学界应有的地位。如果进行了学科调整，制定了规划、实施了人才工程，却出不了高品位的研究成果，出不了人们认可的代表作，那就不能认为上面这些工作是成功的，就不能算是为建设有中国特色的社会主义的事业做出了应有的贡献。

工作报告提出要培养跨世纪的人才，造就一批中青年学科带头人，并定出了若干措施，大家觉得很重要，对已提出来的措施也赞成。但是不少同志又认为，现有的这些措施还不足以保证实现我们的目标，特别是培养学科带头人要有相应的物质条件，我院在这方面存在着困难。住房紧张，以致人才留不住，或进不来。房子问题请管理部门再研究一下，能不能多挤出一点用于吸引人才。院所两级领导，要尽可能地争取国内外各方面的资金支持，以改善科研条件和生活待遇。

（二）继续实行、完善、巩固去年出台的各项改革措施，并且进一步深化

今年，我院各方面改革的任务很重。实施学科调整和“三定”方案，巩固和推进图书馆改革，都有大量的工作要做。去年院工作会议上提出了不少规定，这些规定要继续贯彻执行。为了在建立竞争和激励机制方面能够取得一定的进展，要逐步推行双向选择，实行富余人员分流；要健全和认真地执行考核制度，并根据考核结果进行奖惩。还要推行医疗制度改革，向职工出售公有住宅等。这些都与群众的切身利益密切相关，工作量大，工作的难度也大，可以说比去年要难。怎么办？还是去年讲过的那句话，对困难要有足够的估计，但更要知难而进，不能知难而退。

要在改革中取得进展，取得成效，一是要有决心。要经过周密研究，慎重决策，但是事情一旦定下来，院所两级就要齐心协力，带领职工锲而不舍地去做，不能犹豫、动摇、观望、徘徊。二是要有办法。这次工作会议提出了几项办法，请大家带回去讨论，对这些办法提出意见，在半个月内把所的意见拿出来。通过讨论尽可能把办法定得完善些。讨论中肯定会有不同意见，这就需要大家研究、权衡，择其善者而从之。只要是基本合理，大多数人赞成，就定下来，就实行，在执行的过程中再逐步完善，用实际效果来说服人。三是要认真。定出办法，决定要实行了，必须认真去做，否则就不如不定。毛主席说：“世界上的事怕就怕‘认真’二字，共产党就最讲认真。”各所要在“认真”方面来个竞赛。认真做了，可能现在会得罪一些人，但以后的工作会越来越顺；不认真，似乎现在日子好过，但是以后的工作会越来越难。只要有事实根据，讲道理，办事公道，绝大多数群众就会拥护，院里就会支持。四是要做细致的思想政治工作。要跟大家讲清为什么要有这些改革办法，根据什么情况制定的，从全局看、从发展看为什么必须这样做。如果能够做到这几条，我院今年的改革在任务重、难度大的情况下仍然有希望取得进展。

去年我院工作之所以能够取得一些成绩，就院所两级领导来说，主要是依靠各所领导的努力，靠各职能局领导的努力。特别是各所的书记、所长，你们在第一线，而且大都是“双肩挑”，又要做领导工作，又要做科学研究工作，你们为落实去年院工作会议提出的任务付出了大量心血和劳动。在此，我代表院党委、院领导感谢你们为办好社会科学院做出的奉献。今年要落实工作会议提出的各项任务，仍然主要靠在座的各位。相信大家一定会像去年一样，比去年更好地做好本职工作。

从院领导和院职能部门来讲，要改进工作方法和工作作风。工作多，要很好地统筹安排，加强协调，尽量减少会议，能不开的会就不开，能开短会的就不要开长会，能合起来开的就不要分着开，能由职能处室干部参加即可解决问题的就不要请所领导来参加。要减少不必要的重复的报表。总之，要提高效率，使所领导有更多的时间去研究、去切实有效地工作。

我就讲这些，不一定对，请大家考虑。

三　中国社会科学院学科调整方案

（一九九五年三月二十日　院务会议审议通过）

1994年中国社会科学院工作会议，提出把我院“建设成为学科布局合理而又重点突出的、人员精干而又高水平的、开放而又充满活力的马克思主义坚强阵地”的发展战略目标。作为实现这一战略目标的一项重要措施，会议决定从1994年开始，在全院范围内进行学科调整。为确保这项工作的健康、顺利展开，院党委和院务会议确定了“根据需要和可能，有所加强，有所保持，有所合并；有所舍弃，既确保主攻方向，又兼顾各学科共同繁荣”的指导思想。

这次学科调整，是我院建院以来第一次涉及全院性的学科调整。具体工作部署大致分为三个阶段：（1）各研究所对学科发展情况进行调查研究并提出本所学科调整意见；（2）制订全院学科调整方案；（3）从1995年起逐步实施方案。目前第一阶段的工作已经结束，为形成本方案提供了基础。

（一）对我院学科发展与布局状况的基本估计和学科调整的重点方向

我院的前身是中国科学院哲学社会科学部。1977年经中央和国务院批准，从中国科学院分出组建中国社会科学院。经过建院前后40多年的发展，至1994年我院共有31个研究所、两个实体性研究中心（边疆史地研究中心、城市发展与环境研究中心），300个左右二、三级学科。在人文社会科学一级学科中，除军事学、教育学、艺术学等少数学科外，我院都设立了专门的研究机构，成为国内学科门类最为齐全的综合性社会科学研究机构。

我院31个研究所、两个实体性研究中心，300个左右的二、三级学科，集中组建于50年代初中期、60年代初期，以及70年代末、80年代初期。由于各个学科组建时间长短不一，先天（组建基础）或后天（主观努力）情况不同，发展状况差异甚大。特别应该指出的是，自80年代以来，我国社会结构及运作机制发生了深刻变革。在这场深刻的社会变革中，有的学科抓住了这一历史性机遇，顺应客观实践的发展需要及时调整研究方向、力量部署，从而取得较大发展：原来已经形成学术优势的（包括部分80年代初恢复或新建的学科如数量经济学、社会学等）逐步确立了优势。有的学科则因种种原因完全相反：或者原有的学科优势逐步丧失；或者虽组建多年但成长缓慢，至今未能形成气候；或者与变化了的客观形势不相适应而不可避免的萎缩。总的看，全院学科发展与布局既有同改革开放、两个文明建设和社会科学自身发展的客观需要相适应的一面，这主要反映在相当一批学科具有不同程度的学术优势，综合性、基础性、理论性研究实力较强等方面；也存在不适应的一面，这突出表现在过分追求“门类齐全”、摊子越铺越大，以及该收缩、舍弃的未予收缩、舍弃，占用了宝贵的人力、物力，致使国家现代化建设亟需的一些学科，或者无力建立，或者建立后得不到应有的加强。

根据院党委、院务会议确定的学科调整的指导思想和全院学科发展与布局的现状，这次学科调整的重点方向应是以下三个方面：

第一，在现有优势学科的基础上，确定一批重点学科，便于今后集中人力、财力，向这批重点学科倾斜，以保持乃至扩大已有学术优势；

第二，根据改革开放和两个文明建设的迫切需要，选定（包括新建）适当数量的目前虽无优势，但有一定基础的学科，予以重点扶持，以形成新的学科优势；

第三，对多年来成效不大、难以形成优势的学科，研究力量凋零星散、难以为继的学科，机构重复设置以及陈旧过时的学科，果断予以收缩、舍弃。

（二）我院现有学科优势及重点学科选择

所谓学科优势，主要是相对于国内社科界同学科发展状况而言。一般说来，衡量某一学科是否具有优势，应综合考虑以下三个因素：（1）该学科的基础理论体系建设是否成熟；（2）在近期内是否推出过在国内学术界处于领先水平的研究成果；（3）是否有一支由学科带头人领衔的科研骨干群体。参照上述三个指标，并综合各所关于本所学科发展状况的调查研究报告，我院有以下学科实力较强，其中有相当一批学科在国内社会科学界具有学术优势或处于前列地位：

经济学方面：经济形势分析与预测，宏观经济学，中国经济史，工业发展理论研究，工业布局与区域经济学，工业企业经营管理学，企业制度学，农村经济组织研究，农村生态经济研究，财政学，金融学，商业经济学，数量经济理论与方法研究，技术经济理论与方法研究，经济模型研究等。

历史学方面：殷商史，古文字学，宋史，元史，简帛学，清史，古代思想史，服饰史，近代政治史，中华民国史，近代中外关系史，近代思想史，中国政治制度史，史学理论，西欧史，美洲史，世界古代中世纪史，日本史，中东史，考古发掘与研究，考古实验与技术，边疆史地研究等。

哲学、宗教学、新闻学方面：马克思主义哲学原理，马克思主义哲学史，西方马克思主义研究，中国哲学史，西方哲学史，分析哲学，苏俄哲学，科学技术哲学，逻辑学，中国伦理史，中国美学史，现代西方美学，佛教史和典籍研究，伊斯兰教历史和理论，基督教研究，中国民间宗教史，中国道教史，宗教学原理，马克思主义新闻思想研究等。

文学、语言学方面：文艺理论，文艺美学，中国古代文学史，中国现代文学史，当代文学批评，中国少数民族史诗研究，俄国文学研究，英国文学研究，法国文学研究，德国文学研究，美国文学研究，意大利文学研究，东方文学研究，汉语方言研究，语音研究，近代汉语研究，国外语言学等。

社会学、法学和民族问题研究方面：社会学理论，社会调查方法，农村社会学，社区研究，民族史，民族语言，民族学，民法学，商法经济法学，知识产权法学，法理学，中国法制史等。

国际问题研究方面：世界经济研究，发展中国家经济研究，外国农业和农村经济研究，世界经济统计与分析，美国政治经济及美国外交研究，俄罗斯政治经济研究，中亚政治经济研究，原东欧政治经济研究，日本政治经济研究，印度哲学研究，梵文文献研究，西欧政治经济研究，中东政治经济研究，非洲政治经济研究，南非政治研究，拉美政治经济研究等。

上述二、三级学科共100个左右，约占我院二、三级学科总数的1/3。各学科优势的程度、范围、前景等方面，仍然存在着较大的差别。有的优势较明显，有的优势仅具相对意义，有的仅仅居于前列。一般说来，以我国的历史、哲学、宗教、考古、语言、文学、民族问题，以及现实的经济社会发展问题为研究对象的诸学科，在国内处于领先水平的同时，在国际学术界也具有公认的重要地位。

这100个左右学科，近十多年来，面对国内社会科学界的激烈竞争与挑战，仍能保持较强研究实力甚至具有学术优势或居于前列，殊为不易。它凝聚了一代又一代学者的巨大心血。同时，在它们自身的成长、学术优势形成的过程中，以其较高水平的成果，为我国的改革开放、两个文明建设和我国整个社会科学的繁荣与发展做出了积极贡献。这100个左右学科，是中国社会科学院今后进一步发展、提高的现实基础。按照院党委和院务会议关于学科调整的指导思想，这些学科中的绝大多数应作为我院的重点学科，今后应在人力、物力、财力方面对其倾斜，以保持并进一步扩大学科优势。

（三）根据国家现代化建设的迫切需要，拟予重点扶持的重要学科

由于各种原因，在我院300个左右二、三级学科中，有一批相当重要的学科，主要是同建设有中国特色社会主义理论相关的学科，以及改革开放和两个文明建设迫切需要的学科，或者曾经有过优势而近几年优势在逐步丧失，或者虽建立多年但成长缓慢，未能形成优势，所以未被列入重点学科。但为着将我院建成马克思主义的坚强阵地，使我院的学科布局和科研力量的配置同现代化建设相适应，我们有必要在加强重点学科建设的同时，对这样一批尚不具备学术优势的重要学科，予以重点扶持，使其尽快形成新的学科优势。

有必要予以重点扶持的学科共有以下约20个左右：

马克思主义研究、哲学、宗教学、新闻学方面：有中国特色社会主义理论研究，国外社会主义现状及发展趋势研究，国外马克思主义流派研究，社会主义市场经济与伦理道德研究，新闻事业宏观管理研究，中国当代宗教问题研究；

经济学方面：社会主义政治经济学，投资与市场研究，农村宏观经济研究，对外经济贸易学，人口与发展研究；

民族社会、政治法学方面：民族问题理论，刑法学，诉讼法学，国际法学，社会保障研究，行政学；

语言、历史研究方面：现代汉语，古代汉语，苏联史；

国际问题研究方面：亚太国际关系研究，亚太政治经济研究，国际政治研究，世界经济形势分析与预测研究。

（四）涉及调整的二、三级学科及研究机构

对长期形不成气候的学科、研究力量散失难以为继的学科、机构重复设置的学科和陈旧过时的学科，予以收缩或舍弃；并根据需要增设少量学科和研究室。全院涉及调整的二、三级学科及需要在研究室一级机构上作出相应变动的主要有：

经济学科片：

农村发展所集中研究农村经济，原农村社会学方面的研究予以收缩（由社会学所承担），将农村经济组织与社会研究室改为农村经济组织研究室。

工业经济所撤销企业管理研究室；组建企业制度研究室、工业企业经营管理研究室、中小企业研究室。

财贸经济所舍弃会计学、审计学；撤销物资经济研究室，物资经济学科并入商业经济研究室；收缩旅游经济研究，将服务旅游经济研究室改为服务经济研究室；城市经济研究成建制划出，并入院城市发展与环境研究中心。

数量经济与技术经济所撤销农业与国土技术经济研究室、工业技术经济研究室，组建资源技术经济研究室、环境技术经济研究室。

人口所重点加强人口学理论和人口发展问题研究，将现有人口经济研究室、人口社会研究室、人口统计与分析室，逐步调整为人口学理论研究室、人口发展研究室、人口统计与分析室。

民族社会政法片：

政治学所撤销比较政治研究室；政治制度与行政学研究室分设为政治制度研究室、行政学研究室。

法学所撤销比较法研究室、台港澳法研究室，成立诉讼法研究室。

社会学所成立社会保障研究室。

哲学片：

哲学所将辩证唯物主义研究室与历史唯物主义研究室合并为马克思主义哲学原理研究室，中国现代哲学研究室与马克思主义哲学史研究室合并为马克思主义哲学史研究室，西方哲学史研究室与现代外国哲学研究室合并为西方哲学研究室。

马列所收缩关于马克思主义哲学、政治经济学的研究，收缩国际共产主义运动史研究，将马克思主义基本理论研究室与毛泽东思想研究室合并为马列主义毛泽东思想研究室，将国际共产主义运动研究室与当代国外社会主义研究室合并为当代国外马克思主义、社会主义研究室；成立建设有中国特色社会主义理论研究室。

宗教所撤销藏传佛教研究室。

新闻所改为新闻与传播学研究所；撤销新闻史研究室。

文学片：

文学所撤销鲁迅研究室、台港文学研究室、近代文学研究室。

外国文学所撤销东欧文学研究室、比较文学研究室。

少数民族文学所撤销少数民族文学理论研究室，成立当代少数民族文学研究室；将内蒙古东北少数民族文学研究室改为蒙古族文学研究室、西北少数民族文学研究室改为北方少数民族文学研究室。

语言所将计算机室与应用语言学研究室合并为应用语言学研究室。

史学片：

历史所将明史研究室与清史研究室合并为明清史研究室，将史学史研究室与思想史研究室合并为思想史研究室。

近代史所收缩中国通史研究，中国通史研究室现在承担的课题结题后撤销；将国外史学动态编译室与近代史资料编辑室合并为近代史资料编译室。

考古所将实验室、技术室及人骨、兽骨组合并为考古科技实验研究中心（室），少数考古队暂停田野业务。

国际片：

世界经济与政治所以当代世界经济和国际政治的综合性、战略性、理论性研究为重点，收缩关于国别、地区经济政治问题研究，撤销发达资本主义经济研究室、发展中国家经济研究室、全球经济专题研究室、苏联东欧经济比较研究室，成立世界经济比较研究室、世界发展研究室。

东欧中亚所东欧一室改为东欧室，并收缩研究范围，以罗马尼亚、匈牙利、南斯拉夫为研究重点；东欧二室收缩研究范围，改为乌克兰研究室；中亚室以哈萨克斯坦、乌兹别克斯坦为研究重点。

亚太所以亚太地区的政治、经济、国际关系为研究重点，将原综合室改为亚太国际关系与合作研究室，有关南亚宗教、哲学、文学问题研究逐步分别转入宗教所、哲学所、外文所，撤销南亚宗教哲学历史文化研究室；梵文文献研究保留在亚太所，成立南亚历史文献研究室。

西亚非洲所调整非洲地区研究范围划分；撤销非洲地区研究室，成立南非研究中心。

此外，关于所际间的协调与分工，明确以下几点：(1) 国际片各研究所收缩有关国别、地区的历史、文学问题研究，不设国别或地区历史、文学研究机构，有关这方面问题的研究分别并入外国文学所和世界历史所。(2) 关于中国传统文化的研究，历史所的思想史室侧重于思想与社会史的结合研究；哲学所的中国哲学史室侧重于哲学史的研究；宗教所的儒教室侧重于儒教研究，以及宗教发展演变与中国传统文化的关系研究。(3) 关于中国经济史的研究，近代史所的近代经济史研究要侧重于历史学和社会学的宏观角度，经济所则要加强部门、行业和地方经济史的深入研究。(4) 关于史学理论的研究，世界历史所要侧重对外国史学重大理论和方法论的研究，以区别于近代史所关于史学理论的一般研究。

以上调整所涉及的二、三级学科约 40 个，所涉及的研究室一级机构有 30 个左右。

（五）实施学科调整方案的若干措施

这次学科调整能否取得预期效果，关键在于能否将本方案确定的 120 多个重点学科和重点予以扶持的重要学科建设好。为抓好这一关键环节，应采取以下几项措施：

1. 在实施学科调整方案的过程中，院所领导务必始终坚持贯彻院党委、院务会议提出的“根据需要和可能，有所加强，有所保持，有所合并，有所舍弃，以突出重点，既确保主攻方向，又兼顾各学科共同繁荣”的指导思想，切实纠正追求门类齐全的倾向。已被确定为重点的学科或重点予以扶持的重要学科，应千方百计对之倾斜；已经决定收缩、舍弃的学科，果断予以收缩、舍弃。

2. 下大气力抓各学科，尤其是重点学科和重点扶持的重要学科的学术带头人的培养和科研骨干队伍的建设。首先，要结合培养跨世纪人才工程，对现有中青年研究人员的情况进行一次普查，挑选出一批具有良好的政治素质和业务素质的同志，列为重点培养对象，政策上给予倾斜。在承担重点课题、出国进修，以及解决住房等方面，给予特别扶持。对那些在科研工作中已经崭露头角的同志，要注意向外界介绍，提高他们的知名度。重点人才的培养，要有年龄的梯次结构，并提出数量要求。其次，要有计划地从院外选调一批学术带头人和学术骨干，以应我院一些重点学科之急需。各研究所可以提出拟从院外选调人员的名单，经院审核后，统筹安排解决。

还要抓好队伍的知识更新工作，改善研究人员的知识结构，特别是要普及计算机的使用，实现科研手段的现代化。研究生院要注意从学习自然科学出身的人员中招收学生，并把研究生培养工作同我院重点学科建设紧密地结合起来。

3. 以科研任务带动学科建设和人才培养。为了保证重点学科的发展和提高，院重点项目经费将主要用于重点学科和重点扶持的学科的立项需要。要处理好基础理论研究和应用研究的关系。在大力加强重大现实问题的应用研究和对策研究的同时，要及时总结已有的研究成果，进行理论的概括和整体性、系统性的研究，促进学科基础理论的建设。

4. 为把前两项（2、3）措施落到实处，动员院所各级领导和全院职工实施学科调整的“二·1～3”工程：从1995年开始，用5年时间，每一个重点学科和重点扶持的学科，形成一支由1～3个学科带头人或具有学科带头人潜力的学者领衔的、年龄梯次结构合理的科研骨干群体，推出1～3种对改革开放、两个文明建设和学科基本理论建设具有重大意义的、高水平的研究成果。

（六）调整后全院的学科布局和研究机构设置

经过上述调整后，全院的学科布局和研究机构设置情况如下：31个研究所、2个实体性研究中心（边疆史地研究中心、城市发展与环境研究中心）共设二、三级学科260个左右。其中，重点学科107个，拟予重点扶持的重要学科24个，研究室一级机构182个。

全院学科布局和研究机构具体设置情况（内容从略）。

第　二　编

组 织 机 构

一　中国社会科学院机构设置

中国社会科学院领导及其分工

院党委书记、副书记、委员

党委书记　　王忍之
副书记　　滕　藤　龙永枢
党委委员　　胡　绳　王忍之　汝　信　滕　藤　王洛林
　　刘　吉　龙永枢　郭永才　李英唐(纪检组长)

院长、副院长、顾问、秘书长

院　长　　胡　绳(主持全院工作)
副院长　　王忍之(主持全院工作并分管历史学片工作)
　　汝　信(负责常务工作并分管文学片、政法社会学片及科研管理工作)
　　滕　藤(分管国际片、研究生院及外事工作)
　　王洛林(分管经济学片工作)
　　刘　吉(分管哲学片工作)
　　龙永枢(分管党政后勤工作)
特邀顾问　　钱钟书
　　刘国光
秘书长　　郭永才(协助副院长负责行政后勤工作)

中国社会科学院机关

办公厅

主　任　秦其明
副主任　解延德　崔智友

科研局

局　长　何秉孟
副局长　黄浩涛

人事教育局

局　　长　单天伦
副局长　张卫峰　韩乃锦

外事局

局　　长　姜汉章
副局长　李明德　丁敬平

财务基建计划局

局　　长　朱锦昌
副局长　王亚田　齐　明

老干部局

局　　长　阎金生
副局长　章丽君

保卫局

局　　长　张友坤
副局长　谷　峰　贾仁忠

党委办公室

主　　任　张显清
副主任　孙叔林

机关党委

书　　记　孙叔林
副书记　赵燕平

机关纪委

书　　记　康树漪

监察室

主　　任　张联瑜
副主任　刘克平

审计室

副审计特派员　林中兴

中国社会科学院研究所

经济研究所

所　　长　张卓元
副所长　于祖尧　吴太昌　王振中
党委书记　于祖尧
党委委员　于祖尧　吴太昌　王振中
　　　　　江太新　刘迎秋

工业经济研究所

所　　长　陈佳贵
副所长　吕　政　孟昭宇　金　碚
党委书记　陈佳贵
副书记　吕　政
党委委员　陈佳贵　吕　政　孟昭宇
　　　　　金　碚

农村发展研究所

所　　长　陈吉元
副 所 长　刘文璞　邓英淘　张晓山
党委书记　刘文璞
党委委员　刘文璞　陈吉元　邓英淘
　　　　　张晓山　杜晓山　李日焕

财贸经济研究所

名誉所长　刘明夫
所　　长　杨圣明
副 所 长　刘溶沧　郭东乐　李　扬
党委书记　刘溶沧
党委委员　刘溶沧　杨圣明　郭东乐
　　　　　李　扬　李　昭

数量经济与技术经济研究所

所　　长　李京文
副 所 长　刘树成　汪同三　郑玉歆
党委书记　李京文
副 书 记　郑玉歆
党委委员　李京文　靳汉生　郑友敬
　　　　　郑玉歆　齐建国

人口研究所

所　　长　田雪原
副 所 长　刘国珍　蔡　昉
党委书记　刘国珍
党委委员　刘国珍　田雪原　蔡　昉
　　　　　张世生　胡伟略

哲学研究所

所　　长　陈筠泉
副 所 长　姚介厚　李景源　王茂珍
(哲学所、马列所联合党委)
党委书记　傅青元
副 书 记　王茂珍
党委委员　傅青元　王茂珍　陈筠泉
　　　　　靳辉明　姚介厚　李景源
　　　　　安　京　王秀奎

马克思列宁主义毛泽东思想研究所

所　　长　靳辉明
副 所 长　王茂珍　安　京
(哲学所、马列所联合党委)
党委书记　傅青元
副 书 记　王秀奎
党委委员　傅青元　王茂珍　王秀奎
　　　　　靳辉明　安　京　陈筠泉
　　　　　姚介厚　李景源

世界宗教研究所

所　　长　吴云贵
副 所 长　戴康生　卓新平　曹中建
党委书记　戴康生
党委委员　戴康生　吴云贵　曹中建
　　　　　李富华　张新鹰

考古研究所

所　　长　任式楠
副 所 长　乌　恩　张国宝　刘庆柱
党委书记　王立邦
副 书 记　张国宝
党委委员　王立邦　张国宝　任式楠
　　　　　乌　恩　莫润先　郭振禄

历史研究所

所　　长　李学勤

副 所 长　李新达　童　超　陈祖武
党委书记　卢钟锋
副 书 记　李新达
党委委员　卢钟锋　李新达　李学勤
　　　　　童　超　刘荣军

近代史研究所

所　　长　张海鹏
副 所 长　王庆基　耿云志　齐肇业
党委书记　王庆基
副 书 记　齐肇业
党委委员　王庆基　齐肇业　张海鹏
　　　　　耿云志　姜　涛　韩志远
　　　　　章百家(9月份换闵　杰)

世界历史研究所

名誉所长　陈翰笙
所　　长　廖学盛
副 所 长　武　寅　吴恩远
党委书记　武　寅
党委委员　武　寅　廖学盛　雷中庆
　　　　　赵家吉　吴恩远

文学研究所

所　　长　张　炯
副 所 长　董乃斌　包明德
(文学所、少文所联合党委)
党委书记　冯志正
副 书 记　包明德
党委委员　冯志正　包明德　张　炯
　　　　　董乃斌　郎　樱　扎拉嘎
　　　　　许　明　张　宽

少数民族文学研究所

所　　长　张　炯
副 所 长　包明德　郎　樱　扎拉嘎
(文学所、少文所联合党委)
党委书记　冯志正
副 书 记　包明德
党委委员　冯志正　包明德　张　炯
　　　　　董乃斌　郎　樱　扎拉嘎
　　　　　许　明　张　宽

外国文学研究所

所　　长　吴元迈
副 所 长　黄宝生　赵一凡　陈辉海
党委书记　吴元迈
副 书 记　陈辉海
党委委员　吴元迈　陈辉海　黄宝生
　　　　　赵一凡　陈众议

语言研究所

所　　长　刘　坚
副 所 长　江蓝生　孟庆海　董　琨
党委书记　李　利
副 书 记　孟庆海
党委委员　李　利　孟庆海　江蓝生
　　　　　董　琨　刘　坚

法学研究所

所　　长　刘海年
副 所 长　刘　瀚　王保树　郑成思
　　　　　信春鹰
(法学所、政治学所联合党委)
党委书记　刘　瀚
党委委员　刘　瀚　刘海年　王保树
　　　　　杨海蛟　信春鹰　郑成思

顾卫东

政治学研究所

所　　长　刘海年
副 所 长　刘　瀚　王保树　郑成思
　　　　　信春鹰
(法学所、政治学所联合党委)
党委书记　刘　瀚
党委委员　刘　瀚　刘海年　王保树
　　　　　杨海蛟　信春鹰　郑成思
　　　　　顾卫东

民族研究所

所　　长　杜荣坤
副 所 长　郝时远　史金波　道　布
党委书记　李　希
副 书 记　道　布
党委委员　李　希　道　布　杜荣坤
　　　　　蔡曼华　黄　行

社会学研究所

所　　长　陆学艺
副 所 长　李培林　张　健　景天魁
党委书记　陆学艺
副 书 记　张　健
党委委员　陆学艺　张　健　李培林
　　　　　马贵明　黄　平

新闻研究所

所　　长　喻权域
副 所 长　张秉意
党委书记　张秉意
党委委员　张秉意　喻权域　宁　新
　　　　　孙旭培

世界经济与政治研究所

所　　长　谷源洋
副 所 长　司马军　徐更生　徐文渊
党委书记　徐文渊
副 书 记　司马军
党委委员　徐文渊　司马军　谷源洋
　　　　　戎殿新　王德迅　张宇燕
　　　　　余永定

东欧中亚研究所

所　　长　张文武
副 所 长　张　森　马维先　李正乐
党委书记　张　森
党委委员　张　森　张文武　马维先
　　　　　李正乐　李静杰　徐　葵
　　　　　钱玉柱

欧洲研究所

所　　长　裘元伦
副 所 长　周荣耀　周　弘
(美国所、欧洲所联合党委)
党委书记　杜文亮
副 书 记　周荣耀
党委委员　杜文亮　周荣耀　裘元伦
　　　　　王缉思　陶文钊

西亚非洲研究所

所　　长　赵国忠
副 所 长　谈世中　邵长厚
党委书记　邵长厚
党委委员　邵长厚　赵国忠　谈世中

拉丁美洲研究所

所　　长　苏振兴
副 所 长　李文举
党委书记　南世昌
党委委员　南世昌　苏振兴　李文举
　　　　　徐世澄　江时学

亚洲太平洋研究所

所　　长　张蕴岭
副 所 长　孙士海
(日本所、亚太所联合党委)
党委书记　葛良志
党委委员　孙景超　张蕴岭　邵心洁
　　　　　赵阶琦　冯昭奎　高连福
　　　　　俞焕灿

美国研究所

所　　长　王缉思
副 所 长　杜文亮　陶文钊
(美国所、欧洲所联合党委)
党委书记　杜文亮
副 书 记　周荣耀
党委委员　杜文亮　周荣耀　裘元伦
　　　　　王缉思　陶文钊

日本研究所

所　　长　(暂缺)
副 所 长　赵阶琦　冯昭奎
(日本所、亚太所联合党委)
党委书记　葛良志
党委委员　孙景超　张蕴岭　邵心洁
　　　　　赵阶琦　冯昭奎　高连福
　　　　　俞焕灿

台湾研究所

所　　长　姜殿铭
副 所 长　余克礼　曹治洲
党委书记　姜殿铭
副 书 记　余克礼
党委委员　姜殿铭　余克礼　戴文彬
　　　　　刘映仙　王景顺　樊绍民
　　　　　朱卫东

中国社会科学院直属单位

研究生院

院　　长　方克立
副 院 长　廖世伦　王清海　陈东琪
党委书记　廖世伦
副 书 记　翁杰明
党委委员　廖世伦　翁杰明　方克立
　　　　　王清海　李彦冬　李茂生

文献信息中心

代 主 任　李惠国
副 主 任　黄长著　张保民
党委书记　刘　铁
党委委员　刘　铁　李惠国　黄长著
　　　　　张保民　李树东　黄育馥
　　　　　殷世才

中国社会科学出版社

社　　长　郑文林
副 社 长　吕张华
总 编 辑　王俊义
党委书记　郑文林
副 书 记　刁守朝
党委委员　郑文林　刁守朝　王俊义
　　　　　吕张华

中国社会科学杂志社

总 编 辑　赵振英
副总编辑　宋德金　秦　毅　李存山
党委书记　赵振英
副 书 记　秦　毅
党委委员　赵振英　秦　毅　宋德金
　　　　　李存山　陈文桂

社会科学文献出版社

社　　长　沈恒炎
总 编 辑　陆象淦

郭沫若纪念馆

馆　　长　郭平英
副 馆 长　王骏骥

中国边疆史地研究中心

主　　任　马大正

服 务 中 心

总 经 理　张巨功
副总经理　张崇元　赵亚南

中国人文科学发展公司

总 经 理　白莲蓉

中国经济技术研究咨询公司

副总经理　张文阁

二　中国社会科学院高级专业技术职务评审委员会(第三届)

研究系列正高级评审委员会

经济片研究系列正高级评审委员会

主　任	王洛林			
委　员	王洛林	刘国光	于祖尧	经君健
	赵人伟	吕　政	周叔莲	张卓元
	陈佳贵	陈栋生	杨圣明	刘溶沧
	张晓山	何振一	李　扬	陈吉元
	刘文璞	邓英淘	桂世镛	李京文
	沈利生	汪同三	金周英	田雪原
	蔡　昉	张曙光		

哲学片研究系列正高级评审委员会

主　任	刘　吉			
委　员	刘　吉	陈筠泉	徐崇温	叶秀山
	陈　瑛	贾泽林	李景源	蒙培元
	姚介厚	张家龙	吴云贵	秦惠彬
	李凤鸣	卓新平	马西沙	杨曾文
	何光沪	靳辉明	李惠国	秦麟征
	方克立	牟钟鉴		

历史片研究系列正高级评审委员会

主　任	王忍之			
委　员	王忍之	林甘泉	李学勤	陈高华
	陈祖武	宋镇豪	童　超	虞和平
	张海鹏	吴恩远	杨天石	蒋大椿
	耿云志	王章辉	廖学盛	于　沛
	安家瑶	施治生	张显清	任式楠
	孟凡人	刘庆柱	杨　虎	刘一曼

马大正　金冲及

文学片研究系列正高级评审委员会

主　任　汝　信
委　员　汝　信　张　炯　钱中文　董乃斌
邓绍基　杨　义　杜书瀛　刘扬忠
祁连休　刘　坚　裘锡圭　江蓝生
熊正辉　林茂灿　童道明　吴元迈
吕同六　黄宝生　柳鸣九　董衡巽
张　黎　沈家煊　郎　樱　仁钦道尔吉

社会政法片研究系列正高级评审委员会

主　任　汝　信
委　员　汝　信　杜荣坤　道　布　史金波
祝启源　夏之乾　郝时远　卢　勋
信春鹰　景天魁　王家福　刘海年
王保树　肖贤富　郑成思　梁慧星
张庆福　沈崇麟　戴庆厦　刘　瀚
白　钢　陆学艺　李培林　苏国勋
喻权域　陈力丹

国际片研究系列正高级评审委员会

主　任　滕　藤
委　员　滕　藤　李　琮　戎殿新　谷源洋
余永定　张文武　李静杰　张　森
徐世澄　陶文钊　王缉思　周荣耀
高增杰　苏振兴　高成兴　谈世中
赵国忠　魏燕慎　张蕴岭　裘元伦
赵阶琦

编辑系列正高级评审委员会

主　任　陈筠泉
委　员　陈筠泉　李祖德　郑国琦　刘其昌
郑天星　刘　奔　盛　宁　陈骏涛
曾业英　侯精一　沈永兴　温明荣

修世华　刘国平　陈公元　李正乐
郑文林　季寿荣　沈恒炎　余顺尧
赵振英　宋德金　李存山　王俊义
何秉孟

翻译系列正高级评审委员会

主　任　黄长著
委　员　黄长著　汤重南　林一安　郭官义
莫润先　谢振清　刘瑞祥　姜汉章
罗新璋　黄曰炤　朱世达　杨祖功
白凤森　杨　炽　赵国琦　吴安迪
黄育馥　李明德　章国锋　林国本

图书资料系列副高级评审委员会

主　任　李惠国
委　员　李惠国　赵嘉珠　胡广翔　陈晓旭
吴裕宪　王世民　罗仲辉　刘湘生
赵九燕　刘金利　邵小鸥　黄国政
王宽成　郑海峰　张毓熙　吴慈慰
莫作钦　吕其苏　刘　铁　刘明正
辛希孟　王正义　吴　天

三　中国社会科学院研究所学术委员会

经济研究所

主　　任　于祖尧
副主任　樊　纲　经君健
委　　员　王振中　厉以平　朱　玲
何建章　吴太昌　吴树杰
吴敬琏　赵人伟　黄　达
董志凯　戴园晨

工业经济研究所

主　　任　张卓元
副主任　陈佳贵　吕　政
委　　员　丁敬平　周叔莲　吴家骏
汪海波　韩岫岚　陈栋生
周绍朋　郑海航　金　碚
黄速建　江小涓　陈乃醒

农村发展研究所

主　　任　陈吉元
副主任　邓英淘
委　　员　刘文璞　何乃维　张留征
丁泽霁　魏道南　杨　勋
张晓山　庚德昌　邓一鸣
韩　俊　薛玉炜

财贸经济研究所

主　　任　杨圣明
副主任　刘溶沧
委　　员　郭冬乐　李　扬　高涤陈
陶　琲　贾履让　赵效民
何振一　白仲尧　杨重光
张广瑞　陈家勤　张卓元

数量经济与技术经济研究所

主　　任　李京文
副主任　郑友敬　郑家亨
委　　员　王梦奎　刘天福　刘吉斗
刘树成　汪同三　张守一
张国初　郑玉歆　袁嘉新
钟学义

人口研究所

主　　任　田雪原
副主任　蔡　昉
委　　员　胡伟略　杨子慧　战　捷
邬沧萍　曾　毅

哲学研究所

主　　任　叶秀山
委　　员　陈筠泉　赵凤岐　聂振斌
张清宇　姚介厚　李景源
童天湘　蒙培元　陈　瑛
刘　奔　王炳文　徐崇温
景天魁　王家瑛

马克思列宁主义毛泽东思想研究所

主　　任　靳辉明
副 主 任　韩荣璋
委　　员　蔡声宁　孙连成　高敬增
　　　　　安　京　张战生　陈之骅
　　　　　徐崇温

世界宗教研究所

主　　任　吴云贵
委　　员　马西沙　孔　繁　吕大吉
　　　　　杨曾文　杜继文　李　申
　　　　　何光沪　余敦康　郑天星
　　　　　卓新平　金宜久　戴康生

考古研究所

主　　任　王仲殊
副 主 任　任式楠　刘庆柱
委　　员　安志敏　乌　恩　张长寿
　　　　　苏秉琦　仇士华　徐苹芳
　　　　　郑振香　孟凡人　杨　虎
　　　　　殷玮璋　卢兆荫　宿　白

历史研究所

主　　任　林甘泉
副 主 任　陈祖武　郭松义
委　　员　（按姓氏笔划为序）
　　　　　王戎笙　卢钟锋　朱大渭
　　　　　李学勤　余太山　辛德勇
　　　　　张　弓　张泽咸　陈高华
　　　　　施　丁　黄宣民　童　超

近代史研究所

主　　任　王庆成
副 主 任　耿云志
委　　员　张海鹏　陈铁健　徐曰彪
　　　　　从翰香　杨天石　王学庄
　　　　　蒋大椿　曾业英　刘志琴
　　　　　徐辉琪　章百家　金冲及
　　　　　李文海

世界历史研究所

主　　任　廖学盛
副 主 任　于　沛　杨灏城
委　　员　张椿年　陈之骅　陈启能
　　　　　阚思静　施治生　汤重南
　　　　　刘欣如　黄柯可　吴恩远
　　　　　武　寅　何芳川　张宏毅

文学研究所

主　　任　邓绍基
副 主 任　樊　骏　钱中文
委　　员　杜书瀛　何文轩　王善忠
　　　　　刘世德　徐公恃　董乃斌
　　　　　杨　义　张　炯　曾镇南
　　　　　杨匡汉　祁连休　陈骏涛

少数民族文学研究所

主　　任　仁钦道尔吉
副 主 任　扎拉嘎
委　　员　张　炯　刘魁立　降边嘉措
　　　　　郎　樱　邓敏文

外国文学研究所

主　　任　吴元迈
副 主 任　黄宝生　赵一凡
委　　员　董衡巽　李辉凡　柳鸣九
　　　　　张　黎　叶廷芳　童道明
　　　　　盛　宁　章国锋　郭宏安
　　　　　吕同六　高慧勤　金志平

语言研究所

主　　任　刘　坚
副 主 任　江蓝生　林茂灿
委　　员　林联合　熊正辉　张振兴
　　　　　李临定　王克仲　沈家煊
　　　　　刘　倬　侯精一　单耀海
　　　　　徐　枢　董　琨　韩敬体

法学研究所

主　　任　刘海年
副 主 任　王保树　郑成思
委　　员　刘　瀚　王家福　梁慧星
　　　　　张庆福　韩延龙　李步云
　　　　　刘楠来　肖贤富　杨一凡
　　　　　陈春龙　信春鹰　陈泽宪

政治学研究所

主　　任　吴大英
副 主 任　刘　瀚
委　　员　白　钢　张庆福　刘兆兴
　　　　　张志荣　杨海蛟

民族研究所

主　　任　杜荣坤
副 主 任　郝时远　道　布
委　　员　史金波　李　希　任一飞
　　　　　孙宏开　黄　行　满都尔图
　　　　　李坚尚　卢　勋　葛公尚
　　　　　杨荆楚　龙远蔚　华祖根

社会学研究所

主　　任　陆学艺
副 主 任　李培林
委　　员　景天魁　苏国勋　魏章玲
　　　　　张　琢　张厚义　杨雅彬
　　　　　司马云杰　李银河　李庆善
　　　　　单光鼐

新闻研究所

主　　任　喻权域
副 主 任　孙旭培
委　　员　陈力丹　陈崇山　明安香
　　　　　徐耀魁　彭朝丞

世界经济与政治研究所

主　　任　谷源洋
副 主 任　徐更生　张宇燕
委　　员　（按姓氏笔划为序）
　　　　　王金存　王诵芬　司马军
　　　　　刘国平　戎殿新　李　琮
　　　　　沈华嵩　胡有萼　浦　山
　　　　　徐文渊　梁东升　熊家文

东欧中亚研究所

主　　任　张文武
副 主 任　李静杰　赵常庆
委　　员　徐　葵　张　森　李正乐
　　　　　陆南泉　赵乃斌　高中毅

陈联璧　倪孝铨　吴仁彰
董晓阳

欧洲研究所

主　　任　裘元伦
委　　员　陈乐民　周荣耀　张蕴岭
　　　　　杨祖功　周　弘　吴国庆
　　　　　王振华　叶章蓉

西亚非洲研究所

主　　任　赵国忠
副 主 任　谈世中
委　　员　陈宗德　陈公元　马秀卿
　　　　　杨立华　何丽儿　刘　竞
　　　　　唐宇华　徐济明　王京烈

拉丁美洲研究所

主　　任　陈芝芸
副 主 任　曾昭耀
委　　员　苏振兴　徐世澄　张森根
　　　　　张宝宇　毛相麟　白凤森
　　　　　王晓燕　江时学　周俊南

亚洲太平洋研究所

主　　任　张蕴岭
委　　员　孙士海　黄心川　魏燕慎
　　　　　蒋忠新　宫　静　韩镇涉
　　　　　范国鹰　高连福　薛克翘
　　　　　陆建人

美国研究所

主　　任　王缉思
副 主 任　茅于轼
委　　员　陶文钊　资中筠　杨达洲
　　　　　胡国成　张静怡

日本研究所

主　　任　赵阶琦
副 主 任　冯昭奎
委　　员　高增杰　马桐山　叶渭渠
　　　　　蒋立峰　张淑英　田万苍
　　　　　何　方（1995年11月底，
　　　　　增补张蕴岭）

第　三　编

一九九五年工作概况

一 研 究 所 工 作

经 济 研 究 所

1995年，经济所领导着力抓了有中国特色社会主义理论和党的十四届五中全会文件的学习。在全所深入学习《邓小平文选》的基础上，所党委专门组织处室以上干部集中学习，突出强调体会经济学界的实际，抓住在当前社会大变动时期，经济学和经济学家应该怎样定位、定向等一些深层次的问题，认真思考和讨论，进一步明确该所的任务和建设方向，收到了较好的效果。所内部分同志参加了受中央财经领导小组办公室的委托，为起草十四届五中全会文件而作的调研工作，提交了一些研究报告。五中全会召开后，除组织全所同志认真学习外，还召开了经济学界有关人士的座谈会，在《经济研究》和《经济学动态》上发表了座谈内容和纪要，积极就全会提出的重大理论和实际问题组织研究和宣传。另外，还组织了先进支部和模范党员的评选工作，扶持和弘扬了正气，促进了工作，效果和反应比较好。

（一）科研工作

1. 科研成果统计。

本年度出版专著24种，468万字；学术论文221篇，266.9万字；研究报告26篇，48.7万字；学术资料14篇，93.6万字；译著8种，97.2万字；译文7篇，6.4万字；教材1种，5万字；普及读物1种，30万字；工具书4种，120万字；辞书30万字；一般文章14篇，5.9万字；期刊编辑共40期，508万字。

2. 主持召开了各类学术研讨会。

（1）“中国宏观经济论坛”召开了两次形势研讨会，对社会各方面普遍关注的宏观经济形势评价和发展对策进行了研讨。

（2）“中国：肃毒与经济社会发展”主题研讨会。研究和讨论毒品问题与经济社会问题的联系及根据国情探讨代价小、效率高、标本兼治的替代种植等肃毒途径。会议得到社会各界的关注，产生了积极影响。

（3）“外资西进研讨会”。由经济所“欠发达经济研究中心”与国家计委对外经济研究所联合召开，对十四届五中全会提出的重视西部经济发展问题，及时组织了外企、外国金融机构和我国西部地区及科研单位的对话和研讨，受到各新闻媒体的重视，影响较大。

（4）“国有中小企业改革研讨会”。8月份在山东诸城召开，这次学术活动在学术界和有关政府部门引起了较大反响。

（5）“委托—代理关系问题学术研讨会”。在所里召开的这次研讨会，是我国关于国有企业的委托代理关系的首次学术会议，30余名活跃的中青年经济学家对这个前沿性问题进行了热烈的讨论，取得了较好的成果。

(6)“银行与企业关系问题学术研讨会”。10 月份在武汉大学召开，对社会主义市场经济建立过程中的这一重要问题进行了研讨。

(7) 经济所及所属两个刊物共同举办了贯彻十四届五中全会精神座谈会。有关专家学者 20 多人出席了会议，就促进两个转变问题进行了热烈的讨论。

(8) 经济所创办的已在社会上有较大影响的“午餐研讨会”已形成制度，并保持了相当的频率，有不少国外著名学者、我国出国留学人员和所内科研人员作了学术演讲。在学术界和新闻界有较大影响。

另外，《经济研究》编辑部、《经济学动态》编辑部还与有关单位联合召开了“现代企业制度建设问题研讨会”(11 月份在锦州)、“股份制企业的土地制度研讨会”(5 月份在北京)、“市场经济理论研讨会”(11 月份在所内) 等学术研讨会。

3. 举办了两次有影响的纪念活动。

(1)“祝贺巫宝三先生 90 华诞暨从事科学研究 63 周年”纪念会。经济所举办的这次纪念活动，不仅社科院领导和国务院发展中心、民进中央、北京市政协等单位的领导出席了会议，而且我国经济学界的许多老一辈经济学家也都参加了会议。新闻媒介做了报道，产生了较大的影响。

(2)“《经济研究》创刊 40 周年、《经济学动态》创刊 35 周年纪念会”于 11 月 2 日在人民大会堂召开。我院领导和国务院有关部门的领导，首都及外地高等院校和科研部门的著名经济学家，两刊的现任编委和历届主编、副主编、编辑部主任，以及新闻界、出版界的同志共 120 余人出席了会议。在经济学界和社会上产生了很大影响。

4. 课题研究进展较顺利，取得一批成果。

(1) 进行了学科调整和跨世纪人才工程工作。根据“基本稳定、局部调整”的方针，明确了重点学科、优势学科，提出加强基础理论（社会主义政治经济学、宏观经济学等）。在队伍建设方面，在摸清现有队伍结构的基础上，提出了跨世纪学科带头人的培养目标，根据学科建设需要提出队伍配置计划。

(2) 对所有课题进行了清理，加强了责任制，严格了检查、结项制度。同时，又争取了一些新项目，使研究人员基本上都有了课题。

(3) 建立了几个研究中心，并积极开展活动。欠发达经济研究中心、外商投资企业评价中心，活动较频繁。日本市场经济研究中心编辑出版的《日本市场经济》内容质量水平较高，反应颇佳。

(4) 课题完成结项情况：

“八五”社科基金项目“社会主义市场经济条件下的对外开放”（戴园晨、王振中)、“1949～1952 年中国经济分析”(董志凯)，已结项。

(5) 一些重要课题正在进行，取得阶段性成果。

院招标项目：“现阶段收入分配实证研究”，已进入分工调研阶段，第三季度曾将阶段性报告呈中央财经领导小组办公室。“国有企业产权交易与资产流失”，赴各地调查后已写出 15 万字的调查报告，正在着手总报告的撰写。

社科基金项目：“转型时期的中国经济关系”，经多次具体讨论，已确定提纲，分工写作，拟于 1996 年 6 月交出版社。“三资企业亏损研究”，与国家统计局合作，进行了 1990～1994 年的 2000 家三资企业数据分析与整理，已写出统计报告。“社会主义市场经济体制与国家职能研究”、“转轨时期的宏观经济稳定”和“产权要素市场化”等课题也按计划进行。

院重点项目：“90 年代各种所有制关系研究”，已到全国各地做了大量典型调查，形成了 10 万字的研究报告。“肃毒与社会经济发展问题”，已多次实地调研，写出了近 10 万字的研究报告。另外，福特基金资助项目“收入分配问题研究”也按步骤顺利进行。

（二）学术交流

1. 承担院协议承接项目 3 项，12 人次；接待所协议项目 12 项，24 人次；一般接待 46 批，104 人次；总计接待外宾 61 批，140 人次。进行了对口的学术交流，介绍了我国改革开放和经济建设的成就，帮助外宾解决了很多进行学术活动所要解决的各种问题，增进了该所与外国同行的友谊和交流。

2. 经济所派出学者 78 人次，派出了两个学术访问团（生产力学会代表团、访蒙代表团）。赴国外参加了一些高层次的学术会议，进行了各种学术访问和进修。其中参加国际学术会议占比例最高，提高了经济所在国际上的影响。

3. 与日本、德国学术界的联系和交流有了进一步的扩展，与日本东京大学、五洲研究所等单位的关系有了进一步的加强。

（三）刊物和学会

经济研究所主办的刊物有：《经济研究》，主编张卓元；《经济学动态》，主编王振中；《中国经济史研究》，主编李根蟠。《经济研究》编辑部还编有《经济研究资料》。

挂靠在经济研究所的全国性学会有：

中国经济史学会，会长为吴承明；

中国经济思想史学会，会长为巫宝三；

中国《资本论》研究会，会长为宋涛；

中国外国经济思想研究会，会长为陈岱孙；

中国社会主义经济规律系统研究会，会长为项启源；

中国生产力经济学研究会，会长为孙尚清。

工业经济研究所

1995 年该所新承担了国家社科基金课题 2 个，院重点课题 3 个，院青年课题 3 个，中央、部委委托课题 8 个，地方委托课题 5 个，境外合作课题 3 个；完成科研成果：出版学术专著 23 部，发表论文 338 篇，撰写研究报告 77 篇，译著 1 部，译文 3 篇，总字数约 661 万字。

（一）制订好科研规划，确定好重点课题

1995年是国家“八五”计划的最后一年，根据院科研局的要求，该所集中时间和精力，认真制订了“九五”科研规划，先后召开了两次所内部分专家和青年业务骨干会议，探讨工业经济、企业经济两个学科在社会主义市场经济条件下的建设问题，研究了工业经济、企业经营管理领域改革与发展的热点问题，在组织反复讨论的基础上形成了所的“九五”科研规划，上报院科研局。

在申报1995年度国家级、院重点课题的过程中，抓住了当前我国经济改革与发展中面临的一些重大理论与现实亟待解决的紧迫问题，组织科研骨干集中力量，进行深入研究，力求有所突破。目前该所正在进行的主要课题有：王洛林、陈佳贵研究员主持的院重点课题“中国建立现代企业制度的难点与对策”、吕政研究员主持的院重点课题“有中国特色的社会主义专题研究”、郑海航研究员主持的通过投标中标的院重点课题“严重亏损的国有企业的现状及出路研究”、周叔莲研究员主持的国家社科基金课题“城乡二元经济结构下的经济社会发展问题研究”、陈栋生研究员主持的国家社科基金课题“社会主义市场经济条件下区域经济政策的目标与手段研究”、陈乃醒研究员主持的国家社科基金课题“中国中小企业产业定位与网络制度建设研究”。1995年新承担的有金碚研究员主持的通过投标中标的院重点课题“我国工业品国际竞争力比较研究”、江小涓副研究员主持的院重点课题“中国传统产业的改造、升级及援助政策”、赵英副研究员主持的院重点课题“国家经济安全的监测预警体系”等。这些重点课题的研究目前正在顺利进行，其中发表的中间成果已在社会上产生了很大的影响。

（二）紧密联系我国经济改革与发展的实际，积极开展学术活动

1995年是我国经济改革与发展非常关键的一年，特别是在工业发展、国有企业改革和企业经营管理方面既面临着机遇，也面临着挑战。今年先后承担了中央财经领导小组办公室委托的三个课题：即由吕政副所长主持完成的“国有企业改革与发展问题研究”、“转变经济增长方式，提高经济增长质量”和陈佳贵所长主持完成的“加快建立现代企业制度的步伐，深化国有企业改革——‘九五’及2010年前国有企业改革规划研究报告”，这三个研究课题项目时间紧，要求高。因此，决定由所领导挂帅，抽调业务骨干，组成了精干的课题组，集中精力圆满地完成了专题研究报告任务并受到好评，其中一些观点在中央领导同志以后的讲话中受到重视得到阐述。还承担了国家经贸委、国家计委、国家体改委、铁道部、海关总署等国家部委委托的课题任务。

在研究活动中，坚持了该所的一贯做法，及时地向全所科研人员传达中央领导同志讲话、传达国务院有关文件、传达政府有关部门召开的会议精神，同时也要求研究人员结合课题研究密切联系实际，深入企业调查，力求掌握第一手材料提高研究成果质量。还针对一些热点问题，在所内召集研究人员进行讨论，使大家抓准问题，下功夫研究，出高质量的成果。如召开的关于“国有企业改革问题”讨论会，与会人员进行了充分讨论，发表了许多很好的见解，并以《国有企业改革不要贻误时机》为题对这次会议作了报道，国家经贸委的领导得知后，非常重视该所学者的意见，陈清泰副主任专门来我院与研究人员座谈，感谢该所

对国有企业改革问题的关注。

1995年5月17～19日，该所在武汉钢铁工业总公司召开了“深化企业改革、加强企业管理研讨会”，50多位来自全国的大中型企业负责同志和理论界的知名学者共同探讨了当前国有企业面临的困境、企业改革的难点与对策、减轻企业债务和社会负担、企业富余人员分流，以及如何加强企业管理等问题。

5月30～31日，与中国船舶工业总公司、国家机械部等有关部委在北京联合召开了“中国工业发展战略研讨会”，该所研究人员向此次会议提交了8篇论文，受到与会学者的好评。

6月，该所与国家经贸委机电设备招标中心、《经济日报》工交部在北京联合召开了“建立和完善我国招标投标体制，推动社会主义市场经济发展”理论研讨会。

7月，在北京，该所召开了“加强经济管理提高经济增长质量研讨会”。

9月中旬，在江苏无锡，该所与江苏社科院等单位联合召开了“中小企业国际化经营战略研讨会”。

10月初，在江西赣州，该所与卫生部药政总局、国家医药管理局联合召开了“医药行业改革与发展研讨会”。

12月，在辽宁沈阳，与辽宁社科院联合召开了“九五”辽宁老工业基地改造对策研讨会。该次会议得到我院领导和辽宁省委、省政府领导的高度重视，王忍之、顾金池、闻世震等同志出席了会议。

此外，还召开了10次所内双周学术讨论会，围绕一些热点问题组织所内专家、学者进行讨论，如周叔莲研究员主讲的“国有企业改革问题”，吴家骏研究员主讲的“社会保障制度改革问题”，张金昌硕士主讲的“现代企业生存理论”，陈乃醒研究员主讲的“中小企业改革热点问题”等，受到所内外学者的欢迎。

（三）学术交流

1995年院外事局批准该所出访26人次，已经执行23人次，1人未成行，其余2人计划明年出访。26人中，所级项目16人次，院级项目9人次，国家教委项目1人次。出访人员中，属于出国考察16人次，参加国际或双边会议6人次，参加院外考察2人次，长期进修2人次。

1995年院批准外宾来访19人次，已经全部执行。19人次中，所级项目16人次，院级项目3人次。此外，还接待了56位临时境外来访者。

今年该所与日本亚研所的合作项目“中国产业政策研究”已按期完成，承担可口可乐公司的“中国茶饮料工业”课题也已按协议规定时间顺利完成。

从今年的对外学术交流来看，基本上与该所重点科研项目、学科建设和人才培养计划是结合的。科研人员出访回来后也都提交了出访考察和研究报告。

（四）主要科研成果

由郑海航研究员主持的院投标重点课题“严重亏损国有企业的现状及出路研究”的研究报告已经完成；由陈慧琴研究员主持的中华社科基金项目“技术引进的经验教训研究”总报

告已经完成并送交；陈佳贵研究员主持的院重点课题“关于加速发展我国外向型企业集团的研究”已完成总报告，正由专家评审；江小涓副研究员主持的国家社科（青年）基金项目“转轨时期的产业政策研究”已形成专著；郭克莎副研究员主持的国家社科（青年）项目“我国经济增长的速度、结构与效益研究”研究报告已经完成；陈佳贵研究员主持的国家经贸委委托课题“公司治理结构”已经完成研究报告；张承耀研究员主持的铁道部委托课题“股份制与铁路企业改革”已经完成总报告。

在1995年里，该所郭克莎副研究员的个人专著《中国：改革中的经济增长与结构变动》获得第六届孙冶方经济科学著作奖；江小涓副研究员的论文《中国推行产业政策中的公共选择问题》获得第六届孙冶方经济科学论文奖；副研究员赵英、胥和平等撰写的专著，由云南人民出版社出版的《中国经济面临的危险——国家经济安全论》获得第九届国家图书奖；周叔莲、陈佳贵研究员主编的《市场经济与现代企业制度》专著，获得由《经济日报》组织评选的1994年“十佳经济读物”奖。

附录　经济管理出版社

（一）认真学习、坚决贯彻国家新闻出版署文件和各项规定

1. 坚持正确方向，实现“阶段性转移”。

该社认为，出版业从实际存在的以总量增长为主要特征的阶段转向以优质高效为主要特征的阶段是个重大战略转折。为此，不仅重申了《经济管理出版社关于优化选题的若干意见》，而且采取了以下措施。

（1）进一步修订年度出版图书计划，调整图书结构，不增加图书种类。

（2）确定了一批重点图书，保证重点图书高质量、高品位。其中吴仪主编的《世界各国贸易和投资指南》丛书（共25册），获《经济日报》1995年“全国十佳经济优秀读物”奖；《中国合同大全》（修订版）和《会计报表结构分析》两本书获1995年全国畅销书奖；何业才主编的《新编现代工业企业管理》一书成为1995年11～12月杭州市新华书店（社科著作4种）畅销书；彭好荣主编的《工商企业经营管理》一书被选为中央电大教材，重印3次，达13万多册，受到广大读者的好评。

（3）编制出版社“九五”重点图书规划。在保证继续完成“八五”期间出版社重点图书之外，保证出版社“九五”重点图书《现代企业经营管理》丛书（已列为国家“九五”重点图书规划）和由胡代光、周叔莲、汪海波主编的《西方经济学名著精粹》等图书的高质量。

2. 加强队伍建设，提高职工素质。

《新闻出版署1995年职工要求》和于友先同志在全国新闻出版局长会议上的两个讲话，都特别强调新闻出版队伍建设和领导班子培训，并确定这是1995年的一项主要工作。为了做好这项工作，该出版社采取了三项主要措施。

（1）加强学习，不断提高职工的政治思想素质。

（2）搞好培训和传帮带，不断提高职工的业务素质。为此，除了部分编辑参加中国版协举办的“编辑知识讲座”外，还采取了以下措施。

出版社制定了《新上岗编辑人员定额管理暂行规定》，对新编辑提出了任务、要求和奖惩办法，使他们工作有了目标。

举办社内编辑培训班。这个班全体编辑人员参加，由几位老编辑讲课，主要讲“编辑在出版业中的地位和作用”、“编辑的任务和职责”、“怎样当个好编辑”等。

返聘几位退休编审，即具有正高职称的从事多年总编辑工作的老同志，对新编辑实行传、帮、带。

(3) 做好年终考评工作。考核结果向全社职工公布，并同调级、晋职挂钩。因此，给职工不断提高政治思想素质和业务素质增加了动力和压力。

3. 进行图书质量检查，严格实行出版社年检登记制度。

根据新闻出版署《关于1995年出版社年检登记的通知》（新出图［1994］1043号），对该社这几年，特别是1994年出版的图书进行了严格的大检查。

通过对近几年，特别是1994年近200种图书的严格检查表明，该出版社贯彻执行新闻出版署关于优化选题、提高图书质量、把社会效益放在第一位，以及关于对书号使用总量进行宏观控制、不许书号一号多用等一系列文件精神是坚决的、严肃的、认真的。1994年比1993年出版图书减少39种，出书结构比较合理，没有卖书号和变相卖书号行为，没有出坏书和格调低的书，没有出泄密的书。而且出版了社会和读者反映很好的书。例如，1994年9月，北京王府井新华书店在向读者推荐的优秀图书中，就有该社出版的《第三产业使用手册》等11种。

通过这次出版社年检登记，该出版社被新闻出版署评为良好出版社。

（二）选题、图书种类

1. 选题：

1995年，该出版社向新闻出版署报选题两次：上半年一次，88个选题；下半年一次，100个选题，共计188个选题。由于这些选题是由下而上逐级认真筛选出来的，比较切实可行，所以绝大部分已经落实。

2. 图书种类：

1995年，该出版社共出版图书161种，其中经济类160种，军事类1种；新出版144种，重印17种；共计165万册，21904千印张，5458.2万字。

对161种图书，也可以从另一个角度来划分，大体分六类：

(1) 国务院领导同志交办的书。例如，由李岚清副总理责成经贸部编写并题词，吴仪主编的《世界各国贸易和投资指南》丛书，共25个分册；邹家华副总理责成经贸委编写的《国有企业扭亏增盈经验汇编》等。

(2) 国家“八五”重点图书。例如，由马洪、房维中主编的《中国经济开发——现代与未来》丛书，贵州卷、宜昌卷。由汪海波主编的《新中国工业经济史》(1958～1965)（四卷本）第二卷。

(3) 在国内外有重要影响的理论学术著作。例如，刘国光著的《中国经济改革和发展的新阶段》、张卓元著的《论中国价格改革和物价问题》、李京文主编的《走向21世纪的中国经济》、陈佳贵等主编的《市场经济与企业组织结构的变革》、张问敏等编辑的《中国经济大论战》和桂世镛著的《中国经济：改革、发展与稳定》等。

(4) 行业、部门的实用教材。例如，劳动人事部考试中心组织编写的《全国经济专业技术资格考试指定用书》丛书，共4本；建设部组织编写的《全国建设系统职工职业道德》丛书，共10本；中央电大教材，共3本。

(5) 企业实用书和工具书。例如，《连锁店经营管理实务》、《实用管理方法手册》、《投资项目管理》、《新编外贸会计教程》和《新编实用审计大全》、《中华人民共和国海关关税——政策、法规、实务、税则》(1995)、《中国质量认证年鉴》(1995) 和《现行工商行政管理法律行政法规汇编》(1995) 等。

(6) 具有保存和实用价值的资料图书。例如，《世界工商企业指南》(韩国卷1994年)、《中国人民建设银行分支机构名录》等。

农村发展研究所

(一) 科研工作

全年完成专著6本，130万字；学术论文74篇，132万字；研究报告34篇，153万字。

1995年农发所在学科调整和科研体制改革的基础上，在科研课题管理上继续贯彻“少而精”的指导思想。同1994年相比，计划内课题数量进一步减少，从而结束了长期以来科研战线拉得过长的局面。在19个正在执行的科研项目当中，社科基金3项，院招标项目2项，院重点项目3项，院青年基金项目1项，国家自然科学基金项目1项，所重点项目3项，外单位委托项目2项，国际合作研究项目4项。继1993、1994年出版两本“绿皮书”后，1995年又完成了第三本绿皮书，并举办了“绿皮书”发布会暨研讨会。此书连续三年的发行，在国内外的反响进一步扩大。由刘文璞、杜晓山主持的“易县扶贫”项目，引进了孟加拉“乡村银行”模式，进行了通过向最贫困农户提供贷款，使农民摆脱贫困，并提高还贷率的试验研究。该项目自1994年5月开题以来，已引起了国内外有关人士和机构的关注并受到了赞扬，参观者络绎不绝。有些新闻媒介对易县的扶贫模式做了介绍，认为易县扶贫模式开辟了我国扶贫工作的新途径。1995年11月10日《中国改革报》刊登了题为《易县试行孟加拉模式扶贫》的文章，该文于1995年12月被中央政研室的“简报”转载后，李鹏总理和姜春云副总理对该文做了批示，姜春云认为“经验值得参考”。该所韩俊主持完成的农业部委托课题《本世纪末农村富余劳动力转移的研究》，获得农业部软科学研究优秀成果三等奖，中央有关部门在为五中全会起草《“九五”和2010年农村剩余劳动力转移规划思路》时，大量引用该文的观点。

(二) 学术交流

1995年农发所派往国外的出访学者为26批、38人次，其中包括长期出国进修3人次。接待来访学者50批次、117人次，来访学者涉及22个国家和地区。该所还主办了“中国农村发展与环境国际学术讨论会”，与会代表围绕着中国农村发展与环境这一主题进行了热烈的交流和讨论。中央电视台和《中国环境报》的记者对会议进行了采访和报道。

今年该所与国外机构和国际组织正在进行的合作项目主要有：由福特基金会资助的“森林资源丰富地区脱贫途径研究”和“全国百村劳动力追踪调查”，以及中国、以色列、荷兰合作项目“中国农村股份合作制研究”。

（三）学术刊物

《中国农村经济》（月刊）是本院农村发展研究所主办的国家级农村经济理论刊物。创刊于 1985 年，该杂志伴随着中国农村经济改革与发展的历程而成长，成为这段历史的忠实记录者，是各级政府制定农业政策的重要参考，是对中国农村改革与发展的重大问题进行理论探讨的一块活跃的园地，是目前中国农村经济方面的权威性刊物之一。该杂志辟有农村经济形势分析、国情与农业、权威论坛、地方领导论坛、土地制度、农村金融、农村经济组织、区域经济、部门经济、粮食问题、农村工业化、乡镇企业、农村劳动力转移、农产品流通等栏目。

主　编：陈吉元

副主编：韩　俊

《中国农村观察》（双月刊，原名《农村经济与社会》）是本院农村发展研究所主办的国家级刊物，为《中国农村经济》的姐妹刊。该刊突出对当前农村热点、焦点、难点问题进行集中专题讨论，尤其注重不同观点的争鸣；着重反映农村经济研究动态和进展、农村改革和发展的第一手资料、农村经济运行的信息、各地农村改革与发展的基本经验；侧重于资料性和争鸣、农村动态等专栏。

主　编：陈吉元

副主编：韩　俊

财贸经济研究所

（一）科研与科研组织工作

1995 年，财贸所在全体科研人员的共同努力下，研究工作面向经济建设主战场，取得了丰硕的成果。据不完全统计，全年全所共出版专著（含合著）20 部，共计 300 余万字；发表学术论文和研究报告 400 余篇，共计 320 余万字；还发表和出版一般文章、译文、教材、工具书等多种。从数量上看，人均成果数量超过以往任何一年；从质量上看，多项研究成果受到中央领导及有关部门的重视和好评，有的成果直接被有关部门的决策所采纳。

1995 年，该所科研工作的最突出特点在于，面向经济建设主战场，以高质量的研究成果为经济改革和经济发展服务。这一年，科研人员坚持理论与实践相结合的原则，在研究课题的选择上，对于那些既有理论价值，又有现实意义的课题给予了特别的关注和重视，紧密结合我国建立社会主义市场经济体制的实践，围绕我国经济生活中，尤其是财贸经济领域的一系列热点、难点和疑点，进行深入的调查研究。经过一年的努力，全所科研人员取得了一批受到中央有关领导和管理部门高度重视，也得到社会各界较好评价的高质量的研究成果。

1995年，该所科研人员在院办公厅有关报刊上发表文章20余篇，其中相当一部分文章受到中央领导和中央有关部门的重视。比如，对于1994年以来，我国外汇储备的迅速增长现象，人们对此议论纷纷，甚至引起了许多人的担忧和害怕，由该所科研人员撰写的研究报告《我国外汇储备的合理规模》发表以后，受到有关部门的高度重视，朱镕基副总理还亲自批转国家计委研究。再比如，1995年我国国债发行规模达1500亿元，比上年增长50%，如此大规模的国债发行额度，市场能否承受，也是人们关注的重大问题，该所科研人员撰写的研究报告《如何保证1500亿元国债顺利发行》，在深入调查和借鉴国外国债市场成功经验的基础上，提出了一些具有现实可操作性的对策建议，先后受到财政部和国务院办公厅的重视。还有，该所科研人员撰写的研究报告《适应外汇体制改革，采取新的金融宏观调控措施》、《对调整我国经济技术开发区财政政策的建议》、《投资模式应由借贷型向资本型转变》、《当前外商投资结构中存在的主要问题》、《关于解决出口骗税的一个建议》等等，都是针对我国经济改革和发展过程中亟待解决的现实问题，而提出对策、思路，急政府之所急，想政府之所想，为政府出谋划策、分忧解难。鉴于通货膨胀的严峻形势，党中央确定遏制通货膨胀是1995年我国经济工作的首要任务。围绕这一任务，该所领导在年初制定科研计划时就决定全所科研人员要紧密联系这一现实，从不同的专业、不同的角度、不同的侧面探讨治理通货膨胀的对策和方略。为此，该所由《财贸经济》编辑部牵头，在3月份组织召开了中央有关部门和众多知名专家学者参加的高层次、大规模的“反通货膨胀对策”研讨会，在此基础上，组织编写了《50位专家论通货膨胀》（已由中国金融出版社出版）。研讨会和论文集中提出的许多建议，都是十分积极而有益的，为政府治理通货膨胀提供了决策依据和理论指导。全国人大常委会的领导同志曾多次来电话索要有关材料。

我国资本市场在经过前几年的火热之后，1995年则显得相对平静。当年3月、6月和10月召开了3次资本市场系列研讨会：外资、外汇、外债与宏观调控；期货风险及其防范；1995年A股发行与上市。每次会议对问题的深入探讨，都引起了社会各界的广泛关注；每次会议的成果也都通过院办公厅分送政府有关部门，受到重视与好评。

随着我国对外开放步伐的加快，国内市场如何与国外市场接轨也是一个十分重要的研究课题。为此，由该所科研人员组成的“国内外市场对接问题研究”课题组，在深入调查和对照有关的国际惯例通则、对接要求及借鉴国外经验的基础上，完成了该课题的最终研究成果——专著《国内外市场接轨的理论与实行》（已由中国社会科学出版社出版），该项成果对我国国内外市场对接的理论基础、相关的价格、财政、税收、金融、外汇、内外贸、会计、审计、统计等领域实现对接的必要性、可能性及改革进程、存在的问题与差距等方面，作了详尽的分析与论述，并为实现有效对接，在对接的方式方法、步骤等方面提出了相应的对策建议，为推动我国大步迈向世界市场进行了十分积极而有益的探索。

根据中央的统一部署和安排，该所还深入地开展了学习《邓小平文选》（三卷）的活动，深刻领会小平同志建设有中国特色社会主义理论的精神实质。结合该所的学科特点，主要学习了小平同志的财贸经济理论。作为学习的成果，由该所科研人员集体撰写的阐述小平同志的财政、金融、商业、引进和利用外资、治理通货膨胀、市场建设等方面思想的论文集已完成框架设计。这是迄今为止国内第一部全面、系统阐述小平同志财贸经济思想的专著。

在过去的一年里，为了充分调动科研人员的积极性、主动性和创造性，建立一个与经济现实紧密结合、具有足够活力和较高效率、面向经济建设主战场、利于经济改革和经济发展的新型经济科学研究体制，发挥社科院为经济改革和经济发展服务、为党和政府献计献策的功能，该所在科研工作中还进行了一些新的尝试。

1. 突出“重点”（包括学科重点和科研人员重点），并以实际行动向“重点”倾斜，而不是仅仅停留在口头上。

长期以来，我院“小而全”、“大而全”的科研体系结构导致学科布局面面俱到，科研力量严重分散，致使重点学科不“重”，特色不“特”，缺乏“拳头产品”。1994 年以来，我院进行了学科调整，确定了一批重点学科。为了突出“重点”学科，该所在课题的安排、出国考察、科研力量的调配、后勤保障等方面都优先给予照顾，实实在在地向重点倾斜。

另外，该所还结合“双向选择”工作，对所内研究人员，根据其爱好和专业特长进行了重新组合和调整，在充分发挥每个人的聪明才智的同时，也充实了重点学科，从而更有利于集中力量形成学科优势，推出“拳头产品”。

同时，该所还对现有科研人员进行了一次全面的摸底，明确了全所重点科研人员——学科带头人和跨世纪科研骨干，并在出国培训考察、住房、科研经费使用等方面重点考虑。

2. 从封闭走向开放，理论紧密联系实际。

经济学是一门致用之学，其生命力和活力来之于实践，并运用于实践、指导实践。邓小平同志一贯十分重视培养社会科学工作者理论紧密联系实际，学以致用的学风。他曾严肃批评说：“有相当一部分理论工作者，对于社会主义现代化建设实践中提出的种种重大的理论问题缺乏兴趣，不愿意对现实问题进行调查和研究”。长期封闭的科研体系结构导致科研人员远离现实经济生活，闭门造车。这种经院式研究的结果是，科研成果或者空洞无物，或者隔靴搔痒。因此，要打破封闭的经济学研究体制，面向经济建设主战场，建立开放式的经济科学研究模式。

对外开放，打破封闭，与外界建立广泛的联系，不仅要与政府部门建立联系，了解其“需求”；而且要与实际经济部门建立联系，掌握新情况、新问题。特别是要经常深入经济建设第一线，做深入、细致乃至艰苦的调查研究工作。对于一个经济理论工作者尤其是青年科研人员来说，到实际部门和基层单位工作一段时间是很有必要的，把掌握的实际情况上升到理论，进行抽象、分析，就是最好的经济研究。一个比较好的方式是组成理论部门、政府部门、实际部门三方联合的课题组，学者、官员、专家开展合作研究，共同对一些热点、疑点、难点问题作深入的研究。在这方面，金融研究中心的开放式研究模式应该说是十分成功的。

3. 培养“专”家。

传统的科研方式培养了大批“百科全书式”的（或万金油式的）“博”家，缺少对现实经济问题作深入研究、有独到见解的“专”家。如果说这在传统体制下还有用武之地的话，那么，在现实条件下就远不能适应市场经济发展对经济科学研究的需要了。

经济学是一个内容庞大、包罗万象的理论体系，每一位从事该理论研究的工作者在这样一个体系面前所面临的选择，要么是“博”，要么是“专”，二者几乎不可能兼得。从我国经济改革和经济发展的现实需要来看，需要的更多的还是“专”家。因此，作为全国最权威的经济理论研究机构，作为直接为党中央、国务院充当智囊和参谋的部门，尤其是该所作为一个学科特点十分突出的部门经济研究单位，应该具备有深厚经济理论功底、对某一方面的经济现象和经济问题有深入研究和独到见解的“专”家。该所应该是这样一些经济“专”家的集合。

为了达到这样一个目地，该所在“双向选择”工作中，还根据每个科研人员的特长确定了重点研究方向，要求每个科研人员都成为其研究领域的真正的专家。这样也改变了长期以来研究人员之间分工不明确，各自的定位不清，职责不明，重复研究，浪费力量的状况。

4．强化服务功能。

近两年，该所还积极探索从自我封闭的“单纯科研型”向面向市场、面向经济建设主战场的“科研服务型”转变，强化经济科学理论研究为经济现实服务的功能。一是为党和政府的宏观经济决策提供理论依据，以主人翁的姿态，积极参与经济、社会决策，积极投身于经济改革和经济发展的伟大实践，为我国经济的早日腾飞做出应有的贡献；二是为微观经济主体包括国有大中型企业、乡镇企业、农村其他集体合作经济组织、专业银行、各种非银行金融机构等提供咨询服务（包括生产经营决策、商品营销战略、市场开拓方式、融资技巧等等）。

5．完善科研竞争机制、激励机制与约束机制。

长期以来，该所缺乏人才公平竞争机制和有效的科研激励与约束机制，“大锅饭”体制及“撒胡椒面”式的分配制度始终难以打破，干与不干、干多干少、干好干坏全都是一个样，缺乏优秀科研人才脱颖而出的条件和环境，不利于调动科研人员的主动性、积极性和创造性。这恐怕也是目前许多科研人员在外兼职甚至“下海”、不务“正”业的重要原因：一方面，科研人员工资待遇低，迫使科研人员不得不另寻“钱”途；另一方面，科研人员取得重要科研成就，做出重大贡献也得不到应有的奖励，极大地削弱了科研人员的科研积极性。为了打破平均主义的分配方式，该所正在逐步探索、试行有关的奖惩制度。每年对做出突出贡献的科研人员和管理人员进行适当的物质奖励，对一些表现不好的，则给予批评警告教育。以建立一个正常的、有效的激励机制。

另外，为了建立一个有效的约束机制，对科研人员有所约束，改变目前科研人员纪律松弛、涣散的状态。该所正准备提高对科研人员的要求（原来一年要求研究实习员完成 1 万字、助理研究员完成 2 万字、副研究员完成 4 万字、研究员完成 7 万字，这对一个研究人员来说，实在是要求太低），增加科研人员的工作负荷，不仅有工作“量”上的要求，还要有科研成果“质”的要求，每年要求科研人员写出有一定分量的成果。

（二）学术交流

1995 年该所共派出短期出访团组 6 个，13 人次，长期进修 2 人。接待来访 78 人次，其中主接 7 个团组，32 人次。组办“中国、东亚与国际贸易政策研讨会”，参加会议的有中外经济学专家学者 50 人左右；研讨会就“90 年代后期中国对外经贸战略”、“东亚地区经贸合作现状、发展和前景”、“多边国际贸易体制与中国贸易制度改革”与“‘复关’与中国经济政策的选择”等问题进行了热烈的讨论，取得了一定的研究成果，促进了中、澳、日等国之间在国际贸易领域里的研究工作。

（三）刊物出版及组织情况

1．《财贸经济》：

主编：杨圣明

副主编：刘溶沧、郭冬乐、江上舟

编辑部主任：房汉廷

编辑部副主任：林　旗、陈晓伟

《财贸经济》系本院财贸经济研究所主办的财经类综合性理论月刊。

1995年《财贸经济》的主要内容涉及综合经济、财政、金融、贸易等财经类各学科的理论探索和实证分析，且一直在经济理论界和经济决策部门享有很高的声誉。1995年该刊共发表论文和研究报告、调查报告、书评160篇，其中有64篇被《新华文摘》、《中国人民大学报刊复印资料》、《经济研究资料》、《社会科学动态》、《报刊文摘》及《文摘报》等转载，在全国2145种社科经济类期刊中排名由1994年的第70位跃升为第45位。同时，1995年又是该刊创刊15周年之际，编辑部与该所在京组织了大型理论研讨会暨“反通货膨胀理论与对策”研讨会。《人民日报》、《经济日报》、中央人民广播电台对此都做了报道。会议成果由编辑部编辑成专著：《50位经济专家献策治理通货膨胀》（中国金融出版社出版，1995），在社会上引起很大反响。

《财贸经济》每月10日出版。1995年共出版12期，128万字。

2．《证券研究》：

主编：刘溶沧

社长：傅桃生

副主编：何德旭

《证券研究》（周刊）是本院财贸经济研究所主办的全国性证券类刊物。主要任务是普及证券知识，传播证券信息，研究证券理论，评析证券市场。1995年《证券研究》共出版53期，424万字。该刊在1995年主要进行了中国证券市场的行情走势的预测与分析，并对证券市场的发展模式进行了探讨，设立了证券市场理论研究、热点透视、深股周评、沪股周评、问题探讨和技术分析等栏目。该刊物深受广大读者的欢迎。

（四）学会活动

1．中国成本研究会：

会长：许　毅

秘书长：余秉坚

副秘书长：邵循明、于中一、孙　钢、骆小元

1995年中国成本研究会围绕市场经济改革，开展了下列活动：

（1）推广“邯钢经验”。“邯钢模拟市场核算、实行成本否决”的经验，已被中央、国务院所肯定，该会曾参加了实地调查，确认具有现实意义，对企业具有广泛的适应性，是实现

“现代企业制度”必不可少的一整套科学管理机制的好经验和具体办法，也是该会今后宣传的重点，应大力推行。

(2) 宣传成本管理的重要性。利用该会离退休理事及目前从事“财会成本刊物”编审工作的有利条件，加速宣传该会的宗旨，努力降低成本，提高经济效益的重要意义，1995年组织在全国各主要财会刊物发表文章、论文几十篇，均收到良好效果。

(3) 编写成本丛书。围绕财政部颁发的《企业财会通则》、《企业会计准则》内容，结合该会实际，组织撰写了“企业全面成本管理”等丛书四本；由四川、河北成本研究会组织撰写热点、难点的课题、专论十多篇；由中国人民大学、厦门大学理事撰写的成本专著等，从各个角度推动了成本工作的开展。

(4) 组建会计师事务所。会计师事务所作为经济的产物，该会大部分理事具有高级会计师职称和专业会计知识，离退休后大多转入这方面工作，目前由该会理事组建的会计师事务所遍布北京、上海、成都、石家庄、哈尔滨等地有十多家，由该会与会计学会联合组建的“中日信会计师事务所”已于1995年6月在北京成立。会计师事务所的成立，标志着市场经济结构的逐步形成和社会审计工作的发展。

2. 中国市场学会：

会长：孙尚清

常务副会长：贾履让

秘书长：刘溶沧

常务副秘书长：任林书

1995年，中国市场学会主要做了以下几项工作：

(1) 推动各地学会工作。为了有利于市场营销理论知识的传播与应用，中国市场学会自成立以来一直把促进各地学会的筹建作为一项重要工作。此项工作今年有了新的进展。在该会的推动下，经过当地有关方面的共同努力，使北京、湖北、吉林三地的市场学会获得批准。目前，全国已成立市场学会的省市达到17个。

(2) 继续办好会刊——《市场营销导刊》。1995年按期双月出版。由于不断提高刊物质量，受到各地市场学专业人员欢迎，目前已成为国内市场学界一个比较重要的专业刊物，已被复旦大学、南开大学等重点院校定为核心刊物。

(3) 召开不同类型研讨会，推动学术交流。其中大型的活动有3次：

1月，在北京贵宾楼，与台湾连锁店协会联合召开“海峡两岸连锁店发展研讨会”。海峡两岸连锁企业负责人和专家学者、政府官员100多人出席会议。

4月，在人民大会堂召开“名牌战略研讨会”，出席会议的有专家、学者、企业家和政府官员100多人。

12月，在钓鱼台国宾馆召开“海峡两岸经济界人士联谊会”，出席会议的有海峡两岸经济界人士近200人。

此外还受国家计委市场司委托，在人民大会堂主持召开“电子订货系统实施方案论证会”等中小型会议4次。

附录　财贸经济研究所下设机构

1995年财贸经济所下设机构有：办公室、科研组织处、财政金融研究室、商业经济研究室、对外经贸研究室、成本与价格研究室、服务与旅游研究室、学术资料室、《财贸经济》编辑部、《证券研究》编辑部。

数量经济与技术经济研究所

1995年，数技经所在院领导和院内各部门的支持、帮助下，各项工作均取得了很大的进展。

全年共计出版专著10本，约250万字；公开发表论文94篇，约90万字；完成研究报告35部，约83万字；其他公开发表的成果，约30万字。以上总计453万字。

1995年的研究工作坚持了为党中央、国务院及有关决策部门服务，为经济改革和经济建设服务，理论与实际相结合的方针，按时、圆满完成了各级领导部门交办的任务及各项重点课题，取得了显著的成效，并产生了良好的社会效应。

其中，《走向21世纪的中国经济》一书是我院“1991～2010年中国经济发展长期思路”课题组的最终成果，该课题由国家计委委托，我院列为重点课题，该所牵头、经济片及院有关所共同完成的研究项目，它全面分析和论证了我国到2010年国民经济发展目标、结构变化、政策思路等重大问题，对党中央、国务院制定“九五”计划和2010年长期发展规划起到了重要的参考作用，也为地方各省市“九五”规划的制定起了一定的指导作用，该成果受到了国内外的广泛重视和好评，并荣获了1996年精神文明建设“五个一工程”入选作品奖。

院重点课题《中国经济形势分析与预测》，在院领导关心支持下，课题组成员团结合作，不断完善预测模型，提高预测精度，春、秋两季报告对中国宏观经济的预测与实际结果十分接近，证明了预测水平的不断提高，同年出版了第6本中国经济蓝皮书《1996年：中国经济形势分析与预测》。该项研究及蓝皮书的出版受到越来越多的重视，仅参加1995年秋季座谈会的从事经济预测研究的单位就达近30家，且经济蓝皮书1993、1994年连续两年被列入《经济日报》全国十佳经济读物。

受国家计委委托，该所完成了《“九五”期间不同增长速度的分析与预测》研究，利用模型对不同增长方案进行了优化分析和评价，提出了8～9%的增长方案，之后又由该所牵头完成了我国未来经济增长模式转型的研究，该两项成果均受到了有关部门的高度重视，对起草党的十四届五中全会报告起到了重要的参考作用，研究结论均被不同程度地采用。

关于中国经济周期波动的研究取得了系列成果，受到党中央和国务院领导的重视和好评。同时在学术上，将经济周期波动研究的水平提高到了用模型进行分析的高度。

国家“863”计划攻关项目中唯一的软科学项目“CIMS应用工程的综合评价理论与方法研究”由该所承担，也取得了高水平成果，被专家鉴定为填补了国内空白，部分达到国际领先水平。在进一步完善的基础上，将由国家科委有关部门在全国推广应用。

社科基金课题“局部效益的社会成本研究”取得重要研究成果，对推动我国经济增长方式转变有重要的启发意义。

在技术进步战略、技术创新研究方面完成了一系列重要研究课题，出版了《技术创新——国家系统的改革与重组》、《技术进步跟踪观测系统》、《90年代中后期我国科技进步战略》等多本专著。

此外，还完成了《科委体制转换与企业技术进步》的系列报告，“辽河油田2000年发展战略和规划研究”、“东北地区经济、社会与电力发展战略研究”、“小康水平用电水平研究”、“90年代中国环境污染和生态破坏造成的经济损失研究”等等。在人力资源开发研究方面，也取得了一系列研究成果。

一些正处于研究中的课题，“技术进步、人力资源与经济增长决策支持系统”、“产业发展政策与经济增长研究”、“全球高技术竞争态势研究”、“中国经济周期研究”、“环渤海经济圈总体战略研究”、“当代信息技术产业化发展与技术进步研究”等均按计划顺利进行。

在社会发展的要求下，结合学科研究特点，该所1995年科研工作中在突出为有关决策部门服务、为经济改革和经济建设服务这一方针的同时，继续加强学科的基础理论研究，并取得了一批重要成果，《科技富国论》等著作，以及消费函数、增长机制等数量经济基本理论研究，都对学科发展起到了重要的作用。

为了更好地发挥该所的优势，寻求人员最佳配置，保持在国内学科建设和研究水平上的领先地位，按照院内统一布置，并结合该所“九五”规划，1995年对学科进行了较大的调整，并同时寻求研究方式与方法的创新与改革。

取消了“工业技术经济”研究室和“农业技术经济和国土经济”研究室，重新组建了“环境技术经济”研究室和“资源技术经济”研究室，适当缩小了研究范围，突出了处于学科前沿和对国民经济发展影响日益增大的环境技术经济与资源技术经济两个学科的地位。为了克服任务重、人员少及原研究室建制对科研组织的局限性等困难，1995年经院批准，该所成立了四个研究中心，其中院属中心三个，即“中国经济形势分析与预测中心”、“信息基础结构与经济发展中心”、“环境与发展研究中心”，所属中心一个，即“技术创新与战略管理中心”，这四个中心的研究内容都是该所具有研究力量优势、经济建设所急需的。中心的建立受到了很大的重视，都落实了重要研究课题和经费，并取得了一些重要的研究成果。

1995年该所学术交流活动保持稳定发展。全年共派出44人次（其中该所人员32人次），对美、英、日、德、法、新加坡、马来西亚、俄罗斯、南非、加拿大、荷兰、澳大利亚、香港等国家和地区进行了广泛的学术交流，邀请了来自美、日、英、俄、波兰等十几个国家和地区的40多名学者来华讲学和考察。其中李京文所长率团参加了世界模型联接（Link）项目1995年南非会议，提交的报告受到了国外学者的关注。来访交流中，该所与加拿大工商研究院联合主办了“人力资源开发与管理高层研讨会”；与美国战略与国际研究中心合作召开了“信息基础结构与经济发展中心顾问暨理事会第二次年会”；同时派员与日本长期信用银行合作，对中国金融、货币政策等状况在北京、哈尔滨、上海、广州、武汉等城市进行了多方位、多层次的实地调研。

研究生教育工作有所进展，为1996年恢复硕士研究生报名做好了准备工作。招收了博士生8人，1995年在读硕士、博士生达20人，加强和改善博士后站的管理工作，1995年共进站3人，对促进所内研究工作起了很大的促进作用。

该所出版的《数量经济技术经济研究》，坚持为建立社会主义市场经济服务，面向改革开放中最紧迫的问题，及时反映两学科的最新研究成果和实际经验，适时服务于不断深化的改革开放和经济发展。全年共计发表稿件192篇，并组织人力检索，及时刊出数量经济、技术经济学索引。1995年1月召开了该刊第四届编辑委员会，并确定了成员，主编为李京文所长，编委集中了来自研究和政府部门从事数量经济、技术经济研究的一流专家、学者共34人。

由该所张守一研究员任理事长、刘树成副所长任常务副理事长的数量经济学会于1995年7月28～30日在北京召开了数量经济学与经济学科建设研讨会，来自国家教委、国务院发展中心等近40家部门和研究单位的共计58名代表出席了会议，会议对数量经济学科性质、发展方向、学科建设和队伍建设等问题进行了研究和讨论。

附录　数量经济与技术经济研究所下设机构

该所1995年下设机构有：经济系统分析研究室、经济模型研究室、环境技术经济研究室、资源技术经济研究室、技术经济理论方法研究室、数量经济理论方法研究室、《数量经济技术经济研究》编辑部、办公室、科研处。

人口研究所

(一) 抓重点科研课题，抓优秀成果

首先集中力量全面完成国家“八五”社科重点项目“生育率微观分析与人口控制机制转变研究”，院重点课题、联合国人口基金资助项目“中国家庭经济与生育研究”和“当代中国妇女地位研究”。“八五”期间，该所人口研究重点转向微观层次，结合建立市场经济的改革，探索人口控制利益导向新思路。关于这一研究，国务委员彭珮云指出，抓住了“家庭经济与生育这个微观人口经济学中最重要的问题，在家庭收入与生育，孩子的成本与效益，不同经济、文化、职业条件下人们的生育意愿等方面展开，……填补了这方面的空白，是一项具有开创性的科研成果，对于探讨家庭选择生育子女数量同家庭经济之间的关系，如何运用利益导向原则建立人口调控机制很有意义”。

妇女项目在《当代中国妇女地位抽样调查资料》出版后，相继出版了中、英文《国际会议论文集》及最终成果《当代中国妇女家庭地位研究》专著和研究报告。课题的研究成果得到了有关领导和专家的好评，国务委员彭珮云认为课题的研究成果“对妇女地位的继续提高和妇女权益的切实保障将起到积极的促进作用，并为1995年第四次世界妇女大会的召开做出自己的贡献”。

列入院“八五”重点项目的《中国历代人口统计研究》，经过多年的努力已全部完成。该书汇集了上古至现代的人口数据和资料，并进行了综合分析研究，填补了我国历史人口学的一项空白。

院重点招标课题“我国大城市吸收农村剩余劳动力研究”，课题组成员多次深入实地调查，取得了质量较高的数据和资料。派出2人到澳大利亚吸取国际优秀研究成果，提高了分析水平。已撰写了6篇背景报告、专题报告，为撰写总报告打下基础。

一些论文的发表，如《流动人口激增的理论思考及其政策选择》(《人民日报》1995年1月26日)、《论人口与经济的可持续发展》(《中国人口科学》1995年第1期）等，在社会上引起较大反响。或者被国外多次引证，或者被国内同行和有关部门所重视，前来专访、约稿等。特别在可持续发展研究方面先行一步，出了一批成果。还推出这方面的首部专著《中国沿海人口与可持续发展研究》。并以浙江省温岭市为试点，开展理论联系实际的人口与可持续发展研究，写出有一定分量的报告。年龄较大的高级研究人员在这方面出了有影响成果，青年学者中也有同志在这方面付出不少努力，如“中国的能源消费和环境问题”的研究，受到国外有关学者的重视。有两项成果获院第二届青年优秀成果奖。

此外，国家计生委和国家社科基金项目“人口与社区综合发展研究”课题，正在按计划进行；“中国现代家庭结构与养老模式研究”课题在完成数据处理和研究报告之后，现正在撰写专著《现代家庭与养老调查分析集》。

据初步统计，全年共完成专著6部，474.5万字；学术论文9篇，15万字；研究报告1篇，1.7万字；普及读物1部，6.5万字。总字数497.7万字，比1994年增加14%。一般文章20篇，11万字；编辑《中国人口年鉴》1部，120万字；《中国人口科学》杂志6期，62万字。

（二）筹划学科调整

这是1995年院工作会议后重点抓的工作之一。首先，所内进行动员，制订学科调整初步方案。其次，同院主管副院长和有关部门协商，对方案进行修改；由于方案变动较大，又在所内召开会议讨论，制订了新的“人口学学科发展状况和所学科调整方案”。“方案”由所长牵头、组织有关同志讨论撰写，长达2万多字。比较系统地回顾和评介了人口学理论、发展人口学、数理人口学的国内外学科发展状况，前沿课题和发展趋势，研究室研究方向和任务，现有条件和发展前景；着重分析和论述了办所方针和学科状况的总体分析，对所的科研力量和成果作了比较客观的审评，找出优势和不足；制订了学科建设规划和重点学科，拟定了编制方案，并确定了人口与发展或发展人口学作为重点扶持学科；制订了重点学科建设规划和措施。

（三）开拓内外渠道，组织学术活动，培养、引进人才

除组织了“12亿人口日座谈会”大型学术活动之外，还举办所内的学术讲座9次，其中国外学者主讲2次。

加强对外学术交流，拓展合作研究新渠道。接待国外来访学者15批次。结合学科调整，加强人才培养，派出国长期进修2人，短期出国访问9人次。

通过有意识地加强中青年培养、引进，现已有一定数量的中青年学者崭露头角，或在发展人口学，或在数理人口学，或在历史人口学，或在环境人口学等学术领域，有了一定影响。

在人才培养方面，1995 年加强了研究生院的人口学系工作，恢复硕士研究生的招生，并在应用社会学科招人口学博士生。

（四）加强思想政治工作，改进行政管理

党委坚持抓大事，抓干部教育，抓党的建设。除抓好平时的政治思想工作外，7 月份集中两个星期的时间，组织全体党员开展了学习邓小平建设有中国特色社会主义理论和党章的活动。通过学习，在提高认识和觉悟的基础上，党员每个人都按照党章要求作了对照检查，并以支部为单位逐人作了评议。在总结评议的基础上，经各支部酝酿，推选出两名优秀党员。配合政治学习，组织全体职工看周恩来在大连、孔繁森事迹报告团的报告录像等录像片，开展了向党的好干部孔繁森同志学习的活动。在纪念抗日战争胜利 50 周年之际，组织全所人员参观中国人民抗日战争纪念馆和中国人口文化博览会。通过学习，进一步增强了职工坚持党的基本路线的自觉性，增强了队伍的凝聚力。

行政管理在人手少、任务重、困难大的不利情况下，努力创造条件，积极工作，取得新的进展：

人事、科研部门协助所领导，认真完成全年专业、行政人员的考核和职称评定工作，坚持原则，坚持公正，工作比较顺利。在职工调入、调出等方面，严格履行手续，协助领导做好工作；在组织国内外学术交流，特别是第 23 届国际人口科学联盟大会学术准备工作中，做了不少工作。

行政管理，年内制定和出台了“课题经费管理办法”和打字、复印实行收费管理的两项规定，执行情况较好。财会管理按章办事，审计结果给予“公正”、“清楚”结论。档案管理有明显改进，做到专人、专柜管理。

纪检、工会、妇女、共青团、老干部、计划生育、车管、文书档案等工作，均按院要求进行，主动性有所增强。

附录　人口研究所下设机构

该所 1995 年下设机构有：办公室（含科研、人事），人口经济研究室、人口社会研究室、人口统计分析研究室、图资信息室、《中国人口科学》杂志社、《中国人口年鉴》编辑部。

哲 学 研 究 所

1995 年哲学所根据市场经济下科研工作面临的新形势、新任务、新特点，树立“精品”

意识，有针对性地加强对科研工作的组织管理，进一步调动了科研人员的积极性，使科研工作取得了新的成绩。全年共发表研究专著29部，译著9部，论文190篇，译文18篇，编辑著作12部，总计发表学术著作921.32万字，翻译293.05万字，编辑1676.6万字。其中一些有较高质量的成果受到了好评。

（一）科研项目管理

1995年是“八五”最后一年，如何抓紧按计划完成“八五”期间哲学所承担的各项国家和院重点科研项目，是一项中心工作，也是为适应社会科学研究管理方式的转变，所面临的一项新任务。它不但关系到该所承担的有关项目能否如期保质保量地完成，也关系到如何进一步引导科研人员根据国家需要调整研究方向和知识结构，促进该所科研布局优化调整。因此，对各项科研重点项目的管理工作得到了所领导的高度重视。“八五”期间该所共承担各类重点项目43项，其中“八五”国家重点3项，社科基金17项，社科基金青年项目3项，院重点18项，院青年项目2项，是全国社会科学院系统承担重点项目比较多的单位之一。该所于上半年和年终两次对上述项目进行了检查，主要是了解项目进展情况，解决项目完成中的问题。对进展良好的项目予以肯定；对进展滞后的项目进行督促，并要求项目主持人提出整改方案；对因各种原因不能完成的项目在经过认真慎重的研究之后予以撤销。经检查，在各类重点项目中，有8项尚未到期，正在按计划进行；有24项已经完成，占55.8%，正在进行结项；有8项应于1995年底完成，但由于各种原因未能完成，项目负责人要求延长一年，正在办理延期手续；还有3项无法按时完成，延长一年后仍未完成，按照有关要求，已做撤销处理。通过这次检查，使该所对各重点项目的情况有了比较清楚的了解，解决了一些过去长期拖延未能解决的问题，给各重点项目的工作以有力的推动，使项目承担人有了紧迫感。同时，对于科研人员增强责任意识，提高完成项目的自觉性也起了积极作用。

目前，随着国家对社会科学研究项目的管理逐渐规范化、制度化，该所对项目的管理也逐渐成为科研管理工作的主要环节之一。要保证项目的顺利完成，必须从项目的申请到完成结项，坚持实事求是、量力而行的原则。特别应避免只顾上项目，忽视可行性的情况。不但应注意项目本身的学术价值、社会意义，还应注意完成项目的条件是否具备，比如，项目执行人是否兼项，是否具备相应的研究能力和知识基础，是否承担过多的行政或社会工作等。在经费管理上，应当进一步加强计划性，尤其对于集体项目和项目主持人发生变动的项目更应加强监督管理，还应注意留足结项经费。在当前科研经费比较紧张的情况下，申请到的各类项目大大缓解了科研资金的困难。但由于该所学科分布较广，研究题目分散，仍有许多有价值的研究课题得不到经费支持，所里仍缺乏根据学科建设需要，资助扶植所级重点项目的主动权，这在某种程度上影响了学科建设的平衡发展。

1995年该所申请到3个院重点项目，它们是：“世界文明研究”、“信息高速公路的社会影响”、“社会主义精神文明研究”。2个院青年项目：“先秦哲学研究”、“模态逻辑新发展研究”。共获经费7.3万元。

（二）科研和学术交流

为了制定好“九五”科研工作的规划，该所根据上级有关精神和所科研工作需要，在广泛征求意见，多次反复研究的基础上，起草和撰写了一系列有关的文件。其中有由国家哲学和社会科学规划办交办的“哲学学科研究现状和发展趋势调查报告”、“哲学学科‘九五’重点课题”、“哲学学科‘九五’精品计划”、“哲学学科1996年课题指南”、“哲学所‘九五’科研规划”等。这些文件将对未来几年该所的科研工作起到重要的指导作用。

1995年，在科研条件仍然比较困难的条件下，该所科研人员继续发扬认真求实、刻苦钻研的治学作风，科研工作十分深入和活跃。这除了表现在又有一批较好的成果问世外，还表现在科研人员积极关心社会热点问题，努力通过较有深度的学术活动，推进有关问题的研究。比如，近年来，随着经济建设的发展和社会观念的变化，在经济建设、社会交往、日常生活各个方面的伦理道德问题日益突出。于是，该所把这个论题作为重点，通过各种方式积极组织对如何在市场经济条件下建立符合社会发展方向的高尚的道德准则，规范人们的道德行为，促进社会主义精神文明建设等问题进行研究。9月，《哲学研究》编辑部、《哲学动态》编辑部与“社会主义精神文明”课题组、“市场经济和文化建设”课题组的科研人员联合举办了专题学术讨论会，对目前我国道德建设的现状和存在的问题进行了分析，从理论上对一些主要概念作了澄清和辨析，着重对市场经济条件下经济建设和道德建设的关系、道德取向的变化及其正面和负面影响、道德的多元化和主体道德的涵意和地位、中国传统道德中的“利”“义”之辨及其与现代经济建设的关系等问题做了充分的讨论。该所还通过同国外，尤其是发达国家的学者举行不同类型的学术讨论会，交流研究成果，吸取国外处理经济发展和道德建设关系的经验教训，开阔我们的视野。比如在武汉召开的中日实践伦理讨论会，在西安召开的中德经济伦理讨论会都取得了很好的学术交流效果，并出版了会议文集。

该所在对各研究领域学科建设的调查的基础上，结合该所实际，积极支持重点学科的研究工作。一年来，该所在马克思主义哲学原理研究、社会主义精神文明建设研究、中国特色社会主义的哲学基础研究，以及当代儒学研究、西方语言哲学研究、文化哲学研究等方面都取得了可喜的进展。一些新的研究课题和方向也初步形成，比如对韩国哲学的研究、女性和女权主义哲学的研究、越南哲学研究等过去较弱甚至是空白的研究课题已经得到应有的重视。尤其是该所近年来成立的“社会发展研究中心”、“STS研究中心”、“应用伦理学研究中心”，积极开展工作，对相关学科的发展起到了协调和促进作用。由该所主管的各研究学会也根据本学科领域的需要和特点主动开展学术交流活动，也取得了好的效果，有的通过召开国际学术会议，促进了更大范围内的学术交流，扩大了我国学术界在国际上的影响。

1995年，该所共有11部学术著作经所学术委员会审议申请中国社会科学院的出版基金补贴，批准了10项，共获补贴金额15.3万元。现各项目均已落实了出版单位。

根据积极稳妥、为科研服务的方针，该所1995年的外事活动保持了以往的规模，并在提高学术交流效益上下功夫，取得了较好的效果。

全年共派遣出访35人次，均做到了安全往返。原计划对哈萨克斯坦哲学所的访问因对方原因取消。随着对外学术交往机会的增多，使我们能比较及时地了解国外学术发展状况，促进了我们的科研工作，也在不同程度上锻炼了科研人员进行国际交流的能力。但随着出访机会的增多，也出现了有的项目缺乏必要的论证和可行性研究，勉强从事的情况，使在实施过程中出现了一些不必要的周折，这是今后要注意防止的。

全年接待外宾来访50余人次。其中几次国际学术讨论会，如中德经济伦理讨论会，西安老子国际研讨会，武汉中日伦理讨论会，深圳国际美学美育研讨会，以及与台、港、澳学者的交流都取得了很好的效果。

今年又有国外学者（4名韩国学者）来所进修。为了更好地满足国外学者的进修需要，保证学习质量，该所已指定专门人员负责接待事宜，力求使此项活动纳入规范管理的轨道。

（三）研究生培养

1995年的研究生工作又有新的进展。共录取硕士生2名：马克思主义哲学和道教哲学各1名；共录取博士生9名，其中脱产生2名，委培生4名，在职生1名，试读生2名。就读专业为：马克思主义哲学3名，科技哲学3名，西方哲学3名。

1995年共有4人获得博士学位，他们是：郭红、鲁路、黄裕生、丁文祥。

目前，该所的在学研究生共计26人，在全院属于比较多的，做好研究生的管理工作有一定的难度。该所已向各研究室和有关指导教师强调，除了要加强对研究生的业务指导外，还应多多关心研究生的思想和生活，注意帮助他们解决实际困难，以使他们能顺利完成学业。

（四）刊物

《哲学研究》

1995年，《哲学研究》继续坚持以马克思主义为指导，坚持以现实问题研究带动和促进基础理论研究，坚持党的“双百”方针，重点开展了以下几方面的研讨。

1. 加强刊物的评论性，抵制错误思想倾向。

近几年来，社会上和学术理论界出现了一股在“文化研究”的名义下否定近代史上一系列具有革命意义的历史事件的思潮。针对这种错误倾向，该刊持续组织、发表文章开展评论。如：孔令昭的《把历史的内容还给历史——评一种观念论的文化史观》（第4期）一文，从历史观的高度剖析了某些论者否定太平天国、辛亥革命、“五四”运动以来的一系列革命事件的论点，指出这种思潮企图造成避开政治和意识形态、只谈学术文化的外观，而实际上不过是“在讨论学术文化的名义下谈论某种特定的政治”，其要害“就是把‘革命’从‘褒词’变为‘贬词’”。为这种政治所需要的历史观，则是以无视、鄙视乃至诋毁人民群众的社会实践及其在文化发展和变革中的作用的观念论的文化史观。李锦全的《中国近代史几个问题评价的再评价》（第10期）一文，通过摆事实讲道理批评了在岭南近代文化讨论中否定近代中国人民的反帝斗争、盲目崇拜西方殖民主义，否定辛亥革命、美化腐朽的清王朝的错误观点。

类似错误观点的泛滥，使一些研究者进一步关注文化研究的方法论问题，并力求揭示方法论失误的历史观根源。如诸葛婴的《“摘句”法辨析》（第4期），朱德生、李登贵的《从思想世界降到现实世界——纪念〈德意志意识形态〉写作150周年》（第11期）等文章，分析了从“文革”以来的“两个凡是”到“文化热”中的“全盘西化”论，再到“国学热”中的复古倾向，实际上经历了从对马克思主义搞教条主义转向以同样的教条主义态度对待西方思潮和古代思想体系的过程，这种“古、今、中、西的唯‘先圣’、‘本本’、‘经典’马首是瞻的轮番出现”，充分说明：教条主义的问题还不能说已从根本上解决。对教条主义的清算，如果仅仅否定其具体表现形式（如政治上“左”的表现形式），而不从历史观上解决问题，即没能从实质上清算，仍不能实现“从思想世界降到现实世界”的任务，到头来“不过是以一种僵化模式取代另一种僵化模式”。因此，几个“热”过去以后，冷静地思考一下在文化研究中怎样才能达到历史观、价值观、方法论的统一，就成为比任何时候更突出更重要更迫在眉睫的事情。这些探讨对于划清唯物主义和唯心主义的界限，起了积极的作用。

2．深化马克思主义哲学原理的研究。

该刊在前些年就已开展的关于马克思主义哲学的历史观、真理观和价值观统一的讨论，在这一年又有新的进展。方军的《论世界历史性的个人——哲学中革命性变革的实质》（第3期）一文，从考察马克思“世界历史性个人”概念的形成过程入手，论述了近代哲学由康德开启的、经过黑格尔、由马克思完成的哲学主题转变是“由认识论向历史观的转变”，并从理论基点、方法和历史观的核心等几个角度探讨了马克思的哲学革命的实质与现实意义，强调“对历史经验的消化，决不只是认识论的问题，归根到底是价值观、历史观的问题”。

对马克思主义实践观的理解也有所丰富和深化。如夏甄陶的《哲学应该关注人与世界的大关系》（第9期）一文，吸取现代系统论的积极成果和全球性问题的教训，指出哲学应该关注人与世界的大关系；马克思主义哲学不同于用“实体化的思维方式”纯粹思辨地或直观地建立起来的旧哲学，它是把实践地展开的人与世界的大关系作为其生长、繁荣的土壤。在现代，特别需要马克思主义哲学以实践活动论为核心的大活动论，在非实体化的、唯物辩证的世界观指导下，从总体上、从真善美相统一的尺度上，探索人与世界的大关系和协调发展的途径。

3．改革开放的历史观、价值观问题。

该刊多年来曾设“改革的理论和方法的探讨”专栏，着重从哲学方法论的角度探讨改革开放实践中提出的新问题。今年以来，又把这方面的研讨逐步引向“改革开放的历史观、价值观问题”的讨论。主要涉及的问题有：

（1）关于市场和文化。近年来，关于文化能否市场化的问题一直有争议，涉及到文化价值观和商品价值观的关系问题。李英《金钱崇拜与艺术生产》一文，从艺术生产本质上是不是经济意义上的生产、艺术创造的自由是否取决于金钱、为金钱和为人民的价值观能否相容等几个方面与张来民的《金钱、艺术与艺术市场化》一文进行了商榷，批评张文是以“金钱万能”的幻觉掩盖了艺术生产作为一种精神生产的特殊规律。

（2）公平与效率关系问题。这个问题的争议也反映了人们改革价值观上的分歧。赵磊《收入差距：底线与危机》（第4期）一文，主张在收入差距和效率及改革前途的关系问题上，要从我国具体国情出发，认为：如果我国的收入差距以西方国家为标准，则由此带来的后果是严重的。李风圣《论公平》一文，从经济效率的角度论述公平，主张公平的本质在于最大限度地提高效率，因此称“本文只对公平进行效率判断，不对公平进行价值判断”。该刊就此文发表的编者按语则提出：效率判断是否不属于价值判断？从效率角度说明公平，那么效率概念是否有待澄清？公平的作用是否仅仅表现在促进效率而和人们的精神价值追求无关？欢迎就这些问题展开讨论。

（3）市场经济与道德建设。该刊发表王淑芹《论市场经济与道德的关系》（第2期）、李奇《关于道德建设的几个理论问题》（第6期）、何中华《再谈市场经济与道德的关系问题》（第6期）等文章，继续就能否在市场经济与道德之间“划界”、能否将道德排斥于经济活动之外的问题展开了讨论。廖申白《市场经济与伦理道德讨论中的几个问题》（第6期）一文，对讨论中提出的“代价论”、“滑坡论”、“爬坡论”等主张作了评论，并就市场经济的伦理体系是内在于还是外在于市场经济、向市场经济转变中会不会发生伦理道德的重构等问题进行了探讨。

4．关于中外哲学史的研讨。

中外哲学史的研究进一步强化了为解决现实问题服务并丰富原理研究的意向。诸多论文是为解决传统和现实的关系、中外文化比较研究等为现代化建设所不容回避的问题而重新审视哲学史。为此，加强了近现代哲学史、新儒家和宗教等问题的研究，在改进哲学史研究方法论方面也作出了新的努力。例如，从哲学价值论的角度重新探讨中外哲学史，可以说是哲学史研究方法论变革所迈出的重要一步。黄克剑的《柏拉图“理念论”辨正——再论哲学的价值课题》（第5期）、高晨阳的《论“天人合一”观的基本意蕴及价值》（第6期）等论文，在这方面做出了具有启示意义的尝试。

1995年是该刊创刊40周年，第12期发表了编辑部的纪念文章《没有争鸣就没有学术繁荣》，在总结历史经验教训的基础上，阐述和强调了尊重学术发展规律、坚持“双百”方针的极端重要性，批评各种不利于贯彻“双百”方针的错误倾向。

《哲学动态》

《哲学动态》是由哲学研究所主办的动态性、资料性学术刊物。1995年，该刊密切关注国内外哲学发展的新动向、新问题、新成果，以“学术活动”、“研究概况”、“人物专访”、“思考与探讨”、“当代西方哲学思潮评介”、“现代自然科学与哲学”、“研究资料”等20多个栏目，作为较及时的反映和导引。

在内容上，该刊本着以现实问题的研究带动、促进基础理论研究，又以基础理论的研究深化现实问题研究的精神，在继续抓好马克思主义实践观、价值观、真理观、历史观等基础理论研究的同时，着重抓了以下重大现实问题的反映和探讨：（1）世纪之交中国哲学的走向。讨论涉及对建国以来、尤其是十一届三中全会以来我国哲学发展的回顾；对中国哲学现状的评析；对世纪之交中国哲学走向的展望。一些学者认为，由以往注重哲学基础理论的研究转向对于社会现实问题的研究，是当今中国哲学的一个基本趋势；世纪之交的中国哲学，应当以马克思主义为指导，批判地吸收中西哲学的优秀成果，形成现代化、中国化的马克思主义哲学新形态。（2）中国社会发展理论研究。社会发展理论是个世界性研究热点，它与建设有中国特色的社会主义密切相关。该刊第2期是“社会发展理论专辑”。其内容涉及中国的社会转型、市场经济与社会发展、人类社会的整体性与社会发展、科学技术和社会文化背景与社会发展、自然资源和生态环境与社会发展等问题。为了深入探讨“传统与现代性”这个当代中国社会发展中的深层矛盾，该刊从第5期起辟“传统与现代”专栏，讨论了传统与现代性的涵义及关系、中国传统哲学和文化的现代意义、日本和东亚“四小龙”的现代化与儒学的关系、中国现代化与西方现代文化及后现代文化的关系等问题。讨论中，有学者认为，科学哲学出现了把科学精神与人文精神对立起来等值得注意的倾向，认为当今中国的主要任务是实现现代化，因此必须弥补中国传统中缺乏的科技理性和实证精神，而不能把传统文化作为实现现代化的主流文化。另外，要划清科学哲学、科学主义和科学精神的界限，认识科学精神和人文精神都是人类精神的内核。(3) 社会主义市场经济提出的哲学问题。其中包括社会主义市场经济的本质问题、公平与效率、市场经济与道德建设等等，尤以后者的研究最为活跃。在讨论市场经济条件下的价值观、人生观的变化和走向时，有的学者提出了“人的生活价值观”这一值得探讨的问题。(4) 全球问题的哲学探讨。生态伦理、环境伦理、科技伦理和经济伦理等世界性课题呈繁荣景象。人类中心主义与非中心主义开展了争论，生态伦理学能否成立的问题受到了挑战。有学者提出应把生态环境保护进一步提升到生态环境生产和再生产上来对待的建议。

1995年，《哲学动态》由李立新任主任，董谊思任副主任，编审小组由李立新、董谊思、任俊明 3 人组成，学术秘书是于春松。该刊由哲学研究杂志社出版，邮局公开发行。1995 年的发行量为每期 4500 多份，比上年有所上升。

《哲学译丛》

主编兼编辑部主任李树柏，编辑部副主任张伯霖。

《哲学译丛》创刊于 1956 年，系专业水平较高的杂志，专门介绍外国哲学的研究状况，刊载国外关于马克思主义哲学的重要论文，国外主要哲学流派现状、趋向及争论的重要问题，哲学史上重要哲学家的有关论著，以及有关逻辑学、伦理学、美学、自然科学哲学问题等论著和世界哲学最新信息动态。近年来，随着交叉学科的不断发展，陆续刊载了一些科技哲学、哲学人类学、生态哲学、环境伦理学、符号学等方面的论文。

今年第 1、2 期合刊与第 3 期分别刊出了“欧亚主义”思潮与俄国的走向专栏和俄国哲学国际会议材料专栏，重点反映了当今世界哲学的状况和改革形势下俄罗斯哲学的新动向。第 3 期刊载的《当今的阶级理论与左派的政策》，则是对东西德统一后新形势下工人阶级状况的重新认识和分析，文章对阶级理论进行了新的有益的探索。

在西方哲学方面，既注重了对一些著名哲学家论著的介绍，如：康德的《对形而上学认识论基本原理的新解释》，弗雷格的《对意义和意谓的解释》，库恩的《历史的科学哲学的烦恼》；又注重了反映各种流派、各个学科的新近成果，如：沙弗尔的《精神哲学》，海德华的《政治生态学的含义》，琼斯的《实在论是关于什么的》等等。

《哲学译丛》自创刊以来，为马克思主义理论研究，为哲学专业的教学与研究及时提供了大量第一手国外新的研究成果和有价值的信息动态，为增进哲学各学科、分支的建设与交流做了大量有益的工作。

《哲学译丛》为双月刊，单月 15 日出版，由哲学研究杂志社出版，每年 6 期，平均每期发行量为 4500 册。

《中国哲学年鉴》

《中国哲学年鉴》创刊于 1982 年，迄今已连续出版 14 册，在国内外学术交流中发挥了重要作用，并成为海外各国学者了解中国哲学界的重要窗口。该刊固定栏目有“特载”、“专文”、“研究状况和进展”、“新书选介”、“哲学界概况”、“哲学界动态”、“海外论坛”、“海外见闻”、“已故哲学家传略”及“附录”。其中“研究状况和进展”是年鉴的核心部分，由精练的哲学各分支学科研究概述和若干条目组成；集中反映对哲学理论问题和改革实践中提出的现实问题的新探索，以及对社会科学、自然科学的新成果的哲学概括，对国外哲学思潮的研究和分析等。此外，也根据每年情况增设一些栏目，如“重要学术论争”、“访华观感”、“当代哲学家思想研究”等等，反映当年捕捉到的有重要学术价值的问题。

该刊在全国各省市聘请有近百名专家学者任特约编辑，稿件均由专业研究人员撰写。现任主编陈筠泉，副主编姚介厚、李景源、王桂清。

附录　哲学研究所下设机构

1995年哲学所下设机构有：人事处、科研处、办公室、马克思主义哲学史研究室、马克思主义哲学原理研究室、中国哲学史研究室、西方哲学史研究室、现代外国哲学研究室、东方哲学研究室、伦理学研究室、美学研究室、逻辑研究室、科学技术哲学研究室、资料室、《哲学研究》编辑部、《哲学动态》编辑部、《哲学译丛》编辑部、图书室。

马克思列宁主义毛泽东思想研究所

（一）科研工作

1995年，马列所承担着1项中央交办的任务，1项院建设有中国特色社会主义理论研究中心课题，2项院重点课题，2项中华社科基金课题，2项所重点课题。这些有组织的重点课题，形成了马列所科研工作的基干，全所80%以上的科研人员参与了这些研究课题，使这些重点课题成为凝聚全所科研力量、形成重要研究成果的生长点。1995年这些课题均在正常有序的进行，取得了一些阶段性成果。其中，中央交办的“国外社会主义问题跟踪研究”，作为一项连续性的研究项目，已完成了《苏东剧变与对社会主义理论的再探索——五年来国外社会主义理论研究状况》的研究报告。与有关部门合作编发了《世界社会主义研究动态》简报42期，增刊2期，及时地反映了国外学术界、思想界对社会主义研究的新动态，为中央和有关部门提供了一些有分量的信息和研究成果，受到好评。“有中国特色社会主义理论的形成及科学体系”课题，在所长的亲自主持下，年内召开了数次小型理论讨论会，在确定全书框架结构的基础上，已完成部分初稿。“建设有中国特色社会主义的实践类型研究”课题，在上一年度调研的基础上，年内又分赴浙江、广东珠海等地调研，并完成了《乡镇企业制度结构改革》、《加强两个文明建设，发展社会主义新农村》两个调查报告。该课题组在反复研讨的基础上，已拟定最终成果的写作大纲，并开始着手写作。其他课题亦在按计划积极进行。1995年马列所共出版专著5部，计83万字；论文48篇，计46万字；研究报告

（包括调研报告）5篇，计6万字；其他文章8篇，计7万字。以上各项成果总计142万字。

在积极开展科研工作的同时，根据院工作会议的部署，围绕该所重点学科建设和发展方向，制定“九五”规划。规划从所的近期及长远发展出发，提出了准备新增设的研究项目，以及学科建设、人才培养的计划，为该所在“九五”期间的各项工作提供了指导。

（二）学术活动及学术交流

1995年马列所主办或与其他单位共同主办了四个学术研讨会。

1．“纪念恩格斯逝世一百周年理论研讨会”。于8月2日在北京中央党校召开。在京的80余位专家学者出席会议。会议就恩格斯对马克思主义理论的贡献、20世纪社会主义的历史回顾、纪念恩格斯对建设有中国特色社会主义的重大现实意义等问题进行了讨论。

2．“走向21世纪的社会主义——纪念恩格斯逝世一百周年国际学术研讨会”。于10月15～18日在武汉召开。来自俄罗斯、法国、德国的专家及国内的学者共40余人出席会议。会议围绕恩格斯对社会主义理论与实践的贡献、马克思主义与中国特色社会主义、20世纪社会主义的回顾与21世纪社会主义的展望等议题进行了研讨。

3．“当代世界社会主义问题研讨会”。于12月20～23日在广州召开。全国的20余位专家学者出席会议。会议就苏东剧变后世界社会主义流派现状及其对社会主义问题的研究、世界社会主义运动发展前景、世界社会主义运动与建设有中国特色的社会主义等议题进行了广泛讨论。

4．“纪念中国共产党‘七大’确立毛泽东思想五十周年理论研讨会”。于7月5～8日在陕西延安举行。来自全国的50余位专家学者出席会议。会议围绕“七大”确立毛泽东思想指导地位的历史意义、“七大”的理论贡献与建设有中国特色社会主义理论、邓小平同志对毛泽东思想的继承和发展等问题展开了讨论。

在学术交流方面，1995年该所接待了来自美国、俄罗斯、英国、古巴等国的5批学者。所内有3位学者出访，分别访问了法国、德国、比利时的有关研究机构和大学，考察了国外马克思主义、社会主义理论研究的状况和最新动态，与德、法等国的有关学术机构和学者建立了联系及资料交换关系。

通过国内、国外的学术交流活动，加强了该所与全国同行及国外学者的联系，对推动该所的科研工作起到了积极作用。

（三）学术刊物

1995年由马列所主办的《马克思主义研究》杂志，在停刊5年后重新出刊。主编：靳辉明。该刊是目前我国唯一以专门宣传、研究马克思主义整体理论体系为宗旨的大型学术理论刊物。1995年该刊本着“坚持、发展、研究、创新”的原则，重点刊登了面向时代和社会主义实践的马克思主义理论研究文章，如胡绳的《马克思主义是发展的理论》、喻权域的《马克思主义必将重新焕发青春》、陈先达的《论马克思主义在巩固和完善社会主义制度中的指导地位》等文章，从当今的时代特点出发，针对“马克思主义是否过时”的疑虑，有理有据地向人们阐明了马克思主义的真理性和科学价值。该刊还将宣传和探讨邓小平建设有中国特色的社会主义理论作为主要内容，刊登了靳辉明等人的《论社会主义本质》、卫举华的

《关于公有制为主体是社会主义根本原则的几个问题》、赵曜的《当前社会主义精神文明建设的重大新课题》、冷溶的《关于建设有中国特色社会主义理论若干问题的思考》、孙大德的《认真探索社会主义市场经济运行规律》等文章，从马克思主义基本原理与当代实践相结合的高度阐发了建设有中国特色社会主义理论的许多重要问题。针对当前人们关注的一些理论与现实的热点问题，黄如桐的《关于私营经济的几个基本理论问题》，针对人们在私营经济的性质、资本积累与剩余价值剥削是否造成两极分化等认识上有分歧的问题，从理论上进行了探讨，引起学术界的关注。穆志强的《马克思主义哲学以人为本吗?》提出以人为本的哲学观点违背了马克思主义经典作家以物为本的思想，对这一重要理论问题展开争鸣。该刊还登载了《百卷本〈马克思恩格斯全集〉的命运》、《东欧“新马克思主义”的噪起和消失》、《“政治生态学”——“生态学的马克思主义”的一种解释》、《罗马天主教与马克思主义在西方的对话》等有价值的国外马克思主义方面的最新科研资料与信息。该刊全年共出版6期，总计95万字。

附录　马列主义毛泽东思想研究所下设机构

1995年马列所共设3个研究室，1个编译室，1个编辑部，具体是：马克思列宁主义毛泽东思想研究室，有中国特色社会主义理论研究室，当代国外马克思主义、社会主义研究室，文献资料编译室，《马克思主义研究》编辑部。

世界宗教研究所

世界宗教研究所根据1995年院工作会议精神和研究所学科发展的实际需要，年初对全所全年工作做了具体安排和部署。首先在学科调整上，结合“九五”科研规划的总体要求，对全所学科建设及发展重点作了进一步规划，决定坚持理论、历史与现状研究相结合的道路，学科建设方面以向佛教、伊斯兰教、基督教、道教和宗教学原理这五个学科倾斜为原则，并根据研究所学术研究的基础和实力，最终确定了全所“九五”期间以佛教和伊斯兰教研究为重点学科。与此同时，根据全国哲学社会科学规划办公室的要求，以宗教所科研人员为主，组成了宗教学科规划课题组，会同全国有关部门和专家共同编制了全国宗教学“九五”科研发展规划。此外，还根据院有关精神具体编制了全所和各研究室“九五”科研规划，进一步确定了今后科研工作的任务、目标和重点课题。

据不完全统计，全所1995年共出版学术专著5部（161万字）、译著3部（55万字）、普及读物10部（96万字）、古籍整理1部（25万字）、参加编写工具书4部（145万字）、编辑论文集刊3部（106万字）、编辑学术期刊8期（180万字）、发表论文83篇（70万字）、译文3篇（4.3万字）、综述5篇（5万字），完成研究报告7篇（11.55万字），共约680万字。从主要科研项目进展情况来看，已有一批国家重点、社科一般、社科青年和院重点课题定稿或基本完成。较重要的专著有《日本佛教史》（杨曾文著）、《中国古代哲学和自然科学》(李申著)、《当代伊斯兰教》(金宜久主编)等。研究报告《我国宗教学研究现状及发展趋势》全面回顾了改革开放以来我国宗教学科取得的进展，并就现存的主要问题和今后学科建设的重点领域、研究课题及发展方向提出了系统看法。在这一年度，科研工作在现状研究方面有所倾斜和加强。此外，主办或协办的会议有“中国宗教学会第四次会议暨‘宗教与中国现代化’学术研讨会”、“中国新时期宗教的位置与作用”研讨会等，一些科研人员还参加了有关部门召开的“宗教与社会主义社会相适应研讨会”、“世界各国政教关系座谈会”，以及关于中国宗教现状问题的咨询和社会调研活动。宗教所还邀请首都部分专家、学者就遵照历史定制寻访与确认班禅转世灵童的问题举行座谈会，并接待了国内外新闻媒体的专题采访，受到政府有关部门的重视和表扬。为推动学术活动，全所加强了所内各室间的横向联系，开展了所内学术沙龙活动和热点问题讨论，主要内容包括“儒学与宗教”、“魏晋南北朝佛道关系”、“中国周边国家的伊斯兰教”、“法门寺地宫唐密曼荼罗”、“新宗教现象”等。

1995年全所外事活动仍围绕扩大学术交流、促进科研发展、增进友谊及相互了解这一目标而展开。全年学者出访(含公派出国进修)19批26人次，以对日本、北美和我国港台地区的学术出访较多；应邀和顺访宗教所的外国及港澳台学者约46批173人。较大规模的外事活动包括10月份同日本《中外日报》社联合主办的“中日第六次佛教学术会议”，研讨佛教与儒、道二教的关系；以及7月份受联合国教科文组织中国委员会和我院外事局委托而举行的联合国教科文组织《中亚文明史》编委会第5次会议。此外，与美国太平洋地区发展与教育协会举行了有关宗教道德问题的学术研讨，该所部分科研人员参加了“少林寺与禅文化”、“国际老子学术研讨会”、“第二届中西哲学与宗教学研讨会”、“佛教文化与现代社会海峡两岸学术研讨会”等会议，以及在境外召开的各种国际和两岸学术研讨会，这些活动促进了宗教所与国际上及台港学者的学术交流和往来，加强了彼此间的了解和友谊。

宗教所的两个刊物继续发挥着学术园地的作用。《世界宗教研究》系1979年8月创办的全国性宗教学术刊物，每年出版4期，全年约90万字，向国内外公开发行。目前国外一些大学和亚洲研究机构都陈列有《世界宗教研究》，订户达370个。国内订户有1700多个。近年来，该刊的订户仍在增长，作者队伍相对稳定，青年学者投稿人有所增加，这表明全国宗教研究队伍在不断扩大。该刊对各种宗教研究和宗教学原理都设有专栏，后增加了“国内外学术动态”和“图书评介”栏目，颇受读者欢迎。全年共刊登各类文章89篇，有的引起了一定的社会反响。如，香港天主教界杂志《鼎》转载了《陈独秀与基督教》，中国人民大学书报资料中心的复印报刊资料《宗教》转载了《宗教本质新论》和《西方的中国基督教研究》，院科研局《学术动态》“文章推荐”栏刊登了《世界宗教研究》编辑部负责人所写的《伊斯兰教在中国的地方化和民族化》、《伊斯兰人权观》、《关于儒教的几个问题》和《新泛伊斯兰主义》四篇要文摘要。

《世界宗教文化》原名《世界宗教资料》，于1995年正式易名。《世界宗教文化》的宗旨是致力于宗教学理论的研究，世界各宗教之历史、现状与趋势的评介，宗教与人生和社会问题的讨论，宗教与政治、经济、科学、道德、文学、艺术等文化形态之关系的探索，同时介绍一些宗教知识。《世界宗教文化》1995年出版4期，组织了三个方面的文章：

(1) 关于宗教文化的问题。主要文章有《宗教文化在当今中国的位置》、《宗教的文化内涵与社会功能》、《宗教与文化关系刍议》，这一组文章从不同的角度探讨了该问题，在有关研究人员中引起了对“宗教是否是文化”及“宗教文化说之意义”的思考。

(2) 关于宗教之本质的问题。主要有《何为宗教之浅见》、《加强理论研究，正确认识宗教》两篇文章。由于中国社会的转型，如何从实际出发认识宗教的本质及宗教在当前社会中的作用的问题又重新引起学者们的兴趣。

(3) 关于现代社会中的宗教问题，即宗教之未来的问题，有《关于世俗化问题》一文，为探讨世俗化与宗教的关系、宗教在现代社会的前景带来一种新的思考。

此外，4 期中连载了《宗教与人生》的四人谈。学者从各自专业出发，深入浅出地剖析了宗教与人生的一些关联，受到读者的普遍好评。

在 1995 年中，还根据该年的热点与宗教热门话题，发表了有关宗教与妇女，以及有关奥姆真理教事件的文章，及时地反映了学界的某些看法。还专设了“一家之言”和“各抒己见”两栏，为作者提供了一个自由讨论的天地。

附录　世界宗教研究所下设机构

1995 年宗教所下设机构有：办公室（人事处、党委办公室）、科研处、佛教研究室、伊斯兰教研究室、基督教研究室、道教与中国民间宗教研究室、宗教学原理研究室、当代宗教研究室、儒教研究室、佛教文化艺术研究室、编辑部、资料室。

考古研究所

（一）科研工作

本年度田野发掘项目 23 项，大多完成任务。今年该所列入重点发掘的项目均取得了良好效果。配合三峡工程在四川省双堰塘遗址完成了 400 平方米发掘任务，在大昌盆地、琵琶洲遗址进行大面积勘探，取得重要收获。安徽蒙城尉迟寺遗址进行第 9 次发掘，基本搞清了遗址的整体布局。山东半岛贝丘遗址的调查，为环境考古增添了新资料。山东滕州前掌大商周墓地继去年重大发现后，今年发掘 22 座墓葬，3 座车马坑，又出土了一批重要遗物。唐大明宫含元殿遗址进行了大面积普探。扬州队发掘了宋代西门遗址，其砖券城门为我国迄今发现最早实例。新疆队在且末县车尔臣西岸发掘了 12 座古代墓葬，出土 200 多件文物，有金箔片、陶器、铁器、大量木器及一件汉代延年益寿织锦，具有重要学术价值。中美联合考古队在柘城县李庄乡山台寺等三处遗址进行发掘，初步实现了探寻先商文化在豫东地区分布的初期目标。此外，该所还在山东莒县马庄遗址、河南偃师二里头遗址、偃师商城遗址、北京琉璃河遗址、陕西沣镐遗址、西安汉长安城遗址、洛阳汉魏故城遗址、河北邺城遗址等地进行了考古调查和发掘，以及在安阳殷墟、洛阳唐城等遗址配合基建的发掘工作，都取得了较大收获。

1995 年江苏扬州城遗址宋城西城门的发掘获全国十大考古新发现提名奖。兴隆洼遗址发掘、唐九成宫发掘和扬州城的发掘还被评为“八五”期间全国十大考古新发现，简介如下：

内蒙古敖汉旗兴隆洼遗址的继续发掘。位于赤峰市敖汉旗宝国吐乡的兴隆洼遗址是一处目前已知时代较早、保存完整的史前聚落遗址，年代距今8000年。遗址从1983年开始经多次大规模发掘，近两年主要是收尾工作并在遗址四周发现一条长约570米、宽约2米、深约1米的大围沟，西南部有一处4.6米宽通道，该遗址的发掘，不仅在北方地区新确立了一种新石器时代文化“兴隆洼文化”，为长期以来学界关注的红山文化找到渊源，而且为史前聚落形态学研究建立了一个新基点，对新石器时代聚落考古研究是一重大贡献。

唐九成宫遗址发掘，作为1994年全国十大考古新发现之一的麟游隋仁寿宫·唐九成宫是隋唐时期离宫及九成宫东部偏东的一座宫殿基址，初建筑于隋，约毁于唐开成之年。该所于1989～1994年将其全部揭露，殿址坐北朝南，东西42.62米，南北31.72米，面阔9间，进深6间，其殿身中间还有一面阔5间、进深2间的内殿。此殿址保存完整，填补了中国建筑史上隋代宫殿建筑的空白。

对扬州宋城进行考古勘探和发掘时，发现了宋大城西门遗址，宋大城西门位于今扬州市西门街，修建于周小城基础之上，其上叠压有南宋城门和明代城门。北宋西门宽5.7米，门道长13.5米，出入城门主体砖道宽3.32米，道路两侧距沟宽0.3米，沟外便道宽1.4米。西门外设有东西长30米瓮城，瓮城外环绕护城河。南宋城门在北宋门址上改建，这一完整的西门及瓮城形制的发现，弥补了历史文献记载的不足，扬州宋城西门为我国目前发现的最早砖石砌券顶城门，是我国宋代城址考古的重大收获。

本年度出版专著7部，99万字；学术论文49篇，64万字；研究报告10篇，14万字；学术资料2部，12万字；编辑《考古》、《考古学报》和《考古学集刊》17本，300万字。

（二）学术交流工作

本年度全所计安排27批、44人次出访，共接待17批、105人次来访。涉及的国家和地区主要有：美国、英国、法国、日本、韩国、印度、巴基斯坦，台湾及香港地区。

中外合作项目，本年度三个原定的中外合作项目全部结束。中美队张长寿、高天林访问美国；中日古人类牙齿的合作研究潘其风、王增林访问日本；该所与奈文研的合作项目，任式楠等5人访问日本。今后将在总结经验的基础上，继续商讨开展进一步的合作。

出国文展，1995年赴日本橿原、广岛、四日市的“遣唐使所见中国文物精华展”和赴德国埃森和慕尼黑的“中国古代文物展”均取得圆满成功，在日本、德国产生很大影响。

（三）《考古》杂志荣获1995年优秀社科学术理论期刊奖

首届全国社科期刊评奖1995年12月6日在北京揭晓，《考古》荣膺榜首，获“95优秀社科学术理论期刊奖”。这是该刊的光荣，也是全国考古学界的光荣，更是《考古》的广大作者和读者的骄傲。

这次评奖，是经中共中央宣传部同意、由新闻出版署主办的，目的在于促进社会主义出版事业的发展和繁荣，提高期刊出版质量，鼓励和表彰优秀社会科学期刊的出版。获奖期刊是先经各省、市、自治区和中央各单位初评推荐，再由评选委员会按照《社会科学期刊质量管理标准》和各类“质量标准”、“质量评估办法”进行评定产生的。这是目前我国社会科学期刊最高奖。

《考古》是本院考古研究所主办的学术刊物，是在著名考古学家郑振铎（当时的中央文化部副部长兼中国科学院考古研究所所长、该刊第一任编委会召集人）、夏鼐（当时的中国科学院考古研究所副所长、该刊第一任主编）、陈梦家（该刊第一任副主编）等老一辈考古学家的努力下于1955年创刊的，经过几代人的努力，1995年度过了她的40岁生日。该刊坚持以马克思主义为指导和百家争鸣的方针，以刊登中国考古学专题研究和综合研究论文、田野考古发掘和调查简报为主，同时刊登有关科学技术在考古学中的应用、考古技术等的检测报告和论文，以及重要的学术动态、书刊评介等，突出科学性、学术性、资料性，为弘扬我国悠久的历史和灿烂的古代文化，为推动中国考古学事业的发展，为促进我国同世界各国的文化学术交流服务，成为享誉国内外的中国考古学重要期刊之一。

附录　考古研究所下设机构

1995年考古所下设机构有：石器时代考古研究室、商周考古研究室、汉唐考古研究室、西安研究室、洛阳工作站、安阳工作站、考古科技实验研究中心、考古资料信息中心、编辑室、办公室、科研处、人事处。

历史研究所

1995年历史研究所继续坚持以邓小平同志倡导的建设有中国特色的社会主义理论为指导，开展科研及各项工作，使历史研究所成为坚强的马克思主义史学阵地。

根据院人事局统一部署，历史研究所在进一步做好学科调整落实的同时，认真做好人员的“三定”工作，定编定岗定员。深化体制改革，逐步实现科研、图书、党政诸项管理工作的规范化、制度化。

为全院创收的需要，院里要求历史研究所从日坛路6号迁至建内大街5号。经过再三讨论，历史所以大局为重，同意迁址。为此，花费了大量时间，投入了大量人力、物力，给科研工作带来了一定的影响。

科研院所要以抓科研项目、出拳头产品为主攻方向。历史所领导在认真抓好“八五”规划项目和限期完成的国家社科基金项目结题工作的同时，做好“九五”规划的前期准备工作，要求科研人员以计划项目为龙头，由此推动全所科研工作的开展。

1995年历史研究所承担进行的国家重点项目有“中国古代经济史断代研究”、“中国历史文物图集”、“老一辈马克思主义史学家的史学思想”；承担的国家社科基金一般项目有“西域佛教文明”、“殷商史”、“汉唐寺院文化史”、“清代家庭规模、职业结构和婚姻状况”、“古文字与古代社会”、“尹湾汉简的整理与研究”；承担的国家社科基金青年项目有“中日中国古文字与古史研究之比较”、“明清海外政策的比较研究”、“中国地名学源流”。1995年历史研究所完成了国家社科基金一般项目“中西艺术纹饰的比较研究”，国家社科基金青年项目的“两汉魏晋南北朝西域关系史研究”、“唐朝与西域关系史研究”。历史研究所承担了院“八五”重点项目“中国古代国家的起源与形成”、“中国军事制度史”、“徽州文书研究”，接近完成，可望在1996年结题，“英藏敦煌文献研究”课题在如期进行。

1995年历史研究所科研人员完成及出版专著17部，412万字；学术论文194篇，181万字；学术资料、译著、普及读物、工具书等23本；编辑《中国史研究》、《中国史研究动态》16本。专著方面重要的有赫治清著《天地会起源》，何龄修、张捷夫等合著《中国史稿》第七册，余太山著《两汉魏晋南北朝与西域关系史研究》，李学勤著《简帛佚籍与学术史》、《走出疑古时代》，谢保成著《隋唐五代史学》，樊克政著《中国书院史》，张捷夫著《中国丧葬史》，林永匡、王熹著《中国节令史》，吴玉贵译著《唐代的外来文明》，耿昇译著《古代高昌王国物质文明史》、《中国社会史》、《在华耶稣会士传记与书目补编》。

学术交流是对外宣传的一个重要窗口。1995年历史研究所除接待英、美、法、韩、日本及香港、台湾地区的学者来访外，积极主动派所内专家出访，增多了了解，拓展了视野。注意对外交流的同时，历史研究所十分注意活跃所内学术气氛。每月都有一位学有专长的专家做专题报告，每季青年学者都举办沙龙，就一些共同关注的史学话题展开讨论。

挂靠在历史研究所的学术团体活动频繁，1995年由其发起举办的学术会议有“第六届明史国际学术研讨会”、“中国魏晋南北朝史学会第五届年会暨国际学术讨论会”、“首届涿鹿黄帝、炎帝、蚩尤三祖文化学术研讨会”、“中国西域楼兰学与中亚文明国际学术讨论会”。此外，历史所与诚成集团合办了“国际汉学讨论会”，与台湾联合报系文化基金会合办了“海峡两岸传统社会与当代中国社会史研讨会”。

附录　历史研究所下设机构

1995年历史研究所下设9个研究室，4个研究中心，3个编辑部。分别为先秦史研究室、秦汉魏晋南北朝研究室、隋唐宋辽金元研究室、明清史研究室、中外关系史研究室、文化史研究室、思想史研究室、社会史研究室、历史地理研究室。甲骨文与殷商史研究中心、徽学研究中心、中国古代服饰研究中心、简帛研究中心。中国历史大辞典编纂处、《中国史研究》编辑部、《中国史研究动态》编辑部。

近代史研究所

（一）科研任务完成及科研组织工作

1995年，近代史所出版和完成专著36部，约1318.8万字；个人论文集2部，约78万字；译著1部，30万字；工具书1部，80万字；资料书9部，约389.1万字；普及读物13种，约176万字；发表论文142篇，约183.1万字；一般文章68篇，约34万字；译文7

篇，约10.2万字；撰写书评、杂文以及各类工具书辞条，共约150万字；绘制地图18幅。统计显示，专著、普及读物、各类工具书的种类和总字数均超过去年，质量和水平也有所提高。

（二）学术交流工作

1995年，近代史所共有29人次出国参加学术讨论会或进行学术访问，较之往年有所加强。所有出国人员，均如期返回。回国后，都按要求认真撰写了较详细的“出访汇报”，有的还为进一步扩大和加强学术交流提出了不少好的建议。

参加的学术讨论会中，较重要的有：（1）1月12～15日，余绳武、张振鹍赴台湾参加由“中研院”近史所主办的“第三届近百年中日关系研讨会”，并分别作了题为《从〈字林西报〉看英商对中日甲午战争的反应》、《中日甲午战争与东亚》学术报告。（2）应澳门大学邀请，2月9～13日，张海鹏所长赴澳门参加由该校举办的“澳门史的教与学”国际学术研讨会，并在会上作了题为《澳门史研究：前景与困难——国内澳门史研究的动向》学术报告，其间还就合作开展澳门史、中葡关系史研究与澳门大学进行了磋商。（3）应北美20世纪中华史学会邀请，张海鹏、杨天石、杨奎松于8月17日赴纽约参加“抗战胜利五十周年国际研讨会”。会后并作短期访问。（4）应台湾政治大学邀请，陈铁健、王学庄、杨天石、韩信夫、杨奎松于8月30日赴台北参加“庆祝抗战胜利五十周年两岸学术研讨会”。（5）8月24日至9月28日，耿云志作为中国历史学家代表团成员赴加拿大参加“第18届国际历史科学代表大会”。会后应邀访问了美国普林斯顿大学东亚研究中心、哈佛大学、威斯康辛大学等。

1995年，该所接待美国、日本、法国、俄罗斯、澳大利亚、葡萄牙、菲律宾等国和香港、澳门、台湾地区的来访学者共25人。其中，有的是要求来访的，有的则是我方主动邀请的。对来访的学者，我方都热情接待，尽力为他们的学术访问提供方便，同时本着对我有利的原则，安排他们与该所研究人员座谈，或请他们作学术报告，收到了相互促进交流与提高的效果。

（三）刊物

《近代史研究》：主编曾业英，副主编雷颐，1995年出版6期，共150万字。

《抗日战争研究》：主编张海鹏，执行主编曾景忠，1995年出版4期，共82.4万字；另出版增刊《抗日战争胜利五十周年纪念集》，43万字。

《近代史研究》、《抗日战争研究》创刊以来，一直受到学术界的关注。1995年发表的文章，不少引起了海内外学者的注意，产生了较大的影响。如《近代史研究》第1期皮明勇《晚清军人的经济状况初探》，通过细致的史料分析，对晚清军人经济状况这一从前少有研究的课题作了较深入的研究，得出当时军人经济状况低下是军心不稳、战斗力低下，最终哗变的重要因素；第2期丁伟志《晚清国粹主义述论》，对晚清兴起的国粹主义思潮作了深入探讨，指出从政治思想方面看，国粹主义是民族革命的适时应势的观念形态；作为文化观念来看，国粹主义是中西文化交流过程中必须重视中国文化传统这一合理意图的过度表现。但在实现中国文化革新、实现中国文化近代化的过程中，如果对于这种浓厚的民族文化情愫有任何忽视，都会导致重大偏差；第2期朱英《清末新政与清朝统治的灭亡》，从清末新政的不足和局限性，论证了辛亥革命的必然性与合理性，反驳了认为辛亥革命给近代中国带来不小危害的“激进主义”的错误观点；第3期闵杰《戊戌学会考》，在详尽占有史料的基础上，对戊戌时期成立的近百个各类学会情况作了详细考辨，填补了这方面的空白；第4期王良行《1929年中国国定税则性质之数量分析》，以数量经济统计分析的方法，从进口税率、进口税额以及进口物量三大方面对1929年国定税则进行各种数量分析，证明它具有强烈的保护色彩。其中，《晚清军人的经济状况初探》、《戊戌学会考》和《1929年中国国定税则性质之数量分析》三篇文章，分获1995年度“东方奖”优秀奖和荣誉奖。

《抗日战争研究》较有影响的文章有：第1期戚其章《从甲午战争的开始时间看日本侵朝侵华的战争责任问题》，分析了关于甲午战争开战时间的6种不同说法，批驳了混淆开战时间以模糊甲午战争的责任和性质的观点；张振鹍《中日甲午战争与东亚》，提出甲午战争超出中日两国范围，涵盖了东亚地区各国，事实上是一场东亚地区性战争，结果是日本“脱亚入欧”跻身列强，中国则陷入“东洋之波兰”的境地；戴逸、杨东梁《甲午战争与东亚政治格局的演变》，分析了甲午战争对中国、日本、俄国、英国的影响。以上三篇文章，不同程度地反映了甲午战争研究的新成果。

第2期吴天威《美国新公开的有关“南京大屠杀”的档案资料》，在中国首次披露了美国华盛顿国家档案馆藏6种有关南京大屠杀的“日本外交文件”，除反映了日军暴行的具体情况外，尤其引人注意的是反映了当时即有人提出“不少于30万的中国平民遭杀戮”；王树才译、邹念之校《三笠宫“反省”文书》，首次披露了日本天皇之弟三笠宫崇仁于侵华战争期间在中国派遣军总司令部所作“反省”文书，该文书除反省侵华策略和为天皇辩护外，还招认了日军侵华的一些暴行，是研究日本侵华策略演变及侵华罪行的一份珍贵资料。

第3期孟国祥、张庆军《关于抗日战争中我国军民伤亡数字问题》，分析了中国大陆、港台地区以及日本关于抗日战争中我国军民伤亡的不同统计数字，考证后认为，中国军民战时伤亡3500万人这个结论是可信的；姜维久《日本与德国战后国家赔偿及个人受害赔偿比较研究》，对战后日本与德国在赔偿问题上的不同立场、不同政策行为、不同结果进行了比较，并从国际政治、军事环境等历史背景对两国的这些不同的原因作了考察，认为日本右翼为侵略战争翻案与战后遗留问题没有得到很好解决有关。

第4期章伯锋《加强对侵华日军暴行问题的研究》，提出日军屠杀中国人民的暴行贯穿于八年侵华战争，构成抗日战争史研究的重要而不可缺少的内容，应当引起研究者的重视；何天义《日本侵略者强掳中国劳工真相》，王瑞珍《有关日本对在华第三国侵害的一些情况》，郑传良《“死亡铁路”与桂河桥》，运用较新的资料从不同侧面揭露了日本的侵略战争罪行。该刊1995年发表的文章，有8篇为中国人民大学编辑的全国报刊复印资料《中国现代史》转载，在学术界产生广泛影响。

（四）学会

孙中山研究学会：会长胡绳，副会长刘大年，秘书长金冲及。该会秘书长、全国政协委员金冲及于政协八届一次会议期间向中央提出“孙中山诞辰130周年纪念活动提纲”，其中包括于1996年举办纪念孙中山诞辰130周年国际学术讨论会。该会1995年即为举办这次讨论会积极筹备。

抗日战争史学会：会长刘大年，执行会长白介夫并兼秘书长，副秘书长张海鹏、张春祥、张承钧等。为纪念抗日战争胜利50周年，该会除举办各种形式座谈会外，在1994年工作的基础上推出了“中国抗日战争史丛书”，其中包括《中国复兴枢纽——抗日战争的八年》、《抗战时期的经济》、《抗战时期的文化教育》、《抗战英烈录》、《海外侨胞与抗日战争》、《侵华日军的毒气战》、《日本对华北经济的掠夺和统制》等，出版后受到学术界的好评。

中国中俄关系史研究会：会长余绳武，副会长吕一燃、刘存宽、孟宪章、罗明、特布信（以姓氏笔划为序），秘书长薛衔天。1995年秋，该会与黑龙江省社会科学院、中国史学会东方历史研究中心在黑龙江省同江市联合举办了“中俄（苏）关系史学术讨论会”。来自全国各地的35位学者出席了会议，提交论文28篇。讨论会的主题为“战后中苏关系发展走向问题”。与会学者围绕会议主题及中俄关系史有关的学术问题进行了热烈深入的讨论。会后，编辑论文集《战后中苏关系走向》，25万字，交社会科学文献出版社出版。

中国现代文化学会：会长丁守和，副会长耿云志、杨天石、陈昊苏、高占祥、张椿年等，秘书长杨天石。1995年，该会下属的胡适研究会与上海华东师范大学历史系联合发起，于6月21～24日在上海华东师范大学召开“胡适与中国新文化”国际研讨会。耿云志副会长自始至终负责会议筹备并主持了讨论会。参加研讨会的海内外学者共80人（其中海外学者8人）提供论文42篇。内容涉及胡适在文学革命、思想解放和女子解放运动中的作用，以及他在哲学、文学、史学和教育等领域的贡献与不足。也有不少文章将胡适与他同时代人如陈独秀、鲁迅、李大钊、谢冰心、钱穆、冯友兰等作比较研究，在研究方法和领域的广度深度方面，均较以往有所创新和拓展。

附录　近代史研究所下设机构

1995年近代史所下设研究机构有：近代政治史室、近代经济史室、近代文化史室、近代思想史室、史学理论室、革命史室、民国史室、近代中外关系一室、近代中外关系二室、《近代史资料》编译室十个研究室，以及《近代史研究》编辑部和图书馆。

行政职能部门为办公室、人事处、科研处。

世界历史研究所

（一）科研任务的完成及科研组织工作

由于加强了对科研计划的管理，抓了中期检查，多方保证所承担的研究课题和年度科研计划顺利进行，世界历史所科研工作取得较大成绩，科研成果问世的数量颇多，全所性学术报告活动十分活跃。

1995年出版的著作11种，论文集2种，译著3种，工具书3种；完成论文54篇，研究报告6篇，译文2篇，文章48篇，资料2篇；编辑出版《世界史研究年刊》1册，《世界历史》6 期，《史学理论研究》4 期。

坚持开展全所性学术报告活动，活跃了学术气氛，并在去年开始组织定期的学术报告活动取得初步成效的基础上，今年的学术活动又有新的特色：(1) 研究人员主动报名承担学术报告的人数大量增加，约占全所科研人员的四分之一以上；(2) 参加听取学术报告的人次比去年增加了三分之一以上；(3) 在学术报告过程中，增加了评论和学术观点与信息的交流；(4) 学术报告活动成为每月学术活动日的一项重要内容，并受到全所科研人员的重视与关注。

1995 年组织了 16 次全所性学术报告活动：(1) 加拿大民主问题；(2) 东欧过渡时期的几点思考；(3) 冷战后欧洲的变化；(4) 奴隶制度研究中的几个问题；(5) 关于 18 世纪中西文化交流问题；(6) 从车臣看俄罗斯的民族问题；(7) 高句丽的好太王碑拓本研究及其意义；(8) 加拿大民主制度研究；(9) 70 年代法国妇女新女权运动的特点、欧美同学会参加非政府论坛的准备——归国妇女的风采、联合国会议的非政府论坛表现形式与作用；(10) 论英国的非殖民化政策；(11) 资本主义与拉丁美洲；(12) 社会科学工作现代化与微机应用、文献分类和检索中的几个问题；(13) 奥地利在纳粹占领时期的作用；(14) 第 18 届国际历史科学代表大会的情况；(15) 西方家庭史学及其意义；(16) 波黑战争。

(二) 学术交流

1995 年世界历史所接待来访外宾 19 批 23 人次，安排人员出访 19 人次。其中：

5 月 5～12 日，应该所主管的我院加拿大研究中心之邀，加拿大多伦多大学政治系西·巴雪芙斯基教授及夫人艾伦·列维和布鲁克大学加太研究中心主任查·伯顿博士对我国作为期 8 天的学术访问。5 月 9 日上午，该所加拿大研究中心成员与加方学者进行学术座谈；

10 月 19 日至 11 月 4 日，院委托该所接待奥地利卡尔·索科尔教授。10 月 24 日他在世界历史所作题为“奥地利在纳粹占领时期的作用”的学术报告。奥地利驻华使馆公使梅隆宾出席，共有 42 人与会。11 月 2 日，在院外宾接待室举行该教授新著《心灵易帜》(中文版) 首发式，由吴恩远主持，奥地利驻华使馆文化官员出席。

(三) 刊物出版情况

《世界历史》(双月刊) ——主编廖学盛。1978 年创刊，由本院世界历史研究所主办，是世界史专业性的学术刊物，主要刊登世界史学术论文，还辟有史学理论与方法论、研究综述、争鸣、史学述评、书评、中国著名世界史学家、历史一瞬、史家论坛、读史札记、史料与资料、重要国际问题探源、外国史学流派、外国历史学家、学术报道、新书架等栏目。为纪念世界反法西斯战争胜利 50 周年，该刊于 1995 年出版二战史专辑 (第 4 期)；为培养青年学者和推动世界史学科发展，于 1995 年 10 月在湖南召开了第四届全国世界史工作者学术讨论会。

《史学理论》(季刊) ——1992 年创刊，由本院世界历史研究所、近代史研究所、历史研究所三个单位合办。主编陈启能，副主编于沛、李祖德、蒋大椿。该刊是有关史学理论研究的专业性学术刊物，主要刊载有关史学理论方法论、探索史学跨学科研究、评析国内外史学理论和史学流派的论文。此外，还辟有综述、书评、读书笔记、史坛信息、理论沙龙、史家回忆、史学新学科等栏目。为加强对外国史学方法论的研究，辟有海外来稿，发表外国著名学者及在外中国学者的专稿。

（四）学会主要活动

8月8～13日，中国日本史学会在长春召开“战后日本50年”学术讨论会。会议由会长万峰主持。该所万峰、汤重南、管宁、马新民参加了这次会议。

8月11～17日，中国德国史研究会在青岛召开例行年会暨学术讨论会。会议由执行常务理事朱忠武主持。该所朱希淦、朱忠武、邸文、肖辉英参加了这次会议。

8月18～20日，中国第二次世界大战史研究会与陆军参谋学院合作，在石家庄市联合举办纪念第二次世界大战胜利50周年学术讨论会。会议由会长黄玉章主持，有军内外100余名专家教授参加了这次盛会。这次会议收到论文100篇。该所吴恩远、朱希淦、陈祥超、侯成德、邸文出席了会议。《人民日报》、《河北日报》和石家庄电台等新闻媒介对这次盛会作了报道。

10月11～17日，中国非洲史研究会在长沙召开“非洲传统文化与现代化”学术讨论会。会议由会长陆庭恩主持。该所彭坤元出席了会议。

10月14～15日，中日关系史学会在京召开“21世纪中日关系展望及东亚地区和平与发展”国际学术讨论会。会议由会长孙尚清主持。该所汤重南、管宁出席了会议。

附录　世界历史研究所下设机构

1995年世界历史所下设机构有：西欧北美史研究室、俄罗斯东欧史研究室、亚非拉史研究室、古代中世纪史研究室、史学理论研究室，《世界历史》编辑部，图书室、科研处、办公室。

文学研究所

根据院工作会议精神和文学所的具体情况，首先加强思想理论方面的建设。有组织地学习邓小平建设有中国特色的社会主义理论。党的十四届五中全会后，又号召全体同志学习全会的精神和江泽民同志的报告，通过学习进一步统一思想，提高了建设有中国特色社会主义的自觉性。

1995年文学所的科研工作，对于今后学科的发展具有特殊的意义。所长张炯受国家社科规划领导小组的委托，组织了专门课题组对全国文学学科的发展状况进行了调查，征求了400多位专家学者对“九五”文学学科发展规划的意见，拟出文学学科发展的调查报告。

在此基础上，各处、室对本学科的发展状况进行了回顾和前瞻，还多次召开室主任和学术委员会议，对全所学科发展进行宏观性的讨论，从实际情况出发，制定了文学所“九五”学科发展规划的初步方案。按照方案，确定文学所以文艺理论、古代和现当代文学为发展重点，并对各学科的人才培养、配置和学科带头人的选拔，作了相应的规划。机构设置也按方案的精神，作了进一步的调整，除已撤销鲁迅研究室外，又撤销近代文学研究室，将其研究人员分别并入古代和现代文学研究室，正式成立中国文学信息交流中心和文学所图书分馆，报请成立世界华文文学研究中心和民俗文化研究中心。

同时，对现有的科研项目，进行了一次全面的检查和清理。对长期拖延不能完成的项目坚决予以撤销，对确有正当原因而未能按期完成的项目予以适当延期，对正在进行中、尚未到期的项目，也加以督促，帮助采取措施以期按时完成，以上措施收到了较好的效果。

经统计，1995 年全所共出版专著 20 部，520.9 万字；发表论文 458 篇，310.9 万字；编辑书刊 48 本，1272.7 万字；编辑工具书和资料 12 本，422 万字；翻译著作 1 本，12 万字；普及读物 7 本，330 万字。共计完成工作量 2868.5 万字。其中，何西来的《文学的理性和良知》、陈祖美的《李清照评传》、张锡厚的《敦煌本唐集研究》、董乃斌、刘扬忠、韦凤娟合著的《彩色插图中国文学史》、杨义的《中国古典小说史论》、杨匡汉的《诗学心裁》等都是有较大影响和相当水平的成果。

1995 年，文学所按计划完成了应于本年度完成的历年立项的科研项目 25 个，其中国家重点项目 3 个，社科基金资助项目 10 个，院重点项目 4 个，院青年基金项目 4 个。邓绍基主持的 15 卷本《中国文学史》、何文轩主持的《文艺鉴赏论·批评论》、樊骏主持的《中国现代文学的文化心理研究》3 个国家重点项目，是具有相当代表性和重要性的学术成果。

同时新申请立项的项目，也取得了良好的进展。与少文所协作的《中华文学通史》10 卷本，总计 500 万字，拟定了全书框架与目录大纲，并已按计划组织了两所近百名专家学者和部分所外人员进行紧张的撰写工作。《中国文学典》4 卷本，共 600 万字的项目，作为开门办所、借鸡生蛋的试点来实施，主要组织社会上和各院校的专家学者进行撰写。这两个项目都预定在 1996 年度完成。另外，今年立项的有：许明的《华夏审美风尚史》被确定为院重点项目；张宽的《文化多元主义的启示》、黎湘萍的《中国文学的政治与文化情结》被确定为院青年基金项目。

在 1995 年的学术交流中，全所共接待国外、境外学者来访 9 批，派出出访学者 14 批，对促进学术思想的活跃和人才的培养，加强与社会、与各方面学者的联系，起到了积极作用。

在来访者中，有瑞典、韩国、美国、日本、澳大利亚和台、港、澳地区的学者或作家代表团。

7 月 31 日至 8 月 3 日在济南举行的中国中外文艺理论学会成立大会暨“走向 21 世纪：中外文化、文艺理论国际学术研讨会”，有来自全国各地，国外、境外专家学者 100 余人参加。会议探讨与梳理了中外文艺理论在 20 世纪的历史流变，特别是 80 年代的转折，它的成就与问题；研究了当代文化思潮对中外文艺理论的各种影响，展望了在 21 世纪新的文化语境中，中外文论的发展趋势与走向，它的特征与共性；研讨了本学科出现的各种新问题、新观点、新理论、新流派。通过对具体问题的探讨，重建文化艺术的价值与精神，为今后一个时期的理论探讨提出了主题。这次会议是国内外从事中外文化和文艺理论研究的学者专家间一次成功的对话与交流，显示了中外学者对理论建设的执著追求和创造。

在出访学者中，许多人回国后提交了内容翔实、具有学术价值的总结报告，同时提出了一些值得关注的看法。比较文学研究室的周发祥赴美考察后，对西方学术得出一些宏观认识：(1) 西方的中国文学研究，近几年有较大发展，学术水平不断提高。原来法国、德国落后于英语国家的情况已有一定改变。整个西方的中国文学研究具有较强的内聚性。(2) 美国学术界与台湾学术界联系比较密切，原因在于台湾经常召开国际研讨会，并且有《亚洲文化》、《淡江评论》等英文刊物为西方学者提供用武之地。(3) 西方学术界有所谓“哲学派”和“语文学派”两种潮流。前者喜欢采用西方理论评论中国文学，后者主要从事考证、训诂等研究。两派间有融合的现象，也有互相攻讦的例子。(4) 比较文学界也明显存在哲学化倾向，即文学理论往往在哲学层次上予以阐述。这与具体的比较文学批评形成鲜明的对照。有人认为，哲学化倾向可为文学研究提供更广阔的思路。(5) 中国文学研究正纳入比较文学视野，但仍不占较大比重。东西方文学之比较呼声甚高，东方文学除中国文学外，尚包括印度、中东、日本、朝鲜文学等。

当代文学研究室陈晓明通过访问英国也感觉到，英国汉学界更偏向古代中国和现代中国的文学研究，这其实一直是国际汉学研究的主流。现在的青年一代学者普遍关注当代中国文学，但对于海外汉学家来说，其难度在于：(1) 资料的获得有困难。(2) 由于长期忽略造成的误解，他们一直停留在五六十年代的水准上来看中国当代文学，以为它们还是简单的时代精神的传声筒。(3) 稍为了解一点的人又觉得当今中国文学发展变化太快，国内的主义、流派五花八门，他们被搞得眼花缭乱而无从下手。

古代文学研究室蒋寅在赴港澳参加学术会议后则认为，有些台湾学者流露出强烈的意识形态味道，显出一种争夺话语权力的姿态。这在讨论现代中国文化、中国文学的特征与现代文学史写作诸问题时，尤其表现得明显，适与国内学者的态度相反。

现代文学研究室汪晖在应北欧亚洲研究院之邀出访丹麦期间，适逢现任设在塞内加尔首都达喀尔的第三世界论坛研究所领导人、以“依附理论”著称的马克思主义经济学家阿明在北欧亚洲研究院作了题为“依附理论的状况与亚洲”的讲演。汪晖认为，阿明通过对“不发达国家”在世界市场中的位置的分析，形成了他的“脱钩”理论。这个理论主要看法是，如果“不发达国家”要获得“发展”，他们就必须更加独立，并以自足为方向整合他们的经济活动。这意味着与殖民主义创造的国际劳动分工的决裂，还意味着建立以满足自己的内部需要为主要目标的社会。他的理论也许曾经受到毛泽东的“独立自主、自立更生”的发展理论的影响，因为他早在60年代就到过中国。无论我们在多大程度上赞同或反对他的观点，至少我们可以说他的理论提供了看待当今世界及其发展方向的一个特殊角度。中国学者似乎也有必要在更广泛的范围内思考当代问题：不仅以效率这一资本主义规则为轴心解释中国现代化道路的独特性，而且是建立不同于所谓理性化的视野来讨论国际关系和国内关系领域里的正义、公平与效率及其相互关系问题。

1995年，文学所编辑出版的刊物，在学术交流中发挥了更大的作用。

《文学评论》(主编敏泽、张炯，副主编蔡葵) 发行万余份。内容比以前更为扎实，质量进一步提高，社会反响越来越好。尤其是一些重要文章和主办的活动，不仅在国内，而且在国外也受到文艺界和读者普遍的重视和好评。

1995年是中国人民抗日战争和世界人民反法西斯战争取得辉煌胜利50周年。《文学评论》编辑部认真作了准备，组织了几位著名教授和评论家撰写了长篇论文，发表了郭志刚

《论三四十年代的抗战小说》，陆跃东《四十年代长篇叙事诗初探》、范智红《抗战时期沦陷区小说探索》和吴晓东《抗战时期中国诗歌的历史流向》等重要文章，被一些专家认为是现代文学方面对纪念抗战有很高学术价值的一组文章。

在市场经济的条件下如何建立新的人文精神，加强社会主义精神文明建设，是学术界和整个社会关心的问题。《文学评论》先后两期以头条显著位置发表了主编敏泽《社会主义市场经济与文学价值》和钱中文《文学艺术价值、精神的重建——新理性精神》两篇重要论文，并被几家报刊摘录和转载，受到理论界的普遍重视。

另外，还发表了徐中玉、贾平凹、唐达成、叶文玲、郑敏、冯健男等许多著名作家、评论家和教授的论文，这不仅提高了刊物的学术质量，而且对促进文艺界的团结也有很大作用。同时，还开辟了全国高校文科的图片介绍，每期以两三个版面发表一所大学中文系的几幅照片。对宣传我国高校文科科研成果，提高高校知名度都有很好的作用，也受到了许多大学师生的欢迎。

《文学遗产》（主编徐公恃）发行量近3000份。全年出版6期。1995年共发表长短研究论文、书评、学者研究、学术综述等108篇。其中大部分是对文学史问题和古代作家作品的理论研究，小部分是对文学史料和作家生平事迹的考辨。

为了纪念反法西斯战争胜利50周年，《文学遗产》发表了《壮志歼贼寇，正气薄云天——明嘉靖抗倭诗一瞥》和《甲午百年祭——从近代文学看中日甲午战争》两篇论文。

刊物注意每期论文的作者老、中、青兼顾，以发表中、青年学者的研究成果为主。1995年发表了老一辈著名学者林庚、袁珂、杨宽、周振甫、朱金城、周汝昌、徐朔方、季镇淮、曹道衡、程毅中、刘世德等先生的文章，保证了刊物学术的高质量和高品位。其中，著名诗人和唐诗专家林庚的《汉字与山水诗》、著名神话学专家袁珂的《孔子与神话及民间传说塑造的孔子形象》、著名历史学家杨宽的《秦〈诅楚文〉所表演的‘诅’的巫术》、著名红学家周汝昌的《〈红楼梦〉笔法结构新思议》、著名南北朝文学专家曹道衡的《南朝文风和〈文选〉》、著名文学史专家季镇淮的《韩愈论》等论文，引起了国内外古典文学研究界的广泛注意。中青年专家葛晓春的《创作范式的提倡和初盛唐诗的普及》、张宏生的《元祐诗风的形成及其特征》、周褡锴的《自持与自适——宋人论诗的心理功能》、郭莱德的《叙事性：古代小说与戏曲的双向渗透》，以及台湾大学教授王国瓔的《陶诗中的宦游之叹》，都以崭新的论题和视角、丰富扎实的材料、严谨的论证和精练的文字，受到该刊编委、通讯编委和国内其他著名学者专家的一致好评。葛晓春和张宏生的论文荣获首届广东中华文化王季思古代文学研究基金《文学遗产》优秀论文奖。周褡锴、郭英德、王国瓔的论文获得优秀论文提名奖。

附录　文学研究所下设机构

1995年文学所下设研究机构有：理论研究室、古代文学研究室、现代文学研究室、当代文学研究室、民间文学研究室、比较文学研究室、世界华文文学研究中心、《文学评论》编辑部、《文学遗产》编辑部、图书室、中国文学信息交流中心。

少数民族文学研究所

（一）科研成果统计

1995年全所完成并出版各类科研成果79项，约801.8万字。其中专著6部（含1部合著），约114.2万字；学术论文52篇，计47.73万字；学术资料3.5万字；译文2篇，计1.6万字；普及读物修订本3种，增加字数7.7万字；辞条4万字；一般文章15篇，计7.07万字；编辑《民族文学研究》期刊4期，计55万字；编辑书稿、论文集等4种，计576万字。

（二）重点课题执行情况

"八五"期间，该所共承担各类重点课题16项。其中：社科基金国家"八五"重点课题2项；社科青年基金课题4项；院级重点课题3项，院级青年基金课题2项；所级重点课题6项；完成情况如下：

"八五"国家重点课题：

（1）"中国少数民族文学史、文学概况丛书"课题计划完成25个民族卷。目前完成并出版的有13个民族卷，其余部分已经评审待出版，另有6部尚需在1996年度进行评审。

（2）"《格萨尔王传》优秀艺人口头说唱本"课题设计共完成10部科学版本，目前已完成大部分工作，其余将延至1996年完成。

社科青年基金课题：

（1）"藏族原始信仰与神话研究"，承担者谢继胜，已于1994年完成，最终成果为1部专著《风马考》，1995年已送出版社。

（2）"彝、纳西族经籍文学研究"，承担者白庚胜、巴莫曲布嫫，已于1995年完成并办理了结项，原设计为1部专著，后改为2部专著，其中1部已于1995年申请院级青年出版基金。

（3）"蒙古胡尔齐故事研究"，承担者斯钦孟和，1995年已完成并办理了结项，最终成果为1部专著。

（4）"卫拉特英雄故事研究"，承担者丹布尔加甫，最终成果设计为1部专著，目前正在按计划进行。

院级重点课题：

（1）"清代蒙汉文学关系研究"，承担者扎拉嘎，设计最终成果为1部专著，将延至1996年完成。

（2）"远古、中古时期南方各民族文学关系史"，承担者刘亚虎，最终设计为1部专著，延至1996年完成。

（3）"蒙古语族人民英雄史诗比较研究"，承担者仁钦道尔吉，设计完成1部专著，目前正在按计划进行。

院青年基金课题：

(1)“环渤海湾远古少数民族文化研究”，承担人苑利，设计完成1部专著，目前正在按计划进行。

(2)“中国朝鲜族小说史”，承担人张春植，设计最终成果为1部专著，目前正在按计划进行。

所级重点课题：

(1)“突厥语族史诗、叙事诗母题研究”，承担者原西北室集体，设计最终成果为1部专著，将延至1996年完成。

(2)“锡伯族萨满教考察”，承担者孟慧英，设计最终成果为1部专著，1995年已完成。

(3)“中国多民族文学史论”，承担者邓敏文，设计最终成果为1部专著，1994年已完成，1995年已由社科文献出版社出版。

(4)“满族萨满神歌译注”，承担者宋和平，设计最终成果为1部专著，1993年完成，并受院出版基金资助已由社科文献出版社出版。

(5)“尼山萨满研究”，承担者宋和平，设计最终成果为1部专著，目前在按计划进行。

(6)“哈萨克民间文学与东西方文化”，承担者穆塔里，设计最终成果为系列论文，1995年已完成。

(三) 学术活动

1995年内该所主办了6次学术活动，即尹湛纳西研究三种座谈会、当代少数民族文学理论座谈会、《格萨尔》史诗艺人研究座谈会、中国多民族文学史建设理论座谈会、青年学者民族文化学术讨论会、海外民俗学发展动态学术报告会。

(四) 外事工作

1995年该所共有12人次出访(其中印度1人、俄罗斯4人、日本1人、吉尔吉斯斯坦1人、德国2人、美国1人进修、英国1人、朝鲜1人)。另有2人将分别于明年赴哈萨克斯坦、蒙古进修。1人赴美国哈佛大学进修期满回国。

(五) 少数民族文学系工作

1995年该系录取了两名蒙古文学专业博士研究生，导师仁钦道尔吉。

(六) 刊物出版情况

《民族文学研究》(季刊)1995年共出版了4期，刊发中国少数民族文学研究的各类论文、译文70余篇，总计55万字。从刊发论文涉及的学术范畴及自身的学术水平来看，有如下特色：当代少数民族作家作品的评论，研究者致力于对某个民族、某些地区的作家群体的研究、评析，提出一些精到之见；有关古代作家作品的分析、考证，对彝族古代诗文理论的探讨，仍在循序渐进地进行；从文化学的视野观照各民族的丰富的民间文学现象，神话、史诗、故事的研究日渐深入，比较研究的方法已被大家普遍接受，叙事学理论成果的引进开拓了新的研究思路。

作为少数民族文学研究所主办的学术刊物，注重反映该所的研究进展及成果，一直是该刊的一个主要方向。年内的四期利用封二、封三的版面，推出了该所“学术成果简介”栏目，共介绍8位研究人员的研究概况及代表性学术专著，并配有研究者及其代表著作的照片，较为系统地展示了该所的科研成果。

总之，该刊在1995年的工作中，继续执行了既定的办刊宗旨，在少数民族文学研究界发挥了自己的作用。今后仍将继续努力，并争取不断提高学术水平，提高刊物的质量。

外国文学研究所

1995年外国文学研究所下设科研处、办公室、英美文学研究室、俄罗斯文学研究室、南欧拉美文学研究室、中北欧文学研究室、东方文学研究室、文艺理论研究室、《世界文学》编辑部、《外国文学评论》编辑部。

1995年外文所各研究室和编辑部全体同志在院工作会议和所的工作方针指引下，积极努力，全力以赴，取得了较大的成绩。全年共发表专著9部，约169.5万字，论文集1部，21万字，主要有：吴岳添《法国文学流派的变迁》，林洪亮《波兰戏剧简史》，冯植生《匈牙利文学史》、陈众议《拉美当代小说流派》，张容《荒诞·怪异·离奇》、《加缪——西绪福斯到反抗》，吴岳添《法朗士——人道主义斗士》，朱景东《马尔克斯——魔幻现实主义》，张振辉《莱蒙特——农民生活的杰出画师》。学术普及读物有元文琪的《伊斯兰文学》。论文集有冯季庆的《文心絮语》。译著2部，罗念生、王焕生《伊里亚特》，陈中梅《奥德赛》。发表论文46篇约67.9万字。此外，还有一些编选、翻译和文章。钱满素主编了《蓝袜子丛书》十卷本，介绍世界女性文学。申慧辉选编了《奥尼尔戏剧集》，高中甫编了《茨威格小说集》。

本年度该所承担的国家、院、所的项目大多正常进行。国家社科基金项目钱满素的《爱默生与中国》、盛宁的《后现代主义研究》和陆建德的《英国小说现代卷》已经完成。本年度完成的还有受社科规划办委托的项目《外国文学发展现状及趋势》的调查报告，为制订“九五”规划提供了重要依据。

《世界文学》杂志社如期发稿6期，共150万字，除按计划编发各组稿件外，另发“世界妇女文学专辑”和“纪念反法西斯战争胜利50周年专辑”，获得学术界好评。在极其困难的情况下，杂志社自办发行了《外国文学动态》两期，坚持了办刊方针，为外国文学研究界提供了大量动态信息。《外国文学评论》出刊4期，88万字，配合世妇会和反法西斯战争胜利50周年组织了“女性文学研究”和“反法西斯文学研究”两个专刊，得到外国文学研究界好评。《世界文论》编辑部出版3期：《波佩的面纱》、《小说的艺术》、《布拉格学派及其他》，共150万字。

学术交流方面，全年共派出19人次，前往德国、越南、日本、以色列、韩国、希腊、意大利、美国、印度、法国、俄罗斯、埃及、伊拉克、美国、瑞士等国进修或访问。接待越南、美国、埃及、西班牙、日本、俄罗斯等国学者和澳门地区政府文化官员来访。

1995年8月中国西、葡、拉美文学会召开了第五届年会、《拉丁美洲文学丛书》研讨会。代表们就如何评价这套丛书的文学价值和出版意义进行了讨论。西、葡、拉美文学会会长沈石岩，常务副会长林一安，副会长赵德明、尹承东、施永龄。

意大利文学工作委员会会长吕同六，秘书长吴正仪。9月召开了第七届意大利文学研讨会，主题是“抵抗运动文学”。该会与意大利驻华使馆文化处一起举办第一届汉学与意大利学的双边会议，使两国学者进行了有益的交流。

阿拉伯文学工作委员会会长仲跻昆，副会长伊宏、郅溥浩、朱凯，秘书长李琛。1995年10月该会召开第四届年会，主要议题为“阿拉伯文学中的女性文学和文学中的女性”，与会代表就阿拉伯妇女文学的发展阶段问题以及殖民时期阿拉伯女性文学中的时代意识进行了讨论。

本年度招收博士生3名，89级博士生王景生论文通过答辩，获博士学位。

本年度还进行了制订“九五”科研规划的组织工作。

语 言 研 究 所

（一）科研工作

1995年语言所科研计划项目共有70项，其中各类重点项目20项，包括国家“八五”重点项目“汉语方言大词典”、“人机对话中的语音学问题”；国家高技术研究发展计划（863计划）子课题“普通话两音节音联模型及其规则合成”；中华社科基金项目“现代汉语方言音库”；青年社科基金项目“当代北京口语句式研究”、“汉语方言计算机处理系统”。全部完成了科研任务，并分别于年底进行了成果鉴定和结项工作。全年共出版学术专著3种、学术论文59篇、研究报告9篇、学术资料8篇、译著2种、译文3篇、教材4种、工具书6种、辞条1.8万条、一般文章9篇、软件20种、501.2万字节程序。编辑论文集20本、编辑期刊14期。

（二）学术会议和学术交流

1995年召开较大型学术会议6次：中国语言学会第八届学术讨论会、全国汉语方言学会第八届学术讨论会、首届晋方言国际学术讨论会、第四届闽方言国际学术讨论会、北京地区中青年现代汉语语法讨论会、庆祝语言研究所成立45周年学术讨论会。

1995年接待国外及港台地区访问学者、进修生共17人次。交流国家及地区包括美国、法国、澳大利亚、俄罗斯、日本、韩国以及港台地区。主要交流方式为短期学术访问、参加学术会议及学术报告等。交流内容涉及理论语言学、语义学、语音学、计算语言学以及汉语史等研究领域。出访学者共10批，13人次。出访国家有美国、韩国、瑞典、法国及港台地区。其中1人为参加国际会议（美国斯坦福大学主办的汉语史语法讨论会、汉城'95图书博览会和中韩文化研讨会、第13届国际语音科学大会、'97香港中国语文国际研讨会）；另有2人为应邀讲学；其他5人均为研究合作及短期访问。

（三）刊物情况

《中国语文》（双月刊）

本院语言研究所主办

主编：侯精一

1995年共出版6期，其中第3～6期是语言研究所建所45周年纪念刊，发表论文35篇，第1、2期发表论文33篇，共68篇。从论文内容上看在继续重视共时研究的同时，加强了历时的研究；所用理论或方法多样化。有用“形式主义”的，有用“功能主义”的，有用既非形式，又非功能的。从低一个层次上来看，有偏重认知心理的，有偏重材料统计的；有偏重内省演绎的，有偏重逻辑实证的，如此等等，读者会受到不同的启发。从论文作者看，刊登了一些港台地区和国外学者的论文，这些作者包括香港的陈万成、莫慧娴、黄坤尧，台湾的竺家宁、陈新雄，日本的岩田礼、柯理思、古屋昭弘、平山久雄、刘勋宁，美国的余霭芹、张琨、丁邦新。

《方言》（季刊）

本院语言研究所主办

常务主编：张振兴

1995年共出版4期，发表论文47篇。从论文内容上看，发表方言语音方面的研究论文主要以东南各省方言为主，代表论文如李荣《我国东南各省方言梗摄字的元音》；汉语方言语法方面的研究论文发表10余篇；对于方言研究室承担的“八五”国家重点项目《现代汉语方言大词典》，《方言》杂志每期都有所反映，发表《现代汉语方言大词典·分地词典》的方言词典引论。

另外，鉴于1997香港回归已近，《方言》杂志也就香港地区普通话的推广和研究发表了部分论文。

《国外语言学》（季刊）

本院语言研究所主办

主编：沈家煊

1995年共出版4期，刊登“专题介绍与研究”论文11篇，书刊评论11篇，“中国语文研究”论文3篇，译文3篇，人物介绍2篇，会议报道、动态、简讯等12篇。

在“专题介绍与研究”论文中形式语言学和音系学占较大比重，港台来稿也比以前有所增加。书评中对认知语言学和语用学某些重要论著的评介在读者中有较大反响。一些重要的语言学国际会议由与会的专家撰文介绍，使读者及时了解国际上语言研究的进展情况，很受欢迎。刊登译文的数量仍尽量减少，每期最多一篇。

从来稿情况看，运用国外新理论、新方法进行研究的论文数量增加，纯粹介绍国外语言理论的文章数量下降。

（四）学会及主要活动

中国语言学会

本院语言研究所主办

会长：刘　坚

副会长：胡明扬、道　布

秘书长：侯精一

副秘书长：蒋绍愚、陈亚川

8月6～11日在贵阳举行中国语言学会第八届学术讨论会。参加会议的120人，提交论文100篇，论文涉及现代汉语、近代汉语、古代汉语和语言理论及与语言交叉学科的研究内容。出版《中国语言学报》第5期（商务印书馆）、第6期（商务印书馆）、第7期（语文出版社），每期30多万字。召开理事会、常务理事会及会员大会，报告了学会的工作，协商了换届问题。提出新一届理事、常务理事、正副秘书长、正副会长候选人名单以及会员重新登记的准备工作。发展了25名新会员。向国际语言学家常设委员会交纳会员国会费等工作。

全国汉语方言学会

本院语言研究所主办

会长：李　荣

秘书长：熊正辉

10月22～26日在武汉举行全国汉语方言学会第八届学术讨论会。参加会议的方言工作者100人。会议讨论了近两年来汉语方言研究方面的成果。此次大会还改选了全国汉语方言学会理事，选入了李树俨、游汝杰、刘丹青、石锋、王燕、张崇、林伦伦等一批中青年学者。

附录　语言研究所下设机构

1995年语言研究所下设机构有：

职能部门：办公室、科研处、人事处。

专业研究室：现代汉语研究室、近代汉语研究室、古代汉语研究室、方言研究室、语音研究室、应用语言学研究室、词典编辑室、国外语言学研究室、《中国语文》编辑部、图书资料室。

法学研究所

（一）加强党的领导，充分发挥党委作用

一年来，法学所、政治学所联合党委坚持解放思想、实事求是的思想路线，以科研为中心，理论联系实际，在保证研究所正确的政治方向和科研工作方向以及贯彻落实各项改革措施方面，发挥了重要作用。

组织全所职工认真学习1995年院工作会议精神，与所长、副所长一道，分析该所的现状，明确优势，找出存在的问题，展望发展方向，从而制定出法学所的改革方案。

组织全所职工继续认真深入学习《邓小平文选》，制订了具体学习计划，每季度以支部为单位讨论一次。坚持中心组每季度学习一次的制度，加强领导班子成员的思想建设。通过学习和讨论，使全所职工不仅对邓小平关于建设有中国特色的社会主义理论的基本内容和精神实质有了进一步领会，而且还自觉地将这一理论运用于解决改革开放中的重大理论问题和实践问题。

坚持民主集中制，实行集体领导和个人分工负责相结合的制度，讨论决定研究所的重大事项。如办所方向、科研规划、对外学术合作和交流计划以及财务计划等，都由联合党委研究决定。此外，关于人事中的重大问题，如调入干部、辞退职工等，由党委研究决定。

（二）狠抓科研工作，重视人才培养和外事工作

一年来，在联合党委及所领导的领导下，法学所以科研工作为核心，重视人才培养，积极扩大对外合作交流，科研工作、人才培养和外事工作取得了一定成绩。

1. 积极完成中央和国家交办的任务。在构建和完善市场经济的过程中，我国亟须确立与之相适应的法律体系。作为全国的重要法学研究机构，法学所面临的任务光荣而艰巨。受中央领导的委托，在理论研究和实际调查的基础上，撰写了《关于我国文化市场法制建设的思考与建议》（第二稿）和《我国社会主义文化市场法律体系的构想及法律制定》等专题研究报告；受全国人大法工委的委托，起草完成并上报了《中华人民共和国立法基本法》；参加了国防科工委、电子部主持的“科技信息作品知识产权保护”课题等。一年来，法学所共向中央领导和国家机关提交研究报告18篇。同时，积极参加立法工作，先后参加了《合同法》、《票据法》、《信托法》、《国有资产管理法》、《节约能源法》、《外汇管理法》、《固体废物污染环境防治法》以及《环境噪声污染控制法》等十几部法律的起草工作；还参加了《刑法》、《刑事诉讼法》和《水污染防治法》的修改工作；此外，对《地方人大和地方各级人民政府组织法》、《全国人民代表大会和地方各级人民代表大会选举法》、《预备役军官法》、《国民经济和社会发展计划法》、《关于惩治破坏金融秩序的犯罪分子的决定》、《关于惩治违反发票管理的犯罪的决定》、《律师法》、《民用航空法》、《食品卫生法》、《统计法》、《电力法》、《关于禁止侵犯商业秘密行为的若干规定》以及如何对待《联合国海洋法公约》等20多部法

律的起草和审议工作提供了书面咨询意见。法学所的许多同志围绕这两项工作，撰写出多篇高质量的论文和研究报告，对有关的立法学说、判例和经济、社会以及体制运作等实际情况进行了全面、深入的调查研究和分析论证，并将有关最新研究成果运用于具体的法律条文之中，直接有效地推动了有关的立法工作。同时，该所对中央有关部门起草的法律草案所提出的书面咨询意见，往往切中某些关键性问题，因而受到有关部门的高度重视和采纳。

法学所还主持了受中央和我院委托的作为1995年世界妇女大会一部分的“妇女与人权论坛”预备会、“妇女与人权论坛”国际研讨会等。

2. 科研成果显著。1995年年初，法学所分别组织各研究室和每个研究人员制定了个人研究计划，并在此基础上制定了全所的科研计划。随后，根据院的要求，进行了对限期完成课题以及应于1994年底完成的课题的检查工作。其中，对4项限期于1994年底完成的延期项目予以重点检查，有关课题负责人为此分别填写了“限期完成的延期项目执行情况检查表”，对7项应于1994年底完成的课题则使有关课题负责人分别作了“课题总结报告”。年中，又开展了“八五”期间重点研究课题的结项工作。至年底，已先后有8项课题作了结项工作，另有3项课题正在对其抓紧督促，使其尽快完成结项工作。1995年，法学所新申请并获准院重点课题3项，院青年基金课题4项。对于新申请到的课题，均加大领导力量，对院重点课题由所领导挂帅，组织有关研究力量，力争按期高质量地完成；对院青年基金课题，则给予指导和加以督促，促使其达到设计要求并如期完成。1995年，法学所取得了可喜的研究成果，共出版专著48部，学术论文210篇，研究报告18篇，一般文章22篇，译著5部，译文19篇，工具书9部，搜集整理法律方面的珍稀古籍2部。总计约达2583万字（未包括期刊编辑162万字）。其中一些专著、论文具有很高的学术水平和重要的现实意义。例如《法学与法制》、《走向权利的时代》、《立法与民主政治》、《民法解释学》、《民商法论丛》（第三卷）、《中国公司法》、《中日贿赂犯罪比较研究》等专著和论文集，不仅着力论证了我国法学研究的思想学说和发展方向，而且对我国法制建设中亟需解决的重大实际问题提出了一系列对策和解决方案，对我国法制建设起到了一定的推动作用。《中国法律思想通史》多卷本第一至第三册，《中国珍稀法律典籍集成》（十四册）等专著，具有重要的学术价值和资料价值。《论邓小平的法制思想》、《中国法律关于人身权的保障》、《多元的世界会有统一的人权观念吗?》、《伊斯兰宪政理论和实践》、《现代法观念的基本现状与分析》、《从“三足鼎立”走向统一的合同法》、《国有企业走向公司的难点及其法理思考》等论文，其研究领域和理论水平均居于前沿和尖端的地位。

3. 大力加强学科建设。法学所在去年学科调整的基础上，继续抓紧学科建设。对于具有优势的法理、法制史、民法和商法经济法以及知识产权法等学科，作为重点予以加强，使之继续在国内保持领先地位；对于原先处于领先地位，但因人员调动和退休等原因已经不具有领先地位的学科，加强领导，予以扶持，使之能在近几年内成为国内领先的学科；对于诉讼法和律师法等新设研究室的学科，则由所领导挂帅，予以指导，使之尽快形成优势。一年来，法学所在人员的调配、研究计划的制订和实施、课题的设计和课题组的成立以及进修培养等各个方面，都确定了系统的方案，并逐步逐项予以落实。经过两年的调整和强化后，法学所学科发展状况较好，整体研究力量日益上升，从而为科研工作的顺利开展奠定了良好基础。

4. 开展学术活动，活跃学术空气。为了活跃学术气氛，促进学术交流，以利推动科研工作，法学所继续开展自1994年起举办的学术报告会活动。一年来举办学术报告会约20余次。这种学术活动，不仅使法学所科研人员都能适时报告其最新的学术思想和研究成果，而且使各学科之间有了一个相互交流和启发的轻松活跃的学术园地。目前，学术报告会活动的影响已超出法学所之外，其他大学、研究单位和机关等亦常有人要求听讲。另外，为了提高中青年研究人员的专业外语水平，以便他们更好地对外合作交流，继1994年举办英语学习班之后，根据法学所中青年学者的要求，再次聘请院内美国访问学者讲授专业英语。这一活动受到了普遍欢迎。

法学所作为国内重要的研究机构，在1995年还多次组织或主持召开了全国性的学术会议。首先是一些法学学科的每年例会，例如法理年会、比较法年会、民法经济法年会和知识产权法年会等；其次是大型或中型的国际学术讨论会，例如"立法理论国际研讨会"和"中国环境问题"国际研讨会（第二次）等；最后是以研讨班形式举办的中外学术交流活动，例如税法国际研讨班等。

5. 研究中心积极开展工作。法学所原来成立研究中心5个，1995年又先后成立4个，即院属台湾、香港、澳门法研究中心和所属法社会学研究中心、商事法研究中心以及大众传播法研究中心。这些研究中心在对外合作交流、争取资助、图书资料积累、办公设备现代化、开展研究以及培养人才等各个方面均取得了显著的成绩。

6. 积极培养法律人才。我国法制建设，需要大量的高级专业人才，为满足国家的需要，该所积极培养法律专业人才。1995年招收硕士生1名，博士生11人，另有一名博士后进站。研究生入学后，导师认真授课，热情指导，严格要求，帮助他们制定研究计划，确定论文题目，解决生活困难。例如，在院里没有提供住房的情况下，该所从极为紧张的住房中挤房间，保证了博士后及时进站。1995年毕业博士生4名，全部通过学位论文答辩，他们分配到各个工作岗位上后，普遍受到了好评。博士导师人数也有所增加，1995年新增加博士导师2名。另外，该所还为山西大学法律系培养进修生2名，负责指导外国进修生3名，其中韩国2名，美国1名。

7. 扩大对外交流，推动科研工作。1995年，该所派出26批，共39人次；邀请外国专家学者16批，计28人；接待临时来访外国专家学者约55批，163人次，在派出、接待工作中，与外国学者进行了广泛的学术交流。

（三）刊物出版工作

《法学研究》系本院法学研究所主办的法学理论双月刊。创刊于1954年，原名《政法研究》，1966年停办。1979年复刊，并更名为《法学研究》。由法学研究编辑部编辑，法学研究杂志社出版，国内外发行。1995年起每期6个印张，96页，13万字。逢单月23日出版。

《法学研究》为学术性理论刊物，发表法学各学科基础理论研究、对我国民主与法制建设中的重大理论和实践问题进行研讨的理论文章。设有立法问题、判解研究、法条释评等专栏，并于每年第1期由该刊各学科责任编辑撰写上一年度学科研究状况的述评。

《法学研究》在国内外法学界有较大影响。1995年每期印数为11000册。

主编：王保树。

《外国法译评》（原《法学译丛》），1979年创刊，1993年改为现名，并由双月刊改为季刊，每期7个印张，112页，16.7万字，印数2600册，国内外发行。

该刊是本院法学研究所主办的学术性理论刊物，在中国法学界具有重要的地位，享有良好的声誉。

该刊的宗旨是促进我国对外国法律和法学的了解和研究，为我国的法学研究和教学服务，为我国的法制建设服务。

该刊的内容主要包括：(1) 外国法学各领域的最新发展动态；(2) 外国法专题研究；(3) 法学各个学科和领域中的比较研究；(4) 外国现行法律研究；(5) 外国重要判例研究；(6) 重要国际法律学术会议报道；(7) 专门研究外国法的学术著作和外国人士的法学著作的书评；(8) 外国重要现代法律。

附录 法学研究所下设机构

1995年法学所下设研究机构有：法理研究室、法律史研究室、宪法与行政法研究室、刑法研究室、诉讼法研究室、民法研究室、商法经济法研究室、知识产权法研究室、国际法研究室、《法学研究》编辑部、《外国法译评》编辑部、图书馆。

政治学研究所

(一) 加强党的领导，充分发挥党委作用

一年来，法学所、政治学所联合党委坚持解放思想、实事求是的思想路线，以科研为中心，理论联系实际，在保证研究所正确的政治方向和科研工作方向以及贯彻落实各项改革措施方面，发挥了重要作用。

组织全所职工认真学习1995年院工作会议精神，与所长、副所长一道，分析该所的现状，明确优势，找出存在的问题，展望发展方向，从而制定出政治学所的改革方案。

组织全所职工继续认真深入学习《邓小平文选》，制订了具体学习计划，每季度以支部为单位讨论一次。坚持中心组每季度学习一次的制度，加强领导班子成员的思想建设。通过学习和讨论，使全所职工不仅对邓小平关于建设有中国特色的社会主义理论的基本内容和精神实质有了进一步领会，而且还自觉地将这一理论运用于解决改革开放中的重大理论问题和实践问题。

坚持民主集中制，实行集体领导和个人分工负责相结合的制度，讨论决定研究所的重大事项。如办所方向、科研规划、对外学术合作和交流计划以及财务计划等，都由联合党委研究决定。此外，关于人事中的重大问题，如调入干部、辞退职工等，由党委研究决定。

（二）狠抓科研工作，重视人才培养和外事工作

一年来，在联合党委及所领导的领导下，政治学所以科研工作为核心，重视人才培养，积极扩大对外合作交流，科研工作、人才培养和外事工作取得了一定成绩。

1. 科研成果显著。1995年年初，政治学所分别组织各研究室和每个研究人员制定了个人研究计划，并在此基础上制定了全所的科研计划。随后，根据院的要求，进行了对限期完成课题以及应于1994年底完成的课题的检查工作。年中，又开展了“八五”期间重点研究课题的结项工作，至年底，共有2项课题已完成结项工作，还有1项正在抓紧完成结项工作。1995年，政治学所新申请并获准院青年基金2项。对于新申请到的课题，所里均加大领导力量，给予指导和加以督促，促使其达到设计要求并如期完成。1995年，政治学所共出版专著5部，学术论文39篇，研究报告2篇，一般文章12篇，译著2部，译文9篇。各项科研成果总计约达405万字（未包括期刊编辑15万字）。其中一些专著、论文具有很高的学术水平和重要的现实意义。例如，《当代西方民主理论与思潮研究》、《中华文明大图集》、《西方国家政治制度剖析》、《村民自治：中国农民的政治参与》、《东北亚局势的变化与中国的立场》、《中国政治体制改革与中国政治学研究》、《儒教自由主义的趋向》、《产权与文明》、《市场与宪政》、《评李登辉的“主权”和“主权在民”》、《国家主权不容分割》、《中国的主权属于全体中国人民》、《法国中央与地方关系大观》、《法国的计划管理体制》、《西方国家行政改革的十大发展趋势》、《中国公务员制度的建立：一项政治改革计划》、《建立独特的管理体制：中国事业单位人事制度改革》、《小政府大社会：中国引入非政府公共服务事业》、《独具特色的制度：中国人民解放军的干部管理》、《政治体制改革的几个理论问题》、《我国现阶段管理决策刍议》、《全方位政治思想工作探析》等，着力论证了我国政治学研究的思想学说和发展方向，其研究领域和理论水平均居于前沿和尖端的地位。

2. 大力加强学科建设。政治学所在去年学科调整的基础上，继续抓紧学科建设。对于具有优势的政治理论等学科，作为重点予以加强，使之继续在国内保持领先地位；对于原先处于领先地位，但因人员调动和退休等原因已经不具有领先地位的学科，加强领导，予以扶持，使之能在近几年内成为国内领先的学科；对于行政学等恢复研究室的学科，则由所领导挂帅，予以指导，使之尽快形成优势。一年来，政治学所在人员的调配、研究计划的制订和实施、课题的设计和课题组的成立以及进修培养等各个方面，都确定了系统的方案，并逐步逐项予以落实。经过两年的调整和强化后，政治学所学科发展状况较好，整体研究力量日益上升，从而为科研工作的顺利开展奠定了良好基础。

3. 开展学术活动，活跃学术空气。为了活跃学术气氛，促进学术交流，以利推动科研工作，政治学所继续开展自1994年起举办的学术报告会活动。一年来，举办学术报告会约20余次。这种学术活动，不仅使政治学所科研人员都能适时报告其最新的学术思想和研究成果，而且使各学科之间有了一个相互交流和启发的轻松活跃的学术园地。目前，学术报告会活动的影响已超出政治学所之外，其他大学、研究单位和机关等亦常有人要求听讲。另外，为了提高中青年研究人员的专业外语水平，以便他们更好地对外合作交流，继1994年举办英语学习班之后，根据政治学所中青年学者的要求，再次聘请院内美国访问学者讲授专业英语。这一活动受到了普遍欢迎。

4．积极培养法律人才。我国法制建设，需要大量的高级专业人才。为满足国家的需要，政治学所积极培养法律专业人才。1995年招收硕士生1名。研究生入学后，导师认真授课，帮助他们制定研究计划，确定论文题目，解决生活困难。另外，政治学所还负责指导外国进修生2名。

5．扩大对外交流，推动科研工作。1995年，政治学所派出6批，共11人次；邀请外国专家学者5批，计14人；接待临时来访外国专家学者约7批，23人次。在派出、接待工作中，与外国学者进行了广泛的学术交流。

（三）学术刊物

《政治学研究》1995年第四季度复刊。该刊为季刊，主编信春鹰。16开本，每期约15万字。辟有政治学理论、政治制度、行政学、中国政治体制改革、国外政治思潮评介等栏目。它坚持以马列主义、毛泽东思想和邓小平建设有中国特色社会主义理论为指导，紧紧围绕党和国家的中心工作，坚持理论与实际相结合，立足中国，面向世界，以高度的敬业、负责精神和严谨、科学的态度，为读者服务，为学科建设服务，为建设有中国特色社会主义政治服务。

1995年《政治学研究》复刊号，刊载了十几位政治学专家学者的文章。其中张志荣的《新时期政治学发展的回顾和展望》一文，总结了十一届三中全会以来中国政治学的成就，较为全面地提出了目前和今后一个时期政治学研究的重要课题，并信心百倍地预言，21世纪呼唤政治学，21世纪是政治学飞速发展的时代。王沪宁题为《中国抑制腐败的体制选择》的长文，深刻剖析了腐败现象产生的原因和特征，全面展示了我们党和国家特别是十一届三中全会以来在反对腐败斗争中的体制建构状况，以较为权威的无可辩驳的事实和数据说明了体制在抑制腐败方面的地位和作用。陈明明所作的《论古代社会军人介入政治过程的条件》，通过几种军役制度的分析，认为在古代社会中，军人有可能成为他们原来所效忠的王朝、帝国及其统治者的异化力量，但并非所有军人都如此。军人介入政治的过程必须以社会结构、政治角色和政治目标的分化为历史前提。《论国家战略学研究》是薄贵利的新作，该文考察了国家战略学产生和发展的历史，全面剖析了美国战略学研究的特点和局限性，探讨了当代国家战略学研究的主要内容，明确指出了研究国家战略学的意义和价值，主张更加深入和系统地开展我国的国家战略学研究。实际工作部门的魏晓鹏和刘经平结合自己在人大机关工作的实际，对健全人民代表大会制度的一些运行机制提出了自己的独到见解。

国外政治学栏目的一组文章中，潘世强的《90年代国外政治理论新动态》，分七个部分从总体上介绍了90年代国外政治理论的新动态。吴清的《转轨政治学：理论、方法与问题》，则就80年代以来，西方政治学界形成的一个新兴研究领域——转轨政治学进行了较为深入的评介。《新加坡公共行政的改革与现代化特色》是青年学者李路曲的系列文章之一，该文介绍了新加坡的公共行政改革，分析了改革取得成功的原因和新加坡公共行政管理现代化的特征。

附录　政治学研究所下设机构

1995年政治学所下设研究机构有：政治理论研究室、政治制度研究室、行政学研究室、《政治学研究》编辑部、图书馆。

民族研究所

1995年民族所研究人员积极努力，克服了经费不足、手段落后等困难，深入少数民族地区进行调查研究，获取了大量的资料，编著出了较高质量的科研成果。全年共完成各类科研课题17项。其中国家重点项目3项，社科基金项目5项，自然科学基金项目1项，院级项目6项，中美合作项目1项，所级项目1项。撰写学术专著27种，446.8万字；学术论文241篇，171.63万字；研究报告60篇，76.6万字；设计软件3套，拍摄人类学录像3部。

该所科研人员在承担各项课题的同时，积极进行院重点项目“中国少数民族现状与发展调查”工作，各调查组分别对辽宁新宾满族自治县的满族、内蒙古新巴尔虎右旗的蒙古族、吉林延边州龙井县的朝鲜族、云南西盟的佤族、云南澜沧的拉祜族、广西武鸣县的壮族、四川大小凉山的彝族、贵州台山的布依族、西藏德隆堆庆的藏族、新疆富蕴的哈萨克族等少数民族进行了调查，写出并上报了11份调查研究报告，其中有的报告得到国务院有关部门的重视和转发。

国家重点项目“世纪之交世界民族主义浪潮及其发展趋势”、“我国少数民族新创文字、改进文字试验推行经验与理论研究”、“中国少数民族分布与迁徙图”已完成。社科基金项目“民族地区百家县级国有亏损企业问题调查”已完成14篇调查报告，问卷调查表25份，此项目将按计划如期完成。“中国少数民族语言音档及其特色语音的声学分析”、“中国孟高锦语族语言与南亚语系”、“苗瑶语言的计量研究”已完成，同时完成的还有自然科学基金项目“哈萨克语语音声学分析”。完成院重点项目“中国少数民族断代史”，即将出版。中美合作项目“藏英新词词典”的撰写工作已完成大部分。《中国民族历史大词典》已完成，即将出版发行。

除积极完成科研计划以外，该所人员还接受并完成了党中央、国务院及有关部门交办的任务。研究藏学的同志配合十世班禅转世问题，撰写有关班禅转世历史的文章，有的同志参加了班禅转世灵童确认的筹备工作，为中央这一工作的顺利圆满完成及反对达赖集团的分裂活动做出了贡献。

根据全国社科规划办布置，为了制订好国家社科“九五”规划，对全国各学科要进行现状与发展的调查工作。中国民族学作为一级学科，规划办指定由民族所负责。年初，所里组织各分支学科和各研究室，进行全国性民族研究6个学科调研工作，撰写各学科的分报告和中国民族学现状与发展调查总报告。各学科在参加此项工作的科研人员达40多人次，为期三个月。按照全国社科规划办要求，较好地完成了任务。

在调查研究的基础上，该所科研人员积极参与制订全国和院级“九五”规划。各研究室集思广益，按要求提出16个重大与重点项目，由该所、国家民委等单位建议的民族大调查等列入了国家“九五”社科规划重大项目。

根据院部布置，今年该所也参与制订了院、所“九五”规划，各学科持续进行和新增项目共30多项，皆已列为所“九五”规划，其中有11项已列为院“九五”规划。

在学术交流方面也有较大的收获。这一年接待来自德、美、匈牙利、日本、马来西亚、越南等国家和台湾、香港地区的来访者12批，共19人；所内科研人员到日本、荷兰、俄罗斯、越南、法国等国家和台湾、香港地区11批13人进行学术访问和进修，宣传了我国的民族政策和该所的学术成就，扩大了该所在国际学术界的影响。

今年该所《民族研究》、《民族语文》、《世界民族》3个编辑部出刊14期，共刊出文章200余篇，240万字。这些期刊在学术水平等方面都得到了学术界和有关领导部门的重视及好评。特别是《世界民族》杂志的创刊，为世界民族研究的发展提供了园地。虽然今年仅出2期，但国内外的反映较好，对这一新的刊物给予良好的评价。

附录　民族研究所下设机构

1995年民族所下设机构有：民族问题理论研究室、民族学研究室、民族历史研究室、世界民族研究室、民族经济研究室、描写语言学研究室、比较语言学研究室、理论语言学研究室、社会语言学研究室、计算语言学和实验语音学研究室、民族文字研究室、影视人类学研究室、民族文献资料研究室、《民族研究》编辑部、《民族语文》编辑部、《世界民族》编辑部、图书资料室、办公室、科研处、人事处。

社会学研究所

（一）概况

社会学研究所，1995年编制94人，实有85人，其中科研人员78人。在科研人员中，按职称分，研究员13人（其中博士生导师6人），副研究员27人，助理研究员及中等专业职务以下者39人；按学历计，获得博士学位者12人，硕士学位者24人，其余均为大学本科毕业。

社会学研究所下设8个研究室：社会学理论研究室、家庭社会学研究室、农村社会学研究室、城市社会学研究室、工业社会学研究室、青少年研究室、社会心理学研究室、社会调查与方法研究室。以及《社会学研究》编辑部、资料室、科研组织处、人事行政办公室。

(二) 科研成果统计

社会学研究所1995年承担各级各类课题30项，其中国家重点课题4项，社科基金课题5项，院重点课题16项，国际合作课题5项。这些课题均按原订计划顺利进行。

1995年完成学术专著12种，324万字；学术论文154篇，143万字；研究报告26篇，62.8万字；学术资料9种，110万字；译著1种，30万字；译文5篇，8.9万字；教材2种，32.5万字；工具书1种，20万字；一般文章93篇，21万字；编辑出版各种期刊19期，246万字。

此外，单光鼐主编的《中国青年发展报告》一书在中宣部和出版署批准的中大杯第五届全国优秀青年读物评选中获二等奖；王颖的论文《社团发展与组织体系》、孙炳耀的论文《社会团体官民二重性问题》获1995年民政部社团研究会优秀论文二等奖。

(三) 培养研究生及学术交流

在培养研究生工作方面，完成了3位博士生毕业论文答辩，招收博士生5人，博士生课程试读生1人。1995年在校博士生12人，硕士生3人。还与香港树仁学院合办硕士研究生班，该班现有学员二级20人，年内该所派出6名学术骨干前往香港授课。

在对外学术交流方面，本着“对我有利，以我为主”的方针，1995年接待了美、英、日、韩、波兰、古巴、越南等国来访37人次，出访26批，34人次。还发展了与美国、日本社会学界的国际合作研究，有石秀印负责、日方资助的《中国企业比较：就业观与组织设计》，王震宇负责、日方资助的《留学归国人员职业流动与工作成就》，石秀印负责、美方资助的《中国社会转型时期的劳资关系研究》等。

(四) 学术刊物

《社会学研究》 双月刊，主编张琢，邮局征订发行。该刊主要栏目有：社会学的理论与方法、社会调查、社会学史、国外社会学、社会心理学、教育社会学、法律社会学、伦理社会学、家庭社会学、产业社会学、城市社会学、农村社会学、社会行为研究、青少年和老年问题研究、社会保障、社会改革与社会变迁、生活方式和价值观念以及国内外社会学学术动态和学术研究、教学、机构介绍等，1995年共刊文100多篇。

《青年研究》 月刊，主编单光鼐，公开发行。1995年该杂志以很高的被索量、被摘量和被引量被评为全国中文核心期刊。

该期刊的主要栏目有：专题报告、青年成才、青年状况、海外青年、部队青年、港澳台青年研究、特殊群体、大学生、青年文化、青年观念、青年就业、学生工作、青年特点、转型中的社会与青年、少儿研究、国外青年、农村青年、女青年研究、婚姻与恋爱、青年社会问题、德育研究、基础研究、价值观等，刊出调查报告和论文147篇。

《国外社会学研究》 双月刊，主编苏国勋。该刊是目前国内唯一专门提供国外社会学信息的学术性、知识性刊物。主要内容有对国外社会学理论、流派及代表人物和国外社会学史的研究评介；对国外社会调查的方法和技术的介绍；对外国社会结构、社会变迁、社会政策、社会工作、社会保障、婚姻家庭、生活方式、社会问题等社会学领域的研究；社会学组织介绍、学术动态；国外学者对中国社会的研究；港台的国外社会学研究概况；中外社会学比较研究等。1995 年刊出文章 40 余篇。

《社会心理学》 季刊，主编沈德灿，编辑部主任李庆善。

该刊为专门刊登社会心理调查研究成果、普及社会心理知识的杂志。内容涉及社会心理学基础理论、方法论研究、管理心理、政治心理、民族心理、商业心理、犯罪心理、婚姻心理、军事心理、宣传心理、交往心理、研究综述、学术动态等。

1995 年出版 4 期，每期 10 万字。

（五）学会

社会学研究所主管中国社会学会、中国社会心理学会、中国青少年犯罪学会。

中国社会学会

会长：袁　方

副会长：陆学艺、王　辉等 5 人

秘书长：陆学艺（兼）

副秘书长：张　健等 6 人

会刊：《中国社会学会通讯》，1995 年出刊 4 期，至 12 月底累计出刊 23 期。通讯的编辑出版，为促进社会学界的相互了解，传播学会信息，交流学术成果，推进学科建设和发展起了积极的作用。

主要学术活动：

（1）11 月 2～5 日在北京召开了“第六届亚洲社会学大会”，会议的主题是“21 世纪的亚洲社会与社会学”，会议收到学术论文 260 余篇。来自日本、韩国、以色列、埃及、澳大利亚、印度尼西亚、印度、伊朗、菲律宾、土耳其、孟加拉国、越南和中国（港台地区）等 15 个国家和地区的 200 余名社会学家出席了会议，会议就亚洲地区的经济发展与社会变迁、亚洲的传统文化与社会结构、亚洲的工业化与农村劳动力转移、21 世纪亚洲的社会保障、21 世纪亚洲家庭与生活质量、21 世纪亚洲社会经济发展、人口资源与环境问题等 6 个专题进行了研讨。会议采取大会主题报告及专题发言、学术评议、专题小组研讨等方式进行。先后有 130 多位代表在大会及专题研讨会上发言。全国人大常委会副委员长费孝通教授、雷洁琼教授为会议发来贺信。国务委员、国家计划生育委员会主任彭珮云出席了大会并讲话。学会会长袁方教授致欢迎辞。学会副会长、社会学研究所所长陆学艺教授作了题为《21 世纪的亚洲社会与社会学》的主题报告。这次会议加强了中国社会学界与亚洲各国社会学界的联系，向亚洲各国展示了中国社会学界的主要研究成果。会议希望进一步加深亚洲国家和地区社会学家之间的交流与合作，为亚洲社会学的发展与繁荣做出自己的贡献。

1995 年夏由福特基金会资助，中国社会学会主办、北京大学承办了“社会研究方法”高级研讨会，由国内外有关专家授课，30 余名国内社会学教学、研究骨干参加了系统的研究方法培训。

（2）做好中国社会学会第三届理事会换届改选的筹备工作。

根据《中国社会学会章程》的规定，学会第三届理事会自 1990～1995 年任期已满，应进行换届。2 月 11 日召开了秘书长办公会议，就理事的条件、理事名额分配及召开会议的时间、地点等具体事宜进行了研究。2月27日召开常务理事扩大会议，审议通过了《关于中国社会学会第三届理事会换届安排意见》，并向全国各地社会学会发出关于中国社会学会第三届理事会换届通知，要求各省、市、自治区社会学会分别召开会员代表会议，推选产生新的理事人选。6月底，各地推选理事的工作已顺利完成。

(3) 召开京津地区社会学会双月座谈会，就社会改革、开放中重大问题、社会热点问题进行专题研讨。

(4) 各省、市、自治区社会学会和社会学专业委员会结合当地经济、社会发展实际，开展不同类型的学术交流活动。人口与环境专业委员会5月19～21日在上海参与主办了“地球村人口与环境”国际学术研讨会。

中国社会心理学会

会长：沈德灿

副会长：张 健、沙莲香、乐国安、金国华

秘书长：李庆善

副秘书长：何立婴等3人

会刊：《社会心理研究》，截至1995年底共出版发行20期，登载论文报告250余篇。

主要学术活动：

(1) 顺利完成了改选换届，新选的领导机构在稳定基础上实现了年轻化。会长、副会长变动4/5，常务理事和理事变动在60%以上。

(2) 发展壮大学会组织。1995年设立了应用社会心理学专业委员会。目前中国社会心理学会有5个分支机构：应用社会心理学专业委员会、民族专业委员会、理论与教学专业委员会、军事专业委员会、市场心理专业委员会；有14个地方学会：北京、天津、上海、江西、江苏、广东、广西、湖南、湖北、内蒙古、浙江、安徽、山东、黑龙江社会心理学会和1400余名个人会员。

(3) 12月25日召开了四届一次常务理事扩大会议，就1996年的工作进行了安排。

中国青少年犯罪学会

会长：张黎群 第二会长：陆学艺

副会长：郭 翔、徐 健、张 健

秘书长：皮艺军

副秘书长：张潘仕等

会刊：《青少年犯罪研究》

主要学术活动：

(1) 积极开展重要调研项目，完成了《中国当前青少年犯罪心理与对策调查》，完成了对广东海丰改革开放以来经济发展与社会治安的大型调查。

(2) 编辑出版《中国青少年犯罪研究丛书》，至1995年底，已出版了8部：《中国青少年犯罪研究史》、《社会治安综合治理新论》、《治安策论》、《挑战与抉择》、《青少年越轨概论》、《经济发展与犯罪》、《女性犯罪与被害研究》、《犯罪场论》。丛书由张黎群会长担任总主编。

(3) 业务上指导地方青少年犯罪研究会的活动。1995年绝大多数省、市、自治区青少年犯罪研究会召开了年会，他们从当地实际情况和需要出发，对青少年犯罪问题进行调研和学术讨论。有的还参与社会治安综合治理、法制宣传、地方青少年立法和司法活动。

(4) 积极开展学术交流活动：

10月在四川都江堰市召开了“违法犯罪青少年的教育、培训和就业国际研讨会”。来自美国、英国、澳大利亚和香港地区的20位著名犯罪学家、特殊教育专家及刑事司法官员和国内25个省、市、自治区70多位代表出席了会议，就青少年犯罪现状与趋势、对违法犯罪青少年教育培训和就业的重要性、必要性、途径和方式、内容与效果等进行广泛的交流与讨论。还派代表多次参加了国际学术研讨会，有在维也纳举行的“有组织犯罪和暴力犯罪的预防”研讨会，在澳大利亚举行的“对犯罪的教育、培训和就业国际研讨会”，在香港召开的“越境犯罪与控制对策研讨会”等。

新闻研究所

1995年初，根据院工作会议精神，新闻所对其学科设置方案进行了调整，并于年中制订了“九五”科研规划，确定了本世纪末之前科研工作的指导思想和基本任务。在此基础上，该所本着“需要加可能”的原则，即兼顾学科发展需要和所内科研力量的实际情况的原则，对学科设置、重点课题和研究室布局进行了重大调整。经过认真分析和比较，所领导班子和科研人员认为，尽管最近几年所内科研成果数量和质量有所提高，但一些院校的研究水平发展更快，开始形成各自的优势，该所人员较少，必须居安思危，迎头赶上，否则稍有懈怠就可能落后。因此，如何按照我院确定的突出重点的学科调整方针，落实所内制订的学科调整方案和“九五”科研规划，抓好重大课题，在“九五”期间逐步形成自己独有的能够囊括几个门类的学科优势，应是科研管理工作中必须牢牢把握的问题。完成上述方案和规划确定的任务后，将使新闻所在近几年已取得的成果基础上前进一大步，成为新闻学术研究的马克思主义坚强阵地，而且可以更加充分地发挥该所在我国新闻学研究界的中心作用。

1995年是“八五”的最后一年，这既是5年来科研工作总结和收尾的一年，也是为“九五”期间科研发展奠定基础和确定方向的一年。“八五”期间，新闻所始终把争取基金课题和社会资助课题作为科研管理工作的重点，共获得国家社科基金重点课题1项、中华社科基金课题4项，院重点及青年课题3项，国外合作项目3项，国内大型合作项目1项，共12项，较之“七五”期间仅获1项社科基金课题，数量增加不少。其中1995年争取到的两项，一是院重点项目“信息传播新媒介新技术对大众传播的影响”，二是院青年项目“传播心理学的基础理论与应用研究”。上述课题中，除原定1996年完成的3项和因主持人生病住院治疗需延至1996年初完成的1项外，其余项目均已于1995年完成。这5年里，新闻所各研究室科研人员人数最多时为19人，最少为15人，在人员较少的情况下能够争取到并且完成上述课题，所里同志是尽了最大努力的。这些课题中，有不少是社会实践中迫切需要解决的重大问题，如新闻业的宏观管理、舆论导向研究、信息传播新技术对新闻业的影响、媒介传播与精神文明建设、社科成果量化评估等。

1995年，新闻所发表的成果数量为180万字，其中论文、研究报告等研究性成果63篇，68万字。从成果内容看，属于基础理论研究或边缘学科的论文和报告，涉及领域主要有马克思恩格斯新闻思想、新闻工作的党性原则、传播心理学、传播权、传播学本土化问题、受众权益、中国古代传播思想、清末官方新闻活动等。这里面，有些专题对于我们更好地掌握马克思主义新闻学原理，坚持社会主义新闻工作的基本原则，是有积极作用的。如在《新闻工作党性原则在现时代的含义》研究中，作者系统阐述了党和国家领导人关于新闻工作必须坚持党性原则的基本要求，论述了社会主义市场经济条件下新闻工作坚持党性原则的重要意义、内容和方法。有些研究专题则是以往很少有人触及的，如《恩格斯的著作权意识》、《传播心理学的研究内容》、《心理实验在传播研究中的作用》、《传播权与妇女人权的观念和现实》、《传播学本土化的选择、现状及未来发展》、《美国传播效果研究的实用主义背景探讨》、《孔子的传播思想》、《清末报律再探》等。这些著述中，很多研究都是开拓性的，提出了不少新的见解。例如，传播心理学目前在国外尚属未定型的学科，国内近几年虽有几篇论文，但其理论框架十分混乱，众说纷纭。传播心理学对于增强传播效果具有重要意义，新闻所的研究者在全面检索国内外相关资料的基础上，分析了传播学和心理学研究的关系，提出了传播心理学内容的判定标准和完整体系构成的基本要求，这对于这门交叉学科的规范发展有着重要作用，有关论点在传播心理学研讨会上引起与会者重视。在传播学理论体系方面，论者根据这门学科引进我国10余年来仍基本以美国传统学派为主的状况，提出了借鉴欧洲批判学派理论，发展适合我国国情的传播学理论的系统观点。此外，针对我国古代和近代新闻传播史上一些几成定论的观点，研究者也依据新的史料发表了不同见解。

同时，新闻所根据前几年我院确定的逐步加大应用理论研究的方针，在新闻实践工作研究方面也发表了不少文章，如《中国女新闻工作者的现状与发展调查》（联合国教科文组织委托项目）、《中国的报业经营：机遇与挑战》、《政府机关报的功能与特色》、《新闻侵害公民名誉权行为研究》、《晚报特色与晚报个性》、《信息高速公路、多媒体技术与大众传播》、《婴幼儿的媒介接触》、《不同年龄的儿童读什么书好》等。有的问题提出后引起有关部门和社会的重视，如《政府官员的"媒介形象"问题需提上议事日程》一文发表后，根据广电部领导建议，由我院办公厅与中央电视台召开专题座谈会，邀请广电部、统战部、中央电视台、广播学院和我院负责人及专家学者，讨论全球信息化形势下这一新课题研究的必要性及内容，并对尽快开展研究的具体步骤和分工做了组织上的落实。有的课题涉及新闻报道活动中的一些难题，如数量上升很快的新闻诉讼问题。近几年来，因报道而涉讼的主要是被报道对象的人身权利方面的问题。其中隐私权、肖像权等，新闻所在近一两年里已有不少研究成果，1995年的研究重点则是名誉权问题。研究者通过典型案例分析，着重探讨了新闻报道中涉及名誉权诉讼时的司法解释问题，对如何缓解这一矛盾提出了建议。针对社会主义市场经济条件下政府机关报如何充分发挥其作用的问题，新闻所派出1位研究人员，与经济特区一家报纸联合进行了5个月的专题研究，执笔撰写出20万字的专著1部。改革开放以来，政府机关报的数量和作用在不断增长，作者从政府机关报与党委机关报之间的共性和个性入手，系统探讨了经济发达地区政府机关报的指导思想、社会功能、办报方式和经营模式等。这也是新闻学界研究该专题的第一部著作。另外，受联合国教科文组织委托，新闻所还同中国记协一起，共同进行了建国以来对我国女新闻工作者状况的首次大规模调查，调查结果通过新闻发布会公布后，新华社为此发了通稿，有多家新闻媒介做了报道。

在学术交流方面，新闻所全年派遣出访5人次，分别前往美国、加拿大等国家和香港地区，接待了来自美国、德国、意大利、波兰等国家及港台地区的学者18人次。这些活动增进了新闻所科研人员与各国同行之间的交流，对于了解国外学术动态，深化课题研究，介绍该所的研究成果和学术见解，是十分有益的。在对外交流中，新闻所对一些问题的看法不仅引起了国外学术界的重视，而且有时可以影响新闻媒介，从而反映中国学者的意见，起到政府机构难以起到的作用。例如，在接待美国《新闻周刊》高级访问团的座谈会上，新闻所和我院美国所、世经政所及人民日报社、新华社等单位的专家学者对美国新闻媒介报道倾向所作的批评，有理有据，当场得到该刊主编的肯定。

为深化课题研究，推动学科发展，扩大社会影响，新闻所1995年主持召开了全国性学术会议和工作会议各一次，小型学术座谈会两次。在成都召开的"第四次全国传播学研讨会"和在京召开的"《中国新闻年鉴》工作会议"，都是历年来规模最大的。前者以"传播与社会发展"为主题，与会专家学者60余人，探讨内容涉及信息传播、学科建构、文化传播、效果研究、传播权及广播电视等传播学理论和实践中的许多重大问题，会议论文已结集出版。后者参加人数100余人，基本形成了以新闻所为中心的比较全面的年鉴工作网络。此外，该所还举办了两次小型会议：一是"纪念恩格斯逝世100周年新闻学术讨论会"，参加会议的有来自中央编译局、中国人民大学、清华大学、新闻学院及我院马列所等10家教学研究单位和人民日报社、新华社、光明日报社、人民出版社等7家新闻出版单位的有关人员近30人，讨论如何在新的历史条件下继承和发扬恩格斯的新闻思想。二是"世妇会新闻报道学术研讨会"，主要讨论和总结世妇会期间我国新闻报道的经验，特别是在扩大信息量和"客观公正"等手法运用等方面的一些创新，人民日报社、新华社、国际台、中国日报社以及中国记协等17家单位的新闻工作者约40人参加了研讨会。这两次小型会议，许多新闻媒介作了报道。除该所主办的会议之外，新闻所科研人员还有多人次外出参加其他单位召开的学术会议，与社会各界保持了较为密切的学术联系。仅以国际性会议为例，该所有3人参加了NGO的"媒介与妇女"和"妇女与人权"论坛，1人参加了在京召开的"改善家庭生活质量国际研讨会"，2人参加了在武汉召开的"世界华文报纸与传统文化传播国际学术研讨会"。

在提高科研人员素质方面，新闻所在所内举办了电脑操作培训讲座1期，召开学术信息交流会4次（其中介绍我国数据通讯网与Internet联网情况的资料提交了院科研局）。针对科研人员以印刷媒介研究为主，与广播电视业务接触较少的状况，新闻所还专门购买了由专家讲解的有关电视新闻、纪录片、广告等方面的采编制作、构思和趋势分析的录像带1套，为科研人员播放。

新闻所所内刊物的编辑出版工作，1995年也出现一些新的面貌。所学术理论季刊《新闻与传播研究》是1994年由一份资料性刊物改刊而成的，主编喻权域，副主编孙五三。改刊以后，新闻所把办刊方针定位于综合性理论刊物，并力争使之具有较高的学术水平，以期与该所的任务和地位一致，也可以同国内现有的由新闻单位主办的新闻实践研究类期刊有所区别。1995年，这份刊物确定了加大宏观研究、政策研究和理论研究的方针，提出并建立了学术规范，组织了信息高速公路、报业集团、媒介经营管理、世妇会宣传报道等研究专题，全年发稿约60万字。北京高校图书馆期刊工作研究会主持的第二届全国新闻类核心期刊评选活动，从150家新闻类刊物中评出核心期刊15种，其中该刊位居第二。新闻所另出版有一份资料工具类刊物《中国新闻年鉴》，社长喻权域，编辑部主任阎焕书，副主任梁博祥。1995年，该刊为加强与各地新闻单位的联系，充分反映新闻界信息，更好地为新闻界服务，在原有的主要以中央各大新闻单位组成的年鉴编委会的基础上，又聘请到23个省市宣传部负责人为特约编委，现已初步构建起一个比较权威的、有效的供稿、审稿和发行系统。与此同时，新闻所为解决这部年鉴亏损问题所做的一些努力，业已初见成效。这样，两刊各有侧重，涵盖不同对象，在努力提高质量、不断扩大影响的前提下，有可能在几年内形成合理的刊物布局，为实现新闻所确定的科研工作总体目标提供有力的支持。

附录　新闻研究所下设机构

1995年新闻所下设机构有：新闻学研究室、传播学研究室、中国新闻事业研究室、图书资料室、编辑出版室、行政办公室。

世界经济与政治研究所

（一）概况

1995年世经政所完成各类科研成果1369.5万字，其中专著14种309万字、学术论文283篇217万字、研究报告93篇155万字、学术资料12篇5.5万字、译著3种102万字、译文4篇21万字、教材1种5万字、普及读物3种43万字、工具书5种476万字、辞条13万字、文章81篇23万字。此外，开发计算机软件1个，编辑书籍3本79万字、期刊编辑80期407万字。

1．3～5月间，完成中央交办的三项紧急任务：

（1）“1996～2010年世界经济和科技发展的走势及特点”，研究报告；

（2）“世界各国经济增长方式的发展变化”，研究报告；

（3）“芬兰经济发展的道路”，研究报告。

2．根据院工作会议提出：“制订好‘九五’科研规划，是今年的一项重要工作”。该所按照院统一布置编制了《世界经济与政治研究所“九五”科研规划》。

3．为落实学科调整方案和跨世纪人才工程，该所配合院有关部门完成了“关于学科调整方案和跨世纪人才工程落实措施调查”工作。

4．根据院科研局通知的精神，该所于9月20日召开了科研管理工作座谈会，就院发新闻所和科研局两个科研成果评估指标体系进行了座谈，并就该所年终考核工作提出了意见和建议。

5．经院科研局批准，“中国社会科学院世界经济与政治研究所国际金融研究中心”于10

月5日正式成立。

6. 1月，该所被院办公厅评为1994年度“信息工作先进单位”，同时该所3位同志撰写的文章获院“好信息奖”；

7. 由李琮主持编写的专著《建设具有中国特色的社会主义的国际比较》、《建设具有中国特色的社会主义的时代背景和国际环境》，及由滕藤、谷源洋主持编写的《1994年世界经济黄皮书》获院出版基金资助。

8. 根据该所研究工作的特点和需要，经所长办公会议批准，1995年设立了所级课题基金，对所内研究人员（特别是中青年研究人员）的研究工作予以一定的资金支助。全年批准资助两批共24个研究课题，资助总额为28500元。

（二）主要学术活动

受院韩国研究中心委托，该所于8月22～23日承办了“中韩论坛第四次会议：环黄海地区国际合作与发展”，中韩两国学者共60余人就“中韩两国在环黄海地区建立经济、文化、政治和国际关系等方面合作的可能性”进行了认真、深入的研讨。

10月31日至11月4日，该所与日本综合研究开发机构、韩国开发研究院共同在北京举行了“第六次中日韩三方东北亚问题研讨会”。这次会议恰值中韩建交3周年、抗战胜利50周年以及中美、中日关系出现新动向之际，有关三方都十分重视，均选派了一些著名专家、学者与会。主要议题为：（1）东北亚的文化模式与合作关系；（2）东北亚的安全格局及未来走势；（3）东北亚的经济合作关系；（4）东北亚地区在未来世界经济中可能发挥的作用。

7月14日，该所《世界经济》编辑部召开了1995年上半年世界经济形势研讨会。在京的有关研究机构、政府部门、大专院校的专家学者60余人与会。会议着重讨论了上半年世界经济形势、西方发达国家增长速度放慢、国际金融市场动荡、国际金融体系面临的挑战等问题。

11月4～6日，该所与江苏省政府在北京联合举办了“江苏省跨世界经济社会发展战略讨论会”。

11月21日，该所举行了1995年世界经济形势研讨会，在京的有关研究机构、政府部门、大专院校的专家学者70余人与会。会议就1995年世界经济形势的特点及世界贸易发展态势、国际金融矛盾和统一并存的发展趋势、国际金融市场动荡及政府加强宏观调控的必要性等问题进行了广泛的研讨。

11月9日、16日，该所国际政治研究室召开了1995年国际形势研讨会，来自不同研究所的专家就亚太地区的政治经济形势（特别是中美关系、中日关系、东盟问题和朝鲜半岛局势及APEC问题）、美国的社会和经济形势及近一时期的对华政策、欧洲的经济联盟和政治动向、拉宾遇刺后的中东形势以及拉丁美洲主要国家的对外关系和地区的安全与经济形势、俄罗斯及中亚地区形势等问题进行了研讨。

11月25～26日，该所与院第三世界经济中心、山东潍坊市政府在潍坊联合举办了“农业产业化与农业合作社研讨会”。

12月6～9日，该所与北京圣嘉咨询公司、《中国贸易报》天津记者站、天津科技咨询公司等单位在天津联合举办了“中国企业与国际经济接轨方略研讨会”。

1995年该所在理论联系实际、面向基层服务方面做了大量工作，其中尤为突出的是和江苏省江阴市的合作。

（1）3月完成《江阴乡镇企业考察——乡镇企业如何走向国际市场》调研。在实地考察的基础上，最后形成一个主报告，四个分报告，共约3.5万字。

（2）10月7～9日，在江阴与该市政府联合召开了“江阴乡镇企业走向国际市场”学术研讨会，邀请专家学者和政府官员50余人共商乡镇企业如何走向国际市场，为江阴的发展出谋划策。

（3）9月，该所为江阴市提供了第二份调研报告《江阴乡镇企业深化改革的思考——江阴乡镇企业产权关系改革考察报告》（3.6万字）。

两份调研报告和一次研讨会均受到江阴市的好评，认为是该所为该市做了实事和好事，并表示愿意继续合作下去。在这三次活动中，该所共有20余人先后到江阴，在为地方服务过程中也开阔了眼界，增长了见识，了解了国情，振奋了精神，促进了科研工作的改革。

（三）学术交流

1995年该所接待来访外宾15起84人次、顺访外宾43起97人次；派出人员21起26人次；举办了中韩论坛第四次会议、中日韩三方第六次东北亚问题会议等两次国际学术讨论会；组织学术报告会7次；对外联系合作项目5项。

在学术交流中，重视与周边国家的交流与合作，同时注意扩大同其他地区与国家的交流与合作，增强了与美国和北欧的联系。

在派出与接待工作中，强调做好充分准备，重视学术讨论的效果和深度。同时也显示了该所的研究水平和实力，得到了外国学者的称道。

（四）期刊工作

1995年该所主办的《世界经济与政治》（月刊）、《世界经济》（月刊）、《世界经济与中国》（英文版、季刊）、《世界经济年鉴》（年刊）等，坚持“理论性、战略性、综合性、现实性”的办刊宗旨，一方面发表了全国著名专家学者撰写的反映国内学术水平、具有创新观点和较高学术价值的作品；另一方面，针对经济改革、对外开放和现代化建设的需要，刊登了国外有借鉴意义的做法、经验教训和政策性建议，供有关领导部门和中央决策参考；与此同时，还根据世界经济、国际政治的变化和国际经济、政治领域的新动向，及时反映了经济界和学术界关注的一些热点问题。

该所原主办的月刊《世界经济译丛》，1995年已经批准改刊为《国际经济评论》，计划于1996年正式出刊。

（五）其他工作

博士后流动站：1995年1人出站（调入该所工作），1人进站，现在站2人。

研究生工作：1995年招收博士生7人。现有在校硕士生3人、博士生14人，攻读在职硕士生班3人。应院招生办要求，编写了世界经济与政治系“世界经济”、“国际政治”2门专业介绍。目前正在着手筹备开展在职人员以研究生毕业同等学力申请学位的工作，并建立题库。

学会、研究中心：

中国世界经济学会于8月20～30日在山东省文登市召开了会长扩大会议，学会负责人及各地区协调人共20余人与会。会议对世界经济形势与我国的进一步改革开放等有关学术问题进行了热烈的讨论。

中国世界经济学会中青年委员会于7月24～29日在辽宁省兴城市召开了“国有企业经营与管理国际比较研讨会”。其间，近40位中青年专家学者与企业家们共聚一堂，就我国国有企业改革的现状以及面临的问题进行了深入广泛的交流与研讨。

第三世界研究中心1995年举办了数次学术研讨会。其中有：

(1)“纪念亚非会议50周年学术研讨会”(4月27～28日)。

(2)“后发展中国家资本主义学术研讨会”(9月)。

资料工作：

1995年在经费日趋紧张的情况下，克服困难，贯彻“以专为主，精中求全”的原则，广泛搜集原文报刊杂志，重点加强零订，大力开展交换，扩大剪报覆盖面。努力实现将该所资料室办成国内收藏世界经济文献资料最丰富的单位之一的目标。

附录　世界经济与政治研究所下设机构

1995年世经政所下设机构有：世界经济理论与政策室、国际经济关系室、发展室、世界经济统计与分析室、国际政治室、经济比较室、世界经济史室、国际金融研究中心、形势研究组、图书资料室、《世界经济》编辑部、《世界经济与政治》编辑部、《世界经济年鉴》编辑部、《国际经济评论》编辑部、《世界经济调研》编辑部。

东欧中亚研究所

东欧中亚所1995年科研工作中，在基础研究方面共完成了11本专著，2本译著，1种工具书，185篇学术论文，66篇研究报告，31本学术资料等，总共650万字。

东欧中亚所为适应形势的变化，对学科进行了调整。目前该所研究对象为27个国家。其中，对地区和世界形势影响重大以及对我国有重要意义的国家，应列为重点研究对象。有一定研究基础和优势，而且研究对象相对重要，这样的学科应予以保持。此外，在国别研究的基础上，要加强综合比较研究。东欧中亚27国虽有很大差别，但都属于“过渡性国家”。加强对这些国家“过渡”问题的研究，有重要的理论和现实意义。根据以上精神，确定以下课题为重点学科和重点研究对象：(1)俄罗斯政治经济研究和中亚国家政治经济研究；(2)作为巴尔干地区重要国家的南联盟和罗马尼亚；(3)乌克兰、维谢格拉德集团国家(其中特别是匈牙利)。

在学术交流方面，1995年该所派出访问、进修和参加国际会议的研究人员共29人次，接待外国学者来所座谈150人次。

附录 东欧中亚研究所下设机构

1995年欧亚所下设机构有：俄罗斯研究室、中亚研究室、乌克兰研究室、东欧研究室、《东欧中亚研究》编辑部、《东欧中亚市场研究》编辑部、图书馆、科研处、计算机室、办公室、行政处。

欧洲研究所

1995年，在院党委和美国所、欧洲所联合党委的直接领导下，该所全体工作人员认真贯彻执行党的基本路线和“五中全会”精神，以邓小平关于建设有中国特色社会主义理论指导工作，使欧洲所在各个方面都取得了新的进展。

（一）科研任务的完成及科研组织工作

1995年，据不完全统计，全所各种类型的科研成果总计约431万字。其中，属专著类的12部，152万字；属学术论文类的46篇，41万字；属研究报告类的48篇，30万字；学术资料5篇，1.8万字；译著1种，15万字；译文9篇，14万字；普及读物1种，15万字；工具书辞条1万字；一般文章49篇，19万字；编辑文集2本，73万字；《欧洲》杂志6期，84万字。在这为数不少的科研成果中，有国家社科基金项目，由陈乐民主编、该所六位同志合作撰写的《西方外交思想史》；有院重点项目，由张蕴岭主编、该所五位同志合作撰写的《欧洲剧变与国际格局》，由杨祖功、王捷合著的《欧洲民主社会主义》，由裘元伦主持的研究报告《欧盟一体化进程及对外部世界的影响》；还有罗红波参与主编的《意大利走向21世纪》，胡康大撰写的《英国政府与政治》，以及周弘在《中国社会科学》杂志上发表的论文《从西方社会保障制度看中国社会保障的改革》等等。

1995年的科研成果，不仅数量比1994年有所增加，而且质量也进一步提高。陈乐民主编的《西方外交思想史》，系统地论述了近现代西方国家外交思想的演变发展过程，揭示了从拿破仑到冷战结束这漫长的历史中外交事务的实质和矛盾的规律，具有一定的学术价值，得到学术界和出版界的好评。杨祖功、王捷合著的《欧洲民主社会主义》，周弘撰写的《从西方社会保障制度看中国社会保障的改革》，都从理论与实际的角度提出了新的见解和观点。赵俊杰撰写的《西欧大国的新亚洲政策》，学术界一些同行认为具有启发意义。经济室负责翻译的欧盟对华政策文件，为学术界和政府有关部门所欢迎。

1995年，所里曾经对科研工作提出“三个结合”的要求，即理论与实际相结合，历史与现实相结合，国际与国内相结合。在确保重点的前提下，全体业务人员努力按这“三个结合”的要求去工作，使该所的科研工作取得了有明显特色的可观成绩。

（1）重点突出。全所有专业研究人员不到30人。1995年完成国家社科基金课题1项，院重点课题3项，加上正在进行的国家社科基金课题3项，院重点课题5项，1995年光这两级重点课题就有14项，所里几乎所有的学科带头人和业务骨干，都参与了重点课题的研究。根据学科调整方案，该所4个二级学科其中3个被定为重点学科。实际上，4个二级学科目前都有重点课题，同样取得了较好的成绩。

（2）强调合作项目。该所已经完成与正在进行的重点项目，除去个别青年项目以外，绝大多数属于合作项目。事实证明，这不仅有利于学科交叉研究，而且有利于充分调动最大多数人的积极性。

（3）在“三个结合”的基础上，继承了该所长期以来形成的注重基础理论研究、史论结合研究的长处，在课题设计上选中了一些具有长远意义的项目，取得了一些在学术界能够立足较长时间的研究成果。不仅如此，像1994年一样，继续加强了对国家、对学科建设具有重要现实意义的应用研究。1995年《欧洲问题参考》出版23期。

（4）学术气氛活跃。1995年全所举行各种类型的学术讨论会约13次之多。

（二）学术交流情况

在学术交流方面，不仅组织了许多次国外学者来所作学术访问和报告，而且在这一年里进一步密切了同外国驻华机构的关系。1995年，有6位同志短期出国访问或参加会议，有4位同志长期进修。

（三）刊物情况

《欧洲》杂志历来是该研究所的窗口。它是所内外欧洲问题学者寄以希望的杂志，也为国外同行所瞩目。编辑部的同志在1995年工作很有成效，组织召开了5次在学术界产生一定影响的讨论会。这些讨论会的中心议题，有的是学术界感兴趣的热点问题，有的就是正在研究的重点课题。编辑部按时出版了6期84万字的《欧洲》杂志，质量有明显提高。特别是连续组织了关于“1989年以来的欧洲人文思想界”几篇文章，引起了学术界的极大兴趣。

（四）学会情况

中国欧洲学会在相隔4年之后召开了年会，全国研究欧洲问题的学者老、中、青三代同堂，汇集上海，交流切磋了几年来研究的经验和心得，为进一步加强我国欧洲问题的研究献计献策，会议获得圆满成功。欧洲学会下属的意大利研究专业委员会、英国研究专业委员会、德国研究专业委员会等，1995年也相继召开了年会或专题学术讨论会。

附录　欧洲研究所下设机构

1995年欧洲所下设机构有：欧洲政治研究室、欧洲经济研究室、欧洲社会文化研究室、欧洲国际关系研究室、《欧洲》杂志编辑部、图书资料室、办公室。

西亚非洲研究所

1995年，在院党委的领导下，努力学习邓小平建设有中国特色的社会主义理论，结合所的业务工作实际，认真贯彻1995年院工作会议精神，进行学科调整，科研工作有了较大进展。制定了西亚非洲研究所“九五”规划，选调科研干部，充实科研队伍。

1995年共出版专著6部，129万字；论文30余篇，30万字。其中，中华社会科学基金项目《海湾战争后的中东格局》已出版；所重点项目《石油·发展·挑战——走向二十一世纪的中东经济》等项目也已完成并出版；院重点项目《中东动乱的根源》、《以色列经济发展研究》已基本完稿；国家社会科学基金项目《非洲经济调整与可持续发展》、《简明国际百科全书》非洲卷、中东卷和《走向21世纪的非洲政治变革》已按计划写出初稿；院重点项目《非洲黑人文化哲学》正在进行中。

《西亚非洲》（双月刊）1995年出版了6期，约90万字。《西亚非洲资料》出了3期，约42万字。《1994年西亚非洲大事记》1册，约16万字。《我国对非洲政策摘编》，2万字。还有其他研究成果和信息资料计26万字。

亚非经济文化咨询公司1995年出版了《亚非市场》34期。组织编辑并出版《世界各国商务指南》，包括中东非洲卷、北美卷、欧洲卷、亚太卷、拉美卷，约900万字。

《西亚非洲调研》共向中央领导和有关研究部门提供调研报告15篇，约6万字。

学术交流活动按计划正常进行，共计10批14人次。接待了国外学术来访2批3人次。2名研究人员参加了5月14～21日汝信副院长为团长的“中国社会科学院代表团”访问以色列。中国中东学会加入“亚洲中东学会联合会”，并派2名研究人员代表中国中东学会出席了10月19～22日在韩国汉城召开的“亚洲中东学会联合会成立大会暨学术讨论会”。

9月19日，经院批准成立“中国社会科学院海湾研究中心”，开展了与国内外的学术交流活动。

1995年，主持了“中东形势回顾与展望”、“非洲形势回顾与展望”等学术研讨会4次。西亚非洲研究所与中国亚非学会、中国中东学会、世界经济与政治所等单位和学术团体共同举办了“纪念亚非会议40周年暨学术研讨会”，原人大副委员长黄华作了“发扬亚非会议精神，为实现世界和平与发展而努力”的报告。

中国中东学会在京召开了第四次会员代表大会，改选了领导机构，并举行了“中东经济和中国与中东经贸合作”、“大国与中东”学术研讨会。

附录　西亚非洲研究所下设机构

1995年西亚非所下设机构有：中东政治研究室、中东经济研究室、非洲政治研究室、非洲经济研究室、国际关系研究室、南非研究中心、《西亚非洲》编辑部、图书资料室、办公室、西亚非洲经济文化咨询公司。

拉丁美洲研究所

1995年拉美所完成科研成果361.6万字。其中专著3种，36万字；论文85篇，58.4万字；研究报告32篇，19.6万字；译著4种，136万字；工具书1种，30万字；书稿5种，54.3万字；文章46篇，14.2万字；辞条3.5万字；译文17篇，9.6万字。

（一）重点课题的研究

拉美所承担社科基金项目3项，其中：《拉美发展模式研究》（专著），已按计划完成。《拉丁美洲的共产主义运动》（专著），延长至1996年底完成。《拉丁美洲国家现代化进程中的战略选择和国际关系》（专著），正在按计划进行。

承担院重点项目4项：《巴西现代化之路》（专著）、《拉丁美洲的发展模式与社会冲突》（专著）和《巴西现代化进程中的社会问题》（专著），正在进行之中；《经济发展与社会公正——拉丁美洲的理论、实践、经验和教训》（专著），延至1996年上半年完成。院资助项目9卷本《剑桥拉丁美洲史》除已出版第1、3、4和5卷外，其他几卷的译校工作正在进行。

（二）科研规划与科研组织工作

根据本院制定“九五”规划的统一部署，拉美所在总结“八五”期间工作的基础上，制定了该所“九五”科研规则。“九五”科研规划估量了当前国内外形势对拉美学科的要求、拉美所今后5年科研队伍的状况，比较系统地提出了“九五”期间办所的指导思想、学科建设、主要课题设置和人才培训计划。“九五”规划确定，在“九五”期间，加强对拉美国家新的发展模式、经济改革、政治改革、外交政策等问题的综合性、整体性研究。进一步重视和加强向中央和有关部门提供更多的情况。拉美所确定拉美经济研究和拉美政治研究为重点学科。拉美经济研究主要研究拉美的发展理论与思潮、发展模式的选择及其演变，各国经济改革的举措与成效，区域经济合作的动向，对外经济关系及中、拉经贸合作等。拉美政治研究主要研究拉美国家的政治体制及其变革，国内政治斗争和政局变化，拉美地区社会主义运动，拉美国家的对外政策及中、拉政治关系等问题。

1995年是“八五”规划最后一年，重点课题的科研组织工作更具重要性。拉美所在上新项目方面持谨慎态度，凡属条件还不够成熟的重大项目不急于立项上马，以免形成新项目上得多，而老项目完不成的局面。另外，按院里要求，认真清理和加强督促已立项的重点项目，对遇到困难的重点项目，召集专家会议进行商讨和研究，寻找解决困难的办法，重新制定项目执行计划。

1995年，拉美所在科研组织方面还着重抓了拉美地区几个普遍关注的问题。如墨西哥金融危机及其影响、拉美国家治理通货膨胀的方法及成效、拉美国家的社会保障制度改革等。这些问题均与我国目前的经济改革有较强的联系。

（三）主要学术活动

1995年，拉美所加强对当前普遍关注的问题的研究，配合外交工作开展一些学术活动，积极开展同国内外学术机构的交流，经常举办学术讨论会、报告会和座谈会。其中主要有：

3月16日，拉美所召开“拉美通货膨胀问题”研讨会，北京地区的30多位专家和学者对拉美国家的通货膨胀及90年代以来拉美治理通货膨胀的经验教训进行了深入的讨论。

4月28日，拉美所举行了“何塞·马蒂生平、著作和思想研讨会”，以纪念古巴伟大的民族英雄、杰出的诗人、文学家和思想家何塞·马蒂为国捐躯100周年。参加研讨会的中外代表共50余人。

5月29日，拉美所召开“拉美社会公正与社会保障问题”研讨会，在京的有关单位30余人参加了会议。

9月21～22日，在阿根廷总统访华前夕，拉美所与阿根廷驻华使馆联合举办了“中阿双边关系”研讨会。20多位拉美和中国的专家和学者出席了会议。

11月27日至12月1日，拉美所和中国拉丁美洲学会联合召开了“当前拉美发展模式”研讨会。来自全国的60多位拉美问题专家和学者参加了会议。

（四）学术交流

1995年，拉美所接待外国学者、专家、政府官员28批，52人次。另外，还加强了同拉美各驻华使馆的交流与联系，经常组织学术报告会、座谈会，其中主要的有：

3月2日，墨西哥驻华使馆临时代办阿尔费雷多·拉米雷斯·阿拉依萨先生来所就“墨西哥恰帕斯州问题及金融危机情况”召开座谈会。

6月15日，墨西哥蒙特雷高等技术学院教授维克托·洛佩斯·比利亚法尼亚来所作“墨西哥的金融危机及其经济形势”的报告。

7月3日，墨西哥国立自治大学拉美研究与传播中心总协调员莱奥波尔多·塞亚教授来所作“拉美哲学思想”的报告。

7月6日，墨西哥国立自治大学哲学和文学系教授何塞·路易斯·巴尔卡塞尔先生一行四人来所召开“拉美政治、经济、社会形势”的座谈会。

7月20日，巴西巴西利亚大学政治学和国际关系教授阿赫莫罗·普罗科彼来所作“当前巴西形势”的报告。

8月28日，巴西国家统计局卡尔门·费依诺女士来所座谈“巴西通货膨胀问题”。

8月31日，美国佛罗里达大学人类学教授海伦·萨法来所作“拉美的经济调整及其对拉美妇女的影响”的报告。

9月9日，美洲开发银行执行副行长南希·伯索尔女士来所作“拉美国家的经济改革及东亚对拉美提供的经验教训”的报告。

10月26日，阿根廷拉普拉塔大学国际问题研究所所长诺韦尔托·孔萨尼先生来所谈“南方共同市场和拉美问题”。

10月30日，巴拉圭总统府军事办公厅秘书长埃斯特万·阿基诺·贝尔纳尔和巴拉圭外交部亚非司司长埃斯特万·贝多亚来所谈“拉美的政治、经济形势以及南方共同市场问题”。

11月20日，美国美洲大学经济学教授丹尼尔来所作“拉美的经济调整”的报告。

1995年，拉美所有8人次分别到厄瓜多尔、墨西哥、古巴、哥伦比亚、西班牙、美国、澳门等国家和地区进行学术访问、进修和参加国际会议。

（五）图书资料工作

1995年，图书馆采购外文书76册，中文书83册，外文报2种，外文刊64种，中文报30种，中文刊66种。通过交换、捐赠获书274册，外文刊115册。收集剪报资料5483张；撰写图书馆专业论文7篇；完成专题索引54万字；编制《1995年拉丁美洲大事记》。

（六）刊物出版情况

《拉丁美洲研究》，双月刊。创刊于1979年，由本院拉丁美洲研究所主办。该刊是我国迄今为止唯一专门发表有关拉丁美洲研究的学术刊物。主要刊登有关拉丁美洲地区各国的政治、经济、国际关系、社会、历史、文化等方面的学术论文，特别注重对拉美当前重大的现实问题和理论问题专题研究成果的反映。辟有拉美政治、经济和社会发展、国际关系、历史人物、思潮、教育、科技文化、市场揽要、投资环境、学术动态、书刊评介、文摘等栏目，并附有英文摘要和英文目录。

主编：苏振兴。

1995年《拉丁美洲研究》出版6期，共发稿55万字。

1995年《拉丁美洲研究》紧紧围绕所里承担的重点项目，反映当前拉美重大的现实问题、理论问题和普遍关心的问题。如墨西哥金融危机、拉美通货膨胀问题、区域经济一体化、拉美国家的社会保障制度以及拉丁美洲妇女问题。

（七）学会工作

中国拉丁美洲学会成立于1984年5月15日，由本院拉丁美洲研究所主办。

该会宗旨：团结全国从事拉丁美洲问题研究、教学和开展对拉美地区工作的人士，促进我国对拉美问题的研究，增进中国和拉美各国人民之间的相互了解和友谊，为实现我国社会主义现代化服务。

业务范围：拉丁美洲经济、政治、国际关系、社会、文化、民族问题等方面的研究与交流。

现有会员254人，会刊为《中国拉丁美洲学会通讯》。

会　长：蒋光化

副会长：苏振兴

秘书长：徐世澄
通讯地址：北京市东城区张自忠路3号，拉丁美洲研究所。
邮政编码：100007

1995年该学会主要开展了以下活动：

（1）2月，拉美学会秘书处召开了在京部分常务理事会议，总结了1994年学会工作，研究和讨论1995年学会的活动。

（2）2月28日，拉美学会和第三世界研究中心联合举行“墨西哥金融危机的教训与启示”学术讨论会。来自中共中央政策研究室、国务院国际问题研究中心、国务院发展研究中心、现代国际关系研究所、国际问题研究所、经贸部、中国人民银行、中国银行、本院世界经济与政治研究所和拉美所等单位的30多位学者探讨了墨西哥金融危机爆发的根源及其教训和启示。

（3）7月26日，拉美学会与现代国际关系研究所和第三世界研究中心联合召开“东亚和拉美发展模式比较研究”研讨会。来自3个研究机构的50多位学者参加了会议。

（4）11月27日至12月1日，拉美学会和拉美所联合召开“当前拉美发展模式”研讨会。拉美学会的部分会员及来自全国的有关学术机构的学者共60余人参加了会议。

（5）学会还邀请访华的拉美外宾和驻华使节就拉美的政治、经济形势举行了多次报告会和座谈会。

附录　拉丁美洲研究所下设机构

1995年拉美所下设机构有：经济研究室、政治研究室、国别研究室、社会文化研究室、《拉丁美洲研究》编辑部、图书资料室、科研处、办公室。

亚洲太平洋研究所

（一）科研成果及学术交流

1995年是亚太所在联合党委领导下落实“九五”规划的第一年。在完成学科调整和重新组建研究室后，积极开展对集体项目和个人项目的研究工作，抓紧对亚太地区热点问题的研究，写出一批质量较高的调研报告和学术论文，及时地给有关部门提供了较有价值的政策参考建议。如《对亚太经合组织发展中几个重要问题的看法》、《对落实茂物宣言的看法》、《冷战后中国与东盟国家的关系》等调研报告受到有关部门的好评。亚太所承接的社科基金项目和国家重点、院重点项目进展顺利，和福建鹭江出版社签订出版合同的《亚太经济丛书》绝大部分作者已交稿并陆续出版。1995年亚太所共完成专著17种160万字，学术论文60余篇46万字，研究报告11篇13万字，译著4种42万字，工具书8种158万字。

黄心川研究员的论文《隋唐时期中国与朝鲜佛教的交流——新罗来华佛教僧侣考》一文获由韩国传统佛教研究院设立的第四届国际佛教学术奖。颁奖仪式于12月18日在我院举行，仪式由北京图书馆馆长任继愈主持，韩国传统佛教研究院院长金知见颁奖。

黄心川的获奖论文是发表于1986年西安隋唐佛教讨论会上的论文，收集在《隋唐佛教论文集》一书中。该文依据各种中国史籍，详细考证出隋唐时期来华的新罗僧侣有117人，这个数字比韩国学者李能和统计的64人，日本学者统计的66人增多了近一倍。

据悉，黄心川是获此殊荣的第一个中国人。

1995年亚太所共接待来自美国、日本、澳大利亚、韩国、朝鲜、日本、印度等国学者112人次。派往日本、澳大利亚、菲律宾、印度、韩国、美国出席国际会议和进行学术访问20人次。

（二）学科调整和学科建设

根据院部学科调整方案，亚太所对学科设置和研究室进行了较大的调整。对研究室的人员按照新的学科重点和方向进行了重新配置。调整后的亚太所设立六个研究室，即：亚太国际关系与合作研究室、亚太社会文化研究室、东北亚政治经济研究室、东南亚政治经济研究室、南亚政治经济研究室、南亚历史文献研究室。其中亚太国际关系与合作研究、东北亚政治经济研究为院重点扶持学科，东南亚政治经济和南亚政治经济研究为院确定的重点研究学科。为了使亚太所在“九五”规划期间能够尽快地填补研究空白和加强薄弱学科的建设，亚太所认真落实院里提出的要求，使每一个重点或重点扶持的学科形成一支由1～3个学科带头人领衔的、年龄结构合理的科研骨干队伍，推出1～3种高水平的研究成果，并制定了培养人才的具体措施。

（三）学会工作

中国亚洲太平洋学会

会长：张　磐

副会长：陈鲁直、张蕴岭、黄范章、孔德涌、高　锷、金德湘、史　敏

秘书长：高连福

1995年是中国亚太学会工作较有进展的一年。1995年亚太地区经济进一步活跃发展，政治局势也出现了不少新的变化，研究亚太地区的政治、经济、社会文化等问题引起国内许多部门的重视。在此形势下，学会本着推动亚太研究、组织学术交流的宗旨，组织安排了如下活动：

（1）举办“亚太区域经济合作”研讨会。出席会议的是中国亚太学会在京的有关学术研究机构的学会会员。会议集中讨论了亚太经济合作组织的现状及发展趋势，以及我国应以怎样的姿态参加亚太经合组织及采取的对策，会议共提交论文20余篇。

（2）召开了题为“东亚经济能否持续高速增长”的小型研讨会。与会专家学者普遍对东亚经济的增长趋势持审慎的态度。一方面东亚地区以高投入牵动为特征的速度型增长模式正面临严峻挑战，因此，东亚国家先后放慢了经济增长速度。另一方面，东亚地区新的分工格局以及高新技术产业的发展在一定程度上缓解了资源、基础等因素的制约，因此，东亚经济

高速增长已成为过去。与会者也在会上提出了我国应采取的对策和应吸取的经验教训。

(3) 召开了“朝鲜半岛形势讨论会”。亚太学会团体会员：本院亚太所、国务院发展中心亚非发展研究所、中国国际问题研究所、中国现代国际关系研究所、外经贸部等单位的20余名学者出席了研讨会。会议的中心议题是：朝鲜国内形势的新变化；大国对停战协定转为和平协定的考虑及其政策；朝鲜半岛南北统一问题；中国在朝鲜半岛问题上的作用及应采取的对策。

1995年学会共出版发行《亚太学会通讯》两期，在通讯中报道了亚太学会的学术活动，亚太学界的学术动态、对外学术交流情况。

中国南亚学会

会长：季羡林

副会长：黄心川、孙培钧、孙士海、林华轩

秘书长：孙培钧（兼）

1995年中国南亚学会在其主管部门本院亚太所领导下，团结和组织全国研究南亚问题的科研人员和国家机关从事南亚方面具体工作的同志，组织各种学术活动，以开展和推动我国对南亚地区和重要国家的政治、经济、社会文化、宗教、民族等问题的研究，同时也为政府决策部门提供了较有价值的政策建议。此外，学会还积极开展同南亚学者的学术交流。

1995年学会组织大型学术研讨会1次，小型学术研讨会、报告会3次。

1995年11月由中国南亚学会发起，与中国国际友好联络会、国务院发展研究中心等单位举办了“冷战后南亚的地区安全学术研讨会”。会议讨论了冷战后南亚国家与区外大国的关系；冷战后南亚国家之间的关系以及冷战后南亚的安全形势。来自全国各地的代表约50余人出席了研讨会，与会代表共提交论文20余篇，收到较好的效果。

3次小型研讨会、报告会的内容为：(1) 2月召开南亚及印度形势报告会，由刚离任的我驻印度大使程瑞声主讲。(2) 3月召开中印交流丛书出版座谈会，这次座谈会是为中国学者所著的5部有关中印文化交流的专著而召开的。有80余位学者、新闻记者出席，我院有关领导及印度驻华使馆官员也到会祝贺。(3) 8月举行了“冷战后南亚外交及安全格局的变化讨论会”。来自外交部、中联部、中国社科院、北京大学、中国国际友好联络会的50余名专家学者及南亚工作者出席。会上讨论了冷战后南亚外交格局及安全形势的变化，分析了这种调整变化的背景、原因以及在新的外交、安全格局下，南亚国家与美、俄、中等大国的关系，并提出了我国应采取的对策。

1995年中国南亚学会秘书处共出版发行《南亚通讯》两期，主要报道了南亚学会所组织的学术活动，南亚学界的研究动态，中国与南亚国家的学术交流情况及新书简介、评论等。

（四）学术刊物

《当代亚太》（双月刊） 1995年共出版6期，75万字。

1995年发表的较有影响的文章有：

第4期《日本汽车厂商对华政策的理论分析及我国应采取的对策》 论文 作者：范爱军、路颖该文指出日本汽车厂商对华采取鼓励产品出口、限制联合生产的政策，中国应采取以下策略对付日本人：(1) 加强与欧美合作，提高国产车质量，给日本人以危机感；(2) 完善投资环境，吸引日本汽车厂商来华投资；(3) 制定与贸易自由化配套的措施，利用关贸总协定和世界贸易组织的例外条款保护我国汽车工业和市场。

第5期《抓住时机，发展自己——论我国未来发展的国际环境、机遇与挑战》 论文 作者：张蕴岭

作者认为未来的国际环境（包括政治环境和经济环境）对我国有利，机遇与挑战并存，关键是能抓住和利用这一机遇，应付各种挑战，发展和壮大自己的实力。

第6期《当前亚太地区安全形势的特点》 论文 作者：陆建人

该文以其敏锐的观察与分析力指出当前亚太地区安全形势有四个特点：(1) 大国关系基本稳定，但摩擦增多；(2) 中小国家加强联合，力争主导地区安全；(3) 进入多边安全对话和合作新时期；(4) 地区热点降温，形势趋于缓和。

1995年《亚太参考》共出版50期，425万字。

该刊是以刊载反映亚太政治、经济、文化等方面的文章、信息、参考资料为主的学术刊物。

美国研究所

(一) 概况

主要研究方向和任务：

以马克思主义为指导，坚持实事求是的原则，在经济、政治、外交、社会、文化等领域对美国进行综合性、跨学科的研究和介绍，遵循基础研究和动态研究相结合、理论研究与政策研究相结合的方针，为促进中美两国学术界的交流和两国的相互了解，为我国社会主义现代化建设和世界的和平与发展服务。

内部机构设置有：美国政治研究室、美国经济研究室、美国外交研究室、美国社会文化研究室、编辑室、图书馆、办公室。

(二) 加强对策性研究

1995年美国所科研工作的一个主要特点就是加强了对策性研究，并在年终评比中获得了“院信息工作先进单位”称号。

早在年初，美国所领导班子就决定把加强信息上报工作，加强为中央的对外决策服务作为工作的重点。3月中旬，美国所较早提出李登辉能够实现访美的判断。5月李登辉访美之后，美国所先后组织撰写了两个系列报告，针对当时中美关系严重恶化的形势提出了具体的对策建议。

在院领导的具体组织下，美国所与世经政所一道撰写了《1995年社科院年终国际形势报告》。

（三）基础性研究的新进展

在基础性研究方面，美国所科研人员继续取得进展，本年度内出版了一批专著、论文集和有创见的学术文章，主要包括：专著有《当代西方社会结构——理论与现状》、《美国国家垄断资本主义的形成》、《抗日战争时期的中国对外政策》和《美国南方文学巨匠——福克纳》；论文集有《战争与和平——纪念二战胜利暨联合国成立50周年论文集》、《回顾与前瞻——改革开放以来中国学者对中美关系史研究的回顾与展望》；重要论文有《政治—文化分裂与美国政局演变》、《克林顿政府东亚安全战略评析》、《中美文化间的冲击与回应》、《评克林顿政府外贸政策的成败》、《中美经济中的主要指标比较》等。

总计完成专著4部，76万字；学术论文61篇，66.2万字；调研报告21篇，6.7万字；译著3本，52万字；译文13篇，29.5万字；其他各类文章、普及读物、工具书条目等185万字。

（四）期刊出版情况

美国所主要刊物包括《美国研究》中文季刊、《美国研究》英文年刊、《美国大观》月刊和不定期出版物《美国问题调研》。

全年出版情况如下：

(1)《美国研究》中文版，4期，54万字；

(2)《美国研究》英文版，1期，15万字；

(3)《美国大观》，12期，108万字；

(4)《美国问题调研》，20期，4.5万字。

（五）学术交流概况

本年度美国所派往国外长期进修1人，参加国际学术交流14人次，接待来访的国外学者80余人次。

（六）重要科研学术活动

1. 系列小型学术讨论会：

在1995年内，美国所以研究室为单位举办了7次学术讨论会，每次40人左右。分别邀请20位与会议主题有关的北京地区的政府官员、记者和专家参加。这些讨论先后涉及：美国1994年中期选举；克林顿政府的对华贸易政策；中美关系中的台湾因素；美国内政对外交的制约等等问题。

2. 非银行金融机构国际研讨会：

由美国所、中华美国学会、中国民族国际信托投资公司等单位组织，于9月在北京举行，约80余人与会。参加者分别来自中国社会科学院、政府经济部门、银行、信托公司等非银行机构和一些大公司。会议还邀请了4位外国经济和金融学者与会。会议的主题是探讨在改革开放的新形势下，非银行系统的金融机构如何进一步发挥作用的问题。会议共收到论文30余篇。

3. 环渤海经济圈国际研讨会：

由美国所、中国世界经济学会、辽宁省三胞联谊会和大连市开发区共同主办，10月在大连举行。港澳知名人士霍英东、马万祺，和来自美国、日本、韩国的学者应邀出席。与会人数总计100余人。会议主题是探讨在环渤海经济圈发展、成型的过程中，如何发挥大连经济开发区的作用，以促进辽宁省乃至整个东北地区的经济发展。会议共收到论文和发言提纲20余篇。

4. 中美两国现代化历史的回顾与比较学术讨论会：

由美国所和中华美国学会所属的“中美关系史专业分会”共同举办，11月在广州中山大学举行。与会者60余人。会议分不同时期和不同专题，对中美两国的现代化历程进行分析和比较，以求得出一些对于我国当前的现代化建设有益的结论。会议收到论文30余篇。

（七）中华美国学会

该会成立于1988年12月，由本院美国研究所主办。

学会宗旨：团结和联络全国各地研究美国的学者和专家，协调全国各专业性研究美国的团体和机构的工作，发展中国对美国的研究，增进中国人民对美国的了解，促进有关美国的研究和教学方面的国内外学术交流，为中国的现代化事业和世界的和平与进步事业服务。

业务范围：(1) 组织有关美国问题的学术讨论会、报告会和讲习班；(2) 与美国和其他国家的相应学术团体进行学术交流；(3) 举办对中美两国有重大意义的纪念活动；(4) 编辑和出版《美国研究》和《中华美国学会通讯》，以及其他有关美国研究的成果。

截至1995年底有团体会员56个，会刊为与本院美国研究所合办的《美国研究》季刊。

名誉会长：黄　华

会　长：李慎之

秘书长：陶文钊

通讯地址（截至1995年12月31日）：北京市东城区建国门内大街5号美国所

邮政编码：100732

日本研究所

（一）所内机构设置

日本政治研究室　日本经济研究室　日本社会文化研究室　日本对外关系研究室

《日本学刊》编辑部　图书馆

科研处　行政办公室

（二）科研工作

1. 1995年围绕研究所的任务，以马克思主义、毛泽东思想和邓小平建设有中国特色社会主义理论为指导方针，加强理论联系实际，对日本政治、经济、社会文化、对外关系等方面进行了系统的研究，全年共出版专著2本，56万字；发表学术论文70篇，55万字；研究报告13篇，12.5万字；学术资料10篇，8.5万字；学术文章75篇，16.5万字；译著、译文42万字，共计190多万字，成绩是突出的。所以上课题均按计划执行。中日共同研究课题“中日流通比较研究”、日本所和日本新构想研究会的共同研究课题“中国的环境污染现状与对策”已完成，所领导主持的院重点研究课题“日本在亚太地区的作用”第一阶段成果“亚太经济合作会议（APEC）与日本”按时完成，“战后日本外交史”、“冷战后的日本经济”等所领导主持的院重点课题也都按计划进行。

2. 为配合纪念抗日战争和世界反法西斯战争胜利50周年，该所组织了一系列活动：

（1）按院里的指示，该所向我院和中央党校联合举办的纪念抗日战争胜利50周年讨论会提交了两篇学术论文。

（2）根据王忍之同志的指示，由所领导主持，编辑了《日本关于侵华战争等问题言论辑录》，受到了各方面的欢迎和好评。

（3）针对日本国内部分右翼势力歪曲历史，美化侵略战争、为日本军国主义对外侵略翻案的活动，以及日本众议院通过的《以历史为教训，重申和平决心的决议》，所内有不少学者在《光明日报》、《当代世界》等报刊发表了有战斗力的文章；有的学者参加了《人民日报》、《光明日报》组织的有关座谈会，还有许多学者接受了国内和香港电视台、日本记者的采访，《日本学刊》发表了《纪念抗日战争胜利50周年专辑》。这些文章和谈话都严厉地批驳了日本部分右翼势力的错误言论，宣传了中央政策，为配合我国纪念抗日战争胜利50周年尽了应尽的力量。

3. 围绕日本政局、经济形势和重点课题组织了六次有所内外学者参加的学术讨论会。

4. 有关学者就日元升值、阪神大地震、奥姆真理教等写了不少文章，接受了记者的采访。

5. 所内多数学者参加了京内外的研究单位举办的国际学术会议和内部学术讨论会，通过这些对外交流活动，向社会展示了该所的研究成果，扩大了日本所的影响，提高了知名度。

（三）科研规划

根据院的部署，制订了日本研究所“九五”科研规划，进行了学科调整和人员“三定”工作。通过上述工作明确了该所的科研方向、学科分工和建所规模，对该所今后的工作将发挥重要作用。

日本所的“九五”科研规划是在各研究室提出规划的基础上起草，经过所长办公会、所务会、所学术委员会反复讨论后制订的，最后由联合党委讨论通过上报院领导。

日本所“九五”科研规划主要有以下内容：

1. 确定了该所未来五年科研工作的基本方向和处理好三个关系问题，即需要和可能的关系、应用研究和基础研究的关系、当前和历史、中远期展望的关系；

2. 提出了“九五”期间所以上重点课题共九项；

3. 制订了“九五”科研规划的具体措施，包括：加强科研队伍建设，扩大内外学术交流，抓好科研管理，搞好编辑、图资、行政管理，加强思想政治工作等方面的措施。

（四）学术交流

1. 同日本新构想研究会和日本松下政经塾续签了学术交流和学者交流协议书，同日本爱知大学保持了原有的合作关系。

（1）1995 年与日本新构想研究会共同组织了两项活动：

6 月 22～24 日在日本东京举行的学术讨论会，该所有两位学者参加了会议；

9 月 25～26 日由该所和日本新构想研究会共同主办了“战后日本 50 年”中日双方学术讨论会，会议得到了日本国际交流基金的资助。

（2）根据与日本松下政经塾续签的交流协议，到 1997 年，日本研究所每年接受对方派遣 1～2 名塾生作为访问研究生来华进行研修，该所每年派两名学者赴日进修。

（3）根据该所同爱知大学的协议，每年派一名经济学方面的学者去该校讲学。

2. 该所同院科研局“日本研究基金会”联合召开了“跨世纪的中国与日本”国际学术讨论会。所里有两名学者作为代表正式发言并提交了论文。此外，所里承担了会议中方代表论文的组稿、审稿、翻译、打印、校对、复印、装订等工作，为会议的顺利召开发挥了相应的作用。

3. 加强了日常的对外学术交流活动。派遣长短期出国人员 8 批 12 人次，占全所人员的四分之一；接待来访学者、记者等 30 批 70 多人次；恢复和加强了同日本朋友根本安雄和“寅与笛之会”的联系。

4. 制订了《日本研究所对外学术交流补充规定》。这是经过各研究室和所务会反复酝酿讨论，由所务会议决定实施的，它对规范该所的对外学术交流活动发挥了重要作用。

通过以上的对内对外学术交流活动，保持恢复了对外交流渠道，培养锻炼了干部，推动了科研工作的发展。

（五）学术刊物

1995 年该所编辑出版了三种刊物：《日本学刊》、《日本问题资料》为双月刊；《日本问题资料特刊》为不定期刊物。刊物主编：冯昭奎。

1995 年共编辑出版《日本学刊》、《日本问题资料》12 册，120 万字。《日本学刊》设有专论、学术探讨、理论研究、比较研究、人物、书评、学术动态、访谈录、短评、论文摘要等栏目，刊登了我国日本研究工作者关于日本政治、经济、社会文化、科技、军事、历史、语言文学、哲学等诸学科的优秀科研成果。除出版和发行工作外，1995 年还组织了《日本学刊》创刊 10 周年纪念活动。乔石委员长、雷洁琼副委员长、胡绳院长、滕藤副院长以及张香山、孙平化、刘德有等有关领导同志为《日本学刊》创刊 10 周年题了词。其中乔石委员长的题词受到了新闻界的重视，《人民日报》、《光明日报》、《解放日报》、新华社、电台和《北京周报》等都对此作了报道，从而在学术界和社会上扩大了《日本学刊》和日本所的知名度。此外，还举办了创刊10周年座谈会，参加座谈会的50名所内外学者就进一步改进学刊的编辑工作提出了许多宝贵的意见，这对今后办好该所的刊物起到了积极作用。

（六）学会活动

中华日本学会

会长：刘德有

副会长：赵阶琦（常务）、王效贤、骆为龙、徐　淡、彭家声

秘书长：蒋立峰

主要活动：

1. 6月27～28日召开了第二次全体会员大会。会议选举了中华日本学会第二届理事、常务理事及学会的领导成员，成立了学会秘书处、学术部、联络部、出版部等日常工作机构，并确立了各机构的负责人，修改了“中华日本学会”的章程，同时召开了日本研究经验交流会；

2. 9月25～26日中华日本学会和日本研究所共同举办了“战后日本50年”国际学术讨论会；

3. 10月5～8日由中华日本学会和辽宁大学日本研究所共同在辽宁丹东市召开了中国的日本研究杂志回顾与展望学术讨论会，与会各单位相互交换了经验，出版了论文集；

4. 编辑发行了两期《中华日本学会通讯》。

全国日本经济学会

会长：孙尚清

副会长：冯昭奎、肖向前、朱绍文、孙汉超

秘书长：王仲全

主要活动：

1. 1995年全国日本经济学会组织了多次经济俱乐部会议，有北京、河北、天津等地的学者分别参加学术讨论会。这些会议的议题是“日本市场经济体制的理论与实践”、“日本经济的发展是否走出了低谷”、“当代中日经济关系”、“1995年经济发展状况及1996年经济形势预测”等，与会专家学者围绕上述问题进行了深入探讨。这些会议针对性强，收获很大。专家们认为：1995年是日本经济经历了一个复杂的发展过程，一些偶然和必然因素综合作用的结果，使本年度日本经济出现了许多始料不及的热点问题，如阪神大地震、奥姆真理教、日元升值、不良债权、失业上升及经济的长期低迷等等。日本经济目前处于三个经济周期的重叠时期，危机程度重于以往。

2. 8月全国日本经济学会与中共山东省委《发展论谈》编辑部、中共山东潍坊市委在山东潍坊联合召开了题为“环渤海经济发展与中日经济关系”学术讨论会。中外学者30余人就以下问题进行了充分的讨论：环渤海地区特别是山东省的经济发展；环渤海地区的经济优势；中日经济合作；日本国内经济低迷对国际经济合作的影响以及日本对外经济合作等。与会专家学者除对以上问题进行讨论外，还对潍坊市提出了很多有益的建议，如加速培养国际接轨型人才，搞好“软件”配套等等。

台湾研究所

（一）概况

主要研究方向和任务：

台湾研究所是一个综合性研究机构，主要从事台湾政治、经济、历史、文化以及和平统一和海峡两岸关系问题的研究。主办或联办有关台湾问题和两岸关系的学术讨论会，并与台湾及海外学人进行广泛的学术交流活动。

内部机构设置有：政治研究室、经济研究室、综合研究室、人物研究室、科研室、资料室、办公室、政治处。

（二）科研工作

科研成果：(1) 全年完成出版《台湾研究论文集》、《台湾经济总览》以及《台湾史纲》"当代部分"等书籍。(2) 完成中央及有关部门交办的科研任务有：承担国台办委托的研究课题《对李登辉的基本分析》、《2000 年台湾经济及两岸经贸关系》等 5 篇，及本院"八五"国家社科课题"台独"问题研究撰稿工作。

（三）学术交流

(1) 接待来访：全年接待来所访问的台湾及海外学者 70 余批 260 人次左右，其中重要或大型访问团 10 余批。通过交流交往密切了对台联系，促进了对台湾问题的研究与分析，宣传了对台方针政策。

(2) 今年该所与有关单位联合举办两岸学术讨论会三次：2 月与国家计委经济研究中心联合举办了"海峡两岸产业合作"研讨会。会议规模约 90 人左右。研讨会取得了较好效果。3 月主办"迈向 21 世纪两岸关系发展研讨会"。会议就两岸经贸、文化与学术交流、大陆与台湾的社会变迁、发展与建设、台商在大陆投资及两岸关系回顾与展望等方面进行了讨论。8 月该所与中国史学会、台研会、厦大台研所等单位联合举办了"台湾史学术研讨会"。研讨会从历史上、理论上批判了近几年来台独分子对台湾历史的有意歪曲，促进了大陆学者加强对台湾历史的研究。

(3) 派出：今年共出访台港地区 6 批 14 人次。其中进岛有 4 批 8 人次，到香港访问的有 2 批 6 人次。这是近几年来进岛去港访问考察学者最多的一年，它进一步促进了两岸学者交流。分别到美国、日本和菲律宾等参加国际学术研讨会学者共 2 批 3 人次，进修 2 人。此外，有数十人次参加了国内举办的各种学术讨论会。

（四）图书资料建设

今年购进和整理上架图书 2000 册，报纸 89 种，其中台港澳地区报纸 56 种 101 份，杂志 407 种。

（五）所刊

《台湾研究》是由本院台湾研究所主办的综合性学术季刊。该刊以全面、客观研究台湾、促进祖国和平统一为宗旨，以海内外关心台湾问题和祖国统一的人们为阅读对象，主要刊登台湾政治、经济、社会、历史、文化、法律、对外关系、两岸关系以及对台政策等方面的研究成果。该刊为国内目前研究台湾问题较具权威性的刊物之一，颇受台湾和海外的关注。主编：姜殿铭。1995 年该刊共刊登各类文章 76 篇，其中专稿 23 篇，两岸关系类 17 篇，政治类 8 篇，经济类 10 篇，历史及人物类 4 篇，法律类 3 篇，社会及文教类 4 篇，资料类 7 篇。本年度是两岸关系发展最不平常的一年，年初江总书记就推进祖国和平统一大业发表了八点谈话，年中李登辉访美导致中美关系和两岸关系空前紧张，针对上述情况的发生，编辑部及时组织编发了若干稿件，配合了党的对台政策的宣传和反分裂的斗争。还在第三期编发了《马关条约》签订 100 周年和台湾光复 50 周年的专稿，及时表达了学者对这两件大事的研究及看法，有力地驳斥了台独分子歪曲历史的言论。

二　院机关部门工作

科研管理工作

1995年，科研局在院党委的领导下，坚持以邓小平同志建设有中国特色社会主义理论和党的基本路线为指导，认真落实1995年院工作会议提出的任务，突出重点，集中精力，着力抓了全院学科调整、“九五”科研规划制定和研究设计科研成果评估指标体系以及国家、院重点项目的检查与督促等项主要工作，取得较好成效。为了适应社会主义市场机制的需要，在科研体制和科研管理机制改革方面，进行了有益的探索，积累了一些经验。

制定并实施学科调整方案，加强重点学科建设。学科调整是我院科研体制改革的重要内容，也是科研局的一项重要任务。根据我院确定的“学科布局合理而又重点突出”的发展模式和当前的实际情况，在各研究所学科调整方案的基础上，经过反复调查研究，于年初提出了《中国社会科学院学科调整方案》(讨论稿)。3月20日院务会议审议批准了这个方案。按照这个方案，我院一级学科保持不变，二、三级学科由300个左右收缩为260个左右，并在这些学科中确定107个为重点发展学科，24个为重点扶持学科。

为全面落实学科调整方案，加强重点学科建设，在广泛调查研究的基础上，又进一步提出了对部分重点学科和重点扶持学科增加经费投入、实行目标管理责任制的设想。根据这一设想，从107个重点学科和24个重点扶持的学科中，遴选50个学科作为实行目标管理责任制的学科，并制定了《中国社会科学院重点学科目标管理责任制实施办法》。

制定院“九五”科研规划。制定“九五”规划是1995年院工作会议确定的一项重要任务。根据院党委和院务会议的统一部署，首先抓了各研究所“九五”科研项目规划的制定工作。3月份，起草并下发了《关于编制研究所“九五”规划的通知》，明确提出了规划的指导思想、内容和具体要求。上半年，协助各学科片主管院领导，完成了对各研究所“九五”科研项目规划的审议工作。下半年，集中时间和精力，完成了我院“九五”科研项目规划和学科建设规划的起草。这个规划草案作为我院“九五”事业发展规划的重要组成部分，将提交1996年院工作会议审议。

协助院建设有中国特色社会主义理论研究中心开展活动。以科研局为依托的院建设有中国特色社会主义理论研究中心积极组织特色理论的研究工作，1994年确立的12个研究课题已完成5个，其中有的成果上报中央有关部门并引起重视。另外7个课题，大都取得阶段性成果。“中心”还围绕传统文化及现代化问题、社会主义市场经济理论问题、国有大中型企业改革问题、私营经济问题、阶级阶层问题等热点及难点问题举办了一系列小型学术讨论会，推动建设有中国特色社会主义理论研究工作深入发展。

研究设计科研成果评估指标体系。建立健全社会科学研究成果评估指标体系，是科研管理工作规范化、制度化的一项基础性工作。鉴于设计科研成果评估指标体系难度很大，在将此项研究课题作为招标课题在全院招标，由新闻所课题组中标进行研究的同时，科研局也成立了一个课题组进行研究。经过半年多的努力，完成了对专著、论文、研究报告、大型学术资料、工具书、译著等成果形式的评估指标的设计，这套评估体系连同新闻所课题组设计的评估体系，已同时下发各研究所试用，以检验其科学性、适用性和可操作性，并将根据试用情况，进一步修订完善。

增补院重点研究课题和青年研究基金课题。1995年是“八五”计划最后一年，本着“重要”和“急需”的原则，增补了“八五”最后一批院重点项目共35个，批准资助总额96.3万元；院青年科研基金新立项46个，资助总额36.7万元。

继续试行课题招标制。经院务会议批准，继续试行部分重点课题招标制。招标课题共18个。经过组织申请人答辩和专家评议，投票表决并经院领导批准，其中15个课题中标，资助总额为82.5万元。这些课题大都是改革开放和现代化建设中迫切需要解决的重要理论问题和实际问题。

全面检查重点研究项目的执行情况。检查的重点是“八五”及“七五”延续的中华社科基金资助的研究课题和院重点研究课题。根据中华社科基金办公室文件精神以及我院研究课题管理办法，经过检查，我院承担的中华社科基金资助的“八五”及“七五”项目共599项，其中12项因承担人调离转到外单位，386项已完成，143项按计划进行，58项予以撤销。院“七五”和“八五”重点项目共451项，其中253项已完成，172项按计划进行，7项须延期完成，19项予以撤销。

改进院出版基金资助工作。在院出版基金数额不变、物价上涨的情况下，为发挥基金更大的效益，对资助办法作了改进，把各单位推荐来的著作按几种不同情况分别加以处理：凡是不要出版补贴的出版社，优先予以满足；在院外出版社出版的，严格控制，精细核算，以最低价格补贴；尽量安排在院内出版社出版的专著，由三家出版社试行低价竞标的办法，即请各家分别审读书稿，各自单独报价，选择报价最低的出版单位。全年共补贴出版51种著作，约2400万字，补贴金额96.7万元。

继续组织县（市）情、民族地区及百家大中型企业调查。本年度县、市情调查共出版15卷（至年底，已出至69卷），审稿20余卷；民族调查在完成10个点的调查任务后，又新布点2个；百家大中型企业调查由科研局负责协调的部分，已出书两种并审稿一种。

组织实施“五个一工程”项目。由中宣部组织领导的“五个一工程”已经开展3年，对社会主义精神文明建设产生了很大影响。原来，此项工作只在各部委及各省市自治区进行。中宣部决定，从1995年起我院也要参加。按“五个一工程”工作的规定，只有先报选题计划，其后完成的成果才能参评。为此，我院精心审定了一批选题上报中宣部，并组织力量实施。在首次参评中，哲学所刘奔的《解放思想就是实事求是》一文入选获奖。

组织召开大型学术讨论会。

(1) 纪念抗日战争胜利50周年学术讨论会。经中央批准，由我院和中共中央党史研究室联合举办此会。江泽民、李鹏、胡锦涛等中央领导接见会议代表，刘华清在开幕式上作了重要讲话。180余位专家学者与会，会议收到论文114篇，从各个方面，对抗日战争问题进行了全面研讨。这次会议规格高，影响很大。

(2) 瞿秋白就义60周年纪念暨学术讨论会。会议由我院和中共中央党史研究室、中共中央文献研究室三家联合举办，刘华清等中央领导出席会议。与会学者约70人，入选论文40余篇，从政治、思想、文化各个角度对我党早期领导人、杰出的无产阶级革命家、理论家瞿秋白同志的杰出贡献进行了深入讨论。

(3)“跨世纪：中国与日本——亚太地区经济合作发展与中日关系”讨论会。此会以依托在科研局的日本研究基金会的名义召开，中日双方共40余位专家学者与会，收到论文24篇，对亚太地区及中日在政治、经济、外交、安全等方面的问题进行了广泛研讨。

开展院内学术交流活动。1995年以科研局的名义，或以院特色理论研究中心的名义，共举办了几十次院内学术报告会或研讨会。内容涉及各个学科领域，并且大都是学术界比较关注的热点问题。这些活动，对活跃学术空气，推动科研，产生了积极影响。

刊物管理工作。1995年国家新闻出版署决定在全国开展优秀刊物评选活动，其中包括学术理论刊物。根据出版署规定的标准和程序，各所先自我推荐，然后组织有关专家认真进行评审，并通过无记名投票方式，选择出4家刊物报新闻出版署。《考古》杂志获优秀社科学术理论期刊奖；《历史研究》、《哲学研究》获提名奖。

目前我院共有82种正式刊物和17种内部刊物。除了大量的日常管理工作外，还及时组织了年检工作，办理了一批新刊物的申报及某些刊物的调整等工作。

社团管理工作。我院管理的全国性社团共107个。根据社团管理条例，认真进行日常管理工作，及时办理了一些社团的资格论证和新社团成立的审批手续，还办理了部分社团的经费资助工作。

编辑出版《青年学者文库》和《中国社会科学院学术论著提要》。目前，已编辑出版院《青年学者文库》7种，另外完成两部书稿的编辑工作，并正在积极组织选题。《中国社会科学院学术论著提要》(1992、1993) 已经编辑完成并交出版社，1994、1995年部分正在编辑之中。

《学术动态》、《社会科学管理》编辑工作。《学术动态》编辑出版33期，载稿230篇，共约55万字。该刊文章被转载率较高。刊物的版式作了调整，增辟了栏目，扩大了容量，及时反映学术界的理论热点。《社会科学管理》共出4期，载稿98篇，总共44万字。除继续保持刊物以资料见长的特色外，在科研管理理论研究方面有所加强。

会同人事教育局进行本年度专业技术职务评聘、享受政府特贴、国家级有突出贡献的中青年专家以及院级有突出贡献的中青年专家的选拔工作。

会同外事局对对外学术交流计划进行审议以及项目实施过程的管理。

推进科研管理手段现代化。科研管理手段落后，是我院长期存在的突出问题。为尽快改变这一现状，在院科研手段现代化领导小组及其办公室的大力支持下，1995年首先为科研局添置了7部微机，同时组织力量开发科研管理方面的软件，逐步实现科研管理工作的现代化。

人事教育工作

1995年，在院党委的领导下，人事教育工作紧紧围绕加强专业队伍和管理队伍建设，较好地完成了部分所、局班子微调任务，进一步研究职称改革问题且推出了一些新举措，认真开展了“双向选择”试点工作，组织实施跨世纪人才工程，进一步完善对各类人员的考核、奖惩制度，加强了竞争、激励机制的建设，较好地完成了全年的人事教育工作任务。

（一）完成了部分所局领导班子微调工作

按院党委的部署，人事教育局对各单位干部进行了考察，深入了解并分析了各所局领导班子的工作情况，在此基础上，制定了班子微调方案，对经济所等27个单位领导班子进行了微调，共调整任免51人。经遴选新进所局班子的17人，由副职晋升为正职的7人，岗位调整的10人，免职的17人（其中正职8人、副职9人）。在所局领导班子微调工作中，始终坚持干部“四化”方针和德才兼备的原则，着力提高领导班子政治素质和业务素质，注意调整年龄的梯次结构，选拔了17名跨世纪优秀中青年干部充实到所局领导岗位。经过微调，使部分所的领导班子整体素质得到了进一步的提高，年龄结构老化问题也有所改善。

此外，对8名长期从事管理工作，任处级职务时间较长，工作表现好，成绩突出的干部进行考察，晋升了非领导职务。调动了从事行政后勤、党务、人事工作干部的积极性。

（二）认真开展了“双向选择”试点工作

为落实“三定”方案和学科调整方案，调整人员结构，优化人力资源配置，建立竞争机制和激励机制，激发全院科研人员和管理人员的积极性，自1995年3月始，在世经政所、世历所、工经所和社会学所进行了“双向选择”试点工作。在此基础上，9月起又在10个单位开展了双向选择工作。通过“双选”，这14个单位共岗位调整47人，分流富余人员87人（其中提前退休12人、停薪留职15人、辞职退职13人、离岗过渡24人、向外分流19人、其他4人）。分流的富余人员中，大部分是管理人员、图资人员和编辑人员，也有少数科研人员。由于试点单位领导的重视，基本上达到了精简人员、调整人员结构、优化队伍、引入竞争、激励机制的预期目的，对各类人员都有较大震动，增强了竞争意识，调动了积极性。

为了尽可能地做好“双向选择”工作，在试点工作开展前，制定了《中国社会科学院关于实施双向选择工作的暂行办法》和《中国社会科学院关于富余人员分流及管理暂行办法》。这两个文件，对“双向选择”工作的健康进行并取得比较好的效果，起到了积极作用。

（三）组织实施了跨世纪人才工程

根据1995年院工作会议提出实施“跨世纪人才工程”的要求，在主管院领导的主持下，对全院30个研究所、2个研究中心、1个杂志社人才资源情况进行了调查，在调查基础上，对全院职工总规模、人员结构、职称现状及其“九五”期间的发展趋势进行了分析研究和测算，向院党委、院务会议提交了《关于我院人员的现状、发展趋势和对策建议》的报告，制定了跨世纪人才工程实施计划的初步设想，并已开始付诸实施。1995年用作跨世纪人才工程的住房44套（已用了6套），职称指标12名，从院外引进跨世纪人才10人。

（四）向人事部呈报了《中国社会科学院关于实行重点项目和基础研究特殊岗位津贴的申请》报告

为贯彻落实国发［1993］79号、国办发［1993］85号文件关于对从事基础研究、尖端技术和高技术研究的专业技术人员可设特殊岗位津贴的精神，我们向人事部汇报了我院科研工作的特点和在经济社会发展中不可替代的重要作用及其贡献，并对全院从事重点项目研究和基础研究人员状况进行了调查，在调查的基础上，向人事部呈报了申请基础研究津贴的报告（待批）。

（五）完成了1994年度专业技术职务评聘工作，并在职称制度改革方面推出了一些新举措

1．较好地完成了1994年度专业技术职务评聘工作。

我院1994年度专业技术职务评审工作，是从1994年10月份核岗工作开始的，到1995年5月底完成审批备案工作，历时半年多时间。整个评聘工作是严格按照党委和院务会批准的《关于1994年度的专业技术职务评聘工作实施意见》和有关条例规定进行的。共晋升各类专业人员321人，其中晋升正高级专业技术职务96人（包括破格晋升1人），副高级专业技术职务100人，中级专业技术职务90人，初级专业技术职务35人。职称评聘工作尽管仍有需要改进的地方，但各单位领导和各级评审委员会对评审工作是认真的，整体上是健康平稳的，较好地完成了评聘工作。

2．晋升专业技术职务考试工作有进一步的改进和规范。

为了使晋升专业技术职务考试既符合人事部规定，又符合我院科研工作实际需要，对考试、免试的某些规定做了调整，对晋升高级专业技术职务外语命题内容进行了改进，更加突出专业特点和适用的原则。共编制试题40种。

参加晋升中级专业技术职务考试58人，考试通过46人，未通过12人（包括一门不及格和两门不及格），及格率为79%；参加晋升高级专业技术职务考试214人（其中申请晋升正高30人、副高184人），考试通过167人，未通过47人，及格率为78%。参加破格晋升高级专业技术职务第二外语考试6人（其中申请晋升正高2人、副高4人），及格5人，不及格1人，及格率为83%。

经审核符合“规定”准予免试者45人（其中申请晋升正高41人、副高4人）。

从近两年的考试成绩看，及格率逐年有所上升，1994年高于1993年，1995年高于1994年，晋升中、高级及格率分别提高10个百分点和7个百分点。这表明，坚持考试制度对促进专业人员外语水平提高、建立竞争机制、优化专业队伍起到了积极的促进作用。

3．调整了专业技术职务评审周期，并出台了一些改革新举措。

为了改变以往职称评审工作跨年度、拖延时间久的被动状况，对1995年度职称评审工

作周期做了调整，并推出了一些新的举措：

(1) 对职称评聘工作实行分类管理。为了缓解高级职称指标紧张的矛盾，在研究所实行评聘分开和评聘结合两制并行。对年满59、60岁且符合晋升条件的副高级专业技术职务的在职专业人员，在统一标准、统一评审程序的前提下，根据自愿的原则，可申请评审不与任何待遇挂钩的正高级职称资格，批准参评人数一般不得超过此类人员的二分之一。对经费自收自支的单位，允许在院下达的专业技术职务指标之外，根据工作需要设置专业岗位，评聘在本单位有效的专业技术职务。

(2) 对原从事专业研究且已取得中级职称的专业人员，转到不设专业技术职务岗位的院、所职能部门，符合条件的，可评审职称资格。

(3) 对破格晋升高级专业技术职务的条件，作了进一步规范，提出了具体的硬化标准，完善了优秀专业人员破格晋升的办法。

(4) 为了保证公平、合理地评价专业人员的业务水平和能力，进一步完善职称评审制度，建立职称评审申诉仲裁委员会。凡仲裁委员会裁定申诉成立，申诉人所在单位实行差额评审；被仲裁委员会否定的申诉人，下一年度不得提出晋升申请。

(六) 圆满地完成了1995年度享受政府特殊津贴人员的选拔工作

人事部下达我院的1995年度享受政府特殊津贴指标15人，在院党委的领导下，人事教育局和科研局密切配合，严格按照人事部和院的有关规定，圆满地完成了选拔推荐工作。在选拔过程中，我们强调向跨世纪学科带头人、科研骨干倾斜，向获得国家、部委奖的优秀青年倾斜，此次推荐入选的人，平均年龄为47岁。此外，按照人事部的要求，完成了我院1990～1994年享受政府特殊津贴人员的核查统计工作和数据库建立工作。几年来，全院共有1424人享受了政府特殊津贴，其中病逝46人，调出8人，另调入2人，现有1372人。

(七) 加强了博士后流动站的建设

博士后流动站是我院培养、遴选跨世纪人才的重要基地，越来越受到院、所领导和各方面的重视。根据院跨世纪人才队伍建设的需要，1995年在工经所、历史所、财贸所新建了3个博士后分站，加上原来的世经政所、数量经济与技术经济所、法学所、近代史所4个博士后分站，现在全院已有7个博士后分站。在财务基建计划局的大力支持下，博士后站基础设施建设得到了改善。为8套博士后公寓配备了基本生活设施。经过争取，人事部拨给了两套两居博士后公寓。加强了在站博士后的跟踪、监督、检查等管理工作以及在站博士后的后期考核工作，严把出站关。配合国家人事部、全国博士后管委会，组织我院博士后管理人员参加了博士后站管理工作培训班。现在我院第一批博士后4人已出站，在站内第二批博士后4人，第三批博士后7人正陆续进站。

(八) 组织专家进行休假考察活动

为了进一步贯彻“尊重知识、尊重人才”的政策，加强与专家的联系，人事教育局与院工会首次联合组织了7位国家级有突出贡献中青年专家休假考察活动；推荐1名同志参加人事部组织的专家休假；推荐3名同志参加中宣部组织的专家休假团。参加这些活动的人数虽然不多，但体现了党对社会科学家的关心，产生了积极的效果。

（九）积极承担了人事部委托制定《社会科学研究系列中高级专业资格评审条件》工作，已取得阶段性成果

这项工作院领导很关心，并得到了科研局和有关研究所的支持。成立了由文学所、法学所、哲学所、历史所、世经政所、工经所主管科研的领导和人事教育局有关同志参加的课题组。在广泛调研的基础上，起草了初稿，又经几次研讨和修改，形成了征求意见稿，然后发至全国各省、市、自治区社科院和教委征求意见，并由课题组分三路去华东、中南、西北等地召开座谈会听取意见，根据反馈意见，再次进行了修改。现正待提交院务会议讨论审改，然后报送人事部。

（十）继续教育和专业培训工作有了新的发展

1. 参加继续教育的人数有较大增加，人员层次也有明显提高。

为了使专业人员知识不断得到更新、补充、拓展和提高，根据继续教育“缺什么补什么”的方针，1995 年先后举办了英语、俄语、日语、古汉语、马列主义基础理论等中级班和提高培训班 13 期（中级班 6 个、提高班 7 个），参加培训的各类专业人员 188 人次，大多数为中级专业职务以上专业干部，其中具有博士学位的 11 人，有副高级专业职务的 15 人。按照院办公自动化领导小组关于实现全院计算机联网的整体部署和规划，主动配合院办公自动化领导小组办公室，组织了 10 期（210 人）计算机基础知识和技能普及培训班，着重对院属各单位管理干部、特别是处以上管理干部进行培训。其中，管理干部班 3 期 85 人（处以上 41 人）；所局领导干部班 2 期 22 人（以 50 岁以下为主要对象）；人事干部班 2 期 60 人（处以上 25 人）；其他干部班 3 期 43 人。这反映接受继续教育人员的层次在提高，也表明继续教育对两支队伍建设的作用越来越直接和明显。与此同时，举办了“1995 年我国社会形势”、“1995 年我国经济发展趋势”、“信息高速公路及其社会影响”等 3 次专题讲座，参加人数共 620 人次，绝大多数为中级以上专业干部和处以上管理干部。

与往年相比，1995 年继续教育工作的面貌有了较为明显的变化：一是人数增加，到 11 月上旬止，已达 975 人次，比 1994 年全年的 660 人次增加了 48%；二是教育对象的层次提高了；三是更加贴近科研，更具针对性，如外语、古汉语、计算机等培训。之所以出现这种状况，一方面是随着形势的发展，科研人员有着内在的要求；另一方面，是因为设立了年度职工教育经费，为继续教育创造了有利条件。

2. 坚持了组织青年干部到基层锻炼的制度。

在认真总结前几年组织干部基层锻炼工作经验的基础上，更加注重锻炼的实效，在组织的方法上作了改进。一部分同志结合我院扶贫工作到陕西商洛，一部分同志到河北香河县机关挂职锻炼。通过锻炼，使他们了解社会，了解基层，提高他们对国情的认识，增强他们的思想政策水平和工作能力，培养他们理论联系实际的工作作风。

3. 较好地完成了工人技术等级培训考核工作。

根据人事部和劳动部的要求，1995 年对我院 14 个工种的 116 名工人进行了技术等级培训考核工作，其中高级工 86 人、中级工 15 人、初级工 15 人。

（十一）进一步完善了各类人员的考核制度，奖惩力度有所加强

1.对专业人员坚持了年度考核和任职期满考核以及先考核后评审的晋职考核制度，增大了考核量化成分。

1994年度全院参加考核的专业人员2846人，其中年度考核的1842人，晋职考核的1004人。考核优秀的548人，占19.26%，称职的2289人，占80.43%，不称职的9人，占0.32%。在考核中，注意运用量化的方法，努力使考核结果能更准确地反映被考核人的情况。

2.严格按《中国社会科学院关于管理人员考核的暂行规定》对全院管理人员进行了考核。

为了正确评价管理人员工作实绩，建立和加强竞争、激励、监督机制，为管理人员的职务和工资调整以及培训、奖惩等提供依据，从1994年底至1995年初，对全院管理人员第一次组织实施了年度考核工作。为做好这项工作，人事教育局派出人员深入到所局，直接参加领导班子成员的年度工作总结、述职和群众评议活动，绝大多数单位领导也很重视考核工作，基本上达到了预期目的。全院参加管理干部考核的895人，评出优秀182人，占20.34%，称职713人，占79.66%。

1995年度的专业人员考核和管理人员考核工作，预计1996年1月底结束。

3.完善了考核奖惩制度，特别注重抓了对考核不称职人员的处理。

在已经制定的对专业人员、管理人员考核办法和对不称职人员处理规定的基础上，1995年又出台了《关于建立职工年度考核奖励制度的暂行办法》和3%奖励工资办法，并认真组织实施。1994年度考核优秀人员共730人（其中行政人员182人、专业人员548人），一次性奖励金额为26万元，平均每人355.19元。3%奖励工资应晋级的为132人，实际晋升工资的有131人。其中专业技术人员84人（正研9人、副研40人、助研30人、实研5人）；行政人员32人（局级4人、处级20人、一般干部8人）；工人15人。最低增资额为16元，最高增资额为72元，平均增资额为36元。总共月增资金额为4778元，全年为57336元。按照规定，对考核不称职人员逐个做了处理，其中解聘和限期调离4人，低聘1人，减发津贴限期改正的4人。由于比较严格地执行了考核、奖惩制度，人们竞争意识有所增强，对调动职工积极性产生了积极效果。

（十二）继续清理出国逾期未归人员

在1994年清理因公出国逾期未归人员工作的基础上，1995年重点对因私出国逾期未归人员进行了清理。经调查，全院共有151人（包括去年清理后保留的12人），其中因私未归人员123人，已作处理的119人（包括自动离职56人、辞职33人、除名30人），拟保留的4人；因公未归人员28人，已作处理的14人（包括自动离职9人、辞职2人、除名3人），拟保留14人。

（十三）完成了中组部、人事部、国家教委等给我院的援藏任务和培训少数民族干部任务

根据中组部、人事部和国家教委关于选拔优秀中青年干部援藏的要求，我们选拔了3名青年干部先后赴藏工作。3位同志赴藏后，克服了种种困难，目前已适应了生活和工作环境，展开工作，并受到当地有关部门的好评。接受人事部交给的培训新疆少数民族干部2名。

此外，应内蒙古呼伦贝尔盟的要求，选派了1名干部担任副盟长。还根据有关部门要求，选派2名中青年干部到澳门工委挂职锻炼。

（十四）较好地完成了人事教育的日常管理工作

1.认真完成了计划与统计工作。

截至1995年底，全院在职职工4119人，其中行政干部440人，工人469人。专业技术人员3210人（其中高级1529人、中级1210人、初级410人、未定职61人）。全院共有离退休人员1978人。

制定了全院1995年人员计划和工资总额计划，经人事部批准，下达执行。我院1995年度的工资总额计划为2610.75万元，下达到各单位是2521.176万元。

依据国家关于毕业生分配的有关规定及我院的实际情况，为了控制毕业生在服务期中外流，制定了毕业生协议书，重申了毕业生分配工作后的服务期规定，建立了违约金制度，并于1995年正式试行。

2.在加强所局级领导班子建设的同时，积极做好处以下干部任免和研究室主任的备案、审批工作。共任命处级干部91人，免职19人；同意备案和批准聘任研究室主任、副主任98人，解聘20人。

3.严格执行了干部调配制度和认真办理离退休工作。

1995年，坚决贯彻执行“除特殊情况外，其余一律不进管理人员、编辑人员、图资人员”的方针，控制和压缩非科研人员，补充科研人员，特别是加强重点学科急需的科研骨干力量。截至1995年底，共增加100人，其中应届毕业生51人（博士学位的19人、硕士学位的22人、本科生10人）；从京内外调干40人（博士学位的5人、硕士学位的24人、本科生8人、大专2人、中专1人；具有高级专业职务的10人、中级专业职务的22人）；接收军队转业干部6人；调入工人3人。

另外，社科出版社改革后，从1992至1995年，自行审批调入29人，其中干部9人（研究生毕业4人、大学1人、大专4人；高级职称1人、中级4人、初级1人），工人20人。经院务会议研究同意，予以承认。计算在1995年的全院总人数之内。

截至1995年底，共减少394人。调出72人，其中管理人员12人（含工人2人），专业人员60人（高级专业职务17人、中初级43人）；办理离退休184人，其中管理人员53人（含副部级6人、司局级8人、工人10人），专业人员131人（高级专业职务116人、中初级15人）；办理辞职、自动离职及辞退、除名133人，其中管理人员16人（含工人4人），专业人员117人（高级专业职务11人、中初级106人）；死亡5人。

4.审批了因职务调整晋升工资的人员共392人，月增资额为1.655万元。

5. 在调查研究的基础上，参照有关部委的做法，为符合条件的 39 人（局级 24 人、处级 15 人）解决职级问题，再次增加了离退休费。

6. 审批“春节”、“七一”两次困难补助共 141 人，使用金额为 4.025 万元。其中专业人员 100 人（高级专业职务 42 人、中初级及以下 58 人），管理人员 32 人（局级 2 人、处级 18 人、科级及以下 12 人），工人 9 人。

7. 办理了司局级干部和正研级医疗“蓝卡”共 14 人。

8. 完成了人事信息数据库的维护工作。

1995 年更换了《通用人事信息管理软件》，将原录入的我院人事信息数据转入新库（人事部推广使用的“全国人事管理通用软件”），并对全院职工信息数据库进行了全面维护。

总之，全院人事干部团结协作，共同努力，以“四性”（政策性、原则性、纪律性、创造性）和“四种精神”（主动精神、服务精神、协作精神、奉献精神）建设自身队伍，每个工作人员以“方向明、理事清、办事公、勤于政、俭于行、为人正、待人诚、寓理情、不媚上、不傲下”行事律己，在加强人事干部队伍建设的同时，努力抓好两支队伍建设。在人事制度改革、职称改革、建立竞争机制方面迈出了新的步伐。积极努力地为多出成果、多出人才创造良好的条件。

对外学术交流工作

1995 年，全院对外学术交流工作，在去年的基础上，质量又有一定的提高。全年对外交流总量为 806 批 1971 人次，其中派出 594 批 1152 人次 40002 人天，来访 212 批 819 人次 11736 人天。总量略少于 1994 年。

与亚非国家的交流今年依然是全院对外交流最多的地区，全年交流量为 255 批 605 人次。今年，汝信、王洛林、刘吉、刘国光等院领导先后率团对日本、韩国、新加坡等亚洲国家进行了工作和学术访问。还派出了“日本农业考察团”等重要团组出访。亚非地区、特别是我周边国家的重要团组来访比较多，韩国现代中国研究会、国际交流基金财团、汉城大学等派团先后来访，韩国总理李洪九、要人金大中先后来我院访问并发表演讲；日本学术振兴会、越南马列主义胡志明思想研究院都派了重要团组到我院访问。今年正值第二次世界大战暨抗日战争胜利 50 周年，我院先后举办了“面向 21 世纪：中国、日本和亚太国家经济合作”、“日本战后 50 年”、“21 世纪中日关系展望与亚太地区的和平与发展”、“中日企业文化与社会发展”等学术研讨会，另外还举办了“中韩第四次论坛”、“亚非会议 40 周年纪念”、“中日韩和东北亚问题”、“扩大的东盟与中国关系”等重要学术交流活动。

与欧洲国家的交流是今年我院对外活动比较繁忙的地区，不仅对西欧国家的交流已全面恢复，对东欧中亚国家的交流也有了一定的发展。全年对欧交流 170 批 381 人次。王忍之、滕藤、龙永枢副院长等先后率团对奥地利、德国、芬兰等欧洲国家进行了工作和学术访问，还派出了几个由地方社科院领导同志组成的团组分别对斯洛伐克、波兰和匈牙利、罗马尼亚进行了考察访问，这些出访交流活动都取得了一定的成果。重要来访有，波兰科学院、法国科研中心代表团先后来访，与我院商订双方交流与合作协议，捷克总理克劳斯访问我院并作讲演。我院与欧洲国家一些学术机构在华共同举办学术讨论会比较多，如与荷兰教科部举办了区域经济研讨会、与英国学术院举办了技术转让研讨会、与德国举办了国际影视人类学研讨会和中德关系研讨会等，都取得了一定的学术效益。

与美大地区国家今年的交流量为164批407人次，不但数量有所增加，效益也有所提高。先后组织中小企业家、交通管理、城市学会、电子消费市场等6个团组到美国等国家考察访问。接待了美国纽约大学商学院、明尼苏达大学、美国东西方研究中心、美国文理科学院、美国凯特林基金会、加拿大工商研究院、加拿大文化传统部、加拿大皇家学会、澳大利亚高级学者、古巴科技环境部等十多个重要代表团来访。此外，巴西总统卡多佐还曾来我院发表演讲。

与国际组织和地区组织的交流今年也有一定的数量，全年交流量为25批147人次。组织了13个国际会议，有的会议具有一定影响。如“中亚文明史国际编委会议”等，从组织到召开都比较成功。为了发展我院与国际组织的关系，先后派出团组参加“18届国际史学”、“亚洲社科联”等国际会议，较好地达到了出访目的。为了培养和造就人才，今年还选派了73名中青年科研人员到一些国家进修，其中国家公派33名，院公派20名，所公派20名；作为培训的相互交流，我院还接待了93名韩国留学生来研究生院进修。

另外，我院还接待了约1000多人次的外国驻华使馆官员或外国驻京机构的代表来访；处理了150多件次国外和台港地区常驻记者或临时来访记者的采访申请。

1995年全院对外学术交流取得了一定的成绩，主要有：

1．促进了科研工作的开展。据统计，我院全年对外交流项目90％以上是与我院科研和学术有关的，各个专业各个学科都与国外进行了交流。参与交流的人员既有成果斐然的资深学者，也有崭露头角的科研新秀，中外学者围绕社科研究的各个课题，相互学习，认真探讨，取长补短，共同提高，大大地促进了我院科研工作的开展。

2．保障了国家和院重点课题的完成。为了保证国家和院科研重点项目对外交流的需要，去年底我院在计划今年项目时就作了优先安排，还拿出100万元人民币专门支持。一年来，我院支持的重点项目，如国外市场经济运行和宏观经济调控项目、产业政策和产业结构调整项目、亚太地区国家调研项目、国际关系中的重点调研项目、传统学科中的一些项目，以及一些重要的来访项目等，都得到了重点保障，促进了国家和院重点科研项目更快地取得成果。财贸所、欧亚所、亚太所、工经所、世经政所等承担的院所派出和接待项目，认真组织交流，取得了较好的交流效益。

3．发展了同世界一些重要国家特别是周边国家的交流关系。自我国改革开放以来，我院对外交流关系每年都能有所发展，现在我们已同世界上近80个国家和地区的一些社科研究单位、学术团体和资助机构建立了往来关系。1995年我院同这些国家的交流关系又有了发展，特别是同周边国家和地区的交流，不但数量有发展，而且质量也有提高。

4．开辟扩大了我院对外交流渠道。1995年，我们通过双方协商，与西亚的以色列建立了正式交流关系，与东北亚的韩国的交流渠道有了进一步的扩大；与欧洲的波兰科学院、俄罗斯科学院续签了新的交流协议，还与法国科研中心、法国人文中心、法国高等社会科学院等单位签定了交流协议或双边备忘录；与美大地区的新西兰奥克兰大学、美国明尼苏达大学、加拿大皇家学会新签定了交流协议，同其他几个单位一起与美国全国科学基金会签定了中美基础科学合作议定书。上述协定协议的签订，开辟扩大了我院对外交流渠道。

5. 为促进祖国统一做了工作。在对台、港、澳特别是对台交流中，做出了一定的成绩。在两岸关系由于李登辉访美趋于紧张的情况下，以民间交往方式开展的交流，对促进相互了解，拉近两岸民间、学界人士的距离，进而对促进祖国统一目标的实现起了推动作用。

6. 为配合我国外交工作的开展做出了贡献。由于我院在国际上的影响，每当我国重要政策出台或国际重要事件发生，国外和台港记者、各国政界学界来华人士，都会纷纷要求采访我院学者或要求与我院学者座谈。如我国加入世界贸易组织谈判、中美保护知识产权谈判、对人权问题看法、李登辉访美、解放军进行导弹实验和南沙争端等，我院学者都在对方的一再要求或外交部的安排下，根据我国政府的方针精神，会见海外人士，谈看法，做工作，为配合我国外交斗争的开展做了大量的工作。

7. 在交流中得到了海外不少资金和设备资助。为了适应我院科研发展以及对外交流不断增多的需要，鉴于院拨外事经费严重不足的情况，在坚持“以我为主，对我有利、唯我所用、政治无害”的原则下，争取在交流中多得到一些海外对我对外学术交流资金和设备资助，这对促进我院对外学术交流的发展是非常必要的。根据我们的粗略计算，从 1990 至 1994 年 5 年里，我院对外交流得到海外资助约合人民币 1 亿元以上。1995 年我们利用海外资助约合人民币 3000 万元以上。美国福特基金会，日本国际交流基金会、创价学会，韩国公报处、国际交流财团、现代中国研究会，加拿大使馆文化处等国外机构，这两年对我院对外学术交流资助都比较多，每年都在 10 多万到数十万美元以上。德国阿登纳基金会在北京设办事处还在办理中，1995 年它们已资助了我院 3 个对外交流项目。

8. 使我院对外交流成果为社会共享。对外交流的最终目的，是为了使交流获得以材料形式表现的成果，为领导和有关部门制定促进我国“四化”建设政策提供参考和借鉴，并尽可能为社会共享。然而，这方面工作由于不是直接与出国有关，往往不被重视。但是我们在 1995 年还是做了不少工作。全年编发《对外学术交流情况》80 期约 40 多万字，其中不少材料被内外刊转用，仅《人民日报》就转用 12 期；还收集编辑了 48 万字的《世界经济发展考察集粹》公开出版，为社会共享，在更大范围发挥效益。另外，编发《外事工作简报》32 期，使院领导及时了解掌握外事工作情况。

9. 与各省（市、区）社科院的交流合作关系得到了加强。4 月份，我院召开了“全国社会科学院对外学术交流工作座谈会”，全国各省（市、区）社科院的领导和负责外事工作的同志近 60 人与会，总结对外交流的经验，探讨今后工作的开展；今年还先后多次组织地方社科院的领导分别赴国外或台湾进行学术交流考察。

另，我院与台、港、澳地区交流，虽然对台交流由于李登辉访美受到影响，但从全年看仍具有一定的发展势头。交流总量为 122 批 361 人次，其中与港澳地区交流 85 批 143 人次；与台湾地区交流 37 批 218 人次。我们先后派出学者团组赴台参加“中国现代化研讨会”、“近百年中日关系研讨会”、“庆祝抗战胜利 50 周年两岸关系研讨会”，还组织了行政管理考察组、香港史课题组、澳门史课题组分别赴香港和澳门进行考察访问。在接待工作方面，先后邀请了一些台湾和美籍华人中的重要人士来访，如高育仁（台国民党“中常委”）、赵玲玲（台“国大代表”）、魏萼（台“亚洲与世界社”主任）、王玉发（台大商人）、胡佛（台大教授）以及高英茂、郑竹圆等，还邀请台学者在大陆先后召开了“海峡两岸连锁店学术研讨会”、“海峡两岸产业合作研讨会”、“海峡两岸孙逸仙思想与伦理社会之重构研讨会”、“迈向21世纪两岸关系发展学术研讨会”和“海峡两岸传统社会与当代中国社会史研讨会”；还接待了香港经济学会团组和澳门基金会推荐的葡萄牙天主教大学教授洛佩斯来访，邀请港台学者在大陆举办了“香港史研究现状与前景研讨会”。这些以学术形式开展的交流活动，不但有重要的学术价值，而且对增加相互了解、宣传一国两制、促进祖国统一都起了一定的作用。

财务基建计划工作

1995年我院财务基建计划工作进一步在计划管理上下功夫，加强基础建设，不断加大管理改革力度，增强了计划管理职能，提高了后勤保障能力，从而在圆满完成各项工作的同时，使我院财务基建计划管理工作稳步发展，逐步走向科学化、规范化、制度化。

（一）主要工作

1. 财务工作。

1995年初财政部核定我院经费预算为12636万元，比1994年初的11126万元增加了1510万元，增长13.57%。年终又追加经费596万元，全年经费达13232万元。其中社会科学管理机构经费为3836万元，占总拨款的27%，比1994年的3387万元增加449万元，增长了13%；社会科学研究机构经费为8681万元，占总拨款的61%，比1994年的7864万元增加752万元，增长了9.6%。

在设备购置方面，安排了250万元专款用于购置办公设备和软件，使科研办公手段不断现代化。此外，还为院属部分单位更新小轿车4辆。

2. 国有资产管理工作。

国有资产管理工作是我院计划管理工作中的新课题，在我院正式全面展开是第一年。根据国家国有资产管理局的统一要求，1995年要在全国范围内对境内外所有国有企业、行政事业单位的国有资产进行清查登记。我院克服了人员少、任务重、时间紧、基础资料缺乏等各种困难，对我院1993年行政事业单位资产清查的数字逐个单位进行了重新核查，完成了全院国有资产统计工作。同时对我院及院属各单位兴办的具有独立法人资格的企业进行了清产核资，第一次摸清了我院所属企业的户数，并全面了解了这些企业的资产总额、负债总额、所有权益等主要指标。

到1995年底，我院固定资产原值39032.2万元，其中房屋和建筑物19668.9万元。全院房屋总面积39.5万平方米，其中办公用房13.7万平方米，宿舍25.8万平方米。

3. 基建计划工作。

1995年初国家计委核拨我院基本建设投资为3200万元，后追加投资500万元，总投资达3700万元，比1994年的3600万元增加100万元，增长了近2.8%。其中用于职工住宅和配套设施建设3421万元，占投资总额的92.5%，用于科研办公和其他辅助设施建设279万元，占投资总额的7.5%。

全年竣工住宅总面积为18125平方米，共282套。其中西八间房宿舍6125平方米，90套；光辉南里宿舍12000平方米，192套，这些住宅将于1996年投入分配。

1995年在建工程面积达70000平方米，这是我院建院以来在建工程面积最多的一年。其中我院最大住宅工程太阳宫宿舍区在完成前期准备及“三通一平”后，于8月份正式开工，年底结构施工达到正负零，同时完成了变电室设计、报建和其他配套工程的落实工作。此外，还完成了我院研究生院大教室的土建工程；投资200万元的密云绿化基地的翻扩建工程开工，1996年竣工后将大大增强接待能力；日坛路科研附楼经多方努力，克服重重困难，也将尽快开工。

4. 房产管理工作。

1995年我院按照中央和北京市的房改精神，根据中央和北京市的有关文件，结合我院的具体情况，制定了我院的售房办法，顺利地完成了我院第一次向职工售房工作，全院共有714户职工购买了住房。

1995年继续落实住房分配上的倾斜政策，根据院工作会议决定，为解决中青年学者和研究骨干的住房困难问题，拿出48套住房专门分配给各所45岁以下的副研究员和具有博士学位的青年研究人员。同时加大了落实执行《住房管理办法》的力度，加强了对闲置外流住房的管理，通过努力，全年共收回闲置外流住房23套48间，并对在住房管理工作中做出成绩的单位和个人进行了表彰和奖励。

全年共投资300万元对我院办公用房和职工宿舍进行了大中修。其中投资50万元完成了5栋高层住宅楼和2栋办公楼的板缝防水和屋面防水工程；投资30万元完成两栋宿舍楼的油漆粉刷工程；投资128万元完成科研大楼3部电梯的改造和6部电梯的大修取证工作；经济片办公楼和国际片东楼的大修工程及法学所办公楼加固工程都按计划顺利完成；考古所洛阳工作站1100平方米文物库按期竣工验收；另外，北戴河培训中心大修工程已经开工，计划1996年7月可完工。

5. 开发管理工作。

1995年开发管理工作继续贯彻院所两级开发、两级管理的方针，在对全院具有独立法人资格的企业进行全面清产核资的基础上，对一些重点公司的管理和经营进行了全面的审核和分析，帮助他们在管理体制、业务范围、经营方式和资金管理等问题上制定了改进的方案，使他们的经营能够尽快进入良性状态。

（二）加强基础建设，深化管理改革

1993年我院行政后勤管理工作与服务工作正式分开，该年底对计划管理工作提出了“一年理顺关系，两年打好基础，三年有所突破，五年初见成效”的设想。1995年是十分关键的一年，在这一年里，除了继续理顺内外部关系，增强计划管理职能外，特别突出了整章建制，加强基础工作，进一步完善新的计划管理体制，为计划管理工作“有所突破”打下更加坚实的基础。

1．整章建制，加强基础建设。1995年是近几年来计划管理工作出台和修订文件最多的一年，也是推出改革措施最多的一年。《研究所经费分配管理办法》、《研究所业务经费分配管理试行办法》、《科研办公设备管理办法》、《职工医疗制度改革暂行规定》、《住房分配办法》、《1994年向职工出售公有住宅楼的办法》、《关于领导干部和科研人员公费安装电话和支付月租的规定》等十多项规章制度相继出台。这些规章制度为计划管理工作稳步发展起到十分重要的作用。其中《职工医疗制度改革暂行办法》和《关于领导干部和科研人员公费安装电话和支付月租的规定》等项规章制度是继《院机关财务包干办法》和《院机关用车办法》后，财务管理方面又一改革措施。经过近一年的实施，取得了明显的成效，有效地控制了公用经费的支出。从1991年起，我院医疗费用每年增长都在30％以上，今年第二季度实行医疗制度改革以来，增长幅度下降到20％以下，从而稳定了医疗费支出，初步改善了我院多年来医疗费挤占业务经费的状况。修订的《研究所经费分配管理办法》和新制定的《研究所业务经费分配管理办法》使我院经费的分配逐步趋于合理化、科学化。

2．围绕以科研为中心，促进社会科学研究事业发展为目的来加大财务基建计划管理工作的改革力度。通过几年来的工作实践，使我们清楚地认识到，事业经费不足、科研手段落后、职工住房紧张和集体福利待遇偏低已成为制约我院社会科学研究事业发展的“瓶颈”。1995年我院计划管理工作打破常规，积极解决和克服制约我院科研工作发展的矛盾和困难。在我院事业经费安排上，对9个研究所的业务经费实施了重点倾斜，增长幅度为5％。同时帮助各研究所加强经费的管理，减少公务费支出，增加业务经费。使人员经费和公用经费支出占实际支出数的比例呈下降趋势，业务经费支出有大幅度增长。1995年研究所业务经费支出1981万元，比1994年的1395万元增加了586万元，增长42％。为改善科研手段，1995年拨出250万元专款设立科研办公自动化专项经费，并决定今后三年该项经费每年不少于300万元，逐步从根本上改变我院科研手段落后的状况。1995年我院为了缓解职工特别是中青年学者住房的紧张状况，专门拿出48套住房分配给45岁以下的副研究员和具有博士学位的青年研究人员。并确定在今后每次分房时留出18％的住房用于解决引进人才的需要。1995年还通过房地产开发和广告项目创收550万元，用于我院职工的节日补助、低工资补贴、单身补助和年度考核奖励。

3．注重行政后勤管理理论研究，不断提高行政后勤管理干部的计划管理水平和工作质量。随着近几年行政后勤改革的不断深入，新的计划管理框架的建立，对行政后勤管理干部的要求不断提高。为了适应新形势的需要，加强行政后勤干部的理论学习，努力提高他们的理论水平和管理能力已经成为一项十分紧迫的工作。经过近一年的筹备，1995年6月召开了主题为“深化改革，加强管理，提高服务，促进科研”的全院行政后勤工作“九五”规划研讨会。会上，与会者针对我院行政后勤改革中的实践和问题，通过自己工作的实际，结合社会科学研究事业单位行政后勤管理的特点，总结了我院行政后勤工作几年来的经验和教训，提出了进一步加强计划管理工作的意见和建议。此次会议提倡注重行政后勤管理理论的研讨，在与会者提交的48篇文章中，许多文章在结合工作实际的同时，提出了行政后勤改革方面带有规律性的问题，具有较强的理论性。会议选择了30多篇文章汇编成13万字的《中国社会科学院行政后勤工作“九五”规划研讨会材料选编》。由于此次会议准备充分，论文的质量较高，为不断完善我院行政后勤管理和进一步深化改革起到了积极的促进作用；也在我院行政后勤管理干部中开创了注重理论研究的风气。

党群工作

（一）认真组织全院党员“双学”活动，不断加强党的思想建设

为了贯彻落实党的十四届四中全会《决定》关于在全体党员中有计划、有步骤地开展一次建设有中国特色社会主义理论和党章学习活动的要求，根据中组部、中宣部和中央国家机关党工委关于党员学习活动的部署，院党委于2月10日讨论通过了《关于在我院全体党员中开展建设有中国特色社会主义理论和党章学习活动的安排意见》，并在院工作会议上作了部署。3月9日召开了全院所局党委书记会议，专门讨论《安排意见》的贯彻落实和院属各单位开展学习活动的实施办法。4月17日召开了全院学习《邓小平文选》经验体会交流会，院党委书记王忍之、副书记滕藤在会上作了重要讲话，在充分肯定我院广大干部职工学习《邓小平文选》取得的成绩的基础上，对党员双学活动作了进一步动员。各单位党委积极贯彻落实院党委的要求，重视和加强对学习活动的领导，严格按照质量标准有计划有步骤地完成各阶段的学习任务。

为了加强对各单位党员集中学习阶段的具体指导，院党委办公室于5月12日下发了关于认真组织党员集中学习阶段若干问题的通知，列出了学习书目，拟定了重点思考、讨论题，并对集中学习的时间安排、组织形式和方法步骤提出了具体要求。6月22日，在全院党委书记会议上，院党委副书记龙永枢着重就如何把我院的党员学习活动引向深入发表了重要讲话。院党办主任张显清传达了罗干同志在中央国家机关党员学习活动情况交流会上的讲话精神；院机关党委书记孙叔林在会上介绍了院直机关党员学习活动的进展和经验。8月25日，再次召开全院党委书记会议，及时总结推广了部分单位组织党员对照检查、民主评议的做法和经验。龙永枢同志就如何组织党员对照检查、民主评议、评优工作和制定整改措施发表了意见。会后，院党办及时印发了评选先进党支部、优秀共产党员和优秀党务工作者的条件和办法。在学习过程中，院党办注意调查研究、及时总结经验，专门创办了《党员学习活动简报》，《党的工作通讯》也及时刊发了典型经验和院党委领导同志的重要讲话。

由于院党委和各单位党委的高度重视，加强领导，精心组织，保证了学习活动善始善终、健康发展。这次学习活动得到全院广大党员的积极响应，热情之高、态度之认真、收获之大、反映之好，是近几年党员政治学习中少见的。全院在职党员2330人，有2126人参加了这次学习活动，占91%。通过学习，广大党员加强了对邓小平建设有中国特色社会主义理论的理解，坚定了走有中国特色社会主义道路的信念；进一步提高了用马列主义、毛泽东思想和邓小平建设有中国特色社会主义理论指导科研和各项工作，坚持正确的政治方向、理论方向和科研方向的自觉性；进一步明确了新时期共产党员必须坚持全心全意为人民服务的宗旨，决心努力做好本职工作；强化了党员意识，增强了党员组织纪律观念。

（二）继续贯彻落实党的十四届四中全会《决定》精神，进一步加强我院党的组织建设

1. 加强所党委班子建设。

根据院党委的决定，对部分研究所党委成员进行考察调整，今年共调整所党委成员16名（其中任13名，免3名）。通过调整，改善了所党委的年龄结构、知识结构，促进了班子年轻化，加强了所党委班子的自身建设。院党办与驻院纪检组相配合，抓好领导班子的民主生活会制度，上半年以增强反腐倡廉意识和廉洁自律为主题；下半年以加强民主集中制建设为主题，开展自查自纠，认真对照检查，针对问题制定整改措施，不断改进和加强各单位的领导班子建设。

2. 继续抓好基层党支部建设工作。

院党办和机关党委加强了对基层党支部工作的调查研究和具体指导。根据党的十四届四中全会《决定》中有关加强党的基层组织建设的四条指导方针和党章中的有关规定，结合我院的实际情况，院党委制定了《关于加强和改进研究所基层党支部建设的意见》。

3. 继续办好党校和申请入党积极分子班。

院党委制定了《关于加强和改进我院党校工作的意见》。今年院党校两期干部培训班共招收58名处以上党员干部和科研骨干。为了培养学员们理论联系实际的学风，先后组织学员到太原、济南的工厂、农村进行社会实践考察。4月中旬，院党校与江阴市政府、《光明日报》理论部、《人民论坛》编辑部和世界经济与政治研究所等单位联合举办了“苏南模式和江阴的实践——邓小平同志关于农业两次飞跃理论研讨会”。新闻单位对这次研讨会作了报道，引起有关方面的重视。

今年还坚持了对党员发展对象的培训制度，举办了一期申请入党积极分子培训班，院属各单位37名入党培养对象参加了学习。使之端正入党动机，明确努力方向。

（三）加强思想政治工作，召开全院思想政治工作研讨会

1. 召开全院党委书记思想政治工作研讨会。在党员学习活动按要求基本完成之后，为了学习江总书记在五中全会上关于“领导干部一定要讲政治”的讲话精神，为了巩固和发展学习成果，进一步加强和改进我院党的建设和思想政治工作，院党委于10月23～27日在西柏坡召开了首次全院党委书记思想政治工作研讨会。院党委领导王忍之、滕藤、龙永枢和李英唐出席会议并作了重要讲话。院属各单位党委书记和职能部门的领导共43人出席会议。会议就如何坚持正确的政治方向、理论方向和科研方向；如何培养德才兼备的跨世纪人才队伍；如何加强和改进我院思想政治工作等问题进行了认真、热烈的研讨。同志们普遍反映，这次会议开得很成功，是我院历史上党的工作的一次重要会议。

2. 维护稳定，做好经常性思想政治工作。针对院内外的有关情况，院党办会同有关部门认真细致地做好思想政治工作，维护了我院的稳定。

3. 做好先进典型的推荐和选送工作。院党办会同人事教育局向中央国家机关系统推荐社会学研究所陆学艺同志为全国劳模候选人，该同志光荣地当选全国先进工作者；推荐王家福同志为“全国普法教育和宣传工作先进个人”候选人，王家福同志在全国“二五”普法工

作总结表彰大会上受到表彰。

4. 纪念抗日战争和世界反法西斯战争胜利50周年，进行爱国主义和革命传统教育。在纪念抗战胜利50周年活动期间，院党办会同老干局召开了参加过抗战的老同志座谈会。统战处组织召开了民主党派和无党派人士座谈会，工会与院团委联合举办了纪念抗战胜利50周年报告会等。还组织职工参观抗日纪念馆、芦沟桥、西柏坡等地，播放电影，收到良好效果。

（四）加强对统战工作及工、青、妇群众组织的领导，调动一切积极因素，保证我院各项工作的顺利完成

1. 统战工作。以爱国主义教育、弘扬爱国主义精神为主题，开展丰富多采、生动具体的活动。江总书记就解决台湾问题、促进和平统一发表重要讲话以后，统战处与外事局联合举办了社科专家、学者座谈会，畅谈如何发展两岸关系，实现祖国统一大业。组织民主党派负责人、党外知识分子赴河北迁西革命老区进行革命传统教育。组织党外专家赴湖南怀化、湖北宜昌等地进行疗养考察。统战处积极创造条件为党外知识分子办实事。充分发挥民主党派、侨联在扶贫工作中的积极作用。院侨联成立了海外交流中心。

2. 工会工作。院工会把工作重点放在基层，建立健全职工代表大会制度，积极开展建设职工之家的复验认定和验收工作。召开了全院工会优秀集体、优秀个人表彰大会。对研究所职工代表大会条例进行了修改，经院党委会讨论通过，颁布执行。对工会主席进行了培训。组织职工近400人赴泰安、北戴河疗养。配合人事局，组织国家级有突出贡献的中青年专家赴外地疗养考察。举办春节游艺会、妇女职工趣味运动会、第一届职工卡拉OK大赛等。对我院职工经济收入进行调查、对困难职工进行家访和补助。

3. 青年工作。利用知识竞赛等多种形式，组织团员和青年学习《邓小平文选》，进一步加强了对建设有中国特色社会主义理论的理解。为纪念抗日战争和世界反法西斯战争胜利50周年，院团委组织全院团干部去狼牙山，悼念革命烈士。通过下发爱国主义教育《纲要》、外出参观等形式，进行爱国主义教育。献爱心，深入“一帮一”助学和青年自愿者行动。在院团委倡议下，我院广大职工自愿捐助陕西丹凤县500多名失学儿童。院团委还创造条件，为院青年科研人员的成长办实事：如组织青年社会科学科研成果评选活动，配合房产处顺利分配48套“倾斜”住房。举荐了4名青年学者当选全国青年委员，其中一名当选常委。

4. 妇工委工作。第四届世界妇女大会在北京召开，院妇工委协助法学研究所承办了’95非政府组织“妇女与人权”论坛；举办了有百余名中外学者参加的国际研讨会，我院妇女有40名参加，发表23篇论文，增进了中外学者之间的相互了解，扩大了我国在国际上的影响，受到了国务院的表彰。举办了迎接世妇会、展示女性风采的宣传与展览。成立了院妇女研究中心，举办了“女性科研成果展览”，完成了《职业女性的发展、参与和社会地位》一书的撰写工作。

纪检监察审计工作

1995年，我院各纪检、监察、审计组织在中央纪委、监察部、审计署和院党委、院行政领导的正确领导下，以邓小平同志建设有中国特色社会主义理论和党的基本路线为指导，结合我院的实际，从严治党，严肃执纪，在深入上狠下功夫，履行了纪检、监察、审计工作的职能，在完成反腐败斗争三项任务和制度建设等方面，取得了新成绩、新进展，为保证和促进我院的改革开放和以科研为中心的各项工作的顺利开展，发挥了积极的作用。

（一）领导干部廉洁自律取得较为突出的成效

1995年，我院为抓好领导干部廉洁自律主要做了四个方面的工作：

第一，组织处以上党员领导干部学习廉洁自律的规定。驻院纪检组、院监察室将1993年以来党中央、国务院、中央纪委、社科院有关领导干部廉洁自律的规定摘编成册，发到院属各单位。处以上党员领导干部普遍逐条学习了领导干部廉洁自律的两个“五条规定”，在住房建房、使用小汽车、不准用公款参加高消费娱乐活动和宴请等四个方面作出的补充规定以及我院关于副处长以上党政领导干部廉洁自律的“八条规定”。

第二，狠刹用公款“吃喝玩乐”歪风。为贯彻中央纪委五次全会精神，纪检组、监察室结合我院实际，制定了《中国社会科学院严格执行“不准接受可能对公正执行公务有影响的宴请”和“不准参加用公款支付的营业性歌厅、舞厅、夜总会等娱乐活动”的具体规定》(试行)。此规定经院党委、院务会议通过，正式下发院属各单位执行。为使贯彻这两项规定的工作真正落到实处，纪检组、监察室发出通知，要求各单位在7月份对执行这两项规定的情况进行自查。同时，组织专项检查组对院办公厅、外事局、财务基建计划局、研究生院和社会学所等五个单位进行了抽查。从自查和抽查的情况看，我院执行两项规定的情况是好的。绝大多数处以上领导干部能够自觉遵守规定，严格要求自己，没有发现违反规定的人和事。

第三，召开了处级以上党员领导干部廉洁自律专题民主生活会。根据中央纪委的工作部署和院党委、纪检组的安排，从6月起，院属各单位陆续召开了处级以上党员领导干部廉洁自律专题民主生活会。院属所局级单位有43个单位召开了专题民主生活会。参加生活会的局级以上干部共139人。在生活会上普遍采取了集中学习廉洁自律规定，逐条对照检查、自查自纠，提出整改措施的方法。

通过专题民主生活会，使处以上党员领导干部对反腐败斗争提高了认识。一是对领导干部廉洁自律在推进反腐败和党风廉政建设中的重大意义有了进一步理解。二是对制定和完善领导干部廉洁自律规定的必要性有了进一步理解。三是联系本单位的实际，查找出本单位存在的问题。四是认识到领导干部应高标准严格要求自己，从我做起，从本单位做起。

第四，落实了中办、国办1995年下发的《关于党政机关县（处）级以上领导干部收入申报的规定》和《关于党和国家机关工作人员在国内交往中收受礼品实行登记制度的规定》。

纪检组、监察室对执行收入申报制度的情况进行了检查，全院有43个单位上报了个人收入登记表。

（二）查处违法违纪案件取得新突破

1995年，纪检组、监察室接受群众举报、信访54件，初查核实违纪线索35件，其中经济方面的违纪案件和问题20件，政治方面的违纪案件和问题7件，其他案件和问题8件。违纪人员中受司法处理2人，受党纪政纪处分4人，涉及处级干部3人，一般干部2人。

某所一名副研究员私自担任沈太福长城公司副总裁，在报纸上发表鼓吹非法集资的文章、私收万元礼金的问题查清后，对他给予了党内严重警告处分。某公司一名处级干部因扰乱出入境管理秩序，受到党内严重警告处分。某所一名党员因参与非法印制汽车票，受到党内警告处分。会同院有关部门对我院北戴河培训中心原负责人曾宪波的嫖娼问题进行了查处，开除了他的党籍；同时积极协助北京市检察机关对他的其他问题进行了调查。11月，曾宪波被北京市检察机关依法逮捕。

（三）纠正部门和行业不正之风工作取得明显成绩

年初，纪检组、监察室查处了我院某单位在举办“作家进修班”期间发生的问题。这个单位的几名外聘人员在招生中发出了一个有严重误导性的“补充通知”，许诺学员三个月的预科阶段结业后可攻读大专学历，毕业后发给国家教委承认的大专文凭。开学后，进修班组织管理松散，财务管理混乱，引起部分学员强烈不满。一些学员多次来纪检组上访，提交联名信，并声称在新年期间滞留北京上告。纪检组热情接待了上访人员并耐心地说服教育，同时召集有关部门，研究解决办法，终于使事态得以平息。随后纪检组、监察室对进修班内发生的问题进行了查处，对有关责任人进行了批评教育。

纪检组、监察室还在科研局的配合下，查处了我院一个出版单位与我院的少数人在协作出书中发生的问题。这个出版单位未经审稿便把一批书号给了院内少数人，既超出了协作出书范围，也不符合协作出书的对象。以这个出版单位名义出版的几本书，有的内容有严重错误，有的属于格调不高。

院直机关纪检组织对一位同志发生侵犯他人著作权的行为进行了调查了解和批评教育。纪检组、监察室还会同某单位对其培训中心与院外民办学校在合作办班“通知”中有公款旅游内容的问题及时予以制止和批评。

（四）执法监察工作取得新进展

10月下旬，纪检组、监察室对社会科学出版社、社会科学杂志社、社科文献出版社、经济管理出版社四个单位进行了执法监察。这次执法监察，是采取听取所在单位主要领导同志汇报自查情况，召开中层以上领导干部座谈会的形式进行的。从了解的情况看，主流是好的。四个单位认真抓好编辑人员对党的方针、政策和国家法律规定的学习和教育，努力提高编辑人员的政治、业务素质，在出版工作中坚持正确的政治方向，坚持以社会效益第一的出版方针，保持了为科研服务的特色，管理比较严格，有一套健全的规章制度。但也存在一些问题。有的单位出版的书未经终审，有错误倾向；有的单位书号管理不严，书号发放失控，被一些人拿来出版色情出版物；有的单位审查不严，出版了有政治错误和版图错误的书。虽然发生问题的单位对问题和责任人进行了批评教育和处理，但造成了一定的不良社会影响。通过执法监察，发生问题的单位都进行了自我批评，表示一定进一步加强管理，严格执行制度，防止再发生此类问题。

（五）思想政治教育和制度建设取得较好成效

我院各级纪检监察组织，积极协助同级党委组织、引导广大干部和党员深入学习邓小平同志建设有中国特色社会主义理论和党章，并结合反腐败斗争的实际，突出进行了共产主义理想信念、全心全意为人民服务和艰苦奋斗、勤俭节约的教育。协助党组织认真开展学习孔繁森、剖析王宝森活动，提高了对反腐倡廉重要意义的认识，增强了拒腐防变的能力。

为了配合所局纪检监察组织更好地开展党风廉政教育，院纪检组、监察室开展了组织观看党风廉政教育优秀录像片活动，共向院属各单位党委、纪检监察组织推荐了《周恩来在大连》、《法网》等9部录像片。十几个单位组织了收看。

纪检组、监察室除制定了关于不准用公款宴请和参加高消费娱乐活动两项规定外，还会同院有关部门汇编了我院1993～1994年度《规章制度选编》，印发给各单位学习掌握。为适应新形势对党的建设的要求，纪检组经过充分酝酿和调查研究，结合我院实际，起草了《关于对全院党员领导干部加强党内监督的暂行规定》，明确了党内监督的主要内容、制度、形式、原则。12月初，在征求院机关各局和部分研究所党委领导同志意见的基础上，又召开各所局纪委书记、纪检监察小组负责人座谈会，对《暂行规定》进行了研究、讨论和修改。这是加强制度建设方面的一个重要举措。

根据中央纪委要求和驻院纪检组与院党办的具体安排，从12月开始，院属各单位党委领导班子成员结合年终总结，陆续召开以检查贯彻执行民主集中制情况为内容的专题民主生活会。参加生活会的同志，认真学习《党章》和《关于党内政治生活的若干准则》、党的十四届四中全会、五中全会精神，检查了是否重视和加强所、局领导班子的思想、组织、作风建设，是否认真贯彻执行党的路线、方针、政策，是否坚持个人服从组织、少数服从多数、下级服从上级、全党服从中央，是否坚持集体领导和个人分工负责相结合的原则，是否坚持领导班子团结，并提出了进一步贯彻执行民主集中制、加强领导班子建设的措施。

（六）审计工作取得新成绩

1995年，国家审计署驻院审计局根据《中国社会科学院定期审计实施办法》和审计署批准的年度审计项目，轮流审计了民族所、世历所、财贸所、人口所、历史所等五个单位，审计总金额2212.4万元。从审计的情况看，多数单位能够遵守财经纪律，但也有部分单位存在违纪违规问题，在审计中共查出违纪违规金额28.1万元。存在的主要问题是：专款不专用，影响了科研工作顺利进行；不经主管部门审批，擅自将单位车辆承包给司机经营创收；以拨或以领代报，放松财物管理和监督；巧立名目，扩大科研经费开支的范围和标准。产生这些问题的原因是某些领导干部和财务人员的财经纪律意识不强，自觉或不自觉地违纪违规。

（七）机构变动及干部任免

（1）中国社会科学院（95）社科人字40号通知，根据《国务院办公厅印发中国社会科学院机关机构编制方案的通知》（国办发【1994】97号），成立院监察室，与中纪委驻院纪检组、审计署驻院审计局合署办公。

（2）中国社会科学院（95）社科人字104号文件，经院务会议研究决定，任命刘克平同志为院监察室副主任。

（3）中央纪委中纪任（1995）176号通知，康树漪同志任中央纪委驻中国社会科学院纪律检查组正局级纪律检查员。免去周兆富同志中央纪委驻中国社会科学院纪律检查组正局级纪律检查员职务。

老 干 部 工 作

我院现有离休干部858人。其中第一次国内革命战争时期参加革命的1人，第二次国内革命战争时期参加革命的57人，抗日战争时期参加革命的215人。享受副部级待遇的12人，享受副部级单项待遇的17人，享受局级待遇的40人，享受副局级待遇的329人，享受正副处级待遇的424人，处以下干部36人。研究员182人，副研究员242人，助理研究员76人。

离休干部中有中共党员729人，建立离退休支部31个和5个党小组。

本年度新办理离休手续的18人，去世19人。

70岁以上的老人395人。其中80岁以上的61人，90岁以上的6人。

1995年是世界反法西斯战争和抗日战争胜利50周年。在艰苦卓绝的八年抗战中，广大老干部、老党员在中国共产党的领导下，与全国各族人民一起前仆后继、浴血奋战，为夺取抗日战争的胜利建立了不可磨灭的历史功勋。为此，我院老干部工作的重点是遵照党中央关于开展抗日战争胜利50周年活动的统一安排和要突出老同志的指示精神，在院党委、院领导及院老干部工作领导小组的领导下，开展了一系列纪念活动，同时继续认真贯彻落实中央关于老干部的“政治、生活”两项待遇，使他们“老有所为，安度晚年”，进一步做好老干部工作。

1995年开展的主要工作：

（一）组织老同志参加纪念抗日战争胜利50周年的有关活动

此间，及时向各所局转发了中组部《关于纪念抗日战争胜利50周年期间开展走访慰问老干部、老党员及有关活动的通知》，请各所局普遍走访慰问老同志、老党员。老干部工作局做出具体安排，有重点地看望了近60位抗战时期参加革命的老同志，给他们送去了慰问品，带去了党中央及院领导的亲切问候。承办了有院领导滕藤、龙永枢、郭永才、李英唐出席的院纪念抗日战争胜利50周年老干部座谈会，吴介民、杨克、温济泽、杨坚白、吴友文

5位副部级干部和许党民、陈道等11位司局级干部参加了座谈会。近50位抗战老同志参加了中组部等有关部门举办的纪念抗日战争胜利50周年文艺晚会；15位抗战老同志参加了向人民英雄纪念碑敬献花篮活动；组织40名老干部参加了由全国老龄委在奥林匹克体育中心举办的由老红军、老将军、老战士、老干部参加的“历史的回声”革命历史歌曲大汇唱。参加演唱的老同志以高昂的歌声唱出了中华民族的恢弘气魄和对世界和平的殷切呼唤，院领导龙永枢、老干部工作领导小组副组长吴介民应邀出席了演唱会。参加这几场大型纪念活动的老同志都格外兴奋、异常激动。他们普遍认为，党中央对这次纪念抗战胜利50周年活动非常重视，对参加过抗战的老同志非常关心。纪念活动在各方面都产生了很好的影响。

（二）从政治上关心老同志

为了认真贯彻党中央和院党委关于认真学习邓小平同志建设有中国特色社会主义理论，特别是在新的历史时期，加强党的领导和组织建设，进一步发挥老干部支部作用的指示，于9月25～28日在密云绿化基地召开了全院老干部支部工作座谈会，院属36个单位的老同志参加了会议。院老干部工作领导小组副组长吴介民到会并讲话。会议充分肯定和赞扬了广大离退休老党员坚持按党员标准严格要求自己，关心党和国家大事，关心院的建设，主动参加党的组织生活，刻苦学习，保持优良传统和作风的革命精神。会议期间，哲学所等12个单位在大会上发了言。与会者交流、探讨了在新形势下如何做好老干部支部工作的经验，增强了做好支部工作的信心。大家认为离退休党员单独成立支部（小组）既符合党章的要求，又可以根据老同志的特点安排和开展活动，是十分必要的，这次会议将对全院老干部支部工作的开展起到积极的推动作用。

及时向老同志传达中央的重要文件和领导同志的重要讲话已在我院形成制度。今年，在院所党委的关心和统一安排下，及时向老干部与在职干部一起传达了：北京市委通报——关于王宝森问题，朱镕基讲话——关于经济问题，中央关于陈希同同志问题审查情况通报，以及十四届五中全会决议等重要文件。许多所局党委对老干部支部组织的学习传达和党的生活非常重视，如近代史所党委书记、副书记亲自传达文件，和大家一起讨论并听取意见。工经、社会学、日本、马列、政治学等所，院机关党委、人事局等单位的老干部支部，对因病因事未参加学习和未听传达的老同志登门补课。通过学习传达文件，使老同志对党的建设有中国特色社会主义理论和党的路线方针政策有了进一步的认识，保持健康向上的思想情绪。

（三）老有所为、发挥老干部优势

我院858名离休干部中有约50%的同志仍积极参加各项工作。有的自行搞科研；有的接受院所返聘；有的在各种协会、学会任职；有的担任博士生、硕士生导师；有的被全国高等院校聘为兼职教授。他们以强烈的革命热情和政治责任感勤奋地工作着。

中国老教授协会社科院分委会于1994年11月成立，已发展会员129人（其中研究员、教授97人，副研、副教授32人，博导21人，硕导26人）。该会开展了多项教育教学工作。熊必俊、丘成、李景先、祁世璋、赤光分别在中华研修大学、北京实验大学担任研修生导师，承担课程讲授和担任系主任。分会推荐胡子宗、熊必俊二位老同志参加了纪念世界反法西斯和抗日战争胜利50周年、庆祝中国老教授协会成立十周年暨发挥老教授作用研讨会两项活动。分别在会上作了发言并提交论文，受到与会者好评与称赞。我院温济泽、丘成、熊必俊、胡子宗、刘克明、张仙桥、祁世璋、杨友吾、李景先9位同志在庆祝中国老教授协会成立十周年的活动中分别被评为有突出贡献老教授、优秀会员和先进工作者，受到嘉奖。

院老年科学研究会继《老有所为的理论与实践》一书出版后，今年3月又出版了《老年人权益的法律保障》一书。有读者来信赞扬此书可“作为今后立法保障老年人权益的依据，功德无量”。这两本书在社会上引起了很好的反响。

院老干部工作领导小组副组长、老年科学研究会名誉会长吴介民在老年科学研究会年会上勉励大家一定要将老龄问题的研究继续下去，为在“‘九五’期间，要加快养老、失业和医疗保险制度改革，……切实保护妇女、未成年人和老年人、残疾人特殊社会群体的合法权益”的战略目标和社会需要贡献社科工作者的一份力量。这必将激励老同志在老年学研究领域里继续前进并有更多的作为。

（四）从生活上关心照顾老同志，使他们安度晚年

认真贯彻落实中央和国务院关于老干部生活待遇的各项规定是老干部工作的重要职责之一。凡是中央和国务院明文规定的，院所单位都认真贯彻落实。并根据我院财力的实际情况，为217位抗战后期参加革命和解放战争时期参加革命年满70岁的老同志增发了每月51元护理费。为抗战时期参加革命的享受司局级待遇的老同志解决了电话安装及月租费报销问题。认真对待一些老干部来信来访反映的有关工资福利、生活待遇、医疗住房方面的问题，并协调有关职能部门妥善解决。

本着专款专用的原则，按有关规定，今年提取老干部特需经费70480元。用于解决老干部特殊困难补助27人次，补助金额12000元；用于春节前夕对全院离休干部每人补助30元，补助金额25800元，以及看望病重老同志用于慰问品的支出。老红军福利费提取6100元，发放6100元。

坚持为80岁以上老干部祝寿慰问制度。今年共为61位80岁以上老同志庆贺寿辰，送去党的温暖和关怀。在元旦、春节期间，老干部工作人员分别陪同王忍之等院领导看望了师哲等14位我院著名专家、学者、老红军和副部级干部及遗属。

今年5月20日至6月3日，分两批组织了78名老干部到河北省石家庄市参观休养。其间参观了西柏坡革命纪念馆、华北军区革命烈士陵园。老同志中有不少当年曾在西柏坡战斗学习工作过，故地重游，感慨万千，感到十分亲切。他们缅怀过去的峥嵘岁月，深感无数革命先烈用鲜血和生命换来的今天来之不易。一位老同志重游有感赋诗云：“西柏坡前月，滹沱河岸灯。明其速朽也，照我九州同”。

我院离休干部正趋于“三高期”的状况（人数高峰期、年龄高龄期、发病率升高期）。老干部医疗问题尤其重要，也是个十分敏感的问题。为此，我们常年坚持日常门诊，细致周到地为老同志诊治用药，全年门诊数约4000余人次。坚持巡回医疗制度，定期到皂君庙、紫竹院、车公庄为老同志送医送药36次，约460人次，解决了老同志求医难的困难。对因病住院和重病在家的老同志的探视和看望近200人次。

（五）开展丰富多采的文体活动，使老同志健康长寿

今年除了坚持6个活动站报刊借阅和经常性的门球、棋牌活动外，还组织老同志参加钓鱼、游泳等项活动。并多次参加中央机关、北京市和区级组织的体育比赛，取得了多项好成绩。如技经所吴润涛同志获北京市“嘉德杯”象棋比赛第一名；政治学所张宝训同志在东城区“和平里杯”老年人蛙泳比赛中获第1名。10月份，组织了近20位老干部参加了中央电视台“夕阳红”节目的录制排演和游艺比赛活动。组织了40位老干部参加了建国门地区举办的首届运动会，获得了3个项目中的两个第1名的好成绩。特别是成功地举办了第八届老干部运动会。运动会历时20天，有227位老干部兴致勃勃地参加了门球、射击、游泳等20个项目的比赛活动。80岁以上耄耋老人有5位，年龄最长的是年近九旬的外文所老研究员方土人同志。我院全年有近400位老同志走出家门参加各类活动。老年运动重在参与，贵在坚持，老同志们欢聚一堂，在一片欢歌笑语中愉悦身心，增进友谊，对延年益寿、安度晚年起了很好的作用。

为支持老同志广泛的兴趣爱好，今年组织老同志成立了诗词研究组，举办了中国古典诗词讲座班。于8月15～24日举办了纪念反法西斯战争和抗日战争胜利50周年老干部书画展，有150多幅作品参展，其中近半数的作品出自抗战老同志之手。院领导王忍之，院老干部工作领导小组副组长吴介民，以及中国老年书画会有关领导为书画展题词。老同志们通过书画艺术形式，揭露了日本法西斯侵略中国的血腥罪行，讴歌了爱国志士的英雄业绩，唤起了中华民族居安思危、振兴中华、建设中国特色社会主义的图强精神。一位老同志在留言簿上写下了这样的赞美诗句：“夕阳无限好，风采照神州。喜逢新世纪，昂首展宏图”。

后勤服务工作

在邓小平建设有中国特色社会主义理论指引下，在院党委的正确领导下，服务中心坚持以服务工作为中心，积极探索后勤服务体制改革，1995年的各项工作都取得了可喜的成绩。

（一）加强思想政治工作和组织建设工作

1995年，服务中心领导班子按照院党委的部署，组织党员认真学习党章，开展“我与党员身份是否相称”的找差距活动，同时认真贯彻执行党中央、国务院、中纪委和我院作出的廉政、勤政方面的规定。

1995年上半年，中心充实、完善了领导班子，配备了两位副总经理，加强了中心的领导力量。各下属公司的经理也全部聘任到岗，两级领导班子的组织建设取得了重大进展。

（二）强化服务意识　提高服务质量

服务中心从1993年下半年成立以来，始终紧紧抓住服务工作这个根本。中心所属公司在1995年物价涨幅较大而经费没有增加的困难条件下，较好地完成了服务于科研、服务于

职工生活、服务于全院的各项任务。

1995年房修公司共维修电梯7部，更新改造锅炉3台，保证院部及宿舍区电梯的安全运行和冬季供暖工作的正常运转。

生活服务公司对科研大楼和部分宿舍区的电话进行改造，分机电话全部转装为直拨电话。

住宅小区服务公司，在所负责的宿舍区内都设立了意见箱，认真征求广大住户的意见和建议，并及时走访住户，进行座谈对话。由于他们做了大量的工作，安贞宿舍楼群众反映的煤气、存车室、垃圾桶、暖气等问题，1995年在不同程度上得到了改善或解决。

汽车服务公司在保证院领导、院直机关的公务用车和外事用车的同时，又担负着全院6条线路的职工通勤班车任务。尽管车况差、任务重，但公司各级领导与一线职工同甘共苦，较好地完成了各项运输任务。1995年全年安全行驶862204公里，被建国门地区推荐为东城区交通安全的先进单位。

物资公司在物资供应方面，改变计划经济条件下的供应模式，积极探索，实行办公用品送货上门和售后服务制度，便利了院内职工的日常工作，受到了用户的好评。

基建公司在新房建设和中心内部地产开发创收上，开动脑筋、深挖潜力，在做好基础工作的同时，严把质量关。西八间房3栋宿舍楼竣工；研究生院大教室工程完工，经质监站验收，质量优良。日坛路6号变电室、车库加层等工程，在1995年都按预定工期顺利进行。

密云培训中心第一期改造扩建工程在1995年开工，1996年即可投入使用。

社科宾馆是社科院和服务中心的对外窗口，为此他们始终注重抓好思想素质和业务素质培养，不断提高服务水平。1995年实现承包指标150万元，赢得了较好的社会效益和经济效益。

综管办和中心机关的同志，不仅加强管理，而且积极配合各公司的后勤服务工作，取得了好的成绩。

（三）开拓思路　推进后勤服务工作的改革

1995年服务中心继续深化后勤服务体制的改革，推进后勤经济的发展。充分开发、利用现有的人、财、物资源，积极开展对外经营服务，对外招商引资，采取“借鸡生蛋”、“借梯上楼”等办法，对现有的基础设施进行改造，加以利用，增强自身经济实力，以改革促服务，以经营保服务。

1995年和新加坡力派公司合作，当年获纯收入36万元。

1995年正式成立图文印刷厂，淘汰了铅字印刷，引进轻胶印设备。扩大了服务项目，承担院内外的印刷业务。

服务中心在1995年的元旦、春节、“五一”、中秋节、“十一”等节假日中，为院直机关职工组织福利发放6次，人均由1994年的600多元增加到700多元，共计费用为60多万元。

据统计，1995年服务中心实现创收任务350万元左右，减轻了院财政负担，同时补充了服务经费的不足。

三　院直属单位工作

研究生院

1995年，研究生院在党的十四届四中及五中全会精神指导下，根据院工作会议精神，通过深化教学和管理体制改革，在教学、后勤、对外学术交流及党政方面的工作均有较大进展。

（一）招生、教学工作情况

1995年，研究生院共招收研究生146人，其中博士生109人，硕士生37人。有48名博士研究生毕业（今年无硕士生毕业）。到1995年底在校研究生总数为412人，其中博士生292人，硕士生120人。

研究生院坚持以教学为中心，院本部主要负责马克思主义理论课和外国语课教学。根据国家教委的要求，从1995年起，将原开设的两门博士生马克思主义理论课合并为一门，即马克思主义与当代社会思潮。

外国语课开设了英、日、俄、德、法五个语种。在教学方法上，严格按照听、说、读、写“四会”的要求，开设了听说课、写作课、泛读课和精读课，改变了过去只着重精读课的做法，取得了较好的教学效果。此外，院本部还开设了公共选修课3门，各学部开设专业基础课10门，各系开设专业基础课与专业课114门。

从1995年开始，在93级硕士研究生中进行了中期筛选。在册52名硕士研究生中有8名被评为优秀研究生，44名良好研究生，有1名优秀硕士研究生被推荐免试直接攻读博士学位。

为了配合教学，1995年共举办学术讲座26次，是近年来举办讲座最多的一年。其中著名法学家、法学研究所研究员王家福主讲的《社会主义市场经济法制建设问题》，著名经济学家、研究员吴敬琏主讲的《怎样推进企业改革》，中国股份咨询公司董事长、总经理、教授孙效良主讲的《我国股份制发展中的问题与对策》，日本著名经济学家生野重夫主讲的《日本经济的转变问题》等，都受到了同学们的好评。

为了使博士、硕士研究生的学位课程规范化，并适应在职人员以同等学力申请学位工作的需要，研究生院于1995年9月成立了“题库考试中心”。工业经济、农村发展、财贸物资经济、法学等系已完成数十门课程的题库建设工作。

（二）科研成果

研究生院院本部领导及教师，1995年共出版专著8种360万字、教材2种40万字；发表论文21篇15.5万字、学术资料3篇5万字、译文3篇17万字、一般文章24篇5万字。

（三）学术交流

1995年，研究生院共派遣出访14批21人次，出访的国家主要是美国、日本、韩国、瑞士。接待来访15批42人次，来访的国家主要是美国、日本、韩国、瑞士、越南等。通过互访，增进了友谊，促进了双方的学术交流，扩大了研究生院的影响。

（四）学术刊物

《中国社会科学院研究生院学报》（双月刊），创刊于1981年，由中国社会科学院研究生院主办。该刊是哲学社会科学综合性学术刊物，办刊方针是：以马克思主义为指导，坚持理论为社会主义建设和改革服务的方向，鼓励学术创新，培养学术新人。作者中既有知名学者、专家和研究生导师，又有活跃在学科前沿的中青年理论工作者和在校研究生。

从1981年至1995年底，共出版了90期，面向国内外发行。学报主编是方克立教授。编辑部主任是李尚英编审。

（五）图书资料建设

研究生院图书馆于1987年建成，建筑面积2100平方米。馆楼共分4层，一层为采购、分编办公室，二层以上设有3个宽敞明亮的阅览室。书库藏书量为30万册，1995年已达26万册。其中中文图书23万册，外文图书2万册，过期期刊1万册。

（六）基建工作

为了改善办学条件，新建的研究生院学术报告厅于1995年底竣工。建筑面积为1433平方米，可容纳500人。同年3月，计划建筑3963平方米的留学生楼也开始动工。

（七）党组织建设和政治思想教育

为了把研究生院建设成为坚持和发展马克思主义的坚强阵地，培养出高质量的科研后备人才，研究生院党委始终把正确的办学方向和党的组织建设当作头等大事来抓，注重在青年知识分子中发展新党员。1995年发展新党员22人（研究生19人、教工3人）。到12月30日止，全院党员总数为218人，其中教工党员71人，为在编教工138人的51.4%；研究生党员115人，为在校研究生412人的27.9%；离退休人员中党员32人，为45位离退休人员的71.1%。

为了进一步加强新时期研究生的思想政治教育，1995年研究生党总支、团总支向全体研究生发出了“自加压力、志在一流”的倡议，提出了“一流的品德、一流的修养、一流的视野、一流的体魄、一流的学识、一流的能力”六个一流的奋斗目标。这项工程开展以来，已收到良好的成效。在研究生院首次设立的“金时光奖学金”和“青年社科人才培养基金”

的评选活动中，有109名研究生获得“金时光”奖学金，有24名研究生获得“青年社科人才培养基金”奖。

文献信息中心

1995年文献信息中心（院图书馆）在院馆初步建成的基础上，继续深化图书系统的改革，完善各种规章制度。为了尽快实现图书文献服务和文献信息开发一体化的目标，中心的业务机构和人员都做了相应调整，各部门的工作任务做出了明确的规定。在这一年里，文献信息中心向院内及社会提供了良好的信息服务。

（一）院图书馆正式开馆，各项工作正常运行

1995年1月3日，院图书馆的中文报刊、外文报刊、台港澳报刊、新书和参考工具书五大阅览室以崭新的面貌正式开放，向院内外读者提供各类文献的阅览服务。五大阅览室分布在科研大楼的四层和五层。在现有的条件下，为读者提供了布局合理、光线明亮、设施完善的阅览环境。院馆工作人员均经考核择优上岗，为读者提供热情周到的服务。胡绳、王忍之等院领导参观了五大阅览室，询问了情况，对阅览室的环境、服务等，作了指示。

阅览室全年共接待读者11600人次，其中复印报刊资料的读者1600人次，占阅览人数的14.3%。阅览室的中外文期刊一律采用按学科内容分类陈列的办法，大大节省了读者阅览自行索取所需专业刊物的时间。

图书馆的哲学、世界宗教、中国文学、外国文学、语言学、世界经济与政治、数量与技术经济、社会学、欧洲、美国等10个专业书库及新书库，年内同时向全院科研人员提供专业图书的出借服务。全年院内读者借阅图书10097人次。借出图书10027册。全年还书21000册，办理还书换新书证读者492人。整理库存复本图书12000册。清理了外国文学和社会学书库，开辟了新书库和过刊库，重建学位论文库和顾颉刚文库。

1995年院图书馆科学合理地进行图书的搜集工作，为了满足全院科研人员的用书需求，院图书馆采集部邀请院内各研究所的50多位研究人员参与圈选图书并成立了图书专家咨询委员会，定期听取专家的意见和建议，保证了购书的科学性、合理性和实用性。全年的图书经费为352万元，共采进中文图书5132种、10200册；外文图书2200余种；新方志224种、322册；中文报刊1380种；外文报刊1392种；社科光盘覆盖400种刊物（英文1989～1995）。

为了节省经费，院图书馆还积极开拓新的文献源，与国外社科信息界建立起广泛的联系。1995年已与6个国家和地区进行了期刊交换工作。全年接受赠书或交换图书总计中文图书703册，外文图书700册，中外文期刊120种。通过交换和赠送方式获取的外文图书已占采进外文图书总数的32%。另外，还收到全国高校及科研单位送交的中国社会科学学位论文3000册。

院图书馆的文献整序工作也在积极地进行中，在编目部全体人员的辛勤努力下，全年分

编新到图书14000册，其中外文新书2000册。回溯统编专业书库的中文藏书16000册。分编1993年度学位论文2300册。清点整理馆藏旧方志2889种，7249册。完成2600种中外文报刊资料的整序工作。

为了方便科研人员查找资料，扩大图书刊物的检索途径，图书馆还编制出《中国社会科学院图书馆中文新书通报》，报道新书3500册。编制出《北京地区社会科学西文报刊联合目录》，收录西文期刊3500种。编制出台港澳报刊论文索引机读目录2000条目。以上目录一方面满足了科研人员的需求，一方面也弥补了因经费匮乏外刊订购的不足，受到科研人员的欢迎。

图书馆注重抓好用户培训工作，为普及计算机操作技能及推广英文光盘的使用，组织短期培训班3期，培训科研人员70多名。

为了深入了解科研人员对图书馆的具体需求，更好地进行对口服务，图书馆还开展了读者需求调查活动，全年召开了4次较大型的采购专家咨询会和各专业读者座谈会。在阅览室、书库服务台备有意见本和书刊推荐单，不断地进行读者需求调查，及时听取意见和建议，受到读者的好评。

院图书馆自动化建设也取得了显著成绩。局域网的建设已经完成，为全院联网奠定了基础。图书信息自动化软件已成熟，采购和编目都实现了计算机化，完成了从手工操作向计算机操作过渡的任务。读者可通过计算机进行图书和期刊的检索。多媒体阅览室已建成，可向读者提供400多种主要英文期刊的光盘检索服务。

（二）机构调整和文献信息开发研究工作

为了实现文献信息服务和开发研究一体化的目标，中心的机构设置作了相应的调整。将国内信息研究部和国外信息研究部所含的5个研究室并为国内文献信息开发研究室和国外文献信息开发研究室，负责国内和国外的人文和社会科学信息的收集、整理和文献开发研究工作。

1995年完成了国家社会科学规划领导小组指令性项目《图书馆学、情报学与文献学（含档案学）学科调研报告》；部分完成院重点课题《中国社会科学院图书馆的组建、管理模式和运行机制的调研报告》；进一步充实了《国外社会科学论文索引》数据库和《中国社会科学文献题录》数据库。《国外社会科学》、《国外社会科学论文索引》、《中国社会科学文献题录》、《中国社会科学学术论文文摘》、《当代韩国》、《第欧根尼》、《环球市场信息导报》等刊物为社会科学领域提供了较好的信息产品。《社会科学理论与方法》和《浅论社会科学叙词语言分面理论和方法问题》分别获中国社会科学情报学会颁发的社科信息优秀成果奖。

1995年，文献信息中心完成各类科研成果824万字，其中专著2部，9万字；学术论文26篇，18万字；研究报告7篇，4万字；综述3篇，2万字；译著5部，27万字；译文101篇，29万字；普及读物2种，29万字；一般文章42篇，9万字；编辑书籍4部，42万字；编辑期刊47期，665万字；数据库5万条；拍摄录像3060分钟，拍摄照片91卷。

（三）学术活动及外事工作

10月，中心授予日本学者镰田茂雄荣誉教授称号，汝信副院长出席授予大会并讲话。

10月4～7日，中心召开全院图书馆工作会议。会议总结了一年来院图书系统改革取得的成绩和存在的问题，研究和布置了今后的工作。来自院内的图书文献信息工作者出席了会议。院领导龙永枢出席会议并讲了话。

1995年12月，中心举行了成立十周年纪念活动。举办了中心1985～1995年十年科研成果展。展览以图书、期刊、论文、图片等形式展示了十年来取得的显著成果，回顾了中心成立十年所走过的路程。12月28日，中心举办了庆祝成立十周年大会，院领导王忍之、龙永枢，院直机关和部分研究所的负责同志出席了大会。王忍之同志在会上做了重要讲话，他要求文献信息中心做出切实可行的发展规划，努力争取在五年内建立起高质量的数据库，成为第一流的现代化的文献信息中心。龙永枢同志在讲话中，肯定了中心的信息工作者十年来在文献信息领域中辛勤耕耘无私奉献的精神及为科研工作提供的文献服务和信息支持所做出的努力。他指出，目前由于我院图书馆体制改革滞后，文献信息工作与科研工作的要求还有相当大的距离。为了加快我院图书管理改革的步伐，院党委决定组建中国社会科学院图书馆。他对文献信息工作提出了八点要求，希望文献信息工作者发挥聪明才智，扎扎实实地工作，开创我院信息工作的新局面。

在外事工作方面，全年接待访问学者22人次。向俄罗斯、韩国、日本、芬兰、德国等国派出代表团或访问学者35人次。在俄罗斯的莫斯科和圣彼得堡成功地举办了第三届中国社会科学院学术著作展览。

（四）学会工作

12月12～15日，中国社会科学信息学会第三次会员代表大会在北京召开。来自全国社会科学院、高等院校、党校、军队院校和实际工作部门社科信息五大系统的代表100多人出席了大会。会议听取了第二届常务理事会的工作报告及五大系统代表的工作汇报；修改并通过了新的学会章程；讨论了社科信息产业如何适应科学研究和社会主义市场经济发展的需要等理论和现实问题；选举产生了学会第三届理事会。大会还公布了学会第二次成果评奖结果，颁发了获奖证书及奖金。

学会负责人

理事长：汝　信　副理事长：李惠国等6人

秘书长：张保民　副秘书长：张云芬等7人

附录一　文献信息中心学术委员会

主　任　李惠国

副主任　黄长著

委　员　刘　铁　黄育馥　莫作钦

秦麟征　马福聚　吴安迪

吕其苏

附录二 文献信息中心机构设置及职责

图书采购部：负责图书、报刊及其他出版物的采集工作；编制全院馆藏期刊联合目录；开展国内外文献交换业务。

图书编目部：对院馆图书集中编目，对全院图书统一分编，编制全院中外文新书通报和年度新书联合目录。

阅览部：向院内外提供各类文献的阅览服务。设有中文报刊、外文报刊、台港澳报刊、新书、参考书、缩微文献、多媒体及声像等阅览室。

典藏部：向全院科研人员提供专业图书的出借服务。设有哲学、世界宗教、中国文学、外国文学、语言学、世界经济与政治、数量与技术经济、社会学、欧洲等专业书库和新书库。还设有中国社会科学学位论文库。

自动化技术部：负责全院图书系统的自动化管理和技术支持工作。

国内文献信息开发研究室：负责国内人文与社会科学信息的收集、整理和文献开发研究工作。

国外文献信息开发研究室：负责国外人文与社会科学信息的收集、整理和文献开发研究工作。

综合研究室：负责完成上级领导交办的重要研究课题，进行多学科的高层次信息理论和应用研究。

总编室：负责社科文献信息刊物的编辑、出版、发行工作。

计算机室：负责中心各类数据库的技术支持工作。

科研业务处：负责中心的科研业务组织工作。

人事处（党办）：负责中心的人事管理和党务工作。

办公室：负责机要文书档案管理和行政后勤工作。

中国社会科学出版社

——近三年的工作（1993～1995）

中国社会科学出版社是1993年中宣部和新闻出版署评选的首批15家优秀出版社之一。3年来，在中宣部、新闻出版署和社科院的关怀和领导下，全社在把握方向、锐意改革、保持特色和提高效益上，又迈出了新的步伐，作出了新的成绩。

3年来，主要做了两件大的工作：

第一件工作：把握正确的政治方向和办社方针，出版了一大批有影响的好书，没有出一本坏书和格调低下的书。

自被评为优秀出版社后，社里曾组织全社干部就此进行讨论，大家清醒地认识到，出版社之所以能得到上级表彰，并不是因为赚了很多钱，出版了多少一时引起轰动效应的大书，而是因为坚持了正确的政治方向，在学术著作出版上形成了自己鲜明的特色，出版了许多国内外有影响的高品位书。因此，今后更要努力保持这一特色，始终坚持出好书，不出坏书，也不出层次不高和格调低下的书。为此，在以下几方面进一步作了努力：

第一，狠抓选题指导思想的统一。社里专门召开全社的“选题工作会”，明确选题是出版社各项工作的龙头和基础，是出版社的生命，关系到出版社形象的好坏和兴衰成败，因此一个出版社必须要有个性鲜明的选题指导思想。经过讨论，大家就选题指导思想统一了认识，这就是：组织和出版具有中国特色的学术著作，即研究马克思主义基本理论，弘扬中国民族文化，在政治、经济、社会、文化等方面研究和总结建设有中国特色的社会主义的经验，研究当代世界各国和国际关系以及批判那些腐朽落后的人生观、价值观等方面的研究成果。在选题结构上，确定“以出版高层次学术著作为主，以出版多层次知识普及读物为辅”的指导方针，对那些格调不高有损出版社形象的书稿，坚决杜绝。另外，中央指示中国社科院要成为马克思主义的坚强思想阵地，这也应成为中国社会科学出版社的办社指导思想。

第二，按照上述指导思想策划组织和出版了一大批好书。3年来共出版了400余种新书，其中学术性著作占70%，知识普及性读物和作品占20%多，还有一些学术工具书和资料书。其中有许多书出版后获得了好的反响，有3种图书获得“国家图书奖”（或提名奖），有一批图书获得“中国图书奖”、国家教委优秀学术著作奖等奖项。

在马克思主义原理研究和社会主义研究方面，有构建马克思主义自然哲学新体系的《自然辩证法新探》，对建国后毛泽东文艺思想首次作出研究概括的《毛泽东和新中国文学》，对社会主义遭受暂时挫折而作出研究的《20～21世纪：社会主义的回顾和瞻望》、《苏联演变的历史思考》。后两本书为中央领导同志交办的国家研究项目，出版后引起海内外的注意和反响。此外，对有中国特色社会主义的政治、经济、法律、社会等诸多现实问题作出研究的《论民主集中制》、《当代人权》、《现代化中的农村剩余劳力转移》、《中国居民收入分配研究》、《关于社区发展的专题研究》、《当代中国城市家庭研究》、《中国侵权行为法》，以及每年出版一本的《经济蓝皮书》、《社会蓝皮书》、《农业绿皮书》、《世界经济黄皮书》、《中国综合发展白皮书》等书，出版后在国内外都引起了反响，对中央决策和我国政治、经济、社会等体制改革，起到了它应有的作用。

在弘扬民族文化方面，力求出版有创新意义的著作。策划组织了由民间集资、一流专家评审的《东方历史学术文库》（已出版13种），这套文库以其高层次和严格评审程序而引起史学界的较大反响。首次发现、点校的《司马光日记》，出版后引起海内外众多报刊报道。还有首次发表、点校的《仪礼通论》、《颜钧集》以及《〈资治通鉴〉疑年录》（纠正原著年代错误千余处）、《中国民族史》等书，出版后学者普遍认为对民族文化积累做了贡献。另外，在弘扬和积累民族文化方面，近3年还策划组织出版了著名学者杨绛、张中行等人的著作集，钱钟书的《石语》。

在翻译书出版方面，近几年由于版权原因，在品种上比前几年略有下降，但仍通过各种方式在解决版权前提下，出版了一批有价值的外国学术著作，如《剑桥中国史》系列的出版，在中国史学界引起极大反响。还有《艺术法概要》等“美国法学著作精选丛书”，《领袖论》等“美国学术名著丛书”，《阿伯特》和《以色列移民史》等“以色列研究丛书”，《和谐经济论》等“西方现代思想丛书”以及近3000万字的《美国法典》等书的出版。

在组织高层次学术著作选题的同时，近3年还策划组织了一批高品位的文化知识读物。如《伊斯兰文化丛书》（已出版15本），以其全面科学地介绍了伊斯兰文化的方方面面而赢得读者青睐；如《白话佛经系列》（8本），以其准确高质量而受到读者欢迎，并被台湾买去版权。另外，策划组织出版的《世界散文随笔精品文库》、《中国现代散文精品文库》、《台湾散文名家名品丛编》，以其高品位和精美装帧受到读者欢迎，有的也被台湾买去版权，获得了双效益。

第三，加强“三审制”，遵守出版纪律，决不卖书号。该社过去在编辑过程中，一直有比较严格的“三审制”。自受表彰后，更加强化“三审制”，强调出版政治导向，以确保图书内容在政治上不出问题。在选题接受上，以《选题报批表》代替了过去的比较松散的《选题单》，从内容质量论证和同类书比较论证、逻辑结构文字论证到出版发行论证，都有三审填写把关并签字。同时还有选题论证会制度，对较为重大的选题作集体论证。从未为赚钱而放开选题和下放选题权。特别强调责任编辑的作用，为此还设立了评选“优秀编辑加工奖”制度，对认真进行编辑加工、认真写出审读报告和加工记录的责任编辑给以奖励。有一些书稿，经三审后或退修、或退稿，有的甚至取消合同。1994年曾接受一套（4本）《奥修系列著作》，开始拟作为印度一种宗教学著作出版，但在最后的决审中，发现该书有“传教”色彩，不符合我国有关政策，当时虽然已进入后期制作，封面已印好，花去一万多元，仍坚决撤下该选题。

在坚持三审中，还特别强调遵守党和国家的出版纪律。出版社认为，出版纪律并不是外在强加给出版社的紧箍咒，而是出版社提高出版质量、坚持正确政治方向的保证。因此对于上级的有关出版管理规定，能够做到令行禁止。例如，严禁买卖书号，过去该社就没有买卖书号的行为。在允许进行“协作出版”时，曾拟出一套进行协作出版的严格管理办法，报社科院领导批示后执行，主要和院内研究所进行部分学术图书的协作出版，以解决学术著作出版难问题。后来新闻出版署发文暂停协作出版。有些需要出版而该社一时无力出版的文化学术性著作，由对方出资到社，该社出编辑、参与印制和发行，在体内循环，从而保证了图书质量。又如，上级规定需要专题报批的图书选题，该社都按规定进行报批。如美国布热津斯基所著《大失控》，报批同意出版内部发行，妥善解决版权。此书出版后，引起很大反响，江泽民总书记在两次会上提到该书的内容，中央党校高干班还为此书提出的问题进行了研讨。又如《李克农传》，涉及到“中央特科”问题，按规定向国家安全部进行了报批。《莫斯科三次审判》，原拟公开发行，但新闻出版署批示内部发行。《三八线困扰世界》，是作者根据俄罗斯和国外公布的最新档案资料，对抗美援朝战争和当时的世界战略格局，作了崭新研究，得出了不同一般传统看法的结论，虽是一学术研究书稿，但该社感到事关重大，向上级作了报批，未通过（此书后来由香港一家出版社出版）。还有，我院文学所鲁迅室拟重新编一套《鲁迅作品全集》，已与该社签订了出版合同；后接到新闻出版署关于要慎重对待鲁迅著作集出版通知后，又看到许多出版社一窝蜂地争出鲁迅全集，感到这不是社科出版社的风格，于是说服作者不再向上级报批，取消了合同。等等。

第二件工作：对出版社进行体制改革和经营机制改革，取得了成效。

该社在1992年以前，一直是事业单位实行差额预算体制，基本靠“皇粮”过活。1992年党的十四大提出社会主义市场经济后，该社清醒地认识到，图书是商品，必须通过市场交换才能到达读者手里，因此也必须适应社会主义市场经济的需要，树立市场观念，搞好经营，增强出版社的活力。从1993年起主动进行出版体制改革，变差额预算体制为自收自支体制，不再吃“皇粮”。这一体制改革方案，经院党委批准实施。近3年的改革实践表明，这一改革是成功的，不要国家拨款做到了自收自支，不仅自己养活自己，还有赢利，同时又不改变出版社性质和出书层次，出版了一大批有影响的好书，经济效益和社会效益做到了同步增长。过去在中央党校历届全国图书订货会上，该社的订货额排不上号，但近3年来，订货额都名列前茅，引起同行的刮目相看。这主要是正确进行了以下几项内部经营机制改革：

第一，一开始就端正改革的政治方向，明确改革不单纯是为提高经济效益和赚钱，而是要建立一套有活力的出好书的内部运行机制。因此在改革中实行以双效益为目标的责任制和岗位责任制，而不搞经济承包制，特别是不搞个人经济承包。3年实践证明，这种改革路子是对的，没有发生过一些出版社搞经济承包所出现的那些问题。

第二，摆正两个效益的关系，摸索出了一条在社会效益中取得经济效益的路子。如前所述，该社一向注重社会效益，但自改革后，国家不再拨款，如何提高经济效益，就成了涉及全社能否生存和发展的大问题。但是如何取得经济效益呢？在3年前讨论改革时，就明确认识到决不能走那种以牺牲社会效益来取得经济效益的路子，而应利用自己已形成的选题优势和品牌特色，走在社会效益中取得经济效益的路子，这才是两个效益结合的正确之路。实践证明，这条路走对了。出版的有影响的学术性图书和高品位图书，都成了该社的经济支柱，如《剑桥中国史》系列、《杨绛作品集》、《世界散文精品文库》等。尤其是坚持高层次、高品位出书，使该社这块牌子在外边影响越来越大，含“金”量越来越高，它反转来也会给该社带来经济效益。一些国内外基金会和团体资助图书出版，多半愿意和该社合作。如目前各大国驻华使馆看重该社这块牌子，将一些他们国家出版的优秀文化学术著作由他们无偿提供版权并给资助，由该社组织翻译出版。因此这些书出版后就取得了较好的两个效益，也促进了中外文化交流。

第三，精简机构和人员，实行人事制度上的双向选择聘任制和生产上的编印合一出版体制。该社原有160多人，改革后精简到120多人。1994年主动在社科院首家实行了人事制度上的双向选择聘任制，对富余人员组织他们搞经营性开发和图书推销员工作。这一人事制度的改革，打破了过去“铁饭碗”和干部终身制，做到人员有进有出，干部能上能下，从而增加了压力，也给出版社带来了活力。另外，该社还在图书出版体制上进行了改革，实行了以编辑室为主的编印合一体制，撤销了印制和设计部门，将人员分到编辑室。同时为避免一些出版社在改革中搞编、印、发“一条龙”所出现的混乱局面，该社成立了生产办公室，在书号、成本、质量、印厂等方面进行宏观管理和控制；发行权不下放，图书出版后仍由社发行部经营。这一改革首先解决了该社出书周期过长（曾达400多天）的老大难问题，增强了图书在市场中的竞争力，同时又管理有序，未出现大的混乱，为建立一套有活力的出版运行机制进行了有益探索。

第四，加强质量管理，走内涵式发展道路。开始改革时，由于给编辑室放权调动了积极性，主要还由于大家对该社走一条什么样的发展道路认识不清，因此出书品种骤然膨胀，由过去年150余种猛增到年出书300余种。品种量的剧增，带来了管理跟不上，特别是引起质量问题，包括内容质量、编校质量、印装质量等，都比过去有不同程度的下降，引起了读者的不满和批评。品种的急剧增长，还带来了投入的大量增加，包含财力和人力，弄得资金非常紧张，大家都喊累，而效益并没有提高多少。正在这时，新闻出版署明确提出了“阶段性转移”的口号，提出“控制总量，调整结构，提高质量，增进效益”的要求和原则。该社深入进行学习和贯彻，认为完全适合该社情况，该社这种学术出版社，更应走一条以质量求效益的内涵式发展道路，而不能走盲目发展数量粗放经营的道路。后来就在控制出书总量，提高出书质量上用力，已取得初步成效。按照新闻出版署的规定，每个编辑每年可以使用5个书号。该社现有编辑50人，按规定可以每年出版新书250种；加之由于该社被评为优秀出版社，使用书号可以不受限制，但还是自律对出书总量进行控制，现在每年出版新书不超过200种，远远低于署里的规定要求。减少品种数量，目的是提高出书质量，一方面对选题进行优化，一方面对质量加强管理，相继出台了一系列对图书质量进行管理的规章制度，并在总编室设有专人对图书编校和印装质量进行定期检查，每季度书面通报一次，奖优罚劣。

该社被评为优秀出版社后，虽然做了上述工作取得了一些成绩，但和其他优秀出版社相比，仍有一定的差距，主要是：选题有待进一步优化，特别是需要策划组织一批高质量的双效益选题；经营能力不强，特别是发行工作滞后，虽作了努力，但还没有走出一条发行学术著作的有效路子；图书质量有待进一步提高，需要进一步建立一套有效的图书质量评估和保障体系；国际市场需要开拓，使该社图书尽快走向世界；人员素质离建立一流学术出版社要求还有不少差距，急需更新和提高；等等。

附录　中国社会科学出版社1995年获省部级以上优秀图书奖书目

1.《揭开命运之神的面纱》　中大杯第五届全国优秀青年读物二等奖

2.《梦的迷信与梦的探索》　国家教委首届人文社会科学研究成果哲学一等奖

3.《社会认识论导论》　国家教委首届人文社会科学研究成果哲学二等奖

4.《管理哲学》　国家教委首届人文社会科学研究成果哲学二等奖

5.《朱熹哲学研究》　国家教委首届人文社会科学研究成果哲学二等奖

6.《明代赋役制度史》　国家教委首届人文社会科学研究成果经济学二等奖

7.《百越民族史》　国家教委首届人文社会科学研究成果马克思主义综合二等奖

8.《契丹小字研究》　国家教委首届人文社会科学研究成果语言学一等奖

9.《现代心理美学》　国家教委首届人文社会科学研究成果中国文学二等奖

10.《二十年代中国各流派诗人论》　国家教委首届人文社会科学研究成果中国文学二等奖

11.《思与诗的对话——海德格尔诗学引论》　国家教委首届人文社会科学研究成果中国文学二等奖

12.《中国神话哲学》　国家教委首届人文社会科学研究成果中国文学二等奖

13.《杰斐逊传》　国家教委首届人文社会科学研究成果历史学一等奖

14.《周代家庭形态》　国家教委首届人文社会科学研究成果历史学二等奖

15.《中国民族史》　第九届中国图书奖

16.《改革大潮中的中国女性》　1995年第二届全国优秀妇女读物评奖图书三等奖

17.《阳刚与阴柔的变奏》 1995年第二届全国优秀妇女读物评奖装帧三等奖

中国社会科学杂志社

（一）组织机构与各项建设

1. 组织机构。

新的一届领导班子认真贯彻执行中国社会科学院所党委会工作《条例》和所长工作《条例》，坚持按照党委领导下的总编辑负责制的新体制运作。凡属重大问题由党委会集体讨论决定，其中业务工作和行政管理工作则由总编辑统一指挥、实施。社党委作为全社的政治核心，主要负责贯彻执行党的路线、方针、政策，做好干部与人事工作、思想政治工作和党组织自身的建设。经验证明，这样做既充分发挥了党委领导的政治优势，又能保证总编辑施展业务专长，把党委的政治核心作用和总编业务管理的权威性密切结合起来，提高了工作的整体效率。

杂志社内设11个室处：经济编辑室、哲学编辑室、文学编辑室、综合编辑室、世界史编辑室、近现代史编辑室、古代史编辑室、英文编译室、总编室、图书资料室及党务人事行政办公室。现有工作人员64人。

2. 思想政治建设和党组织建设。

根据中央的部署和院党委的要求，1995年思想政治工作的主题，是用建设有中国特色社会主义的理论武装广大党员和职工。为此，在以往学习十四大以来中央文件和《邓小平文选》第三卷的基础上，今年又组织全社工作人员学习《邓小平文选》一、二、三卷和十四大通过的党章。通过学习，广大党员和职工坚定了走有中国特色社会主义道路的信念，增强了大家在这一共同政治基础上的团结。

在党组织的建设上，今年突出抓了党员领导干部的党风廉政建设和对广大党员坚持党的宗旨与民主集中制原则的教育，提高了党员特别是党员领导干部对转轨时期个人主义、拜金主义和享乐主义的拒腐能力，增强了组织观念。在参加西柏坡全院党委书记思想政治工作研讨会之后，社党委就势抓了中央“一定要讲政治”指示的贯彻执行，进一步研究了在社内加强思想政治工作的、有针对性的思路和办法。这些对加强杂志社党的思想、组织和作风的建设，都产生了积极的作用。

3. 人才培养计划和编辑队伍建设。

根据《中国社会科学院学科调整方案》的统一要求，进一步明确了该社今后要走内涵式发展道路，坚持建设一支精干、高水平、专业结构和知识结构合理、年富力强的编辑队伍的方针；并根据这个方针，调整了人才培养选拔计划。

青黄不接是当前编辑队伍建设面临的突出矛盾。近3年来，一方面是原有的资深编辑陆续离退，另一方面，中青年编辑不断流失，影响所及，已造成编辑人员严重不足。针对这种情况，采取了三项措施：一是加紧选调新人，以求贤若渴的迫切心情千方百计地延揽人才；

二是在新人未调进之前，有的工作岗位人员吃紧时，返聘离退休老编辑帮助工作，少数稿件予以外审；三是深化体制改革，加强竞争和激励机制，在人才流动的体制下稳定编辑骨干，充分调动现有人员的积极性。这些措施虽非根本之计，但缓解了矛盾，保证了编辑工作的正常进行。

今年还按照院里批准的“三定”方案，进行了人员和组织机构调整，完成了人事处、党委办公室、行政办公室合并为党务人事行政办公室的工作。将英文室附设的资料室并入图书资料室。还对党政工作人员、编辑业务辅助人员、图书资料人员结构做了适当调整，分流了一些富余人员。到1996年全面实现“三定”方案的任务已经提前一年完成。

4. 加大管理力度和继续推进规章制度建设。

在坚持严格考勤制度的同时，这一年尝试用量化的办法对工作人员全年的有效劳动进行较为精确的考绩，按完成工作量划等，并把考核结果同发放岗位津贴、编辑费、奖金、提前增资、晋升职务密切地结合起来。这种量化考绩的办法尽管还很不成熟很不完善，但以它作为各项管理工作的基础，起到了强化奖勤罚懒、奖优罚差的竞争机制和促进管理科学化、制度化的积极作用。对这一制度，将坚持下去并使之渐臻完善。

在编辑业务建设方面，本着从严治刊和全面提高刊物编校、印刷、出版质量的精神，在总结经验教训的基础上，广泛动员，严格和细化了编校技术规范与标准，进一步明确了岗位责任制，增强了精品意识和质量意识，加大了监督检查、流程调控和评价验收的力度。为了全面提高刊物质量，全社还制定并实行了《编辑业务管理工作的十一条规定》。在利用电脑进行来稿登录和建立来稿登记、分发、接转、采用情况的数据等方面，在严格执行责任编辑要写审读报告的规定方面，在坚持与完善稿件的“三审三校”制度方面，在借助审读员制度，避免发生严重差错和降低差错率方面，今年都做了实实在在的工作并取得明显的成绩。为了提高编校工作的质量，《历史研究》编辑部还修订了《编校工作的若干规定》，《中国社会科学》编辑部制定了《引文与注释的规定》。这些规定促进了文字处理技术上的规范化和标准化。

(二) 刊物的编辑与出版

1. 进一步强调并继续坚持以马克思主义、列宁主义、毛泽东思想和邓小平建设有中国特色的社会主义理论为指导的办刊方针。

坚持以马克思主义为指导研究社会历史和学术思想，促进国际学术交流，为我国社会主义现代化建设和我国哲学社会科学的发展服务，是《中国社会科学》一创刊时就明确的办刊方针和宗旨。这一办刊方针和宗旨的基本精神至今依然正确和不可移易。为了加深对这一办刊方针和宗旨的共识，编辑部进行了多次学习和讨论，明确了这里所说的以马克思主义为指导，包括以它的各个发展阶段即列宁主义、毛泽东思想和邓小平建设有中国特色社会主义理论为指导，对于“淡化政治”、“消解主流意识形态”的倾向要有所警惕，决不能附和顺随。把邓小平建设有中国特色社会主义理论作为刊物研究的主题并提升到指导办刊的理论基础地位，是今年编辑思想上的重要升华，事关刊物的政治方向和理论方向。

2. 搞好选题计划。

搞好选题计划是贯彻办刊方针和宗旨、加强刊物导向性和影响力的关键。这一年《中国社会科学》编辑部从该刊应有的学术地位和功能着想，对近期选题计划提出了若干原则性意见，供稿件采编工作参照执行。这些意见有：(1) 要侧重于有重大现实意义的理论问题的研究，尤其要突出对建设有中国特色社会主义这一时代主题的研究。对一般性或冷背问题的研究要严格筛选，只发有真知灼见、有新意的精品；(2) 注重理论性、综合性、战略性和宏观性的选题，对实务性、太专门化、分量轻和只有微观意义的选题，除非特别好的成果，一般不用或少用。经过认真研究，仍然坚持不发表政评、时评、漫谈、零讯一类文字；(3) 积极推动对祖国传统文化和西方学术思想的研究，坚持发表非马克思主义但不反对马克思主义、发表出来对繁荣发展我国哲学社会科学有借鉴价值或对我国两个文明建设有助益的成果。不发表怀疑、贬抑、攻击或否定马克思主义的作品；(4) 坚持凡采用文章只认学术水平，院内院外一视同仁。在此前提下，今后要注意更多地反映本院的优秀成果。经验证明，执行这样的选题计划有利于树立《中国社会科学》作为院办的综合性哲学社会科学期刊应有的风格。

3. 建立《中国社会科学》编辑委员会。为进一步借助本院学科多、人才密集的优势，改进编辑工作，加强刊物的权威性，由该社提请院务会议批准，从今年开始成立《中国社会科学》编辑委员会。院长胡绳任编委会主任，常务副院长汝信和现任总编辑赵振英任副主任。编委 21 人，他们是：（按姓氏笔划排列）丁伟志、王家福、孔繁、刘坚、汝信、李京文、李学勤、李琮、张卓元、陆学艺、何秉孟、余绳武、陈筠泉、宋德金、胡绳、赵振英、浦山、钱中文、徐葵、道布、靳辉明。编委会负责讨论审议有关刊物编辑出版工作的重大问题，是编辑部权威性的咨询机构，但编委不直接处理稿件；稿件采编仍按“三审”程序，实行总编辑负责制。

4. 制订并实施着手英文版改版计划。

遵从院里的指示，制订了《中国社会科学》英文版改版计划，并为明年新版面世做好了准备。改版计划规定，英文版将由原来的 14 个印张压缩为 10 个印张，仍为季刊。在保持刊物的学术品格不变的前提下增加信息量，为此将采稿范围由原来的《中国社会科学》中文版和《历史研究》扩大到全院所有公开发行的学术期刊，同时压缩入选文章的篇幅，使作品体裁多样化。在内容上增加经济学、社会学、法学等狭义社会科学的比重，减少哲学、文学、历史等人文科学的比重。在经营上，减少外籍专家的聘用，进一步扩大海外发行量。英文版是唯一的向国外介绍我国社会科学研究成果的英文刊物，要通过改版逐步把它办成一个既有社会效益又有经济效益的对外交流的窗口。尽管这项工作存在诸多困难，但仍按计划编辑出版了前 3 期，收到很好的反响。

5. 稿源及来稿、采稿情况。

1995 年全社共收到来稿 2500 余份。编辑出版《中国社会科学》中文版 6 期，《中国社会科学》英文版 4 期，《历史研究》6 期，《国际社会科学》4 期，共 20 期，约 430 万字。

这一年《中国社会科学》杂志共计发表论文 78 篇，图书评介 33 篇，学术综述、调查报告、读者评议 7 篇。最大的变化是突出了有中国特色社会主义理论的研究，高扬了主旋律，增强了刊物的现实性。其中胡绳等人的几篇文章，题材重大，有理论深度，有新见解，产生了较大的反响。但整个说来这样的文章仍嫌太少。

《历史研究》杂志增设了“20 世纪中国历史学回顾”和“讨论与评议”栏目，还在第 4 期为纪念世界反法西斯战争和中国抗日战争胜利 50 周年编发了专稿。这些举措，促进了学术争鸣，增加了刊物的活力和信息量，发挥了史学期刊应有的社会功能。这一年《历史研究》杂志因编校印刷质量优异，荣膺新闻出版署主办的全国优秀学术期刊提名奖和中国社会科学院优秀期刊奖。

（三）科学研究及其成果

杂志社的编辑人员以编辑刊物为主要任务，同时也挤出时间，从事一定的、和本人专业有关的研究工作，并已取得了可观的成绩。1995 年，杂志社编辑人员承担的研究课题来自如下两个方面：(1) 国家社科基金项目。共有 6 人担任国家社科基金（包括青年社科基金）项目的课题负责人，其中有 5 项在本年内结项；(2) 所级重点项目。从 1993 年起杂志社设立了所级研究课题。迄今已有 7 位同志承担课题研究。本年度已有 1 项课题结项。

据该社总编室不完全统计，今年已发表和出版的科研成果计有：专著 6 种，71.5 万字；学术论文 17 篇，21 万字；译著 5 种，50 万字；译文 40 篇，50 万字；普及读物 2 种，50 万字；工具书 1 种，300 万字；辞条 500 条，55 万字；一般文章 9 篇，4.5 万字。

社会科学文献出版社

社会科学文献出版社始终将思想建设视为发展之本。为了提高全体员工的政治思想素质，近年来加强了理论学习。特别是 1995 年，社领导结合邓小平同志建设有中国特色社会主义的理论和遵守国家出版法规等文件，多次组织党员和工作人员进行政治理论学习和讨论。通过学习，对建设有中国特色社会主义理论有了进一步的认识和了解，对出版社遵守国家出版法规的意义也有了不同程度的提高。

1995 年该社出版图书 100 多种，绝大部分是我院科研人员和其他理论工作者的研究成果，都有一定的学术文献价值，受到广大社会科学理论工作者的欢迎。但这类图书发行量都很有限，从经济效益来说，即使院里出版基金给予资助，出版社也难完全收回成本。但为了繁荣图书市场，反映我院研究人员的研究成果，该社都愉快地完成了任务。

在已出版的著作中，有胡绳院长主编的“中国社会科学院青年学者文库”：《中国经济运行与发展》、《中国人口的盛衰与对策——中国封建社会人口政策研究》、《三民主义与中国政治》、《荒诞、怪异、离奇——法国荒诞派戏剧研究》、《拉美当代小说流派》、《审美应用学》等。为了纪念恩格斯逝世 100 周年，出版了《关于恩格斯〈马克思“法兰西阶级斗争”导言〉的争论和评论》一书。在经济理论方面，出版了《科技富国论》、《论中国对外开放的战略和政策》、《元论经济学——市场经济理论探微》等。此外，该社还出版了《第二次世界大战风云录》、《中华心——胡秋原政治·文艺·哲学文选》、《唐山大地震百人亲历记》、《美国和拉丁美洲关系史》、《中国与东盟国家经济关系——中国与东盟产业结构调整》、《刑满释放人员回归社会问题专论——回归社会学研究》、《中国多民族文学史论》、《刘绍棠传》、《波兰戏剧简史》、《匈牙利文学史》等。在工具书方面，出版了《社会科学新术语词典》等。

1995 年是世界反法西斯战争胜利 50 周年。该社约请国防大学张海麟教授组织国防大学等5所高等院校的专家撰稿，共同编写《第二次世界大战风云录》。全书共分7卷，约100多万字，生动地再现了二战时期的历史画卷。《外交角逐》卷展示了10位外交家，在复杂多变的国际环境里，纵横捭阖，展现了他们的外交才能和风采；《沙漠决战》卷展示了有史以来，世界上规模最大的海战、沙漠战、坦克战等12场关键性战役；《一代名将》卷描绘了13位叱咤风云的二战中的著名将领，他们如何运筹帷幄，决胜于千里之外；《谍海沉浮》卷再现了10名世界级国际间谍的惊心动魄、神出鬼没的谍海生涯；《神威武器》卷生动描绘了二战期间有关新武器的研制和生产的传奇性的故事；《暴行纪实》卷揭露了法西斯令人发指的滔天罪行，增强现代人保卫和平的信念和决心；《十大谜团》卷记述了二战时期遗留下来的“斯芬克斯”之谜，给人以悬念和回味。

这部“风云录”内容丰富，而且篇幅不大，作者从七个方面着手，点面结合，涵盖中外，写得很有特色。《光明日报》5月22日在一篇评论中写道：“以较少的篇幅勾勒了二战全貌，又不失生动的细节描写，真可谓匠心独运”。《北京晚报》7月20日在一篇评介中说：《第二次世界大战风云录》“好像一副七巧板，以翔实而又丰富的史料，拼排出整个大战的概貌，既有科学性、知识性，又有趣味性”。

正是由于这部书的丰富内容和写作特点，因而受到广大读者的欢迎，第一次印刷1万册很快被售完。《中国图书商报》（1995年11月20日）根据全国30个重点城市新华书店中心门市部的销售数字综合统计，该社出版的《沙漠决战》一书，获1995年10月全国畅销书排行榜前10名。

郑汕教授主编的《中国边防史》一书出版后受到好评，收到了较好的社会效益。《昆明日报》援引社会科学界专家的评论，认为“此书是我国目前关于边防史学著作中最完整的一部，是进行爱国主义教学的必备教材”。成都军区《战旗报》称“这部著作填补了我国边防史学研究的空白”。《人民日报》和《解放军报》都刊载了新华社为《中国边防史》出版发表的电讯稿。

昆明陆军学院成人教育局使用《中国边防史》作为云、贵、川、藏四省区的函授教材，得到部队机关领导和广大干部、战士的普遍好评，认为“这部著作以爱国主义为主线，介绍了我国自夏朝以来的边防斗争状况，对贯彻党的战略方针和边防政策有重要的理论价值和参考意义”。

1995年该社出版了我院李京文教授的《科技富国论》一书。这部著作展示了自1988年以来作者关于科技进步与经济发展的一系列研究成果。这部著作有三个鲜明特点：（1）从“富国之源”的高度来阐述科技进步的重大意义；（2）系统地论述了科技进步与国民经济诸方面的关系，揭示了科技进步与国民经济增长，提高经济发展质量的内在联系；（3）对2000年和2010年的科技进步目标和发展战略进行了预测，并在大量分析的基础上，提出了加快科技进步的总战略必须采取两条腿走路的方针：一是激发企业依靠科技进步提高竞争力的积极性，成为科技进步的主体，二是国家运用经济政策和适度干预手段，建立健全有效的技术创新激励机制，引导企业推动技术进步。

“科技进步是第一生产力”是邓小平建设有中国特色社会主义理论的重要组成部分。加快技术进步是我国现代化建设的重要战略任务。《科技富国论》一书的出版，很好地宣传了这一指导思想，受到了理论界和新闻媒体的关注。《光明日报》、《人民日报》等报刊先后发表评论文章。

《科技日报》7月12日发表国家科技委员会秘书长张登义的题为《“科技富国”是科教兴国战略的重要组成部分》一文评价指出：“全书内容丰富，既有对技术经济理论的系统论述，也有对21世纪未来中国的科技进步的展望；既有技术进步与经济增长、产业结构、部分发展、区域经济等方面关系的具体论述，也有现阶段为经济增长寻找新支撑点的最新谈话。”“《科技富国论》一书的问世将为广大的读者提供科技进步和经济发展各类问题研究的有益参考。”

胡秋原先生是一位爱国主义者。现为台湾中国统一联盟名誉主席，《中华杂志》发行人。他反对“台独”，主张祖国实现和平统一。发表了许多深刻揭露“台独”、“独台”思潮的论文。1988年秋，他毅然冲破台湾当局阻挠两岸交往的限制，来大陆参观访问，受到中央领导同志的接见。台湾当局因此给予胡秋原以开除国民党党籍的处分。

为了介绍胡秋原先生的思想和著作，该社出版了《中华心——胡秋原政治·文艺·哲学文选》一书。胡秋原先生为本书写了《自序》，民革中央名誉副主席、全国政协常委贾亦斌先生为本书作序。全书40多万字，选编了胡秋原先生批判“台独”主张祖国实现和平统一；主张弘扬祖国传统优秀文化，批判全盘西化、批判西方帝国主义文化思潮及文艺、哲学等方面论文30多篇。

1995年该社翻译出版了韩国第二任驻华大使黄秉泰先生的《儒学与现代化》一书。这是作者在美国加州大学伯克利分校攻读政治学的博士论文。作者在这部著作中，从历史的角度，论述和比较研究了中、韩、日三国儒学的产生、发展以及它在现代化过程中的作用，为剖析儒学与现代化的关系提供了全新的富有启发性的视角。

1992年该社曾出版15世纪朝鲜人崔溥（号锦南）撰写的《漂海录》一书，由我国学者葛振家副教授点注。1995年又出版了《崔溥〈漂海录〉研究》一书，受到我国学术界广泛注意。为此，于6月22日在我院学术报告厅举行了《崔溥〈漂海录〉研究》出版学术座谈会。参加座谈会的有中、韩、日、美等国研究《漂海录》的专家学者和崔氏后裔等100多人。《漂海录》这部用汉文写成的“中国行记”，行程8800华里。详细记录了明代中国的海防、交通、经贸和文化，上至朝廷皇阁，下及市井街巷，被称为是“摹写中原之巨笔”，专家认为其学术价值和史料价值可与《马可·波罗游记》媲美。

研究学者认为，《漂海录》对明代城市繁荣的实地描摹，展现出一个外国人眼中的市容风貌。在咏叹杭州城“市积金银，人拥锦绣”的都市景观时，还能注重载述城郊乡镇的布局，交待由温州、绍兴、宁波等组合而成的城市群体的规模和发展，其资料的翔实、识见的真卓，对于一个外邦人来说，确是难能可贵。文中关于收钞厅、课税局、钞厅、漕运府等工商机构的描述，也是明代经济史料的一项映证。

研究学者认为，崔溥的日记所录皆为目睹和亲历，是反映明代中国南北交通、卫所防务的第一手材料，关于所经各处的沿革古迹、地形地势、防务设施的描述与分析，既翔实准确，也很有见地。

研究学者认为，《漂海录》还着力于物产、民居、服饰、饮食、民俗、货币等的载述，并能分析南北的差异。对地域人情、知识程度、作业方式、宗教信仰、丧葬制度也无不涉笔，堪与地方百科全书相邻比。

《崔溥〈漂海录〉研究》一书的出版和座谈，促进了中外学术研究的合作与交流，从而也推动了我国学术界对域外汉文古籍的研究。特别是对《漂海录》的研究，使我国学者从中汲取过去我国史籍涉及不多或者尚未知悉的材料，对研究我国历史很有好处，同时也加深理解了中国与半岛相知又相近的文化底蕴。

该社出版的《刘绍棠传》是郑恩波继《大运河之子——刘绍棠》之后又一部传记文学作品。作者用他那饱蕴激情之笔，以一种贴近作者的理解心态，描绘了刘绍棠颇富传奇色彩的人生。“充分展示了绍棠先生纯朴、善良、自省的秉性，也展示了他在坎坷的人生旅途中不以物喜、不以己悲的坦荡襟怀。”作者淋漓尽致地描绘了刘绍棠对党的忠诚和对文学的执著追求，多侧面全方位地展现了其丰富的精神世界。尽管绍棠先生命运多艰，且为政治因素所致，但他始终不改对党的忠诚。虽然他一度从文坛上“消失”，但他始终笔耕不辍，十余年内完成数百万字的文学创作。

刘绍棠是乡村文学的代表人物，对于他所提出的有关乡村文学的“中国气派，民族风格，地方特色，乡土题材”的十六字方针，郑恩波充分肯定了其理论建树和实践意义，并对其所取得的文学成就和所形成的艺术风格，进行了深入的分析和阐释。

《教育文艺》1995年发表宋宝珍《为大运河写真——郑恩波新作〈刘绍棠传〉读后》一文。文章说：“绍棠先生的人品、文格，或曰文化心理与艺术品格，在这部《刘绍棠传》中，皆有充分展示。……再现了一个文学家已有的真实人生轨迹和心路历程……为我们理解绍棠先生的斑斓的文学世界，以及这个世界的生命形态，提供了难得的机会。”

该出版社自成立以来，比较注意理论书和工具书的出版，先后有多种图书在院内外获奖。1995年7月10日，该社出版的《新编实用汉语词典》获国家首届“中国辞书奖”。该社出版的风笑天著《独生子女：他们的家庭、教育和未来》一书获全国高等学校人文社会科学研究优秀成果奖、湖北省首届社会科学优秀成果省级三等奖。

该社建立时，新闻出版署规定的出书范围，主要侧重在外国社会科学理论和世界文化。因此，在日常工作中，也较注意和国外学者的交往，了解世界学术动态。在交往中，该社和意大利大使馆文化处、韩国大使馆文化新闻处联系较多。1995年，该社出版了《今日韩国》一书，并继续编辑出版《当代韩国》季刊。4月10～15日，该社再次邀请了意大利佛罗伦萨大学萨尔沃·马斯泰罗内教授来社洽谈合作出版事宜（在此之前，该社已出版他的两本专著）。1995年洽谈出版的是《当代欧洲政治思想》一书。此外，该社还和瑞士兰德学院H.B.丹尼思教授商谈出版他的专著《精神心理学》一书。以上两书均计划在1996年出版。

光阴荏苒，社会科学文献出版社从1985年创建至今，已经整整十年。原来计划在建社十周年前夕，在报刊上刊登广告，举行一次庆祝会，向同行和广大读者致意；由于该社为筹建商洛希望小学捐款10万元，考虑到节约开支，把有限的资金全用在出版事业上，决定取消举行建社十周年庆祝活动。

附录　社会科学文献出版社机构设置

根据院领导的指示精神，社会科学文献出版社划归院直属单位以后，应根据情况，进行适当人员调整，以利工作的开展，更好地为院的科研工作服务。经过讨论研究，调整后的机构设置有：办公室、总编室、出版部、编辑部、发行部、对外合作部、财会室、声像部。

郭沫若纪念馆

郭沫若纪念馆是郭沫若一生中最后15年生活的地方。1979年郭沫若著作编委会迁入此地办公。1982年8月被国务院定为全国重点文物保护单位。1988年6月正式对外开放。附设于郭沫若纪念馆的中国郭沫若研究会，是推动郭沫若文化遗产研究工作深入发展的全国性学术团体。随着《郭沫若全集》各卷陆续出版发行，该馆业务中心由原来的编辑出版全集转向逐步建设成为综合性的郭沫若研究中心。

该馆下设机构及职责如下：

文物部：文物保管、征集、展览工作；

编研部：研究、编辑出版工作；

秘书组：人事、档案工作；

行政组：后勤工作。

1995年，该馆无论是在研究编辑、文物保护、各项管理工作方面，还是在弘扬民族优秀传统文化、促进精神文明建设、开展爱国主义教育方面，都取得了重大进展。这些为在今后几年把该馆办成全国性的郭沫若研究中心、资料中心、宣传中心，打下了良好的基础。

（一）编辑出版研究工作

郭沫若著作编辑出版委员会编辑的《郭沫若全集》文学、历史、考古三编共38卷，1982年着手编辑出版，至今已出版32卷，其中包括文学编20卷、历史编8卷、考古编4卷。几年来，中国郭沫若研究会、郭沫若纪念馆编辑出版和组织完成的研究课题项目有：《炼狱式的爱国主义者战斗一生》、《郭沫若史学研究》、《郭沫若文艺思想论稿》、《郭沫若文学研究管窥》、《郭沫若与郁达夫比较论》、《郭沫若与中国史学》、《郭沫若》(图片集)、《创造社丛书》(7卷)、《郭沫若与儒家文化》、《郭沫若百年诞辰纪念文集》、《郭沫若诗词鉴赏》、《女神时期的郭沫若》、《郭沫若——“青春型”的诗人》。

1995年完成的研究课题项目有：一部学术专著——《郭沫若与中国传统文化》，王骏骥著，20万字，由百花文艺出版社出版；一部学术专刊——《郭沫若研究》第11辑，20万字，由文化艺术出版社出版；一部普及读物——《文化伟人郭沫若》，钟作英著，6万字，由浙江少儿出版社出版。此外，还发表学术论文6篇，计7万余字。

（二）学术会议及交流工作

中国郭沫若研究会成立以来，召开过“郭沫若在重庆”、“郭沫若在日本”、“创造社国际研讨会”、“郭沫若与中国现代文化的发展”等多次大型学术讨论会。同时召开过9次专题性的小型学术讨论会：“郭沫若的爱国主义”、“郭沫若历史剧研究”、“郭沫若文学研究现状与展望”、“从郭沫若史学研究看当前史学研究的大趋势”、“郭沫若与‘五四’精神”、“我的郭沫若观”、“郭沫若与儒家文化”、“郭沫若与中国当代文化”、“李自成进京350周年暨《甲申三百年祭》发表50周年”等。这些学术讨论会，内容广泛，涉及郭沫若的文化思想、心态、品格及其风格特色等方面，基本上反映了当前关于郭沫若研究的现状与动向，对于推动郭沫若整体研究学术水平向深度与广度发展起到了很大作用。

1995年，中国郭沫若研究会与厦门市文化局合作，召开了题为“郭沫若的女性观及其作品中的女性形象”的学术讨论会。会议对郭沫若这位现代大文豪在此方面的文化特征，进行了深入细致的讨论，赞扬了郭沫若的开创精神及其卓越成就。与会代表50人，提交论文11篇，并在《郭沫若研究》专刊中列专栏发表。

（三）展览陈列文物工作

1．文物藏品：

该馆收藏保存着大量文物，其中包括郭沫若的手稿，收藏的书籍、拓片、书画、信函、生活用品等。1995年，通过捐赠、收购等途径，征集到多件散失于社会的珍贵的郭沫若的题辞手迹，进一步丰富和扩大了馆藏文物的内容。

2．基本陈列：

该馆基本陈列由原状陈列与生平陈列两大部分组成，展陈以丰富的文物资料为基础，通过郭沫若在世时的主要生活场所及历史图片，郭沫若的手稿、著作版本等展品，面向社会，宣传郭沫若的崇高革命理想及其渊博的历史知识、高超的文学艺术成就，对观众进行生动而深刻的爱国主义教育。

3．专题展览：

该馆设有专题陈列室，不定期就郭沫若在各个学术领域或不同历史时期的某一方面成就，做专题介绍。已举办过“郭沫若的书法”、“郭沫若在‘五四’大潮中”、“纪念郭沫若诞辰100周年书画展”、“郭沫若著译版本展”、“纪念《甲申三百年祭》发表50周年展”、“郭沫若与少年儿童暨青少年教育基地活动展”等，这些内容新颖、题材多样、形式生动的专题展览，作为基本陈列的补充，丰富了该馆的展陈内容。

4．巡回展览：

为宣传郭沫若，扩大该馆影响，促进与外界的交流，该馆组织了数次国内外巡回展。如在日本东京、冈山、富山举办的展览；在上海、乐山、泰安等地举办的“郭沫若展”。1995年11月，在厦门、福州举办了“郭沫若展”。这些展览促进了中外文化的友好交流，丰富了国内当地群众的文化生活，并以翔实的史料、精深的研究成果获得有关专家的好评，从而收到了良好的社会效益。

中国边疆史地研究中心

1995年中国边疆史地研究中心，有14人次参加了国家、院和中心的重点研究项目。共发表学术论文32篇31.5万字，其他文章7篇11万字，调研报告3篇5.9万字；出版著作3

部74.5万字；出版学术资料2部55万字；出版刊物4期72万字；编发书稿3部107万字；编辑软件2件。9人次参加国内学术会议。

吕一燃主持《中国近代边界问题研究》（“七五”重点项目）完成初稿。林荣贵主持《中国古代疆域史》（“八五”重点项目）完成初稿三分之一。马大正《20世纪的中国边疆研究——一门发展中边缘学科演进历程》（1990年社科基金项目），完成定稿。马大正主持《中亚五国简史》完成初稿。马大正主持《当代中国边疆问题调研》第二期工程：（1）赴西双版纳考察，完成《云南边疆地区稳定与发展现状及其对策》调研报告；（2）完成《新疆地区反分裂斗争历史与现状：1950～1995年》的资料收集工作，在乌鲁木齐市召开两次课题组会议。马大正主持《中国边疆研究文献信息数据库管理系统》（中心重点项目）：（1）“当代中国边疆研究资料检索系统”已将1990～1993年共4年《参考资料》有关资料录入完毕；（2）“中国边疆史地研究人才库”输入人员资料255名。两库均已进入试运转阶段，可进行多种方式的检索、分类、打印，初步具备了对外开展咨询工作的条件。马大正主持《中朝历史关系资料整理与研究》（中心重点项目），完成资料调查工作。

1995年中国边疆史地研究中心还完成了如下科研任务：

1.《中国边疆史地研究》（季刊）1～4期，合计82万字。

2.《中国边疆史地研究通报》（论集），新疆人民出版社出版，28万字。

3.《当代中国边疆调研》（不定期），共出41期，近10万字。

4.《工作简报》，共出17期，3万字。

5.出版丛书5种，145.6万字。

（1）边疆史地丛书（黑龙江教育出版社）

卢明辉（内蒙古社科院历史所）《清代北部边疆民族社会经济史》，30万字。

张羽新（中国文物研究所）《清代前期西部边政史论》，31万字。

吕一燃主编《中国海疆历史与现状研究》，14.6万字。

（2）边疆史地文库（社科文献出版社）

郑汕主编（昆明陆军学院）《中国边防史》，47万字。

（3）中国边疆史地研究资料丛书（新疆人民出版社）

范秀传主编《中国边疆古籍题解》，23万字。

6.编发书稿3部，107万字。

（1）边疆史地丛书

马大正、刘逖《20世纪的中国边疆研究——一门发展中边缘学科演进历程》，25万字。

薛宗正（新疆社科院历史所）《安西与北庭——唐代西部边政》，35万字。

（2）边疆史地文库

郑汕主编《中国边防史》，47万字。

1995年，中国边疆史地研究中心科研组织方面在院领导和科研局、人事局指导下开展了如下工作：

1.在《中国边疆史地研究中心学科调整方案》的基础上完成了《中国边疆史地研究中心“九五”科研组织规划》的制订；

2. 完成1994年度和1995年度职称评定工作，范秀传晋升为副编审（1994年度），李国强晋升为副研究员（1995年度）；阎芳、寇俊敏聘为馆员（1994年度）；

3. 与本院历史所和云南大学共同完成了“中国边疆地区历史与社会研究云南工作站”的组建工作，并得到科研局的批准，马大正任工作站站长。

4. 完成边疆中心承担国家和院重点课题清理工作。

边疆中心承担“七五”重点项目1个，“八五”重点项目1个，社科基金项目4个，院重点项目2个。上述课题中，已完成4个，即《近代中国边界问题研究》（“七五”重点），《清代边疆政策研究》（社科基金项目），《二十世纪的中国边疆研究》（社科基金项目），《中亚五国简史》（院重点项目），1996年到期的《中国古代疆域史》（“八五”重点项目），已完成初稿三分之一，1996年到期的《当代中国边疆系列调研》第二期工程（院重点项目）已完成子课题一项。

《清代边疆政区沿革图集》、《中国边疆学概论》在限期内无法完成，予以撤项，上述课题负责人将继续研究，使之按质完成。

1995年中国边疆史地研究中心在对外学术交流方面也取得了较大成绩。

1. 完成外事局交办接待日本学者堀直教授访华接待工作。

2. 完成外事局与社科文献出版社交办《今日韩国》一书审读工作。

3. 李国强于7～8月赴越南进行了为期一个月的学术访问。

4. 7月下旬与日本京都府立大学若松宽教授等联合进行新疆阿尔泰考察。

5. 与吉尔吉斯斯坦共和国驻华使馆一等秘书古帮·朱萨耶夫进行了座谈。

此外，还先后接待了德国慕尼黑大学东亚研究所副教授达素彬博士、美国亚利桑那大学米华健副教授、日本国立地域企画交流中心松原正毅先生、哈萨克斯坦共和国哈萨克大学中国语言文学教研室克拉拉·沙·哈菲佐娃教授、韩国中央大学史学科闵丙勋教授、韩国汉城大学校人文大学东洋史学科金浩东教授等国家和地区的学者，开展了广泛的国际学术交流。

《中国边疆史地研究》（季刊，公开发行）

中国边疆史地研究中心主办，主编邢玉林。该刊1995年1～4期发表中国边疆史地学术论文41篇，书评14篇。其中有关海疆和界务、边界的学术论文质量较高。有关海疆的学术论文6篇，分别从历史和现实的角度，阐论了海疆的经略、归属和开发等问题，以期强化国人的海洋国土意识。有关历史上的界务交涉和边界问题的学术论文5篇，特别是两篇中英滇缅界务交涉的论文除涉及交涉的背景、过程，还评议交涉的经验和教训，极有“前事不忘，后事之师”之功用；而在有关边界论文中，吕一燃的两篇专为《早期中俄东段边界研究》一书而发，就若干观点和历史事实与该书作者商榷，较有影响。另外，第4期还刊发了关于成吉思汗陵墓位置的最新考证，对解开陵阙方位这一大谜案有推动作用。

附录　中国边疆史地研究中心下设机构及学术委员会名单

中国边疆史地研究中心下设研究部、编辑部、文献情报部。

中国边疆史地研究中心学术委员会名单：

主任：马大正（中国边疆史地研究中心研究员）

委员：吕一燃（中国边疆史地研究中心研究员）

邢玉林（中国边疆史地研究中心编审）

林荣贵（中国边疆史地研究中心研究员）

刘存宽（近代史研究所研究员）

郝时远（民族研究所研究员）

成崇德（中国人民大学清史研究所副教授）

城市发展与环境研究中心

1995年7月1日，在院领导的关心和支持下，城市发展与环境研究中心正式成立，基本上完成各项筹建工作，并且开始了科研活动，并取得了一定的科研成果，为1996年开始实施的“九五”规划打下了一定基础。

第一，完成了一批研究规划任务。中心在筹备过程中和正式成立后，按照中心的方针，承担和完成了一批城市经济社会发展战略的研究和编制任务，其中主要是：

《广西自治区防城港市经济社会发展战略研究（1996～2020年)》（与中国科学院地理研究所合作）

《安徽省天长市经济社会发展战略研究（1996～2010年)》

《广州城市国际化问题研究》

《中国昆山的崛起与可持续发展》

这些研究和规划成果不仅受到好评，而且被委托单位采用，正在贯彻实施。

第二，对城市发展与环境中的若干重大理论和实践问题进行了研究，并取得了成果。1995年，对城市发展理论、城市国际化、城市土地、城市房地产等问题进行理论研究，发表了有水平、有影响的报告和文章。《中国城市土地管理体系》提交给联合国开发署和亚太经社理事会组织的一个国际会议。全面地介绍了中国城市土地使用制度改革的成绩和城市土地管理体制。中心研究人员参加了《中华人民共和国土地法》难点问题的研究，撰写了两份研究报告，受到起草小组的好评，对制定《中华人民共和国土地法》发挥了积极的作用。中心还派出研究人员参加一些研讨会、论证会和鉴定会，加强了同城市和学术界的联系。

第三，研究和制定了中心的方针和任务。经认真的研究，明确了中心的重点学科是城市经济学、城市规划学、城市环境学和城市社会学，并且成立以建设这些学科为任务的三个研究室，配备相应的研究人员。

第四，重视了制度建设，建立并开始实施必要的制度和办法。如《城市发展与环境研究中心管理办法》、《城市发展与环境研究中心财务管理办法》等。建立了正常的科研和工作秩序。配备了必要的科研和办公设备，使科研和办公条件得到一定的改善。

第五，建立了党的组织，加强党的思想、组织和作风建设。在中心成立之后，很快建立了党的支部，组织党员和群众学习《邓小平文选》、党的十四届五中全会文件以及其他党的方针政策，不仅加强了党员和群众的思想建设，而且明确了科研方向，提高了工作积极性和责任感。

中心成立半年多以来，虽然以科研为中心的各项工作取得了一定成绩，但是远远不能适应形势的要求和客观的需要，同其他研究所相比也存在很大的差距。中心本身在科研组织、力量安排、培养人才，以及管理工作等方面都存在不少问题，需要在新的一年中加以解决。

中国人文科学发展公司

（一）组织机构及人员构成

1. 公司领导

总经理　白莲蓉

2. 所属机构及职责范围

（1）总经理办公室：为公司的综合性职能机构，负责全公司的财务、人事、文秘、档案、老干部工作及日常管理和协调工作。

（2）图书进出口部：承办有关人文及社会科学类图书、报刊、文献资料、允许公开的档案材料、研究成果及与此有关的幻灯片、科教片和缩微胶片的进出口及其代理业务，为院属各单位代理进口科研、办公设备，同时兼营广告业务。

（3）第一贸易部：以开展对韩国出口农副产品，对俄罗斯等国家出口各类轻纺工业品贸易为主，兼营其他各种非配额管理的产品出口业务。

（4）第二贸易部：以组织各类工艺品、考古复制品、仿制品出口为主，兼营其他商品贸易。

（5）国际交流部：承办中外合资经营、合作生产业务，组织接待国内外学术考察，举办和承办各类学术会议。

（6）信息事业部：以国际信息网络、信息技术服务与开发为主，兼营其他技术改造和开发业务，组织国内外各种培训业务、信息咨询业务。

豪普工贸公司：系总公司下设的全资内贸子公司。主要业务为生产、加工和经销各类工艺品、地毯、抽纱、仿古工艺品以及各类轻纺工业品，建筑、装饰、五金交电化工、百货等用品。

3. 人员构成

截至1995年底，公司实有事业编制人员为15人。其中专业人员9人，行政管理人员3人，工人身份3人。具有专业职务的人员中，高级职称1人，中级职称6人，初级职称2人。另有企业编制人员4人，离退休人员2人。

（二）方针任务

中国人文科学发展公司坚持为全院科研工作服务的方针，以服务促经营，以人文及社会科学研究成果进出口及相关业务为主，努力扩大其他业务；一业为主，多种经营，坚持内外贸结合，以外贸为主，进出口结合，以出口创汇为重点；依靠中国社会科学院的智力、信息资源优势和专家学者的支持，积极拓展经营范围，扩大业务规模。

（三）1995年工作概况

1995年全国外贸企业面临着机遇和风险并存的形势，人文公司正视现实，努力深化改革，抓住机遇，加快发展，全面完成了1995年的各项计划，在出口创汇方面跨上了一个新台阶。经济效益、销售收入均达到历史最高水平。在深化改革、强化管理、人才培养和队伍建设方面都前进了一步。

1．深化改革，强化竞争和激励机制。

1995年进一步完善了以双向选择、逐级聘任为主要内容的聘任制。在总结1994年试行聘任制经验的基础上，补充、修改和完善了聘任办法和实施细则，使之更符合公司经营机制转换，有利于促进人才流动。

坚持标准，严格考核。公司根据院关于管理人员考核的规定，结合公司工作特点，制定了考核德、勤、能、绩的具体标准，为聘任、奖罚、晋升等提供了较为科学的依据，并按照考核结果和聘任制的规定，处理了经考核不称职人员，向优升劣汰迈出了艰难的一步。

2．队伍建设取得成效，人员素质显著提高。

队伍建设是公司1995年的一项重点工作。企业的竞争从根本上说是人才和实力的竞争。多年来制约公司业务发展的重要因素之一是人才缺乏。1995年，从两方面加强队伍建设，一是采取多种方式提高现有人员的政治业务素质，二是选调业务骨干，充实和加强现有业务部，组建新的业务部门。一年内调入5名业务骨干，组建了国际交流部、信息事业部，加强了图书进出口部和贸易部的力量。使人文公司人员总体政治业务素质、知识水平、外语水平显著提高，敬业精神和凝聚力有所加强。

3．强化管理，健全各项制度。

（1）加强了财务管理和经营情况分析，完成了固定资产清理，有效发挥财务工作在公司经营管理中的作用。在清产核资中，经院有关部门检查，确认人文公司会计账目清楚、准确、真实，财务管理严格、规范，得到院主管部门的表扬。

（2）健全财务制度，完善管理办法。年内修订了利润分配和使用办法，制定了差旅费包干标准，招待费提成和使用办法。

（3）加强和改进了文秘档案工作，确定专人，明确责任，健全了文件传阅、管理、归档等项制度。

4．全面完成和超额完成了1995年各项计划指标。

在1995年，由于院领导的关心和支持，院属各单位的协助和配合，公司全面完成了年度计划各项指标。销售收入347万，出口创汇36.7万美元，首次完成外经贸部核定的计划指标，创收53.7万元。

5. 完成了中国人文科学发展公司与香港新亚洲基金会合资的东方城文化科技有限公司的注册手续。

该公司是在院主管领导直接主持和关心下，以院的房产出资的中港合资企业。人文公司根据院领导的决策，履行有关手续，提供企业法人的有关证明，参与筹备工作。1995 年 10 月合资公司正式成立。

（四）总结过去，规划未来

1995 年是中国人文科学发展公司成立的第 15 年，举行了公司成立以来的第一次庆祝活动。公司领导作了《艰苦创业，开拓前进的十五年》的汇报。回顾和总结了公司 15 年的工作，提出了今后 5 年的设想和展望。此次会议得到院主管领导的关心和支持，亲临会场给与指导，院属各单位的主要领导亦到会祝贺。主管副院长龙永枢在讲话中，首先肯定了人文公司 15 年来取得的成绩，指出人文公司在一没有自己的产品，二没有较为固定的渠道，三没有投入足够的经营资金，又缺乏外贸经营人才的情况下能有今天的规模，很不容易。他要求公司进一步发挥优势，改变劣势，加强主营商品，拓宽渠道，扩大经营范围，提高经济效益，为全院多做贡献。为此，要努力发挥“中国”字头外贸公司的优势，以社科院为依托，充分开发我院人才、智力和信息资源，把我院人文及社会科学研究成果更多地推向国际市场；继续转变机制，建立适应外贸经营的管理机制和利益机制；加强与院内各单位的合作，形成合力，发挥全院的综合优势；加强队伍建设，提高人员素质，争取经营、效益都达到新的水平；全院各单位要更多地关心、支持人文公司。院直属单位和各研究所的与会代表在发言中热烈祝贺人文公司建立 15 周年，感谢多年来公司在设备进口、提供外汇、图书出口等方面的成功合作，祝愿公司再创辉煌。

总结回顾 15 年的历程，展望未来，提出了今后 5 年的目标，到“九五”计划期末，人文公司要成为具有相当规模和创汇能力，销售收入、经营利润都有较大幅度增长的充满活力的外贸公司。同时，使国有资产不断增值，公司积累逐年增加。

中国经济技术研究咨询公司

中国经济技术研究咨询公司（简称中咨公司）是由中国社会科学院主管，依托社会科学界高级学者、专家，从事经济、社会、技术、法律、国际事务等综合性研究和咨询的服务公司。其宗旨，是通过公司组织的研究、咨询、学术交流、人才培养等活动，促进社会科学理论联系实际，推动社会科学的进步，为我国经济与社会的改革和发展以及中外经济技术合作做出应有的贡献，更好地为社会主义现代化建设服务。

经营范围：

公司承接各级政府、国内外企事业单位、各类经济和社会团体以及国际机构的委托，从事下列业务：

1．分析、预测世界经济和国内经济形势，对国内外市场状况、投资机会、信贷和贸易、市场价格进行调查，并提供信息、中介服务；

2．为有关部门、城市和地区制定社会、经济发展战略和规划，并提供政策咨询；

3．为国内外有关机构和企业进行行业发展、经营状况的调查；协助企业改善经营管理；为股份制公司设立和现有企业股份制改造提供文件起草和咨询服务；

4．为各级政府进行土地资源开发利用以及国内外客户进行房地产开发提供信息和咨询服务；

5．为国内外企业和其他经营实体合资、合作经营、资金引进提供中介代理的经纪服务；

6．为有关部门、地区、企业进行高科技应用开发和技术转让提供信息、中介和咨询服务；

7．协助委托人与外商谈判及开展国际商贸业务；

8．接受委托，组织各种学术会议和信息交流；编辑经济技术信息资料，有偿提供信息服务；

9．为国内外企事业单位、经济与社会团体和个人提供法律方面的咨询服务；

10．为有关部门、城市、地区、经济组织提供社会环境、社会心理及其他社会状况的咨询服务；

11．为有关企事业单位提供广告和公共关系咨询服务；

12．为有关部门、地区、企事业单位培养专门人才，举办社会科学领域的各类专业培训班；在层次人才开发利用方面提供多种服务；

13．结合社会、经济、技术方面的研究与咨询服务，开展专业考察、文化旅游服务。

经营准则：

该公司的经营口号是客户第一，信誉第一。公司本着信守合同、注重质量的经营方针，遵循国际公认的准则，开展国内外咨询业务，合理收取费用。为了确保咨询质量，维护信誉，该公司均以合同形式与客户发生业务往来；凡属重大项目的咨询报告均由该公司专家委员会评审后，向客户提供。

组织机构：

总经理	副总经理
总经理办公室	研究咨询部
经济开发部	国际合作部
培训部	

顾问及专家委员会：

公司聘请国内著名学者及社会名流担任顾问。

公司聘请有关高级学者、专家组成专家委员会，作为公司咨询评审的权威机构。

公司沿革及1995年以前的经营状况：

中国经济技术研究咨询公司于1988年9月经国家科委批准，在国家工商局登记注册。公司法定代表人李京文。公司成立后一直由院数量经济与技术经济研究所经营管理。为了适应改革开放的需要，为了更有利地发挥我院多学科的综合优势，为国家的经济发展提供更有效的政策咨询和管理咨询，1992 年院党委决定，中国经济技术研究咨询公司改由院直接管理，成为院办公司。1993 年 6 月，经国家经贸委批准，重新在国家工商局登记注册。公司法定代表人陈栋生。

1993 年 6 月公司重新登记注册以后，先后开展了一些咨询项目，如邯钢的管理经验的论证、安阳玻壳厂发展前景论证等。

第 四 编

科研成果及学术活动

一 一九九五年主要科研成果

经济研究所

《中国近代经济史（1895～1927年）》

汪敬虞（研究员）主编

专著 1400千字

人民出版社 1995年

该书是国家社会科学“八五”重点项目成果之一，是一部专论清末民初典型的半殖民地半封建社会时期中国经济史的学术专著。全书分三篇15章。导言部分主要从总体上对中国资本主义发展的时代环境、历史条件，以及1895～1927年中国资本主义发展的若干主要方面、主要特征等进行概括性的论述，并对有关概念、有关问题作一些说明；第一篇主要是外国对华贸易与中国国际收支、外国在华金融活动、外国对华贷款、外国在华企业等四方面论述中日甲午战争后帝国主义在中国经济势力的扩张和对中国经济领域渗透的历史，以大量史实揭露甲午战争后帝国主义加深对华侵略给中国经济造成的危害，以及分析外国资本主义“充当了历史的不自觉的工具”，对中国资本主义发展所起的某些客观促进作用；第二篇从地权分配、租佃关系、经营地主与富农经济、农产品商品化和农业生产力等方面论述了这一时期中国农业中封建经济的基本维持和部分变化等状况，并从财政税收、国内公债、经济政策和措施等方面论述了清政府后期与北洋军阀政府时期国家传统经济政策的承袭和更张，及其对中国社会经济的多方面的影响；第三篇主要从近代工矿企业、手工业、交通运输业、商业、金融业等五方面详细论述中国资本主义在各产业部门中的发展状况和发展特点等。该书的写作是建立在详细而扎实的资料工作基础上的，在研究领域上有开拓，观点上有新突破。

《论稳健的宏观经济政策与市场化改革》

张卓元（研究员）

专著 362千字

经济管理出版社 1995年

该书认为中国改革开放以来经济的快速、健康发展，是由于实施比较稳健的宏观经济政策和积极推进市场化改革。该书多篇文章论证中国必须实行稳中求进的方针，反对用通货膨胀政策支撑经济的一时高速增长。该书认为，中国要坚持市场取向改革。这种改革宜渐进推进，不追求一次到位。

《论中国价格改革与物价问题》

张卓元（研究员）

论文集 400千字

经济管理出版社 1995年

该书汇集了作者80年代后期和90年代初有关中国价格改革、物价问题、通货膨胀问题和价格理论的研究成果。该书从理论与实践结合上探讨了中国价格改革的规律性，90年代重点推进生产要素价格改革，抑制和治理通货膨胀的必要性、对策与经验，价格理论的突破对价格改革的推动作用等。

《从〈管子〉看小农经济与市场》

李根蟠（研究员）

论文 30千字

《中国经济史研究》 1995年第3期

该文从新的视角对《管子》进行了新的发掘，作者认为，自战国以来，中国小农经济独立性加强，与市场联系比较密切，流通成为小农再生产的必要环节，农村集市已经出现并较普遍；商人、高利贷者插足小农再生产过程。从小农与市场关系的发展看，以春秋战国之际为界，前后判若两个世界。但建立在以自给性生产为依托的小农经济基础上的传统市场，有自己特殊的经济概念、经济现象和经济运行方式。如表示产品和货币的“货”，也用来表示一般产品和财富；农业生产中的“本”只包括用货币从市场购买的那部分口粮和生产资料；粮价波动特别大并与其他物价的变动呈某种负相关等。价值规律或市场机制虽对农业生产起一定作用，但没有也不可能成为资源配置的基础。

《论中国经济高速健康增长的货币支持边界》

经济所宏观室 主持和执笔人刘迎秋（副研究员）

研究报告 12千字

《经济研究》 1995年第1期

从1993年第2季度开始，中国经济增长中的“膨胀”苗头逐渐明朗化。如何认识与处理中国国民经济高速增长与通货膨胀的关系问题，实质上也就是如何把握支持国民经济持续高速增长的货币边界（即怎样操作货币政策才能既保证国民经济实现持续高速增长、又不会导致过高的通货膨胀）的问题。该研究报告就是围绕上述那样一个中心论题展开分析和阐述的。报告正文未涉及与宏观经济政策操作紧密相关的财政部门以及与经济增长密切联系的国外部门，重点讨论的是一个封闭条件下的两部门宏观经济理论与政策模型。首先，该报告确立了一个关于支持国民经济高速增长的货币边界理论模型和作为确定货币支持边界客观前提的适度经济增长率（9.64%±1～1.5%）。其次，通过对决定或影响通货膨胀的几个基本因素（如国民经济市场化指数、经济增长率本身以及货币供给及其流通速度等）与通货膨胀率的相关分析，得出了由这几个因素所决定的能够支持国民经济持续高速健康增长的货币边界，即货币供给的增长率大体是GNP增长率的1.77～2.06倍这样一个理论和政策界限。同时指出，根据我国经验，一般情况下，当GNP增长率较高时，货币供给的增长率就应低一些；反之，则应当高一些。但不能过多地超出上述政策目标界限。最后，报告针对中国宏观经济运行现状，提出了要使货币政策操作对象的变动轨迹接近于前述政策参数，一个基本对策就是学会同时运用行政性货币调控手段和市场性货币调控手段，要尽可能使行政性手段的运用建立在充分的市场选择基础上，切忌主观随意性，逐步形成能够根据宏观经济运行周期波动规律的宏观政策的超前审慎选择，通过理性的和能动的逆向调节，达到有力推动中国经济持续高速健康成长的目的。

工业经济研究所

《中国国有企业改革的问题与前景》（英文）

金碚（副研究员） 合作者（日）石原享一、吕政、张世贤

专著 约130千字

（日本）亚洲经济研究所 1995年

该书是由中日两国学者合作完成的一个研究项目的最终成果。全书共分四章，主要研究和论述了自1993年中共十四届三中全会通过了《关于建立社会主义市场经济若干问题的决定》以来，中国国有企业改革的进

程以及与之相关的国家经济管理体制改革和政策调整的状况。

该书回顾了国有企业改革所经历的曲折道路，分析了在向社会主义市场经济体制转轨过程中，中国在国有企业改革方面所作的种种探索和试点，及其成败得失和经验教训。进而讨论了目前国有企业改革仍存在的问题、困难以及前景。

军工企业是中国国有企业中的一个特殊的也是很重要的组成部分，该书回顾分析了中国军工企业发展的历史和现状，着重研究了军事工业转向民用工业的历史背景、主要成果、存在的矛盾以及未来的出路和前景。

国有企业的改革与国家经济管理体制的改革有着直接的和密切的关系，所以，该书较全面地研究了自1992年以来国家经济政策调整、经济管理机构改革、市场制度建设等方面的情况，并对向市场经济转变中的重要经验和教训进行了系统的总结。

《经济转轨时期的产业政策——对中国经验的实证分析和前景展望》

江小涓（副研究员）

专著　300千字

上海三联书店　1995年12月

该专著对中国以往17年推行产业政策的过程、实绩、影响因素、前景等作了全面、系统的实证分析，在国内这类研究尚属首次。

全书分三部分。第一部分总结、分析过去17年中国推行产业政策的实际过程，按时间序列和横截面两个角度描述了中国产业政策的全貌。第二部分分析各类产业政策的实效及影响产业政策效果的主要因素，并特别分析了政府在推行产业政策中的行为。第三部分分析在市场经济条件下如何制定与推行产业政策，并提出了中国应继续坚持的主要产业政策及执行中的策略选择。

有新意的观点主要有以下几点：(1) 用公共选择理论的框架，结合中国的实践，分析政府在产业政策制定中的行为，认为政府的动机、能力对产业政策的效果有明显影响，并做了具体分析。(2) 对推行过的产业政策的实际效果进行了详细的分析，特别指出一些产业政策效果很不理想，有其必然性。(3) 认为在市场经济条件下，产业结构的调整主要靠市场机制，产业政策只能在与“市场失效”有关的领域中发挥作用。(4) 特别分析了如何通过设计产业政策的执行策略，强化产业政策的执行效果。

《最新财务分析指南》

张金昌（助理研究员）

专著　190千字

经济管理出版社　1995年2月

该书深入浅出地论述了掌握企业经营及财务状况，了解企业支付能力、偿债能力、经营风险以及获利能力的基本理论、方法和指标，并探讨了评价企业资金结构和资金平衡情况、判断企业经营管理水平和发展潜力的基本方法、指标和技巧。该书的特点是语言简炼、理论阐述与案例分析相结合、可操作性较强。

《九十年代中期劳动就业的新特点》

陈乃醒（研究员）

论文　3千字

《光明日报》　1995年7月26日

90年代中期我国劳动就业出现了一些新特点：

——以市场导向的劳动就业方式基本形成。我国几乎所有的县和市辖区，都建立起了劳动力市场和人才交流市场，招工招干公开报名考试录用，基本实现双向选择。

——农业劳动力转移十分迅速。1994年底全国共有农村劳动力4.4亿，在乡镇企业就业的有1.2亿，长年在城镇务工经商的0.8亿，农闲进城务工经商的0.2亿，约50%转移出来。

——城市失业率呈现均质化趋势。由于农村劳动力转移速度快，农村劳动力人口失业率下降，而城镇失业人口有所增加，城乡失业率大为缩小。

——劳动就业的法制化管理有了突破性进展。《中华人民共和国劳动法》的颁布，标志着我国劳动就业的法制化管理进入了一个新阶段，开始适应劳动市场导向的需要。

——非国有经济成分成为安排就业的主要渠道。1994年城镇国有单位职工10890万人，比上年减少30万人；城镇集体职工3211万人，比上年减少182万人；其他类型职工增加212万人。

——人们的就业观念发生了很大变化。在我国过去人们企盼职业稳定，选择一次性就业，现在开始变为能否实现个人的价值为标准，可以多次选择职业，市场环境也为这种多次选择提供了可能。

《从生产资料形态转向货币基金形态——国有小企业如何深入改革》

陈乃醒（研究员）

论文　3千字

本院《要报》　1995年第15期

该文分为四部分：

(1) 国有小企业改革的方向是股份合作制。国有小企业目前经营状况很不好，为数不少的企业处于亏损状态。这一方面使国有资产在不断地流失，另一方面也给地县财政造成负担，同时职工收入水平下降，改革刻不容缓。改革的方向是股份合作制。由于国有小企业资金少、技术水平低、生产规模小，这样的企业非常适合于股份合作制的所有制形式。在股份合作制企业中，职工既是劳动者，又是股东，靠近决策中心如利润中心，有利于调动积极性。

(2) 国有小企业向股份合作制转变，不应当只限于亏损企业，而应以盈利企业作为试点。盈利企业转轨中，价格可能高于价值，实现国有资产增值。

(3) 国有企业向股份合作制转变，应由银行作为媒介。国有小企业资产评估后，以其价值存入银行；银行再以相同价值贷给企业职工，由职工认购，并负还本付息的责任。国有资产的所有者则为债权人，企业利润转为银行利息。

(4) 国有资产转为货币形态后形成四大基金。即生产发展基金、科研文化教育基金、基础设施建设基金、社会保障基金。

《关于国有企业的制度创新》

韩岫岚（研究员）

论文　7千字

《企业活力》　1995年第5期

所谓制度是规范人们行为的规则和习俗，它包括国家成文的法律、条例和规定，也包括人们在长期生产经营活动中形成的习惯和道德规范。创新是建立一种新的生产函数和组织制度秩序。国有企业的制度创新是建立适应社会化大生产和社会主义市场经济发展要求的现代企业制度，使企业真正成为法人实体和市场竞争主体，为社会经济发展构建具有活力的微观基础。它是对我国传统企业制度的一次革命。其内容：一是产权制度的改革。要明确企业产权主体，承认企业的法人财产权；变企业财产单一所有为包括国家在内的多元投资主体所有；明确国有资产投资主体和国有产权代表，使产权主体进入企业。二是权责关系的重组。主要是用法律形式界定所有制（出资者）、经营者和生产者之间的责任、权力和利益关系。三是组织体制的再造。使企业组织规模适度化；组织结构多样化；治理机构科学化。四是管理制度的重建。建立规范化的领导制度，双向选择的人事劳动制度，效率优先、兼顾公平的收入分配制度，科学的财务会计制度。同时强调使企业改革步入制度创新的新阶段，是增强企业活力的关键所在。

《尽快建立企业管理创新机制》

韩岫岚（研究员）

论文 7千字

《中国工业经济》 1995年第5期

针对我国企业在建制转机中需要尽快建立管理创新机制的必要性和紧迫性，明确提出企业管理创新属于动态管理，即指企业随着科学技术和生产力的发展，在已经达到的管理水准基础上，为主动适应外部环境，推动管理要素在质和量上发生新的变化和组合，以提高管理整体效能。首先，分析了我国企业缺乏管理创新行为的外在表现：思想上重视程度差，时间上投入比例少，精力投入少，效益上定量评价难。其次，研究了管理创新行为不佳的深层原因，主要是：缺乏内在的激励机制和外在的压力机制，以及市场的诱导机制不完善和企业家的成长机制未形成。再次，结合上述分析研究提出建立企业管理创新机制的关键：一是树立管理是生产力的观念；二是实行管理创新的政策诱导；三是规范市场竞争秩序；四是建立管理创新的激励机制；五是尽快培养职业化的企业家队伍，形成企业家的选拔、激励、监督、约束和绩效评价机制。最后特别指出了管理创新是客观环境和主观意识的统一，是规律性和创造性的统一，是管理理论和管理艺术的统一等特性。

《我国企业管理需要进行一场深刻变革》

郑海航（研究员）

论文 12千字

《中国工业经济》 1995年第10期

该文作者带领院招标课题“严重亏损国有企业的现状及出路研究”课题组，对一些城市的严重亏损国有企业进行了系统调查后，提出了“管理也要改革”的新见解。

作者指出，在他们的调研中发现，有些在计划经济体制下曾是“先进企业”的国有企业，在转入市场经济体制后，跌为“亏损大户”。分析其主要原因，则是同计划经济相适应的传统企业管理的管理观念、管理方式和方法大大落后于激烈竞争的市场经济的客观要求。因而，在各级政府号召要加强企业管理的时候，必须认清企业管理在内容上的这一深刻变化，不能“刻舟求剑”式地“加强”传统的企业管理，而是按市场经济的要求，彻底转变观念，建立全新的企业经营理念、经营战略、经营策略、决策方式、组织结构和管理模式，一句话：“管理也要改革”——用改革的精神加强企业经营管理，用改革的精神批判同计划经济相适应的企业管理学，重建同市场经济相适应的企业经营管理学。

《关于提高资金利用率的几个问题》

金碚（副研究员）

论文 9千字

《中国工业经济》 1995年第7期

该文从资金利用效率的角度，分析我国从低效益经济增长向高效益经济增长转变中存在的几个突出问题。文章指出：自从70年代末80年代初以来，实行经济体制改革尽管取得了很大的成绩，从计划经济向市场经济转变的进程稳步推进，但在投融资领域以及与资金有效配置和利用直接相关的环节，改革严重滞后，越来越不适应我国工业化向纵深推进对资金配置机制的要求，使资金利用效率低下成为棘手难题。资金效率低下不是一个简单、孤立的现象，它反映的是整体经济效率低下这一深刻的事实，因此，解决资金利用效率低下问题，必须从多方面和多层面的体制改革和政策调整入手。

《论国产工业品及民族工业面临的国际竞争》

金碚（副研究员）

论文 9千字

《中国工业经济》 1995年第12期

由于国际分工和生产的国际化，国产工业品的概念发生了变化，但是，一国工业化的实质仍然是国产工业品的大规模生产和民族工业的建立、壮大和发展。我国经济的对外开放意味着我国的民族工业将全面暴露在激烈的国际竞争中，不可避免地经历三种不同形态的国际竞争。其中，资本实力的竞争是一种最高形态的国际竞争，所以，引进外资并不是“草船借箭”，它实际上是民族工业参加国际竞争的一个重要领域。总之，对外开放决不是一条铺满鲜花的平坦大道，我国民族工业正面临着全面、深刻的国际竞争的严峻考验。在这一形势下，提高比较生产力，增强国际竞争力，已成为我国民族工业生死攸关的问题。我们必须以新的国际竞争观念、新的国际竞争战略和新的国际竞争政策，来适应日趋激烈的国际竞争形势。

《关于两岸工业经济关系及政策的研究》

金碚（副研究员）

论文 6千字

《中国工业经济》 1995年第1期

该文比较了大陆和台湾的工业经济特征，分析了两岸间的互补结构和合作亲和力，研究了两岸政策取向的差异以及造成这些差异的原因。文章指出：两岸间政策取向的差异往往与各自所处的客观地位以及面临的实际条件有关，但是这些并不构成对两岸经济关系的破坏性影响。只要坚持互利，两岸经济交流与合作就会良性发展。互利性越强，交流与合作就越不可阻挡，而真正的困难是来自两岸间的政治对立。因此，在现阶段，发展两岸经济交流需要最大限度地实行政治与经济分开。当然，政经完全分开是不可能的，但是，在政策上尽可能分别对待和处理政经问题，则是当今世界解决分歧和矛盾的一个基本原则。只要实行政经分开的原则，经济关系发展了，交流和合作日益深入人心，终将为消除政治对立创造条件。

《提高电子产品质量的难点及对策》

张金昌（助理研究员）

论文 7千字

《中国电子报》 1995年7月4日

该文从电子产品在国民经济中所处的地位以及电子产品生产和质量形成的特点出发，结合从上海、南京两地有关企业调查了解到的实际情况，从宏观和微观两方面探讨了形成目前我国电子产品质量低的具体原因，论述了提高我国电子产品质量在技术、资金、市场、人才、宏观质量管理政策和企业内部管理等方面所遇到的难点问题，提出“九五”期间振兴我国电子产品质量的对策意见。电子工业部主办的《中国电子报》以整版篇幅刊登了该文。

农村发展研究所

《1994年中国农村经济发展年度报告兼析1995年发展趋势》（绿皮书）

邓英淘（研究员） 合作者薛玉炜、刘建进、杜吟堂、杜志雄等

专著 200千字

中国社会科学出版社 1995年3月

该专著是第3本经济绿皮书，主要内容和观点包括：（1）农业：1994年农业产出结构的调整幅度仍较大，全年生产总水平属增长较快的年份。比较突出的问题有：长期性生产投入不足，农业基础脆弱；国家宏观

调控乏力；地区间农民收入差距不断拉大；流通渠道明显阻滞；生产资料价格上涨过猛。(2) 非农产业：增长速度比上年有所回落。其特征表现为：技术进步的贡献率有所提高；企业规模不断扩大；出口倾向明显加强；东西合作受到重视。存在的问题包括：吸引就业能力仍在下降；流动资金严重不足；增本减利因素增加，效益不够理想。(3) 农村经济与国民经济：1994 年中国经济结构素质处于近几年最低水平，全国产业结构的非正常偏离度加大的主要原因在于：农业和农村工业的产值比重和就业比重之间的扭曲加剧。(4) 长期发展：为实现农产品有效供给增加和农民农业收入增加的长期协调发展，应以国家增加农业投入(特别是农田水利、农业科技研究与推广)的方式，提高农业产出的单产水平，降低农户所承担的生产成本份额；并引导和鼓励农民合作组织进入农产品流通、加工领域，降低其流通成本。

《现代中国农村财政问题研究》

孙潭镇（副研究员）　合作者朱钢、王朝才、张留征、石刚

专著　200 千字

经济科学出版社　1995 年 2 月

该专著对我国农村财政运行机制的现状、特点及问题进行了系统的理论阐述和实证分析，特别是系统深入地研究了农村改革以来所出现的日益膨胀的制度外财政问题，并提出了改革农村财政体制的政策性建议。主要内容包括：(1) 系统地分析了乡镇制度外财政产生的原因、制度外财政收入来源及特点、制度外财政支出的功能和作用，指出了制度外财政是市场经济发展和财政体制改革滞后矛盾的产物，它具有生产性、提供公共产品和处理外部效应的特点，也具有较大的随意性和不稳定性。(2) 对 1979 至 1992 年的中国农业财政发展进行了系统的实证分析，包括农业财政管理体制、农业财政收入的形式、总量与结构、农业财政支出的渠道与资金流量、农业财政支出的规模与结构，以及对 1979～1992 年农业财政发展的评论等内容。(3) 地方财政的回顾与改革，提出了地方财政制度改革的方向。(4) 分析了农民负担与农村财政体制之间的关系，指出了近几年来农民负担日益加重的原因之一是农村财政体制改革的滞后。(5) 对不同发展水平地区的农村财政的运行机制、特点、问题等进行了系统的比较分析。

《摆脱贫困之路——丹凤县脱贫思路探索》

王贵宸（研究员）等

专著　212 千字

中国林业出版社　1995 年 11 月

该书比较全面、系统地剖析了一个山区贫困县，提出了摆脱贫困的建议：(1) 发挥区位优势，实施区域经济发展中的区位突破。(2) 抓住“瓶颈”环节，改善和转变限制因子，加速经济振兴。(3) 开发传统产业，夯实振兴基础，形成经济支柱。(4) 发展二、三产业，培养骨干财源，增强地方财政后劲。(5) 强化人口计划，发展文化教育，努力提高劳动力素质。该书还阐述了精神文明建设、基层班子建设方面的重要问题。

《培育市场的一条新路——北京大钟寺农副产品批发市场》

庾德昌（研究员）等

专著　240 千字

北京农业大学出版社　1995 年 12 月

以记实的形式历史地、全面地、客观地向读者介绍了大钟寺农副产品批发市场产生与发展的过程，着力捕捉和概括出了大钟寺农副产品批发市场的基本特征：与农村和农民有着特殊的关系；服务至上；双重管理的

体制；综合经营的道路；最大的市场调节与政府的行政支持相结合的运行机制。该书向读者揭示了大钟寺市场的意义，指出这一市场的建立是对旧的流通体制的进一步突破，认为这类市场是新流通体制的一个生长点。研究大钟寺市场的目的不仅仅在于获得一些具体认识，也在于去发现和把握其中市场经济发展的一般规律，大钟寺市场给人们的启示是：农民可以开办大市场；开办大市场的关键在于改革；市场的完善不可能一蹴而就，市场建设不能毕其功于一役，有一个由低级向高级发展的过程。

该书出版之后，得到国内、国外有关人士的欢迎，书中的一些观点和章节在《中国农村经济》、《经济信息》、《信息周报》等刊物中刊载。

《山区生态经济开发之路》

林庆发（副研究员）

专著 113千字

人民军医出版社 1995年5月

该书结合我国山区历史和现状，同时借鉴国外经验，总结提出了符合我国山区特点的生态经济发展类型和模式，包括山区立体农业、山区生态经济沟建设、山区小流域综合治理、山区庭院经济开发、山区生态林业建设等，并介绍了一些山区脱贫致富的实例。该书内容丰富，资料翔实，提出的对策与建议，可供山区建设者和扶贫工作者参考。

《本世纪末农村富余劳动力转移的研究》

韩俊（研究员）

论文 39千字

《经济研究资料》 1995年第120期

中国作为一个人口大国，农业发展面临的最大制约就是农业部门剩余劳动力的大量存在。改革开放以来，中国农业剩余劳动力的转移取得了举世瞩目的成就。尽管如此，目前农业劳动力的就业压力并没有得到很大缓解。数以亿计的农业剩余劳动力的存在，不仅是人力资源的巨大浪费，而且随着时间的推移，会演化成为一个严重的社会问题。解决农业剩余劳动力的出路问题，是中国现代化进程中面临的一个极富挑战性的难题。该课题利用大量资料对我国农村劳动力转移的现状与特点进行了描述，并着重对本世纪末农村剩余劳动力转移的前景及转移途径和对策进行了分析和探讨。

《财税体制改革对农村发展的影响》

朱钢（副研究员）

论文 10千字

《中国农村观察》 1995年第4期

该文系统地分析了1994年财政、税收体制改革将可能对农业以及整个农村经济、社会发展产生的影响，并提出了若干政策建议。该文认为，从长远看，1994年的财税体制改革将有利于国家宏观经济调控体系的建立，并最终有利于农村社会、经济的发展。但从短期看，由于政策的不配套等因素，将可能产生一些不利于农村经济发展的问题，它主要包括：（1）地方政府对农业投入的减少；（2）税制的改革将影响到中西部地区与东部地区差距的缩小；（3）基层政府财政收入的减少可能会影响到政府公共职能的履行和农村公共事业的发展。针对上述可能出现的问题，作者提出了一些对策建议，它包括：（1）矫正宏观农业投资行为，如建立以中央财政为主体的农业投资体系；（2）正确划分各级政府事权范围，明确政府职能；（3）规范政府财政，调整政府行为；（4）完善财政转移支付制度。

财贸经济研究所

《国内外市场接轨的理论与实务》

杨圣明（研究员）主编　合作者温桂芳等

专著　350千字

中国社会科学出版社　1995年12月

为发展中国的市场经济，创立具有中国特色的社会主义市场经济体制，使中国走向世界，也使世界了解中国，参与中国的现代化建设，迫切需要按照国际惯例和基本原则，逐步实现中国市场与国际市场的接轨。该书依照马克思主义的世界市场理论和国际价值理论，按照WTO（世界贸易组织）的要求和一般的贸易规则，对我国国内外市场接轨的理论以及相关的金融、财政、外汇、内外贸、价格、会计、审计、统计等领域实行接轨的必要性、可能性、存在的问题和改进的意见等等方面，作了详尽分析和论证。作者强调了改革与开放的辩证关系，认为开放以改革为基础，改革又以开放为前提。中国的开放及其走向世界的速度，除了取决于国际环境外，主要是由国内改革的进程决定的。不顾国内条件，急于开放更大更快，可能事与愿违。作者也指出，有的所谓国际惯例，是在个别大国操纵下形成的，仅仅有利于少数发达国家，而有损于大多数发展中国家。对于这种情况，不能奉若神明，应与大多数发展中国家一道，逐渐加以破除，代之以新的符合大多数国家利益的贸易规则。

《沿边开放：跨世纪的战略》

陈家勤（研究员）　合作者穆德富、于立新、裴长洪、冯远、王迎新、夏先良、孙亮、沈进建、李岩

专著　258千字

中国经济科学出版社　1995年12日

该书具有以下三个特点：

（1）作者提出富有独到见解的新观点。例如，提出“建立区域经济市场是沿边地区对外开放的一个重要目标”，认为区域集团化和世界经济一体化趋势，决定我国与周边国家建立区域经济市场的必然性，而我国与周边国家仍然存在经济技术水平的差异，又决定发展区域市场的必要性。作者提出并论述了建立东北亚区域市场、中亚区域市场、东南亚和南亚区域市场的设想及可能性，等等。

（2）作者提出的政策建议对政策制定部门具有重要参考价值。根据GA77第二十四条规定，一个缔约国给予周边国家的特殊优惠可以不适用于其他缔约国，为我国制定边境贸易政策提供了合法依据，等等。

（3）作者的一些对策设想具有一定的预见性。建议国家及早开放西藏亚东口岸。提出亚东口岸很可能在未来成为我国西南地区最大的过货口岸和贸易中心；以亚东口岸和拉萨为中心，依托川、青、滇、贵为广大腹地，对外向印度、锡金、不丹、尼泊尔，并向东南亚和中东辐射，构成以南亚为主体的印支半岛和中东区域市场的设想，具有超前性。

《FDI与中国开放型经济研究》

裴长洪（研究员）

专著　250千字

中国青年出版社　1995年12月

该书是一本描述外商直接投资以何种方式，并在多大程度上对我国开放型经济的主要领域产生了影响，以及探讨未来趋势与政策的研究性著作。主要内容分为十章。第一章主要是为了说明二战后外国直接投资对各国经济增长的意义，指出该书研究的目的。第二章主要介绍了资本国际流动理论在西方学术界的起源和发展，同时探讨了邓小平利用外资思想与马克思主义国际分工理论继承

与发展的联系。第三章主要分析了我国与其他发展中国家吸收FDI在政策目标、政策环境方面的共同点和不同点。第四章和第五章对FDI在我国的现状，对我国国民经济的影响进行了实证分析。第六章对FDI如何影响我国与世界经济体系的联系以及生产国际化的方式进行了分析和判断。第七章描述由于FDI的发展引起我国国民经济宏观调控机制和方式的可能变化和未来方向。第八章描述了FDI对我国向市场经济转型的促进作用以及与中东欧国家的比较。第九章对我国进入多边国际经济贸易体制后，吸收FDI所需进行的政策调整进行了分析和探讨。第十章从我国开放型经济发展的趋势出发，对90年代中后期我国吸收FDI政策的战略调整方向进行了初步探讨。

《现代资本市场的理论与实证分析》

房汉廷（副研究员）

专著 200千字

东方出版社 1995年3月

该书是一部以日本资本市场为分析重点的理论与实证共融的专著，也是我国在这个领域最早出现的系统性成果之一，对中国资本市场的发展和有关理论的深入研究，都具有很好的借鉴、启示意义。该书的主要特点有四：一是补白性，即它填补了我国在资本市场理论研究中的欠缺，弥补了我国对日本资本市场研究的不足；二是宏观性，即它把研究视角放到了资本市场与整体经济的相互作用上，而把微观的技术问题淡化，使其特别具有宏观意义；三是超前性，即该书从选题到完成，都超出了当时的社会条件，体现了作者的预见性；四是广博性，即该书不仅分析了日本资本市场的现象、根源和波及效应，而且条分缕析地分析了中国资本市场的“未来像”，给人以大量信息和见解。

该书分为上、中、下三篇12章，上篇的主要内容是理论分析，中篇是日本资本市场和相关经济问题分析，下篇是扩展分析，集中探讨了中国资本市场的培育问题。该书出版后，在社会上尤其是证券界引起非常广泛的重视，上海证券界、深圳证券界和北京的一些同仁对此书都给予了很高的评价。

《促进中国经济持续有效增长的财政政策选择》

刘溶沧（研究员）

论文 12千字

《财贸经济》 1995年第3期

论文在规范分析方面，重点论述了社会主义市场经济条件下财政政策变量对国民经济持续有效增长的影响与作用；在实证分析方面，紧密结合中国的经济增长状况，重点分析、揭示了影响我国经济持续、有效增长的财政政策因素，其中尤以财政收入增长与经济增长严重失调、税收对经济增长调节乏力、财政支出结构不合理及支出政策僵化等，对经济有效增长的影响最大。论文最后提出了促进我国经济持续有效增长的若干财政对策：在经济总量与财政政策的宏观把握上，注意保持财政收支与经济发展之间的适应性增长态势；注重财政支出政策的选择与重构，特别是注意解决因支出结构失调而对经济有效增长产生的制约与负面影响；实行刺激和鼓励企业投资、增强企业发展后劲的税收政策；研究促进我国科技进步的财政政策。

《关于发展连锁经营的几个问题》

郭冬乐（研究员）

论文 10.5千字

《当代经济科学》 1995年第5期

该文论述了国际上连锁经营的兴起、发展和基本类型，连锁经营的特点和本质要求，我国发展连锁业的现状、问题和困难，以及我国连锁经营健康、规范化发展的对策与建议。我国连锁经营虽说从总体上还处在起步阶段，但它的优越性已开始显现出来，为我国流通结构的重组、流通方式的调整和国合商业的改革注入了新的现代化经营机制。但问题和困难较多，主要有：(1)体制制约、政策滞后使连锁规模发展艰难。(2)资金紧缺，网点发展慢。(3)管理水平不适应。(4)物质条件差，影响了连锁经营功能的发挥。促使我国连锁经营健康、规范化发展的相应对策是：(1)搞好连锁经营试点，坚持规范起步。(2)既要在多个行业内发展，又要突出重点。(3)加强与生产企业的联合和合作，沟通产销之间的关系。(4)抓紧研究连锁经营的立法和连锁业的服务规范。(5)扩大对外开放，允许试办中外合资经营连锁商业，发展国际性的连锁经营组织。(6)积极培育和建立各类连锁协会。(7)加强政府对连锁业的政策扶持。(8)抓紧人才培训。(9)重视科技的力量，逐步推行商业的现代化、自动化。

《企业产权：资本金、负债金和资产》

王国刚（研究员）

论文 7千字

《经济研究》 1995年第12期

确立企业产权，应注意处理好资本金和负债金的关系。资本金是投资者在创办企业或扩大企业规模时，为满足企业营运的基本需要和承担债务偿还责任而投入企业的基本资金，即本金。负债金是企业在运营过程中，由于各种原因（如资金周转困难）而借入的资金。显然，资本金和负债金有着本质的区别。企业的法人财产权主要涉及两方面内容：资本金和负债金。从资本金方面看，企业产权强调，不同所有制的财产在企业中可以相容，投资者和用资者处于平等地位，资本一旦注册就视为企业财产。从负债金方面看，负债金在契约规定的期限内，其运用权归企业；债务到期，若企业无力偿还，必须实行资产清算。

《中国期货市场风险成因分析》

陶琲（研究员）

论文 8千字

《财贸经济》 1995年第3期

期货市场的发展和成长，不仅改善了我国市场体系的状况，而且，正在推进着社会主义市场经济体制的进一步完善。市场发育的不成熟性是当前中国期货市场的根本特征，是构成我国期货市场风险的主要原因。

由于压缩了市场的发育过程，某些商品交易所并非是由一个发展的商品市场发育而成，而是由市场外部的组织者营造出来的，组建交易所的责任落在层层政府的相关部门肩上。由此形成了由政府行业主管部门或部分大企业出资的非会员制的所谓事业法人组织。千丝万缕的行政联系网络，很难为交易所创造出真正公平竞争的环境。造成由于政府主管部门的直接间接干预带来的风险。

投机过度带来市场风险。利益驱动着投机者入市。投机者可以从商品供求、汇率变动、双轨制价格补贴等方面获利，从而加大了市场风险隐患。

目前期货交易法律法规很不完善，不利于期货市场加强风险管理。应当把期货市场的风险管理尽快纳入法治的轨道。

《农业、农价与治理通货膨胀》

温桂芳（研究员）

论文 12千字

《管理世界》 1995年第3期

治理通货膨胀必须十分重视农业问题，其原因在于：农业的供给情况对市场稳定关系极大；农价能否稳定，对整个市场物价的稳定起着举足轻重的作用；农业与工业的发展严重失衡，就会引起通货膨胀。改革以来，曾经发生过多次因农业问题而导致市场物价水平大幅度上涨就是有力的证明。所以如此，问题有三：一是农业增长方式不能适应情况的变化而变化，对农业的投入明显不足，导致农业增长过慢，不能适应整个国民经济高速发展的需要。二是农产品与工业品比价不合理，“剪刀差”扩大。三是从深层次分析，根本原因在于在指导思想上还没有摆脱计划经济体制下长期形成的重工轻农、重城轻乡思想和“恩赐”意识，把农民推向市场后撒手不管，把农业变成“三口”农业，调控不力，保护不够，投入不足。因此，要抑制通货膨胀，一定要保障农业这个基础能够稳定地发展。第一，要完善农业立法，用法律形式确保农业稳定发展所需资金。第二，要进一步加强对农业的保护，如强化保护意识，完善财政对农业的投入与补贴政策，完善对主要农产品的价格保护制度，加强对耕地及其他农业资源的保护与管理，建立真正能够代表农业的比较收益，增加农民的收入。

《供销合作社的历史经验》

白仲尧（研究员） 合作者潘遥、陈远祥

论文 20 千字

收入《货殖》第一集，中国财经出版社 1995 年 9 月

供销合作社是农民集资入股、自愿组成的合作经济组织。在急于过渡的思想影响下，供销合作社同国营商业曾三次合并、又三度分开。中国是一个农民占多数的国家，农民需要供销合作社。供销合作社的动荡不安，对中国经济社会的发展十分不利。因此，供销合作社必须保持组织上的独立性与完整性，坚持社员集体所有制与民主管理，根据农村、农业、农民的需要实行综合经营，为社员提供多种服务，转换经营机制、改善经营管理、提高经济效益，以增强经济实力。只有这样，供销合作社才能较好地组织和引导农民进入市场并帮助农民通过市场实现共同致富。由于供销合作社组织不稳定，一些部门利用行政权力侵占和平调供销社财产、限制供销社经营等行为屡有发生，党和国家还需采取一定措施，保护供销合作社集体所有制，支持供销合作社的经济活动。

《国际资本流动与我国宏观经济稳定》

李扬（副研究员）

论文 14 千字

《经济研究》 1995 年 6 月

该文从我国外汇储备自 1994 年初开始大量增加的现象开始分析，较全面地探讨了我国经济进一步对外开放之后宏观调控面临的新问题。(1) 该文实证地分析了外汇储备增加对于我国宏观经济运行的各方面影响，特别指出了外汇储备的动态已经成为影响我国货币供应的主要因素，并对开放经济下货币政策的目标和手段进行了探讨。(2) 文章分析了我国利用国外储蓄的历史和现状，回顾了我国国家银行系统存贷差额的历史动态，并且初步分析了我国已经出现的游资现象。在综合分析的基础上，文章指出：由于国内金融体制的分割和扭曲，我国从 90 年代开始已经出现了国外储蓄（外资和外债）替代国内储蓄的现象。(3) 文章进一步从全社会资金流动的角度，指出：在开放经济条件下，必须从内外两个平衡的高度来调控宏观经济运行的必要性，并对开放经济条件下宏观经济平衡的理论进行了初步探讨。(4) 文章最后指出，在经济全面对外开放的条件下，为了使外来的冲击不致对国内经济运行产生不利影响，我们必须首先对国内开放金融市场，把国内金融体系建设好。

《关于物资流通企业模式转换问题的分析与思考》

叶杰刚（副研究员）

论文 5千字

《中国物资经济》 1995年第5期

（1）未来物资流通企业的组织制度模式。从企业组织制度上说，必须在理顺国家与企业产权关系的基础上，按照有利于分清权责和提高工作效率的原则确立起多种形式的企业制度。具体说：一是某些条件较好（如管理基础好，实力较强）的大型物资企业或物资供销组织，可以改成国家控股的股份有限公司，使其投资主体由一元化变为多元化。二是其他中型物资流通企业可逐渐改为企业法人持股的有限责任公司或股份合作有限公司（即企业内部职工持股的股份公司）。三是对于那些规模较小的国营物资流通企业，可采取承包租赁的办法将其改为"国有民营"式的企业。

（2）未来物资流通企业的结构和网络体系模式。适应发展市场经济的需要，未来物资流通企业的分布或流通网点的设置（网络编织）不可能再和行政区划保持一致，相反，将根据各地区经济发展的实际需要，依托中心城市进行合理规划、统一部署。也就是说，要以地处交通枢纽位置的中心城市为核心去构建和发展物资流通企业，由此形成高效率的、与规模经济原则协调一致的物资流通网络或体系。

《评"消费膨胀导致通货膨胀论"》

柏冬秀（副编审） 合作者李茂生

论文 6.5千字

《广东金融》 1995年第8期

（1）从总体上看中国并不存在消费膨胀——"消费膨胀导致通货膨胀"的立论基础不存在：如以1952年为基期，到1990年我国居民平均消费水平提高与社会劳动生产率提高的速度比为0.78∶1，工业职工平均实际工资增长与工业劳动生产率提高的速度比为1∶11.1；如以1978年为100，到1993年国民生产总值与全国居民消费水平二者之比为1∶0.68。

（2）分配中个人所得份额加大不等于通货膨胀。只要职工的工资收入来自其生产出来的产品的价值实现，即为社会提供相应的有效供给而获得时，其分配向个人倾斜属于分配的结构性调整，多数情况下与通胀无关。

（3）部分人的个人收入分配或消费与通胀有关，如靠银行发放贷款供那些没有为社会提供足够的，甚至根本没有的有效供给的企业给职工发放的工资；国有企业大量冗员；仍在依靠银行大量不良债权勉强支撑的企业领取失业补助金或折扣工资的再就业职工的部分收入。

（4）澄清认识问题具有重要的实践意义，既然不存在消费膨胀，那么治理通胀的着眼点就不应放在普遍限制甚至冻结工资上，否则该控制的控制不住，该提高的反而降低，造成贫富悬殊，两极分化，会引起社会的不稳定。

《扩大国债发行规模，重在进行结构调整》

何德旭（助理研究员）

研究报告 4.6千字

《经济管理》 1995年第10期

我国的国债发行规模近两年急剧扩大，从几十亿元到一千多亿元。文章通过比较分析，得出结论：我国国债发行规模并非过大，进一步扩大国债发行规模的潜力和可能性仍然很大。文章认为，我国国债市场结构的不合理已经制约了国债发行和国债发行规模的扩大。文章提出，扩大国债发行规模的关键在于调整国债市场结构，包括：（1）调整国债持有者结构——打破中央银行不能承购国债的框框、取消专业银行购买国债的某些限制、允许国外投资者持有一定比例的国债，从而增加各经济主体对国债的需求。(2) 调整国债期限结构——发展长期国债、控制中期国债、增加短期国债，做到长短期国债的合理搭配。(3) 调整国债利率结构，逐步实现国债利率市场化。(4) 调整国债券种结构，实现国债的多样化，满足国家财政的不同需求。

《国际金融领域的发展趋势与世纪之交的中国》

王军（助理研究员）

论文　10千字

《国际贸易》　1995年第9期

1991年底以来，国际金融市场上接连发生墨西哥金融危机、巴林银行事件和美元汇率的急剧波动等一系列事件。尽管这些事件有其特殊性，但又大多表现出许多共同的方面和特征。这些情况说明需要从国际金融领域的发展本身来把握其成因。

该文认为，近年来国际金融动荡与国际金融领域的发展趋势有着直接关系。这些趋势是国际金融体系市场力量主导化、国际资本流动游资化、金融商品及工具衍生化、金融交易杠杆化、国际融资多元化、新兴金融市场板块化、国际金融动荡常态化、国际金融体系预警化、国际金融动荡和危机的波效应进一步扩大化和危机反应的全球化。

对于处于由20世纪的最后阶段并向21世纪过渡的中国，国际金融领域的上述发展趋势，既意味着一系列严重的挑战，也显示着各种难得的机会：市场力量的主导化，表明中国金融业应更多地适应市场的挑战，而不是动辄就求助于国家和政府力量；资本流动的游资化，既可能在国内外突发事件的作用下对中国金融体系和国内宏观经济的稳定甚至社会的安定构成威胁，也是有着全球正在形成的最大市场的中国可以利用的一种强大的力量；中国在处理国内金融问题上也需要其他国家的合作，并尽快建立预警和快速反应机制。

数量经济与技术经济研究所

《1996年中国：经济形势分析与预测》（经济蓝皮书）

刘国光、王洛林、李京文（研究员）主编

专著　330千字

中国社会科学出版社　1995年12月

该书是系列经济蓝皮书的第6本，内容为：(1) 对1995年和1996年我国经济发展的主要预测，包括总量及产业指标、全社会固定资产投资、价格、居民收入与消费、社会消费品零售、财政、金融、对外贸易等。(2) 对指标进行了简要的分析。(3) 提出相应的政策建议。

《跨世纪：技术进步与产业发展》

郑友敬（教授）主编

专著　294千字

社会科学文献出版社　1995年

该书是以郑友敬为首的课题组承担的院重点课题“90年代中后期技术进步战略研究”的最终成果。主要特点是：(1) 超前性，即在把握我国发展现状的基础上，对未来进行了超前研究，提出了发展对策；(2) 系统性，即把各相关部门纳入一个大系统进行研究，提出“核心战略”、产业发展“龙头”等；(3) 针对性，即密切联系实际，针对当前和今后发展的问题；(4) 层次性，提出了发展的重点和发展层次；(5) 导向性，研究遵循市场经济规律，将市场导向、竞争机制贯彻始终。该书包括1份总报告、9份分报告，涉及到信息、机械、农业、能源、原材料、第三产业、建筑、纺织、轻工等部门的技术进步与产业发展。

《走向21世纪的中国经济》

李京文（研究员）主编

专著 388千字

经济管理出版社 1995年7月

全书共分18章，从未来16年（1995～2010年）中国经济发展的总体趋势、目标与基本特征、产业结构转变格局以及农村经济、工业经济、乡镇企业、建筑业、第三次产业的发展，再到积累、消费、收入分配、区域发展、对外贸易、科技进步、人口状况、就业增长、生态环境、国际区域经济一体化等，在理论分析与实证研究的基础上，对未来一个阶段的发展做了全面、深入的描述。

该书是经济学科片“2010年中国经济发展思路与政策选择”课题研究的最终成果，是院重点课题，同时被纳入国家计委专项软科学基金项目。该书获精神文明建设“五个一工程”1996年入选作品奖。

《中国宏观经济：理论·模型·预测》

张守一（研究员）、葛新权（博士生）

专著 292千字

社会科学文献出版社 1995年12月

该书是“八五”哲学社会科学国家重点课题“中国经济稳定增长的机制分析与定量研究”的主要成果。全书分为三篇26章和4个附录。在理论篇中，作者提出了初级、中级、高级粗放式与集约式生产的划分，研究了这三类生产的价值构成及其变化；只有当激励机制的作用大于或等于零时，规模经济才能发挥效益；需求拉动与成本推动不是推动物价上涨的两类因素，而是同一因素在不同时间内发生作用，然后转化；分析了产业结构变化的规律及其原因；等等。在经济模型篇中，研制了劳动、科技、嵌入式、地区间投入产出模型，等级生产、消费与需求模型，泡沫经济、经济混沌、宏观调控、季度变参数、预警预测改进模型。在经济预测篇中，讨论了预测和检验的理论、方法、实践，总结了预测的20条经验。该书的突出特点是，将理论研究成果用于指导模型的研制，又将模型用于预测，反过来检验理论。在附录部分，对经济一般均衡论、非均衡论、非线性与对策论作了简要的述评。

《中国经济波动和宏观调控研究》

沈利生（研究员）

专著 200千字

社会科学文献出版社 1995年11月

该书在国家社会科学基金资助课题“中国经济波动的模型研究”成果的基础上写成。书中认为，要对中国的经济波动作全面考察和分析，应从整个国民经济这个大系统出发，为此先构建了一个中国宏观经济模型，该模型包括国民经济的所有部门和大多数变量，能够较好地描述经济的运行过程。在此基础上再来考察宏观调控政策对经济波动的影响，所有分析都在定量计算的基础上进行。全书共分析讨论了四个方面的宏观调控政策：投资、贷款、利率、货币投放。先对历史过程进行模拟分析，分别考虑四种宏观调控政策在顺周期和反周期的不同情况下对经济发展的影响。然后把它们应用到对未来经济发展的宏观调控上。在利用模型外推预测了我国1995到2005这十年经济发展情况的基础上，分别模拟了各种政策冲击对经济发展的影响，计算结果表明，实施不同方向的政策冲击，可以改变经济周期的变化，使得峰谷提前或推迟，从而为宏观调控提供了定量依据。书中还介绍了利用经济计量模型测定我国经济波动周期长度的方法。它不同于常规的直观分析，得到的结论是，从1969年以后，我国经济波动的周期长度在7年左右。这个结论不同于学术界中不少学者认为的我国经济周期的长度大约为5年。

《技术创新——国家系统的改革与重组》

齐建国（副研究员）

专著　192千字

社会科学文献出版社　1995年12月

该书紧密结合我国的实际，对技术创新的理论进行了全面探讨。主要突破点包括：

一是从技术创新的基本概念和运行机制入手，从新的角度来认识技术创新动力和与经济增长的关系，将技术创新作为经济体制的内生变量，提出了技术创新国家系统的新概念，结合当代国际经济发展的新特点，将经济系统与创新系统融为一体，并将前者作为后者的基础结构，提出了处于赶超阶段的国家只有将经济发展置于技术创新系统的高效运转之下，才可能实现赶超目标的观点，进而提出了重建国家技术创新系统的概念，并对改革和重组我国国家技术创新系统进行了较为深入的研究，提出了可供决策参考的具体方案设想。

二是对技术创新的微观经济运行机制和激励机制进行了深入研究，包括技术创新的动力机制，技术创新扩散机制，微观技术创新与宏观经济政策、产业政策、企业制度及利益分配制度等各方面的关系等等。在充分的国际比较分析基础上，提出了以激励企业技术创新为目标的国有企业改革模式。

《人力资源开发管理的理论与实践》

张国初（研究员）主编

专著　155千字

社会科学文献出版社　1995年2月

该书内容分为四个方面：(1) 关于中国80年代人力资源开发利用情况的测算和分析及在此基础上提出的政策建议，并分析了未来人力资源变化趋势。(2) 关于人力资源质量变化的测算与分析，文章提供的方法论在我国尚属首次。(3) 对加拿大人力资源开发利用管理情况与经验的研究，介绍和分析了加拿大政府有关部门对人力资源开发与管理采取的许多有效措施和办法以及它们的主要职能，介绍和分析了加拿大企业内部人力资源管理情况。(4) 课题组中、加部分人员对北京、深圳四个企业的调研成果，重点就这些企业在人员招聘和录用，培训和发展，劳动报酬管理制度等方面进行比较分析研究，并提出一些改进的建议。

《我国能源发展与环境问题》

李京文（研究员）

论文　20千字

《数量经济技术经济研究》　1995年第12期

建国以来，中国的能源经济有了很大的发展。中国已由一个能源生产、消费落后的国家跨入世界能源生产、消费大国的行列。能源工业已成为国民经济的重要基础产业。但是中国能源生产与消费都存在一些突出问题。如能源结构不够合理；未来5～15年能源供给与需求平衡尚有一定差额；大量煤炭消费带来严重的环境问题；人均能耗和能源利用率都比较低，中国农村还有严重的能源问题。上述问题中最重要的是能源消费带来的严重环境问题。

作者认为我国的能源战略在继续实行开发与节能并重的方针的同时，需要制定新的能源发展战略和政策，建立新的能源工业管理体制，以加速能源工业的迅速发展，使能源供需达到优化平衡。

《西方企业在经济衰退期的对策》

刘树成（研究员）

论文　5.6千字

《世界经济》 1995年第1期

该文针对我国自1993年年中开始进入经济增长率波动的收缩期以来，企业所面临的种种困难，归纳与总结了西方企业在经济衰退期的八种对策，以供借鉴。该文指出，经济周期波动的收缩期或衰退期，既是对企业的无情挑战与考验，也是企业发展的机遇。它从一个侧面推动着企业的技术创新、产品的更新换代、企业组织的调整与管理领域的革新。80年代末90年代初，西方主要国家相继进入新的经济衰退期。这次衰退期，成为推动西方企业大规模经营革新的动力。西方企业的八种对策是：转换生产方式、强化市场销售、大搞多边开发、收缩经营战线、大量裁减冗员、大胆革新机构、重金聘用人才、削减经费开支。

《“九五”期间不同经济增长速度分析及几个有关问题》

汪同三（研究员）、沈利生（研究员）、张昕竹（助理研究员）

论文 10千字

《数量经济技术经济研究》 1995年第9期

该文是以为国家计委提供的研究报告《“九五”期间不同经济增长速度分析报告》为基础撰写的，分析了“九五”期间五种不同GDP增长速度（6～10%）对国民经济总量平衡各方面的影响。五套预测数字是用作者研制的中国宏观经济模型计算得出的。对不同GDP增长速度的主要经济指标预测结果，使用“增长成本/效益”概念和方法进行分析：首先计算经济指标对GDP增长速度的平均弹性，然后计算GDP增长速度变动时的边际弹性，通过二者的比较，以成本最小（或效益最大）的GDP增长速度变动段为最优。通过分析得到的结论是：从发展的角度来看，GDP速度从8%提高到9%是效益最优的。而从稳定的角度看，GDP速度从7%提高到8%可能是成本最小的。因此，综合看来，“九五”期间GDP的年均增长速度的最佳选择段是8～9%。此外，该文还分析了三次产业结构、投资率，以及居民收入与“小康”目标的实现等有关的几个问题。

《经济系统分析》

袁嘉新（研究员）

论文 12千字

《数量经济技术经济研究》 1995年第5期

现代科学技术，从横向来看，可分为四个层次。处于最高层次的是马克思主义哲学，第二个层次是基础科学，第三个层次是技术科学，第四个层次是工程技术。经济系统分析是一门交叉学科，它以系统分析作为研究经济问题的方法论基础，在系统科学的结构体系中属于技术科学这一层次。经济科学，是社会科学中学科门类最多、发展最为成熟的科学。从其组成结构来看，可分为理论经济学、应用经济学，以及经济学同其他学科交叉形成的边缘经济学。经济系统分析的属性，同数量经济学、比较经济学等较为接近，都可认为是以某一特殊的方法论为基础建立和发展起来的以应用为主的应用经济学。1982年本院在数量经济技术经济研究所组建了经济系统分析研究室。这是我国第一个以经济系统分析作为研究领域的科研组织。1995年中国社会经济系统工程学会组织有关科研机构、高等院校开始编写《经济系统分析教程》，也是我国第一部公开出版的经济系统分析教材。

《中国中长期经济、社会发展与数学模型》

姚愉芳（研究员）、贺菊煌（研究员）

论文 36千字

《数量经济技术经济研究》 1995年第9～12期

该论文是“八五”社科重点及原能源部重点课题“中国能源中长期发展战略研究”的子题的研究成果。内容主要分四部分：(1) 中国中长期经济、社会发展与数学模型；(2) 一个改进的经济增长模型；(3) 系统动力学与投入产出模型研究与中长期经济、社会发展预测；(4) 模拟计算结果分析。论文的 (1)、(2) 部分是理论与方法，主要分析要研究中国的经济、社会发展，必须根据中国国情，分析清楚经济、社会大系统中主要变量的运动过程以及相互间关系。文章从人口、经济、资源与环境四个子系统为主要框架，在寻求经济、社会较为理想发展轨迹的前提下，探索如何协调经济、人口、资源与环境之间的关系，论文的第 (3) 部分是系统动力学与投入产出模型结构与构模原则，用系统动力学原理进行经济、社会系统中各变量间关系的描述，各产业中间消耗系数的计算由投入产出模型完成。论文的第 (4) 部分通过对中国长期（1990～2050年）经济、社会发展模拟计算与分析，主要可得到下列结果：(1) 各时期经济发展水平与产业结构变化；(2) 人口变化情况与劳动力转移；(3) 投资分配；(4) 劳动力结构与城乡结构；(5) 环境污染趋势；(6) 技术进步趋势等。这些结果可为政府制订长期发展战略政策提供参考。

《对外经济关系中的国家利益和社会成本》

邵震（副研究员）

论文 20千字

《数量经济技术经济研究》 1995年第7期

该文主要讨论国际贸易与资本流动方面局部经济效益背后的社会成本和国家整体利益的损益。研究当前世界经济运行机制的基本情况以及发展中国家在世界经济中的地位和前景，特别是中国作为一个在改革进程中的社会主义大国所面临的特殊问题，我国在改革中采取的外经外贸政策的效果，对社会收益的影响以及今后需要改进的问题。

该文分为两部分：国际商品流动与我国外贸的问题；国际资本流动与我国利用外资的问题。该文在充分肯定了改革开放伟大成就的同时，分析了当前存在的亟待解决的一些问题，对促进它们的解决有着现实意义。

《我国经济周期产生的特殊原因与波动形态》

张守一（研究员）

论文 10千字

《经济研究》 1995年第4期

作者认为，我国经济周期产生的特殊原因，是长期战略与短期因素的矛盾，所谓长期战略，是指一个时期内经济年均增长速度；所谓短期因素，是指除这个指标以外的其他因素（这个矛盾是国内外各种力量对策的结果）。革命胜利后，需要在短期内摆脱贫穷落后，显示社会主义制度的优越性，巩固国防，等等，所有这些都要求经济高速增长，但这种愿望与行动受到了自然资源、农业、资金、技术等等的约束，当经济运行处于高峰年份时，短期因素已经不能支撑长期战略，需要进行调整，压低经济增长率，这就表现为一个周期。论文对1981～1986年、1986～1990年、1990～1996年改革开放以来的三个周期进行了深入的分析，并提出了剩余积累率及其计算方法：国民收入剩余额＝当年国民收入使用额－上年人均消费×当年人口；当年剩余积累率＝积累额/国民收入剩余额。统计数据表明，在经济高速增长年份，国民收入剩余主要用于投资；在低速增长年份，则主要将其用于居民消费。

《关于"规模收益不变"之假定及生产要素产出弹性系数的测算》

周方（研究员）

论文　16千字

《数量经济技术经济研究》　1995年第6期

论文讨论了"规模收益不变"之假定是否是一个可以普遍采用的假定？是否存在一种直接测算生产要素产出弹性系数的简便方法？论文通过严密的数学推理，论证了在现实中绝大多数商品的市场是不完全竞争的市场。因此，"规模收益不变"的生产规模（即最佳生产规模）并不具典型性和代表性。所以，在对经济理论问题及实际经济问题作研究时不可不加思索地"假定规模收益不变"。此外，论文还巧妙地利用成本函数和成本的构成，将生产要素产出弹性系数转化为勿需通过统计回归而可直接计算的参数，从而首次提出了一个直接计算生产要素产出弹性系数的简捷而实用的方法。

《改革前后中国经济波动机制的比较分析》

樊明太（助理研究员）

论文　15千字

《管理世界》　1995年第5期

改革开放16年来，中国经济波动发生了五个明显变化：(1) 增长位势提高，周期扩张长度拉长；(2) 波动振荡幅度在高位上逐渐降低；(3) 典型波动由古典型转为增长型，经济实质增长已成为主旋律；(4) 扩张、收缩动力在宏、微观之间发生分离；(5) 价格信号代替数量信号开始在波动信息传递方面发挥作用。

我国经济波动在改革开放后呈现的上述新特征，归根到底是由于我国经济发展进入了新的发展阶段，经济发展模式和经济体制模式开始进入转换时期。与传统的只考察总量增长模式对经济波动影响不同的是，该文从总量、结构、效率三方面考察经济发展模式对经济波动的影响，认为结构和效率对短期波动也具有较大的作用；同时，该文又从经济体制基础（即所有制）、经济运行机制（计划与市场）和经济宏观调控体系三方面综合考察了经济体制模式变迁对经济波动的影响，认为多元所有制结构代替单一公有制结构、市场代替计划在资源配置方面发挥基础性作用、宏观调控的加强与改善三者对经济波动新特征起了一定的决定作用。

《行业技术进步的测算及行业规模问题》

王莉（助理研究员）

论文　7千字

《数量经济技术经济研究》　1995年第9期

论文在理论上讨论了如何将一个行业（或企业集团，或连锁店系统）中各企业（或连锁店）的技术进步综合为全行业（或全企业集团，或全连锁店系统）的技术进步的问题。由于企业技术进步是行业技术进步的基础，故二者必有联系。论文运用数学推理的方法进行分析，建立了根据企业技术进步计算出行业技术进步的方法。此方法也可应用于根据国民经济各产业部门技术进步计算出全国国民经济的技术进步。论文运用严密而简捷的数学手段进行了论证，揭示了行业（或企业集团，或连锁店系统）达到最佳规模的充分必要条件；这是该论文的一个重要创新之处。

《我国金融电子化与"金卡"工程》

汪向东（副研究员）

论文　7.5千字

《数量经济技术经济研究》　1995年第3期

我国1994年启动"金卡"工程，该文较早全面地研究了我国金融电子化与"金卡”工程的理论与实践问题。文中探讨了“金卡”工程与金融电子化的概念、内容和相互关系；我国实施“金卡”工程的意义；金融电子化的发展历史与现状、成就与存在的问题。并在此基础上提出了推进“金卡”工程和金融电子化的对策建议。该文被由中国科学院龙门书局、科学出版社、红旗出版社等单位联合组成的《中国“八五”科学技术成果选》编委会，评为我国“八五”期间优秀科学成果，选入《中国“八五”科学技术成果选》等四集。

《市场经济的公共资源与公共秩序——有关社会成本问题的理论》

郑易生（研究员）

论文 30千字

《数量经济技术经济研究》 1995年第7期

该文提出了不发达国家在发展过程中面临的一系列实践问题及其中的理论含义。

——与中国特殊的“行政性市场经济”相连的经济效益概念不能完全代表效率，它不仅含有社会分配内容，还是一个局部性概念。

——严格地说任何生产都是公共资源与私人资源的“联合生产”。“首先抢占公共资源，其次提高内部效率”，可以解释我国经济发展过程中反复出现的经济过热及周期波动。

——发展中国家在发展过程中面临着市场经济一般规律和民族利益相结合的问题。因此发展中国家应该珍惜民族工业，珍惜公共资源，完善法制，建立市场经济体制下的公共秩序。

《环境污染成本的经济分析》

徐嵩龄（副研究员）

论文 20千字

《数量经济技术经济研究》 1995年第7期

该文通过连续系统的经济分析，勾画出衡量现实环境污染成本的基本框架和基本要素，并对中国工业污染问题进行了估测，提出了“提高发展的质量的途径是在提高经济效益的同时要大力降低以环境污染破坏为主要内容的社会成本”。并且呼吁把中国环境管理的盲区——乡镇工业，视为一个管理重点。

《外资与技术进步——关于中国的技术自主发展能力》

钱薏红（助理研究员）

论文 20千字

《数量经济技术经济研究》 1995年第7期

利用外资是中国改革开放的一个重要内容，也是一个争议较多的问题。理论上存在着相互冲突的观点，实践中也有效果相反的案例。由于它们不仅是单纯孤立的经济问题，而且同国际政治、外交和国家安全密切相关，论文在肯定改革开放时期外资利用对我国财富积累、技术进步及体制改革所产生正面效应的同时，提出利用外资必须注意技术转让的完整性，注意技术的再创新。要注意外资利用对我国技术发展能力的压抑性影响，保护民族工业生存和发展的空间。提高利用外资的质量，尽早走出利用外资的初级阶段。

《经济效益与资源代价——可持续发展的探讨》

杨敏英（副研究员）

论文 25千字

《数量经济技术经济研究》 1995年第7期

自然资源的有限性制约已成为人类持续

发展的关注点。我国正处于由计划经济向市场经济转轨阶段，由于政策体系不完善，经济体制不健全，特别是事实上的无偿占有资源状况，很多地方政府、部门、企业以至个人为了获取自身最大的经济效益，不惜以过度耗费资源为代价。自然资源过度耗损及其导致的环境污染与生态破坏是经济外部性最主要的表现。该文通过对一些经济利益主体所获经济效益背后的资源代价进行剖析，力图了解我国经济发展中资源利用的现状与特点；并认识问题存在的主要原因及趋势的危害程度；探讨如何将经济效益的外部成本（即其中的资源代价）内部化问题；提出促进资源优化配置的几个关键措施，以保证我国资源得到合理开发利用，为持续发展而永续利用。

《扭转当前财政困境的基本思路》

李平（副研究员）

论文 9千字

《数量经济技术经济研究》 1995年第9期

财政困难已在我国持续多年，并且正在陷入越来越严重的困境之中。新税制的实施也没有能扭转这种趋势，这种状况已严重地妨碍了政府正常地履行其基本职能，如果任其持续下去，必然会损害国民经济的持续稳定协调发展。

该文首先论述了税收增长略快于经济增长在我国现阶段的必要性，进而分析了我国税收体系累退的原因，最后提出了扭转当前财政困境，实现税收增长略快于经济增长的基本设想。并对一些比较棘手的问题进行了初步分析，提出了相应防治对策。

《居民消费的现状及预测》

周德英（编审）

论文 6千字

《数量经济技术经济研究》 1995年第9期

该文对国民收入中消费的比例、在消费额中居民消费的比例、城乡居民消费差距等问题进行了具体分析。对1993年城乡居民消费水平及消费结构进行了探讨。还对2000～2010年中国居民消费水平及消费结构进行了预测。

《计算集成制造系统工程的综合评价——理论与方法》

金周英（研究员）

研究报告 500千字（包括评价软件系统）

国家“863”计划报告

该成果于1995年7月通过国家“863”计划专家组验收合格。它在对普通工业工程综合效益评价理论与方法论基础上，针对高新技术工程项目的特殊性，研究了高新技术项目评价的理论与方法，填补了国内高新技术项目评价的空白。其主要突破点体现为，它将高新技术工程项目的综合效益分解成战略效益、货币和特征效益，将其风险分解为组织风险、环境风险、技术风险和经济风险，解决了传统的普通工程项目评价方法不适合于高新技术项目的高风险、高投入、高效益、社会效益（外在效益）高等问题，将高新技术评价项目的理论与方法提高到了一个新阶段。

《改革以来中国工业生产率变动趋势的估计及其可靠性分析》

郑玉歆（研究员） 合作者谢千里（美国布兰德斯大学）、罗斯基（美国匹兹堡大学）

论文 12千字

《经济研究》 1995年第12期

该文主要包括三方面的内容：(1)将我们曾经做过的关于1980～1988年中国工业

生产率的研究扩展为1980～1992年；（2）详细分析了我们以前研究中引起争论的数据问题，并对计算结果的可靠性进行了多方面的论证；（3）分析了引起中国工业生产率，特别是国有工业生产率提高速度减慢的原因。

《技术效率、技术进步及其对生产率的贡献（沿海工业企业调查的初步分析）》

郑玉歆（研究员）、张晓（副研究员）、张思奇（硕士生）

论文 10千字

《数量经济技术经济研究》 1995年第12期

该文利用对沿海工业企业的调查数据，采用随机前沿生产函数法按行业估计了各企业的技术效率。在此基础上将全要素生产率的变动分解为技术进步和技术效率的变动，这样的处理要比单纯计算全要素生产得到更多的信息和政策启示，而且避免了广为流行的把用经验数据估计的全要素生产率作为技术进步的度量而带来的偏差。

人口研究所

《中国沿海人口与经济可持续发展》

田雪原（研究员）主编 蔡昉（研究员）副主编

专著 310千字

人民出版社 1995年

全书分总论、城乡、地区三部分。总论叙述了人口与经济可持续发展是全部可持续发展的基础，基本的可持续发展战略，沿海人口与可持续发展的总体分析；城乡部分着重阐述沿海同其他地区的比较优势，可持续发展的基本方略；环渤海、辽宁、山东、上海、浙江、广西部分则主要结合当地实际，分析优势、劣势，提出地区的可持续发展战略。

该书是社科基金项目成果。

《中国历代人口统计资料研究》

杨子慧（编审）主编

专著 3600千字

改革出版社 1995年

该书汇集了上古至现代的人口学的数据和资料，并分章进行了综合分析。该书是院"八五"重点项目成果。

《中国的奇迹：发展战略与经济改革》

蔡昉（研究员）等

专著 210千字

香港中文大学出版社 1995年

该书讨论了中国传统体制形成的逻辑，阐析了中国渐进式改革道路，记述了新的发展战略选择。

《当代中国妇女地位》

沙吉才（研究员）主编

论文集 300千字

北京大学出版社 1995年

该论文集根据10省市抽样调查资料撰写，包括综合研究、妇女家庭地位、妇女社会地位、妇女地位影响因素、妇女地位与生育等五个部分，共收录论文30篇。

哲学研究所

《必然性与偶然性》

郑玉玲（研究员）

专著 200千字

北京大学出版社 1995年11月

该书探讨了必然性与偶然性问题。全书分引言、科学本体论、科学认识论和代结束语四部分，计十章。"引言"介绍了全书的主旨、脉络和作者的基本观点。

"科学本体论部分"共四章，对自然科学诸多基础理论（如相对论，量子力学，自组织、超循环和混沌理论，生命起源和进化理论等）中涉及的必然性与偶然性问题作了横断性的概括。

"科学认识论部分"共五章，重点探讨了在作为科学方法论和科学合理性中心的理论的确立和评价问题上由远离经验直接支持出现的不确定性问题，提出了自己的以"背景理论"为核心的理论，认为现代科学中日益雄厚的背景理论由经验基础、逻辑原则（简单性原则）和实体观念构成，其中后两要素在新理论的评价、辩护中日见重要，而经验支持则可由前一要素中间接获取。背景理论作为科学进步的选择之一，它对新理论的选择和新理论向它的不断反馈决定着科学进步的加速度及进步中连续性与间断性的统一。

"代结束语"即第十章，探讨科学本体论与科学认识论之间互为基础、互相包容的关系，进而强调一门完整的科学哲学应是两者的统一。

《人道主义到唯物史观——马克思世界观的飞跃》

徐亦让（研究员）

专著　320千字

天津人民出版社　1995年10月

该书主要从以下几个环节再现了马克思世界观从人道主义到唯物主义飞跃的全过程：(1) 马克思世界观飞跃的时代理论背景，即人道主义在欧洲的历史发展，包括14～16世纪的人文主义，17世纪的人道主义，18世纪的人道主义和人道主义的含义。(2) 青年马克思接受人道主义的哲学信仰，作为自己的思想基础，并随着个人的成长而不断发展，终于使人道主义发展到顶峰。(3) 马克思虽然直到1844年还信仰费尔巴哈的人道主义哲学，但是从1843年第一次批判黑格尔法哲学以后，他在历史领域内的唯物思想就已经超出了费尔巴哈的哲学。到1845年春天，《关于费尔巴哈的提纲》和《德意志意识形态》，实际上是清算自己从前的哲学信仰，即清算人道主义。(4) 在清算自己从前的哲学信仰的同时，制定自己新发现的世界观——唯物史观，去和人道主义相对抗。

该书的鲜明特色，是作者毫不含糊地阐明了自己关于马克思主义与人道主义的关系的见解，即在世界观上，马克思主义与人道主义是根本对立的，马克思正是"清算"了自己从前的哲学信仰——人道主义，才创立了马克思主义。

《阿拉伯哲学史》

李振中、王家瑛（研究员）主编

专著　376千字

北京语言学院出版社　1995年9月

该书是一部系统地、较全面地叙述阿拉伯哲学的史著。全书共九编41章。导言部分探讨了阿拉伯哲学的内涵，并从社会背景、阿拉伯文化传统、伊斯兰教的兴起乃至对西欧社会的发展的影响等诸方面对其意义进行了分析。第一编阿拉伯古代社会，第二编伊斯兰教的产生和发展，第三编阿拉伯哲学的建立与发展，第四编主要哲学派别，第五编宗教学，第六编主要代表人物，第七编阿拉伯哲学对欧洲的影响，第八编阿拉伯现代哲学思想的发展，第九编阿拉伯哲学在中国。

以亘古及今的时间为经、以囊括亚欧非大陆的地域为纬编织的这部哲学史，派系与人物并重，理论与事实相结合，除参考英、俄、法等语言外，主要运用了阿拉伯文、波斯文等第一手材料，堪称是该书的一大特征。

《逻辑、语言和蒙太格语法》

邹崇理（副研究员）

专著　176千字

社会科学文献出版社　1995年11月

蒙太格语法是已故美国著名逻辑学家蒙太格（R. Montague）在本世纪60年代末、70年代初创立的一种关于自然语言与人工逻辑语言的语法理论。当代科学发展的一个显著特点是多学科交叉。蒙太格把逻辑学家创立的严谨的、精确的组合方法推广到自然语言的研究领域，开创了关于自然语言的形式语义学研究新路子。

该书由四大部分组成：(1)蒙太格语法概论；(2)PTQ英语部分语句系统；(3)蒙太格语法在70年代的扩展；(4)蒙太格语法80年代以来的发展。

蒙太格语法由于涉及到极其深奥的、抽象的数学手段和艰深难懂的内涵逻辑系统而令大多数人文科学工作者望而生畏。

该书不仅全面系统地论述了蒙太格建立的语法理论，并且还对蒙太格语法中内涵逻辑语义学的意义公设问题进行了详细研究，并提出独到的见解。这标志中国在形式语义学研究方面已取得较大进展。

《无尽的学与思——叶秀山哲学论文集》

叶秀山（研究员）

论文集　259千字

云南大学出版社　1995年6月

这是作者的自选论文集，共收入作者1982～1992年间发表的关于当代西方哲学和西方美学方面的主要文章12篇。

该书收入的论文基本上反映了作者自古希腊哲学和西方近代哲学研究之后转向现当代西方哲学研究的思想进程，其中一些文章在发表之时对国内的现代西方哲学研究产生了重要影响。

该书收入作者关于西方美学方面的文章从一个侧面反映了作者近十年来对西方美学的持续不断的兴趣。作者最初研究方向是美学，但他从未孤立地研究美学，始终是把美学与哲学联系起来思考。

尽管该书收入的文章都是先前发表过的，但作者把它们汇集一体，旨在表明哲学之“思”是无时间性的，也是永无止境的。

《金岳霖文集》(4卷)

金岳霖著　周礼全（研究员）主编

文集　2600千字

甘肃人民出版社　1995年8月

该书是为纪念金岳霖诞生100周年、在金岳霖学术基金会领导下编辑的。

第一卷收录了作者1918～1935年间的论著，包括《逻辑》一书和22篇文章。其中有作者留美的硕士论文和博士论文，有作者早年的论唯物哲学与科学、自由意志与因果关系、外在关系和内在关系以及事实、经验、知觉、变易、必然、中国哲学与中国哲学史等哲学论文，有论逻辑系统、思维律与自相矛盾、直接推论等逻辑论文。

第二卷收录了作者1935～1944年间的论著，包括《论道》一书和20篇文章。除论真假、手术论及《中国哲学》等论文外，首次公开发表了作者1943～1944年访美期间撰写的《道、自然与人》一书。

第三卷收录了作者1948年完成、1983年正式出版的《知识论》一书。

第四卷收录了作者1949年以后的论著，包括《罗素哲学》一书和多篇文章，其中有论真实性与正确性、推论与蕴涵、思维规律等逻辑论文，有多篇批判资产阶级哲学思想和自我批判的论文，有作者晚年撰写的回忆录。书后附有《金岳霖年表》。

《虞愚文集》(3卷)

虞愚著　刘培育(研究员)主编

文集　1030千字

甘肃人民出版社　1995年5月

虞愚(1909～1989)是中国现代著名的佛学家、因明家、诗人和书法家。他从30年代开始发表文章,至80年代共撰著各种文稿(包括已刊和未刊的)约200万字。《虞愚文集》是虞愚论著的选集。

第一卷为因明·名学·逻辑卷。因明部分选收了作者30年代出版的《因明学》和《印度逻辑》两部著作以及1949年以后发表的因明论文和讲演稿13篇。名学部分收录了作者30年代出版的《中国名学》一书。逻辑部分选收了作者30～40年代发表的两篇文章。

第二卷为佛学·哲学·文化卷。佛学部分选收了作者50年代在中国佛学院讲授“印度佛教思想史略”课的讲稿以及30～80年代撰写的有关唯识学的几篇论文。哲学部分选收了作者40年代出版的《怎样辨别真伪》一书及有关中国哲学史和西方哲学史方面的3篇论文。文化部分选收了作者30年代出版的《书法心理》一书及有关文化的性质、科学艺术与人生、书法艺术等论文3篇。

第三卷为文论·诗论·诗词卷。选收了作者解放后撰写的《试论屈原作品》、《杜诗初探》两部未刊文稿和近300首诗词。

附虞愚纪念集《述学·昌诗·翰墨香》一卷,收录了虞愚的同行、同事、学生、朋友、亲属撰写的回忆文章和学术评述文章40多篇,及虞愚生前新闻记者采访文章10多篇。

《中华心——胡秋原政治·文艺·哲学文选》

李敏生(副研究员)

专著　470千字

社会科学文献出版社　1995年

该书选编了台湾著名学者胡秋原在政治、文艺、哲学方面的论著30多篇。

在政治方面选编了作者主张抗日、反对“台独”,主张祖国实现和平统一的文章:《日本侵略满蒙之历史》、《中国革命根本问题》、《参政员胡秋原对中苏谈判之声明》、《中国问题之要点》、《中国共产运动原出于爱国动机》、《任何台独皆自毁、祸台、祸国》、《胡秋原先生在中国统一联盟建盟大会的开幕致辞》等。

在文艺方面选编了胡秋原弘扬中华民族优秀文化及美学方面的论文:《论民族与文学》、《论新国民文学之创造》、《艺术·裸体·教养·及其他》、《中国之美学》、《论杜甫与韩愈》、《唯物史观艺术论:普列汉诺夫及其艺术理论》等。

在哲学方面选编胡秋原研究西方哲学及孙中山哲学思想等方面的论著:《我的历史哲学要点》、《近代西洋哲学之过程》、《现象学要义》、《论生存哲学》、《杜威思想与现代》、《罗素之逻辑与哲学》、《言语学与文字学》、《三民主义之哲学基础》、《论最近西方哲学新潮与科学帝国主义》等。

《开辟真理论研究的新思路》

陈中立(研究员)

论文　15千字

《中国社会科学院研究生院学报》　1995年第6期

文章认为,仔细考察和分析科学及其哲学的历史,就会发现,每一个重大成就的取得,都和研究者研究思路的转变,找到一个合适的新视角直接相关联。文章以天文学的发展历史,对此做了论证。科学研究和认识发展的一般情况,同样适用于真理论的研究。文章认为可以从如下几个方面去开辟真理论研究的新思路。首先,可以从作为真理论的坚实基础的自然科学发展的新成果方面拟定真理论研究的新课题，探寻新思路。如，科学革命和真理过程、思维方式和真理的关系、科学新成就从方法论方面的启示等。其次，可以从最贴近人们生活、最能显现真理价值的社会和社会科学方面，拟定课题。最后，强调应好好研究真理论的历史和现代西方哲学的真理观。总之，应当按照真理自身的发展规律，来开展真理论的研究。

《思维发展心理探源》

张浩（研究员）

论文 16.8千字

人大复印资料《心理学》 1995年第1期

从研究动物的思维心理发展状况入手考察人类思维心理能力发生、发展的史前史，就有可能找到人类思维心理活动起源和发展的踪迹。动物思维心理活动如何向人类思维心理活动过渡，实际上就是思维和意识的起源问题。探讨这一问题对于思维发生学与现代认识论的研究有重要的意义。探讨人类思维心理活动的起源，还必须充分利用古人类学的研究成果。人类的始祖为了自身的生存和发展而进行的生产劳动，给人类智慧的形成和思维心理活动能力的发展，提供了动力和目的。是劳动使古猿的智慧上升为人类的思维。人类的思维心理活动，主要是通过社会的文化传递方式，一代一代地“遗传”下来的。它源于本能，但又高于本能。因为人类的思维心理活动是和改造自然、改造社会、改造人类自身的社会实践活动紧密联系在一起的。

《论人类思维的种系发生与个体发生》

张浩（研究员） 合作者刘锐

论文 12千字

《晋阳学刊》 1995年第4期

思维发生学，是现代认识论研究的重要课题之一，它包括人类思维的种系发生和个体发生即人们通常所说的原始思维和现代儿童思维两部分。该文旨在用比较的方法，从发生学的角度考察原始人类思维与现代儿童思维之同异，从而证明人类思维的发生发展是个客观历史过程。恩格斯在考察人类思维认识活动的形成和发展过程时，曾认为每个时代的儿童的思维认识过程，都不同程度地再现了人类童年时代的思维认识活动所走过的历程。这一科学论断，不断地得到人类思想史、认识史、艺术史、儿童智力发展史和儿童心理学等学科的研究成果所证实。原始思维与儿童思维到底有哪些相同之处呢？我们认为有：(1) 主体和客体不分；(2)“自我中心”思想；(3)“泛灵论”与“万物有灵论”；(4) 思维的直观性和形象性；(5) 绘画艺术相似。原始思维与儿童思维之异：(1) 生理基础不同；(2) 社会环境不同；(3) 有无抽象的一般概念之异；(4) 不分化的一体感也不同。

马克思列宁主义
毛泽东思想研究所

《毛泽东与古田会议》

韩荣璋（研究员）等

专著 144千字

福建人民出版社 1995年3月

古田会议前后，是毛泽东建军思想形成的重要时期，也是红军党内和领导层在建军问题上达成共识的重要阶段。该书从中国的国情出发，站在党探索建设一支新型人民军队的高度，以新的视角，探求了当时红军党内及领导层一度发生争论的社会历史条件，对这场争论的性质做了实事求是的分析，对这桩绵延了半个多世纪的公案作出了历史主义的评价。该书还结合毛泽东建军思想的基本内容和党从事武装斗争的革命实践活动，勾勒出了毛泽东建军思想产生、形成的发展脉络，论证了在中国特定的历史条件下，建设一支新型人民军队的规律。说明了毛泽东建军思想既根植于中国的国土和军事斗争实践，又对马克思主义军事学说做出了独创性的贡献。其中，毛泽东发挥了最杰出的作用，周恩来、朱德、陈毅、贺龙、彭德怀、邓小平等也做出了自己的贡献。

《伏尔泰》

李凤鸣（研究员）

专著　200千字

台湾东大图书公司　1995年4月

该书在法国启蒙运动的广阔背景下，全方位追踪18世纪法国最著名的启蒙学者伏尔泰的历史足迹，深入探讨伏尔泰作为哲学家、史学家、政论家、诗人、剧作家、小说家在人文科学诸多领域所取得的杰出成绩，对伏尔泰给予客观而公正的评价。该书通过对伏尔泰自然神论哲学思想的深入分析，阐发了作者关于自然神论是唯物论的一种形式，是唯物论的一个历史形态，18世纪法国唯物论由自然神论和无神论两种形态构成的学术新见解，并根据西方哲学史的事实论证了伏尔泰哲学思想的重要历史地位。该书指出伏尔泰政治哲学的核心概念是平等和自由，他尊崇英国君主立宪政体，在启蒙思想家中颇具代表性；伏尔泰的美学思想属古典主义向浪漫主义过渡的中间环节，他的剧作、诗作和哲理小说具有巨大启蒙价值；伏尔泰又是西方近代著名历史学家，他通过历史著作和先进的史学理论，在革新西方历史编纂学、冲破神学史观思想桎梏、反对欧洲中心论等方面做出了突出贡献。

《中国共产党处理中国民族问题的基本思路》

陈立旭（副研究员）

专著　105千字

中共中央党校出版社　1995年11月

该书论述了中国共产党将马列主义民族问题理论运用于中国民族工作实践，成功地解决了中国的民族问题，并在实践中形成了独特的处理中国民族问题的思路。中国共产党主要领导人特别是毛泽东、周恩来、李维汉关于民族问题的理论论述，集中体现了这一基本思路。他们的理论论述形成了独特的完整的理论体系，丰富和发展了科学社会主义理论的内容，为我们党和国家制定民族政策奠定了理论基础。其主要内容围绕民族解放、民主改革、民族基本情况分析、民族团结、民族关系、民族干部、民族基本政策等民族问题的主要方面展开，又细化为十几个基本方面。这些理论构成了中国共产党处理中国民族问题的基本思路。

《论社会主义本质》

靳辉明（教授）

论文　17千字

《马克思主义研究》　1995年第1期

文章回顾了马克思主义创始人关于社会主义社会形态的学说，指出他们关于未来社会主义社会的最基本原则可概括为：社会作为一个整体直接占有全部生产资料；对全社会的生产实行计划调节；社会把产品直接分配给劳动者；阶级消失，国家失去政治性质；每个人都能全面而自由地发展。实现这一切的最根本的物质前提是生产力的高度发展。邓小平在总结社会主义正反两方面经验的基础上，继承和发展了马克思主义经典作家的有关论述，从生产力、生产关系和社会主义目标三个方面对社会主义作了全面界定，是迄今对社会主义本质最完整的概述。这一概括可析分为三个层次的内容：第一，解放和发展生产力，这是实现社会主义的物质条件。第二，消灭剥削，消除两极分化，这是实现社会主义的绝对必须的社会条件，也是社会主义本质规定的最集中体现。第三，达到共同富裕是实现社会主义的目标。这种概括与马克思主义经典作家的社会主义本质观既有继承，又有发展。文章特别强调为了建成有中国特色的社会主义，当前必须坚持公有制经济在多种经济成分中的主体地位。

世界宗教研究所

《中国佛教思想史》

郭朋（研究员）

专著　1390千字

福建人民出版社　1995年9月

该书是世界宗教所老一代研究员郭朋一生最重要的一部代表性著作。全书分上、中、下三卷。上卷汉魏两晋南北朝佛教思想，共三编，60万字。上编汉代佛教思想，中编魏晋佛教思想，下编南北朝佛教思想。中卷隋唐佛教思想，共二编，40万字。上编隋代佛教思想，下编唐代佛教思想。下卷宋元明清佛教思想，共三编，39万字。上编宋元佛教思想，中编明代佛教思想，下编清代佛教思想。该书体系严谨，内容宏富，取材广博，观点突出，着重介绍了佛教思想在中国的发展和变化。作者除了对佛教史上各派的基本经典、著名的佛教思想家的代表作等做了史料的考证和理论的剖析之外，还对当今著名学者的研究成果做了介绍。

《中国古代哲学与自然科学》（隋唐至清代之部）

李申（研究员）

专著　360千字

中国社会科学出版社　1995年

该书是《中国古代哲学和自然科学》——先秦至魏晋隋唐之部的续篇。全书共分三编。第一编从哲学自身看科学对哲学的影响，主要讨论自然科学对宋明理学的发生发展的影响，兼及佛道二教。第二编从科学发展看哲学对各门科学的影响，涉及农学、天文、数学、医学、潮汐论等科学领域。第三编把明末、清初作为一个特殊问题加以讨论，涉及对明代科学发展的评价及其原因，清初复古的原因及其历史地位，评述了中国科学此时开始落后的原因以及文化传统与现实的关系。这部专著的特点是加重了现代思考的分量，把现代人关注的焦点投射到古代人的身上，对古代人的哲学人生思考如何对自然科学发展产生潜在影响亦有深刻的发掘。在写法上，也比上篇通俗易懂、生动活泼。该书作者以独特的观点，对哲学、自然科学、中西思维的异同都提出了一些新的看法，形成了自己的学术风格。

《日本佛教史》

杨曾文（研究员）

专著　520千字

浙江人民出版社　1995年9月

该书是国家社会科学基金资助项目。这部书介绍了佛教在日本初传、盛行和发展的全过程，而以论述日本民族佛教格局的基本形成为重点。该书用了很大的篇幅论述盛行于平安时代的天台、真言二宗和镰仓时代兴起的净土宗、真宗、临济宗、曹洞宗、日莲宗等。对日本佛教史上的重大事件、派别、理论、僧人等作了分析与评价，尽量联系当时社会的历史条件和文化背景，还其历史的真面目。在资料的选取、运用方面有独特性，其援引的资料极为丰富，对中日保存的史籍、文献、文物、史迹等做了大量的发掘、校勘、鉴定和比较研究。此书的出版丰富了中日两国佛教文化交流的新内容，并对中日佛教文化关系的双向发展提出了新课题。

考古研究所

《二里头陶器集粹》

考古研究所编著

考古学专刊　乙种第三〇号

中国社会科学出版社　1995年5月

该书的基本内容是图版，彩色版和黑白版共三百余版，所用陶器五百余件。选器既注意在分期、类型学等方面的研究价值，同时也尽量选用在造型、装饰上较优美或属于精品者。器物按时间顺序即考古分期的早晚排列，共分五期，每期再按地层早晚排列。为便于考古研究，还选择若干同地层、同单位的成组器物，在适当位置附一合拍的照片。这五百余件陶器是从1980年以来二里头遗址所出数千件完整和复原陶器中精选出来的，基本上概括反映了该遗址自1959年开始发掘以来所出陶器的全貌。这些陶器既具有学术价值，又具有美学和艺术价值，显示出二里头时期陶器文化的发达程度、审美情趣和艺术水平。图版后面殿以若干戳印和雕刻花纹陶片，它们的学术性和艺术性也都是很高的。

该书前面冠以代前言——《二里头陶器文化论略》，全面论述了二里头遗址开始发掘至今对陶器研究的成果。

《宁夏灵武窑发掘报告》

考古研究所编著

发掘报告　380千字

中国大百科全书出版社　1995年7月

考古研究所内蒙古队于1984至1986年在宁夏回族自治区灵武县磁窑堡窑址发掘，发现西夏窑炉3座、清代窑炉1座，西夏作坊8座、元代作坊1座；出土瓷器、工具、窑具等3000余件及大量瓷片。通过对出土文物的研究，推定出该窑址的时代：始烧于西夏中期，在元代继续生产，到明清时期衰落。

西夏时期的窑址和瓷器以往鲜为人知，该窑址出土的种类繁多的西夏瓷器及残片，填补了中国陶瓷史上的缺环与空白；其中以白釉和剔刻花器物最具特色，明显地受到定窑系和磁州窑系的强烈影响。而西夏瓷器的造型和纹饰则部分地反映出西夏王国党项族的生活习俗，是研究西夏王国及党项族历史和物质文化的重要实物资料。

《杏园东汉墓壁画》

考古研究所编

图录

辽宁美术出版社　1995年

1984年考古所偃师商城队在配合洛阳首阳山电厂基建过程中，清理了一座东汉壁画墓，发掘简报刊登于1985年第1期《考古》杂志。墓内保存了一幅东汉车马出行图长卷，总长度达12米，绘有70余个人物，50余匹奔马，其中保存较清晰的人物和马匹约10余处。

发掘清理这座壁画墓的主要意义在于，它生动而完整地描绘了东汉晚期高官显贵出行时的奢华景象，对研究东汉舆服制度和官员出行的导从制度是一幅不可多得的珍贵资料。同时，由于这幅画的画工技艺精湛，造诣良深，遂使全画人物形成一种动感，较好地表现了官员出行炫耀威仪的主题，是一幅难得的艺术佳作，在中国美术史上也有其重要的地位。基于此，特将这座壁画墓编辑一本专刊出版，既可丰富汉代考古学研究的内涵，也可以满足我国美术史界及美术爱好者的需求。

《楼兰鄯善简牍年代学研究》

孟凡人（研究员）编著

专著　460千字

新疆人民出版社　1995年

该书上篇《楼兰民族汉文简牍合校及其年代学研究》，对照简牍图版重新合校，多有创获，同时将各家不同的释读作注，故该篇乃是目前集楼兰鄯善汉文简牍释读之大成。此外，还对楼兰鄯善汉文简牍的年代和分期进行了系统的研究，提出了许多新见解。这项系统研究在国内外均属首例。

下篇《鄯善于阗佉卢文简牍年代学研究》，在全面对照佉卢文转写资料的基础上，结合考古资料及其他相关资料，按照考古学的研究方法，对迄今未决的鄯善于阗佉卢文简牍的年代问题进行了深入的探讨研究，提出了全新的年代界限和分期的见解，建立了新的体系。

《新疆古代雕塑辑佚》

孟凡人（研究员）编著

16开本　228页，彩版30幅，黑白版371幅，线图10幅

新疆人民出版社　1995年

该书将1949年建国以前被劫掠到国外的新疆古代雕塑精品收集成册，各幅雕塑作品图版均有精确的说明。并撰写《新疆古代雕塑概述》一文，对新疆古代雕塑的分布，流失域外的情况，新疆古代雕塑的种类、题材和艺术特点与成就等，进行了较全面系统的介绍。

《高昌壁画辑佚》

孟凡人（研究员）编著，赵以雄、耿玉昆绘图，吴作人题书名，常任侠作序

16开本　290页，线图373幅

新疆人民出版社　1995年

该书将1949年建国以前被劫掠到国外的吐鲁番壁画精品收集成册，将壁画绘成线图，各幅画均有精确的说明。并撰写《高昌壁画述略》一文，对高昌壁画在今吐鲁番地区的分布，流失域外情况，高昌壁画的种类、题材和艺术特点等，作了较详细的介绍。

《陶器鉴赏》

叶茂林（副研究员）

专著　323千字

漓江出版社　1995年1月

陶器是新石器时代肇始的主要标志之一，也是考古断代的重要标尺。将考古发掘中出土的不同时期、不同特征、不同种类和用途的陶器系统编纂，并从历史、文化、工艺、艺术的多角度的审视，在文物鉴赏的高雅境界里向读者传播科学知识，《陶器鉴赏》一书作了有益的尝试。该书资料丰富、编排得当。全书共分六章，是目前国内首本较全面介绍陶器的著作，书中重点介绍了200多件较有代表性的陶器及陶制品，作者不仅大致勾勒了一个古代陶器发展的基本框架，并对部分陶器研究中存在的问题及若干出土器物的认识提出了自己的见解。全书融文物、考古及科普知识于一体，通俗易懂，雅俗共赏。

历史研究所

《走出疑古时代》

李学勤（研究员）

专著　260千字

辽宁大学出版社　1995年3月

该书是作者最近几年继续探索中国古代文明的结果。全书分为五篇，第一篇是关于古代文明起源及其早期的发展，二三十年来一直是国内外学界关心、争论的题目，在此作者勾画出自己的有关看法。古玉器的研究不久将与青铜器的研究并驾齐驱，作者将自己对古玉器的研究观点列入第二篇“神秘的古器”。第三篇中作者对近年中原地区几个

考古新发现做了研究介绍。中原以外地区的考古发现放在第四篇中，对境外出土中国文物的研究放在第五篇中。

《唐代工商业》

张泽咸（研究员）

专著 390千字

中国社会科学出版社 1995年12月

该书是唐研究基金会赞助出版的。随着战国以来工商业的显著发展，上层统治者创行重农抑末政策，限制私人工商业的发展，法令上极力贬低商人，这一抑制工商的政策经战国、秦汉、魏晋南北朝长期沿用不改，隋唐后开始有新的变化。作者将全书划作手工业、商业（上下）二篇。手工业篇分作采掘与冶炼、铸铜业、铁器制造业、兵器制造业、金银制造业、建筑业、造船业、丝织与印染业、陶瓷业、制茶业、制盐业、粮食加工业、漆器业、制纸与印刷业，分门别类，详加论述。商业篇中，作者分作国内商业、边境互市贸易、对外贸易三部分。

《中国学案史》

陈祖武（研究员）

专著 200千字

台湾文津出版社 1995年4月

该书系台湾文津出版社《中国文化史丛书》中的一部。学案史属史学史范畴，学案体史籍的兴起是宋、元以后的事情。南宋朱子著《伊洛渊源录》开其端，明、清周汝登、孙奇逢畅其流，黄宗羲《明儒学案》徽帜高悬，全祖望《宋元学案》一百卷使学案体史籍臻于大备。清亡，徐世昌《清儒学案》二百零八卷，至此学案体史籍盛极而衰。梁启超融合中西史学，《中国近三百年学术史》别开新境。作者缘此脉络，见盛观衰，述往思来。

《解开〈宋会要〉之谜》

陈智超（研究员）

专著 320千字

社会科学文献出版社 1995年5月

从现存的有关宋代历史的资料来看，《宋会要》无疑是最原始、最全面、最丰富、最翔实的一部，可说它是宋代的百科全书。但《宋会要》编成以后，流传很少，到明中叶《文渊阁书目》著录《宋会要》，已注明缺。清人徐松从《永乐大典》中辑出《宋会要》五百卷，此辑本后又经两次转录，三次不得其法的整理，与《宋会要》原本已有很大差别，严重影响了对它的正确而又充分的利用，作者在前人研究及自己长年宋史研究的基础上，以极大的耐心和细心，从《宋会要辑稿》、《永乐大典》遵循正确的步骤，追踪复原《宋会要》。一方面剔除《宋会要辑稿》中非《宋会要》的内容，增入《辑稿》之外的《宋会要》文，另一方面将《宋会要》的辑文按原来的顺序正确地归入原来的类、门。

《天地会起源研究》

赫治清（研究员）

专著 270千字

社会科学文献出版社 1995年

天地会是中国历史上著名的秘密结社组织，中国近代秘密会党的主干，在清代和中国近现代起过重要作用，产生过广泛而深刻的影响，甚至远及海外华人社会。天地会研究，迄今已历150余年，中外人士曾把相当多的精力集中在研究天地会起源问题上，但它究竟起于何时、何地？创自何人？创立宗旨和背景是什么？中外学者众说纷纭，莫衷一是。该书作者不依傍前人，善于独立思考，自抒新见。集中阐述了“康熙”说，在起源问题上取得了重要突破。该书介绍了天地会的基本史料，探讨了天地会创立的时间、地点、创始人、宗旨及历史背景，对天地会的性质、组织形式等问题进行了研究，对天地会的秘密隐语、暗号给予了解释，对乾嘉时期天地会的演变、别名、分支和传播，以及某些天地会起义等问题作了论述。

《中国史稿》（第七卷）

何龄修、张捷夫、郭松义、刘永成、黄宣民、杨珍、陈祖武、吴伯娅等

专著　540千字

人民出版社　1995年4月

《中国史稿》是由历史研究所组织，集体编写的一部有价值、有系统的大部头著作。第七卷即清史卷是此书的最后一册。写自1644年清入关至1840年鸦片战争前的清代史事。将这段历史分作清朝建立、康乾盛世、鸦片战争前三段，分章展现了各段的政治、经济、民族关系、对外关系情况。每段各具特点，有所侧重。该书还设专章谈及清朝文化。

《唐代的外来文明》

吴玉贵（研究员）

译著　550千字

中国社会科学出版社　1995年8月

该书是美国学者谢弗的一部名著，英文版名为《撒马尔罕的金桃》，专门研究唐代的中外文化交流及唐代的外来文化。此书涉及唐代社会生活的许多方面，仅引用汉文史料即达190余种。被视为研究中国古代社会文化史的必读书。书中有大量专有名词，翻译难度极大，译者认真查考，还纠正了原书中的一些史料错误，使此书汉译本更趋完善。

《两汉魏晋南北朝与西域关系史研究》

余太山（研究员）

专著　240千字

中国社会科学出版社　1995年6月

“西域”是一个地理概念，在两汉魏晋南北朝“正史”中泛指玉门关、阳关以西的广大地区，该书的研究重点在今天被称为中亚的地区，尤其是帕米尔以东地区。此课题获得了国家社会科学基金资助。作者对有关原始史料作了较全面的梳理，在此基础上就一系列有争议的问题提出了自己的看法。认为两汉魏晋南北朝经营西域的目的主要是政治的，西域诸国与两汉魏晋南北朝交往的目的首先是经济的。两汉魏晋南北朝的西域经营往往伴随着与塞北游牧部族的斗争，主张“以义属之”，虽动用武力，威慑而已。

《在华耶稣会士列传及书目补编》

耿昇（副译审）

译著　700千字

中华书局　1995年1月

该书系法国汉学家荣振华所著，汉译本是中外关系史名著译丛之一。自16世纪始，西欧各国和天主教会逐渐向中国派遣传教士，以耶稣会派往中国人数最多，势力较大。传教士在布教的过程中，深入中国社会，其中许多人用汉文或西文著书，向西方传播中国文化，成为国外中国学的创始人和奠基人。该书集中了入华耶稣会士的全部传记资料，对研究中西文化交流史大有帮助。

《隋唐五代史学》

谢保成（副研究员）

专著　280千字

厦门大学出版社　1995年

在中国史学发展史上，唐代的史学占有承前启后的重要地位，这个时期的修史工作较之其他各个时期，甚为显著，因此唐代史学的研究著述迭出。该书作者将唐代史学的兴盛与其前期的隋、后期的五代十国联系一起，系统考察，寻找其内在联系，分析其因

果关系，从而揭示唐代史学兴盛的必然性。

《论汉代的自杀现象》

彭卫（副研究员）

论文 10千字

《中国史研究》 1995年第4期

汉代历史上，数量众多的自杀者，波及社会各阶层的自杀行为，以及层出不穷的自杀事件引人注目，作者对这一社会历史现象进行研究探讨。他认为，首先自杀方式的选择受历史环境的制约，也是文化群体心理表达的特殊呈现。作者对汉代文献中收录的近700个自杀者的自杀原因整理研究，认为自杀者可分为自尊、尽忠、恐惧、绝望、和他、愧疚、悲痛、贞节、逼迫九个类型，作者认为，汉代自杀现象的浩浩之流有着多重的源头，源头的主脉是汉代人的内心世界，另一方面则由于法律对自杀行为采取了容忍、纵容乃至鼓励的态度。

《论驱口》

李锡厚（研究员）

论文 10千字

《中国史研究》 1995年第2期

“驱口”亦简称为“驱”，是辽金元时期特有的对男女奴隶的称呼。作者认为并不是北方少数民族创造的，与中原地区早就存在的“驱使人”有关，它的产生与户籍制度有很大关系。直接来源就是唐朝的所谓“驱使人”。文中作者针对“驱口”的身份这一学术界颇为热烈争论的问题提出自己看法，不能只从外国教科书中“奴隶”的定义出发，削中国历史之足，适外国定义之履，而应首先弄清楚“驱口”这一特殊的人群与当时相关阶层的关系，这从文献记载来看，“驱口”并非自由人确定无疑。

近代史研究所

《中国复兴的枢纽——抗日战争的八年》

刘大年（研究员）主编

专著 600千字

北京出版社 1995年7月

抗日战争是中国近代历史的一个根本转折，在中国近代史上占有特殊重要的地位。该书通过五种关系或者说五条线索，全面反映抗日战争的过程，揭示这段历史的基本内容。五种关系，即是关于民族矛盾与阶级矛盾，后者服从前者；关于民族战争与人民战争，后者加强了前者；两个战场并存及其运动决定抗日战争的进程和面貌；抗日战争是第二次世界大战的一部分，而中国战场的格局则是自己决定的，胜利是靠自己取得的；基础与上层建筑，各种战线支撑抗战。该书围绕这几种关系展开叙述各种有关事实，或者以叙述各种事实来体现这些关系。无论采用叙述的写法，还是夹叙夹议，或为阐明问题的实质，有时集中做一点评论，都务求平实。平实是该书追求的风格。因而它不是一本人云亦云、陈陈相因之作，而是在吸收学术界研究成果的基础上颇有开拓和特色的高质量的学术专著。该书提出的并作为书名的抗日战争是“中国复兴的枢纽”，已为越来越多的学者所接受。

《20世纪的香港》

余绳武（研究员）、刘蜀永（研究员）主编

专著 280千字

中国大百科全书出版社
香港麒麟书业有限公司 1995年12月

该书是院重点科研项目，由近代史研究所香港史课题组编著。作者除两位主编外，还有香港史专家刘存宽、徐曰彪，青年学者张俊义、张丽。香港学者霍启昌博士应邀参加了部分编写工作。

该书主要介绍20世纪香港政治与中英交涉，包括20世纪香港政制、香港与中国内地时局的相互影响和中英关于归还香港的交涉等三部分，无论结构、观点、内容皆与以往西方出版的香港史著作有所不同。该书明确揭示了港英统治的殖民主义性质，论述了其统治方式的演变，对其某些行政措施（例如廉政建设）也给予了实事求是的肯定。在论述香港与内地时局的相互影响时，该书依照辛亥革命、省港罢工、抗日战争和解放战争等不同历史时期，详加论述。以前没有一本中文著作详细地论述过中英关于归还香港的交涉，该书则围绕二战期间和战后收复香港的交涉、九龙城问题、中英谈判和基本法的制定等问题，系统地加以阐述。

该书填补了中英关系史和香港史研究的空白，有助于读者认清港英统治的实质，了解历史上香港与祖国内地的密切联系，以及归还香港交涉的真相，不仅有其学术价值，亦有重大的现实意义。该书出版后，在香港与内地皆受到广大读者欢迎。此书作为学术著作，在内地已发行4万册。香港教育署已将该书列为教学参考书。

《近代冀鲁豫乡村》

从翰香（研究员）主编

专著　452千字

中国社会科学出版社　1995年10月

该书是国家社会科学“七五”规划重点课题“近代华北平原农村社会经济”成果之一。全书共分五部分。第一部分“乡与村的社会结构”，分析了乡村社会的结构以及乡村社会组织的起源与发展，从一个新角度审视了国家与乡村社会的关系。第二部分“市镇的勃兴”，考察了华北平原三省各县的集镇发展状况，分析了集镇的功能、经济结构及与周边乡村的经济社会关系。第三部分“农业自然资源和粮食生产”，描述了该区域的农业生态环境，对近代粮食生产发展过程作了详细的考察。第四部分“手工业与乡村经济”，论述了区域内主要农村手工业部门在近代的兴衰，分析了农村手工业和农业与近代工业发展的关系。第五部分“田赋和徭役”，对冀鲁豫三省田赋和徭役在近代的演化过程进行了研究，分析了三省农民的负担及田赋制度在近代的性质转换。

该书作为第一部系统研究近代华北平原冀鲁豫三省乡村社会经济结构的专著，出版后被认为是史料翔实，又有研究深度，有重大学术价值的著作。

《中国新民主主义革命史长编》第6卷《从内战到抗战》

李新（研究员）、陈铁健（研究员）主编

该卷主编李义彬（研究员）　合作者唐宝林、陈铁健、包凌云、刘树发

专著　574千字

上海人民出版社　1995年7月

该卷记述1935年夏至1937年夏的中国革命史，特别是对华北事变（中日民族矛盾成为国内主要矛盾）、“一二九”运动（以此为起点，抗日救亡运动在全国兴起）和西安事变等重大事件及与此相关的问题，依据占有的详尽资料作了较系统的记述。

《中国新民主主义革命史长编》第八卷《坚持抗战　苦撑待变》

李新（研究员）、陈铁健（研究员）主编

该卷主编李隆基、王玉祥　合作者韩信夫

专著　440千字

上海人民出版社　1995年7月

该卷记述1938年10月武汉失守到1941年12月太平洋战争爆发前，三年多时间，中国抗日军民克服大片国土沦丧、汪精

卫叛国投敌、中国的经济文化教育遭受严重破坏等一系列严重困难，败而不馁，坚持抗战，力争时局好转，期待和促进世界反法西斯联合战线的形成等方面的内容。

《外国在华工商企业辞典》

黄光域（研究员）编著

工具书　800 千字

四川人民出版社　1995 年 9 月

该书是海内外第一部系统介绍近代外国在华工商企业基础资料的工具书。共收英、美、德、法、日、俄、意、比、奥、丹、挪、荷、芬、波、捷、匈、葡、西、印及瑞典、瑞士等 20 余国 1840～1949 年间在华工商企业 2500 多家。涉及商、工、金融、运输、保险、新闻、出版、旅游、服务、房地产、经纪、公用及农、林、牧各业。举凡企业之中外文名称、起讫年代、创办人、合伙人、国别、总分号所在、资产状况、营业范围、关系行号、买办、高级华职员及历史沿革等等，均在记述之列。全书按中文行名首字笔画编排。正文前备有目录及首字音序查字表，附录《西中行名对照表》，查检极其方便。

辞目的基本材料，主要采自 1861～1948 年间香港、上海、天津、北京、青岛、沈阳各埠出版的数十种中外文行名簿录。再辅以丰富的参考书籍，使该典拥有了深厚的资料基础。因此，所撰辞目大多扎实、精当，富有新意。全书钩沉抉微，拨乱反正的条目甚多。著名经济史学家汪敬虞撰文称该书是“一部高质量的近代中国对外经济关系研究的工具书”。

《论皖南事变之善后》

张海鹏（研究员）

论文　13 千字

《近代史研究》　1995 年第 5 期

该文从皖南事变之远因，国共抗战路线的不同；国共关系的尖锐对立，皖南事变的爆发；日军进攻造成了国共转圜的契机；皖南事变的深远影响这四个方面，对此前研究得不多、不够深入的“皖南事变之善后”作了深入的研究。该文资料翔实，论述深入细致，尤其对中共在皖南事变后既坚持原则对国民党进行坚决斗争，又灵活机动地根据国内外形势的变化和以团结抗日大局为重使国共矛盾缓和，最终取得政治上的主动等方面，都作了令人信服的论述。

《国防参议会简论》

闻黎明（副研究员）

论文　11 千字

《抗日战争研究》　1995 年第 1 期

该文对中国全面抗战爆发后国防参议会的建立、运作、作用和性质做了较为详细的介绍。该文提出，从建立过程及其成员所代表的政治力量来看，国防参议会作为战时政策的最高咨询机构，它具有党派初步合作的特点。它的建立反映了国民政府政治体制的某些松动，抗日战争时期国民党政权政治制度产生有形变化，也是以此为开端的。在论述国防参议会从 1937 年 8 月至 1938 年 6 月的具体活动情况之后，该文指出国防参议会的作用和意义是：第一，它大致容纳了国内各抗日党派的主要领导人，表现出一种全国团结的象征；第二，它成为一个反映民意的渠道；第三，它可以被看作是后来设立的国民参政会的前身。该文还分析了国防参议会的缺陷：第一，参议员非党派代表，只以个人身份受到邀请，且人员范围过于狭小；第二，虽然国民党将国防参议会冠以最高咨议机构的名义，但它的实际职权有限，并没有全局性的国家政治制度建设方面的责任；第三，国防参议会的提案并不具有法律效力。

《戊戌学会考》

闵杰（副研究员）

论文 30千字

《近代史研究》 1995年第3期

该文系对前人所作戊戌维新时期各类学会组织的一次全面考订。前人有关戊戌学会的统计共有89个，而其中互有歧异者50个，所以前人的统计非经考订否则不便使用。但长期以来，此问题确无人考订。该文作者经过多年的资料搜集，在此基础上进行了认真细致的考订，确认这50个学会中有18个为可信，予以承认；其余分别属于讹误或总会下属之分会，另有5个因资料所限而暂时存疑。该文的考订增补了前人统计中脱漏的学会16个，并将可信的戊戌学会72个按创立时间顺序列为一表，为学术界提供了方便。该文因功力深厚，考证严密，获中国史学会“中国近代史优秀论文奖”1995年度优秀奖。

《淞沪战役的战略问题》

黄道炫（助理研究员）

论文 12千字

《抗日战争研究》 1995年第2期

该文从战前准备、战场态势、战役设想及战略发展几个方面，对淞沪战役的战略问题进行了探讨。该文指出，在会战之前，国民党即有以长江为战略中心，沿江节节抵抗的国防计划，并对上海、南京、武汉长江一线作了特别部署；华北失利后，如何将战争向着有利的方向引导，是中国争取主动的关键；中国统帅部开辟淞沪战场的主要目的在于占先机之利和牵制日军在华北的进攻，并引起国际对日本的干预；随着会战局势的发展，中国统帅部将主战场转向华东，而华北则担负牵制消耗日军的任务，淞沪战场的主战场地位逐渐形成。该文在论述淞沪会战时期中国统帅部战略形成与变化的具体过程之后，明确认为：中国统帅部在战役指挥中，审时度势，适时确定了我军的总体战略方针，对战役的发展及整个中日战争进程产生了积极影响。夸张地估计中国统帅部的先见之明，认为其一开始就有诱敌深入改变进攻方向的分兵战略，稍失严谨；而看不到中国统帅部战前的充分准备，低估其在总战略上的谋划，也欠客观。

世界历史研究所

《工业社会的勃兴》

王章辉（研究员）、孙娴（研究员）主编

专著 340千字

人民出版社 1995年1月

该书以英、法、美、德、俄五国工业革命为研究对象，采用比较分析法，对欧美主要大国工业革命中的重大问题，即工业革命的社会经济条件、农业革命与工业革命的关系、开放体制对实现工业革命的意义、工业革命时期机器的发明和技术革新、工业革命中的交通运输、工业革命对人口再生产方式的影响、欧美五国的城市化及其特点、科学教育与工业革命、欧美五国工业化道路比较、欧美大国工业革命对世界历史进程的影响等11个专题，进行了综合论述。通过比较，分析了各国工业革命的共性和特殊性，对诸如为什么英国首先发生工业革命、美国和德国后来居上、法国进展相对缓慢、俄国滞后等问题做了阐释。

该书的目的不是详细叙述各国工业革命的全过程，而是拾遗补缺。书中对农业革命的影响、开放社会的优势、人口革命、工业革命对城市化的推动作用、科学教育与工业化的关系等重要问题的论述，都是其他有关工业革命的著作很少述及的。欧美工业革命道路比较一章对过去通常用的一种提法，即资本主义工业化道路通常是先轻工业后重工业，因为资本家的目的是追求利润这样一种提法进行了商讨，其他各章的论述也提出了一些新的论点和新材料。

《哥穆尔卡评传》

刘邦义（研究员）

专著 250 千字

中共中央党校出版社 1995 年 2 月

该书以翔实的第一手资料，对哥穆尔卡一生的历史功过，他所走过的曲折道路及其经历的重大事件进行了全面评述。书中披露了许多鲜为人知的史实，包括哥穆尔卡同斯大林、季米特洛夫、铁托、赫鲁晓夫等人的往来和斗争，还有他与毛泽东、周恩来等中国领导人的会谈情况。该书特别对 1948 年哥穆尔卡被打成右倾机会主义分子的背景、原因、争论的主要问题及其严重后果和他勇于探索和改革、提出的“波兰道路”等作了重点论述和剖析。对他执政后期的失误，该书也作了介绍。

《俄罗斯文化 1000 年》

孙成木（研究员）

专著 260 千字

东方出版社 1995 年 3 月

该书是一部叙述自基辅罗斯至苏联解体一千多年俄罗斯文化发展的专著。内容有教育、科学、文学、艺术以及生活方式。1 至 4 章介绍 18 世纪以前的文字和文学（壮士歌、神话、小说），教堂建筑和绘画，私塾和学校，科学知识的传播，民间习俗。第 5 章写彼得的文化改革及其影响，大学的创办，科学的形成，古典主义、伤感主义和现实主义文学，艺术的成就。第 6、7 章叙述 19 世纪俄国人民在极端困难的条件下创造出优秀的文化和资本主义引起的变化：大学和专科学校广泛建立；科学接近、赶上先进国家水平，有的居世界前列；批判现实主义文学繁荣，繁星璀璨；艺术走向顶巅。第 8 章写在革命高涨年代从民主主义向社会主义转变的文学，用新观点研究社会问题的开端，各种艺术流派的角逐。第 9、10 章叙述十月革命胜利后苏维埃俄罗斯文化的形成、发展和转变的趋势，反映社会主义文化建设的巨大成就，如文盲消灭，教育、科学大发展（尤其是征服宇宙空间的胜利），社会主义现实主义文学的繁荣，新的思想风尚流行等，也指出文化生活中出现的一些问题、困难等。最后一章写中俄文化从间接交流（通过外交、宗教、商业、西欧日本）到直接交流的过程，俄罗斯汉学的形成，中国对俄国史地、文学的介绍，十月革命后中苏文化的互相介绍研究。

《法西斯体制研究》

朱庭光（编审）主编

专著 540 千字

上海人民出版社 1995 年 4 月

该书具体剖析了本世纪 20～40 年代世界范围相继出现的意大利、德国和日本三国法西斯政权所确立的政治、经济、文教体制，并在此基础上对法西斯体制作了总的概括和论述。论述了法西斯体制的基本特征，指出法西斯国家的政治体制是与民主制相对立的极权制。它以法西斯国家或本民族高于一切及领袖原则为其思想政治基础，实行国家职能无限膨胀，监控镇压体系极度强化，权力极端集中的个人独裁统治。它是帝国主义全面危机时期出现的资产阶级专政的一种极端形式。法西斯国家的经济体制属于统制经济。它由国家机构对经济领域的一切重大经济活动实行严格控制，但各有不同具体形式。大体上，纳粹德国是由统治集团和垄断巨头相结合，企业自主经营，国家机构从总体上确立全国的系统干预机制；意大利通过国家控股公司系统及将法西斯党和劳、资三方代表混合组建的职团制系统，实施国家全面干预和控制机制；日本则以“民有国营”为主要方式。法西斯统制经济的某些措施，也是战后时期普遍推行的国家垄断资本主义的渊源之一。书中还对研究法西斯主义及其体制的现实意义有所阐述。

《法兰西第二共和国史》

孙娴（研究员）

专著 240千字

社会科学文献出版社 1995年4月

法兰西第二共和国（1848～1852）上承七月王朝，后为第二帝国取代，处于君主立宪制和帝制之间，是法国19世纪政治发展的一个重要阶段。该书系统叙述了该时期法国社会、政治、经济发展的进程，各政治派别之间的关系，资产阶级、工人和农民对该时期历史发展所起的作用。该书着重探讨资产阶级政治制度的发展和社会发展之间的关系，共和国宪法和各种立法与阶级斗争进程之间的关系，立法权和行政权之间的矛盾斗争，揭示了资产阶级议会制度的实质。第二共和国时的法国正处于工业革命进一步发展的阶段，经济上腾飞要求稳定的政治局势，当时的法国各派争权夺利，政治上动荡不安，无法保证经济发展和完成工业革命这个历史任务。作者通过对这个问题的研究，阐明了正是这一点成为第二共和国覆亡的原因之一。这一时期，法国无产阶级正由自在阶级向自为阶级发展。作者对该时期工人运动进行了研究，阐明了法国工人的政治觉醒和参政意识的加强。该书对法国农民在国家政治生活中所起的作用也进行了深入分析，并且详尽地阐述了法国农民对拿破仑的传统崇拜，农民利用共和国给予的普选权来反对共和制而拥护帝制，不是农民的皇权主义在作怪，而是物质利益起主导作用。

《非洲通史》（现代卷）

彭坤元（特邀研究员）等主编

专著 670千字

华东师范大学出版社 1995年5月

该书是《非洲通史》三卷本中的一卷。主要论述自第一次世界大战结束到20世纪80年代的非洲历史。这个时期是非洲历史上承上启下的重要时期。其间，非洲的社会经济结构发生了重大变化，出现了具有世界性影响、席卷整个大陆的反帝反殖斗争；实现了政治独立，完成了建立民族国家的历史任务。此后，非洲各国为巩固独立成果，发展民族经济，推动社会进步，实现现代化而努力奋斗。该书对这段历史进行科学总结，坚持非洲历史发展的统一性与多样性相结合的观点，同时摒弃一些西方学者对非洲人民及其历史所抱的种种偏见和曲解。该书专述中非关系史一章利用大量中国文献和官方材料，这是国外同类著作中所没有的。

《第二次世界大战史》（修订版）

朱贵生（研究员）、王振德（研究员）、张椿年（研究员）等

专著 620千字

人民出版社 1995年6月

该书是全面系统论述二战的专著，阐明二战的起源、起点、性质、进程和结局。一战后，帝国主义又陷入危机，一方面各国无产阶级建立了新型政党——共产党，社会主义的苏联出现于世界；另一方面，意、德、日相继建立了法西斯政权，实行血腥的恐怖独裁，走上了侵略战争的道路。英、法、美为了维护既得利益，对法西斯侵略者推行绥靖政策，使其有恃无恐，悍然发动世界大战。德、意、日法西斯肆意屠杀、奴役多国人民，把战火燃遍世界大部分地区，剥夺了许多国家的主权和独立，践踏了人民的自由和人权，使人类文明面临毁灭的深渊。这场

空前浩劫激起了全世界人民的反抗。中、美、英、法和其他几十个国家结成强大的反法西斯同盟，发表了《联合国家宣言》，互助合作，利用一切人力物力资源同德、意、日法西斯进行了长期艰苦卓绝的斗争，付出了巨大的牺牲，最终击溃了侵略者，使其遭到失败投降的可耻下场。所以第二次世界大战又是一场正义的反法西斯战争。该书还特别着墨于中国人民的抗日战争，讴歌中华民族有同敌人血战到底的大无畏精神，揭明抗日战争在世界反法西斯战争中的作用和地位。

《第二次世界大战中的中国战场》

王振德（研究员）

专著　262 千字

社会科学文献出版社　1995 年 6 月

几十年来，许多中外史学家不承认中国战场在二战中的战略地位。他们说："中国战场不是"亚太地区主要战场"，更不能成为东方主战场。甚至说："只有到 1941 年下半年才演变成为真正的世界大战"。在此之前，只能称中日战争，根本不能使用中国战场这个概念（此说抄自美国）。他们认为："列出一二项诸如抗击了多少日伪军的总体性百分比作为理论的依据，说服力是不强的"。作者认为，中国战场是第二次世界大战的有机组成部分，否认了它的地位和作用，第二次世界大战史科学体系就不可能建立，就不可能写出科学的第二次世界大战史。所以，这个问题不仅有关中华民族的尊严，也涉及第二次世界大战史学的发展。该书就是为了解决上述问题而撰写的。该书严格按照第二次世界大战和中国抗日战争客观历史过程，分为五章三十一节，全面阐述了：中国揭开了反法西斯第二次世界大战的序幕；开辟了第一个反法西斯战场；中国战场在第二次世界大战战略防御与相持阶段的战略地位；中国战场的战略反击及其国际地位；中国是打败日本法西斯的主要成员国。有力地批驳了抹杀中国战场重要贡献的谬论。这个战场抗击了日本三分之二的陆军，使日本无力履行军事义务，德意日三国同盟始终未能形成一个战争实体，各自为战，终于失败。中国为世界人民反法西斯斗争的胜利做出了伟大的贡献。

《2000 万中国人之死》

汤重南（研究员）

专著　280 千字

辽宁古籍出版社　1995 年 8 月

该书分 10 章，即日本侵华思想的由来；疯狂发动和进行侵华战争；70 万同胞血染扬子江；水深火热的沦陷区人民；食人的日本细菌战和毒气战；对和平城市的无区别大轰炸；"扫荡"抗日根据地；杀光、抢光、烧光；80 个"万人坑"的无声控诉；在日劳工、"慰安妇"的血与泪；中华民族的抗争与胜利。另有 5 个附录：关于在日本侵华战争中我国军民伤亡数字（3500 万及死亡 2000 万人）的考察综述；国民党抗日殉国将士（将军）一览表；日本法西斯恶魔的下场；中国对日本战争罪犯的审处情况；侵华日军的伤亡统计表。该书搜集了中外文资料、文献，查阅了有关档案，并实地作了一些考察，参考了国内外最新研究成果，如实揭露了日本侵华的累累罪行，尤其对我国军民伤亡人数作了考察。

《传奇人物戴高乐》

周剑卿（研究员）

专著　260 千字

当代世界出版社　1995 年 12 月

戴高乐是拿破仑以来法国最有作为、最有影响的执政者。他一生奇峰迭起。两次戏剧性地上台，又两次戏剧性地下台；他度过一次又一次危机，逃脱一次又一次精心策划的暗杀。几十年波涛起伏的政治生涯，使他自称是“一个带有传奇性的人物”。该书以戴高乐的生平线索，抓住戴高乐这个传奇人物的特点，着重把富有戏剧性的重大事件的内幕充分揭示出来。主要着墨于戴高乐在二战期间一跃登上历史舞台的经历和 1958 年再度执政的 20 年的经历。前一时期，重点放在自由法国运动、戴高乐同美英以及本土抵抗运动的关系。后一时期着重写戴高乐经历的诸多非同寻常的事件，如阿尔及尔军事暴乱内幕和进军巴黎的秘密计划；戴高乐复出的曲折过程；阿尔及利亚反戴高乐的暴乱和军事政变；秘密军组织恐怖活动及戴高乐多次遇刺幸免；法国的五月风暴特别是神秘的巴登巴登之行；戴高乐与蓬皮杜勾心斗角等。对戴高乐晚年的淡泊生活和朴实的生活作风亦有所涉及。

《从协调外交到自主外交》

武寅（副研究员）

专著　198 千字

中国社会科学出版社　1995 年 12 月

该书利用了日本和欧美国家的大量档案材料，将“九一八”前后日本的对外政策作为当时整个国际关系中的一个重要环节，将日本的情况与西方列强的立场加以系统的考察，阐述第一次世界大战后日本外交如何以“九一八”事变为转折点，由“国际协调”走向“自主外交”的。指出日本改变一战结束以来的外交政策并发动侵华战争，固然有其深刻的国内政治、经济原因，但又同当时西方列强对日本推行绥靖政策有极大关系。日本对列强的干涉是有顾忌的，特别是顾虑列强采取实质性的干涉措施，如经济制裁、武力干涉等等。为避免这些局面出现，它在采取每一步行动之前都要估计国际动向，采取相应对策。西方列强的软弱态度使日本摸清了底细，姑息和退让直接起了鼓励侵略、助长日本军国主义势力恶性膨胀的作用。日本正是到吞并中国东北，甚至退出国联也未招来西方列强的实质性干涉，才敢于在武装侵略的道路上越走越远，成为第二次世界大战的远东战场的策源地。

《二战全景纪实》(三册)

沈永兴（研究员）、朱贵生（编审）主编

著作　900 千字

中国华侨出版社　1995 年 1 月

该书是一部纪实性作品，以真实可靠的史料为据，具体生动地描写了第二次世界大战的全过程。分上、中、下三部。第一部：死灰复燃。用 24 章的篇幅叙述了 1939 年 9 月欧战爆发前的主要史实，对墨索里尼、希特勒的崛起、“九一八事变”、阿比西尼亚蒙难、西班牙的悲歌、卢沟桥的枪声、奥地利被吞并、捷克的悲剧等主要事件均有生动的描写。第二部：狼烟四起。描述了从波兰覆亡到珍珠港事变之间的重要战役和主要历史事件。对东方战线、北欧激战、法国败降、不列颠之战、隆美尔逞威北非、苏德大战以及中国战场情况，都作了详细叙述。第三部：还我河山。以 26 章的篇幅讲述了从太平洋战争爆发到二战胜利期间的重大事件，其中包括莫斯科、斯大林格勒、库尔斯克等大会战，中途岛海空大战，进军西西里、三巨头会晤、诺曼底登陆、中国远征军血战缅甸，直至德、意、日法西斯灭亡。该书还引用了近年来许多解密资料，穿插一些鲜为人知的轶闻，引人入胜。

《第二次世界大战实录》

沈永兴（编审）主编之一

专著　280 千字

重庆出版社　1995 年 6 月

该书是为纪念世界反法西斯战争胜利 50 周年而编写出版的一部著作。全书以图文并茂的形式，向读者展示了第二次世界大战的全过程。内容包括从战争的起源、法西斯的崛起、大战的爆发、反法西斯同盟的建立、二次大战中的主要战役、中国战场在二次大战中的作用，直到法西斯覆亡。全书分44个题，真实、生动地记录了这段历史，以便让从未经历过和不够了解这场战争的青年一代从文字和图片中更好地认识和永志不忘这场具有深远历史意义的战争。尤其不忘中华民族为争取反法西斯战争胜利承担的重大义务，做出的巨大贡献和付出的沉重代价。该书是一部以图片为主的实录性著作，书中收录的667幅照片是从一千余幅图片中精选出来的，有的颇为珍贵。

《关于北京大学图书馆所藏的好太王碑原石拓本》

徐建新（副研究员）

论文　12千字

《世界历史》　1995年第2期

为了寻找到更多的对高句丽好太王碑文研究有参考价值的拓本，特别是1890年以前即碑石被人用石灰修补之前制作的原石拓本，笔者自数年前开始，对北京地区所藏好太王碑拓本进行了调查。北京大学所藏4种原石拓本的发现使我国已知原石拓本的总数增至6种。这6种拓本与流传海外的6种原石拓本的不断被发现，使好太王碑文研究史上的许多重要争论和结论将被重新验证。笔者就释义问题做了一些研究，提出了数个新的数字。对现有的12种拓本进行逐字的比较，重新验证碑文，是当前释文研究的一个重要课题。

《从古希腊罗马史看奴隶占有制社会的若干问题》

廖学盛（研究员）

论文　15千字

《历史研究》　1995年第5期

奴隶占有制社会是在原始社会瓦解的基础上产生的。生产力一定程度的发展所造成的人剥削人的可能性，使原始社会必然瓦解。而原始社会的牢固的基于血缘的氏族部落制度的整个风俗习惯和思想文化体系，必然使奴隶占有制应运而生。国家的产生是奴隶占有制社会确立的标志。在早期奴隶占有制国家中，统治者与被统治者之间相互关系的确立，与源于原始社会的基于血缘的氏族部落内外区分紧密相连。古代希腊罗马的奴隶占有制社会和国家，表现为城邦时代和帝国时代两个大的发展阶段。每个阶段内都有明显的等级阶级划分。随着经济政治的发展，血缘因素或者财产多寡加上地域联系，在形成等级阶级关系中的作用不断变化，社会性质也跟着改变。

《剧变后的俄罗斯卫国战争史研究》

吴恩远（研究员）

论文　18千字

《历史研究》　1995年第6期

该文从历史编纂学角度总结了苏联剧变后卫国战争史领域的研究情况。全文分四部分。第一部分分析卫国战争史研究历经的几个阶段及主要倾向和代表作。剧变前研究的重大局限是受每一代领导人态度和政治环境的影响，当前又走向全盘否定苏共和苏联历史的极端。第二部分是有关卫国战争初期阶段研究热点分析，如苏军是否获得德军进攻的准确情报，批驳把发动战争责任归于苏联及斯大林论点及论述苏军初期失利原因。第三部分是关于战争进程中一些问题的重新探讨：三号命令、二二七号命令是否得当，1942年夏季战役及战争伤亡人数统计的分析等等。第四部分涉及该时期的苏联对外政策。对俄卫国战争史研究新情况的分析还将进一步加深对苏联剧变内涵的了解。

文学研究所

《中国古典小说史论》

杨义（研究员）

专著　430千字

中国社会科学出版社　1995年12月

该书为国家社科基金项目，为其课题结项做鉴定的专家如钱中文、邓绍基、张炯等一致认为，该书是一部探讨我国古典小说本论和小说文体发生、发展的优秀著作，其中对我国各个时代的小说形态与代表作的特征分析旁征博引，条分缕析，视角新颖，新见迭出，显示了作者深厚的治学功底、理论上的高度敏锐与圆熟。

该书除导言、结论之外，共20章，对先秦到清代2000年间中国小说发展过程、基本线索、重要问题和经典著作进行了具有与前人不同体系和理论深度的论述。它的基本研究方法是以历史唯物论为指针，对中国小说的本来面貌进行既有中国特色的、又是充分现代化的解释，在内外两个维度上，对小说本义进行叙事学（内）和文化学（外）的剖析。因而各章节陆续问世之后，海内外都有学人对其“文化深度”和“新的理论框架”予以好评。

《诗学心裁》

杨匡汉（研究员）

专著　350千字

陕西人民教育出版社　1995年

该书首次对古典诗学、“五四”诗学及西方现代诗学作了一次全面的沟通与反思。全书运用历史—文化—美学相融合的观点，立足于中国古典诗歌美学理论，同时吸收了西方语言学、阐释学、接受学、叙事学等成就，采用分析、比较和综合的方法，从基本的诗学范畴出发，对诗性思维、情感形式、呈现方式、时间艺术、空间艺术、语言艺术、接受学等七个方面进行了深入而细致的探讨；并结合当前诗歌创作和研究中的得失，倡导“一体多元”的整合思维，张扬“将人提高”的诗歌精神。该书还率先把研究的对象扩大到海峡两岸的诗学（甚至华文诗学），提出了一些前瞻性的研究命题。全书采用“以诗论诗”方法，语言雅致，资料翔实，内容丰富，在当代诗学体系之建构上迈出了一大步。

《李清照评传》

陈祖美（研究员）

专著　230千字

南京大学出版社　1995年9月

此书系《中国思想家评传丛书》之一，是对我国古代著名女词人李清照所作的思想评传。书中以新颖的思路为导线，以切实可信的资料为基础，对传主的生平、思想和创作等作了较深入的论述。全书分引论、饱尝人间甘苦的一生、词学思想和“易安体”的特点、“压倒须眉”的《漱玉词》、被词名掩盖的诗文实绩、嫠不恤纬唯国是爱六章。后附《赵明诚传》和《李清照年谱》有助于对传主的进一步理解。全书考证谨严，分析细腻，文笔流畅，多有新见。其中对传主心灵和情感的逆探、体悟和论析，尤具特色。

《敦煌本唐集研究》

张锡厚（研究员）

专著　270千字

台湾新文丰出版公司　1995年3月

在我国历代文化典籍中，作为唐代文化繁荣标志之一的敦煌本唐集，大都是失而复得的千年孤本，一直引起世人的关注。该书作者在前人整理研究的基础上，进一步广泛深入地搜集资料，爬梳筛选，索隐钩沉，抽绎端绪，比较全面系统地撰述王绩、王梵志、陈子昂、高适、李白、白居易、刘邺诸家的诗文集残卷以及《云谣集》、《宫词》、《赋集》等系列论文，或考镜源流，或补正旧说，或诠释校勘，抑或别出机杼，分别就其版本学和校雠学的文献价值提出一些独到的见解，藉以开拓唐人集本的研究领域。作者同时还对王绩、王梵志、陈子昂、刘邺等人的生年和生平作出新的考证，以补前人之不足。此外，该书还比较广泛地揭橥敦煌本唐集的丰富蕴藏以及其深刻的文学贡献，使敦煌遗书所藏唐人古抄集本再现绚丽的光彩。

《创造社：别求新声于异邦》

黄淳浩（研究员）

专著　260 千字

社会科学文献出版社　1995 年 9 月

该书在充分占有资料的基础上，运用马克思主义，对创造社从酝酿成立到被迫关闭的十年历史，它的文艺思想和创作成就，进行了科学的论证。史的部分，把创造社分为初中后三期，重点说明中期为什么应独立存在，并具体论证了后期创造社在马克思主义的阐释宣传方面的功过是非。论的部分，主要针对创造社的文艺思想是“为艺术”的说法，指出创造社的文艺思想不能笼统概说，并根据其不同阶段的变化发展，说明初期“没有划一的‘主义’”，后期独尊普罗文学，中期写实和象征并举，呈过渡性质。另就郭沫若、郁达夫、田汉、成仿吾、张资平、王独清、阳翰笙等创造社作家的创作，论述了其诗歌开一代新风，小说创一大流派，戏剧被推向大众的巨大成就，并提出其创作初期繁荣，中期尚可，后期较为逊色，总体呈下降趋势。

《财神信仰》（中华民俗文丛之一）

吕威（副研究员）

专著　200 千字

学苑出版社　1995 年

民俗文化是构成传统文化整体的诸多层面之一。财神信仰在宋、元以来的民俗文化中占有重要位置，是理解、阐释中国式近代化的重要视角和手段。

在中国民间信仰的诸神体系中，财神是出现较晚的一种神灵，是伴随着具有早期资本主义性质的城市民间工商业的繁荣而发展起来的。群体性和伦理性是财神的主要特征，财神是群体的集合，而其中的每一位神又都体现着一种道德原则，如忠诚、信义、公平……财神信仰实际上起着保证市场公平交易、维护财团内部一致、对抗官府超经济盘剥等多重功能。

将财神信仰与韦伯所言在西欧资本主义早期发展中发挥过重要作用的“新教伦理”作一比较是有意义的，从中国民间文化史的研究立场可对“东方社会缺乏促进资本主义的宗教理性”这一韦伯命题提出质疑。

《先秦韵文初探》

谭家健（研究员）

论文　11 千字

《文学遗产》　1995 年第 1 期

该文所讨论的韵文主要指有韵文的散文，不包括《诗经》、楚辞和上古歌谣。文章认为，先秦韵文经历了四个发展阶段：西周时期，已有韵语，而无韵文；春秋战国之交，从韵语向韵文过渡；战国中期，韵文正式成为一种文体；战国后期，韵文更加普遍化、多样化。文章指出，先秦韵文内容严肃，不同于诗歌之谈情说爱。道家、法家、兵家著作喜欢用韵；儒家荀子亦有韵文，墨家著作不用韵。在形式上，先秦韵文有四言为主、杂言为主、散韵相杂或散韵相间、问答式等等。韵文适合吟诵，不同于诗歌可以入乐歌唱。韵文长于说理描状，很少用于记事和说明。先秦韵文直接影响汉赋，尤其是四言咏物赋和抒情小赋。韵文到汉代形成各种专门文体，如箴、铭、颂、诔等。骈体文是韵文的一种。汉末到中唐，韵文通过骈文向散体文扩张地盘；中唐以后，散体文的影响逐渐大于骈文和其他韵文。但韵文直到民国还在某些公文布告中使用。

《关于中国古代的妇女文学》

胡明（编审）

论文　20千字

《文学评论》　1995年第3期

该文是宏观地探讨中国古代妇女文学问题的一篇专论。分两条线索展开论述：一、创作队伍的检阅巡礼——历史形态的抽样分析；二、作品内容的精神风貌——人文思想的经验教训。深入、集中讨论以下若干问题：在中华民族三千年光辉灿烂的文学画卷中，女性的作品究竟占了多少？女性的作家究竟有多少？人员结构有什么特征？作品文本的内容风貌与精神气象如何？其人文精神及美学上的经验主要表现在哪里？它们的历史文化内涵的启示与教训究竟有哪些？文章史论结合，视界宽阔，有一些见解显然是有独特的认识意义的：如有关妇女文学“史”的发展的两条路向，表现形态及其内在机制；如有关杰出女作家的成就评骘与比较分析及其背后的人文理想阐发；如有关女性文学的形式特征、内容取向和思想史上的意义剖析；如妇女文学道路的选择与作品反映出的妇女解放的思想光辉与客观的局限等。由于该文具有的学术深度与认识价值，1995年中国社会科学杂志社拟译成外文出版，后因文本本身的难度而中辍。该文是为庆贺第四届世界妇女大会在北京召开而撰写的，对于展示中国妇女的历史文化贡献有一定的积极意义。

少数民族文学研究所

《中国多民族文学史论》

邓敏文（研究员）

专著　240千字

社会科学文献出版社　1995年4月

该书第一次从多民族文学的角度回顾、总结、探讨中国各民族文学史研究和编写的历史过程、基本经验及遇到的各种问题。全书包括：前记；总论（含中国文学史的五个建设阶段，中国少数民族文学史的建设历程，对中国文学史著作的数量分析及总体评价）；内容论（含不同的文学史观，中国各民族文学史著作的基本内容，中国少数民族文学史的特殊内容）；体例论（含中国汉语文学史著作的常见体例，中国少数民族文学史著作的特殊体例）；关系论（含族际关系“化合文学”论，古今关系“厚今薄古”辨，史论关系“论从史出”谈）；专题论（含民族文学的产生发展和演变问题，民族文学史的分期问题，民间文学作品生存年代判断问题，民间文学作品分类问题，两种文化斗争问题，跨国问题）；著者论（含近现代知名的中国文学史著译者，中国少数民族文学史的编纂组织及其利弊，要造就一大批中国各民族文学史家）；别论（含对同题多体作品的处理，对多能作家和多能艺人的处理，对跨时代作家的处理，对少数民族语言文字的处理等）。书末附有《中国少数民族文学史文学概况总目提要》和《中国各民族文学史著作编年总目》。该书对现阶段中国各民族文学史的研究和编写及未来《中华民族文学通史》的编写都有一定的参考价值。著名学者张炯和刘魁立分别为本书写序。

《没有国王的王国——侗款研究》

邓敏文（研究员）等

专著　207 千字

中国社会科学出版社　1995 年 1 月

款是古代和近代侗族社会特有的民间自治和自卫组织，具有原始氏族农村公社和原始部落联盟的特征，是前国家组织结构的一颗活化石。该书用丰富可靠的调查材料和生动活泼的语言风格，全面系统地论述了款的组织结构、社会功能、历史变迁及对现实生活的影响。全书包括：桃源深处是侗乡——一个没有国王的王国；理想国中不理想——从款的真实故事讲起；虽有父母无君臣——古代侗族社会的组织结构；有款无官民做主——款的文化要素及运动方式；侗乡沧桑有口碑——关于款的传说故事；观今见古物依在——款的文物遗存；回首往事越千年——款的历史变迁；幽灵未散魂未消——款对现实生活的影响；桃源深处访侗乡——三省坡考察实录；理想国中有理想——侗乡正遇好时光等。该书对社会学、民族学、历史学、民间文学、民俗学和法学研究等都具有参考价值。著名文艺评论家杨志一撰文称该书是“侗学研究的新力作”。该书被评为少数民族文学研究所 1994 年优秀成果。

《草原交响诗——玛拉沁夫小说创作论稿》

朱兵（副研究员）

专著　180 千字

内蒙古人民出版社　1995 年 4 月

（1）对蒙古族著名当代作家玛拉沁夫小说创作 40 年的历程进行了全面、深入的分析研究，总结其成功的经验，也指出其不足。对当代少数民族作家的专题研究尚属首次，具有解剖麻雀的作用。

（2）玛拉沁夫在 50 年代初崛起，把他放在新中国当代文学进程中加以考察，确立玛拉沁夫在中国当代文学中的地位和价值。

（3）在理论上，结合玛拉沁夫的小说创作实践对毛泽东同志提出的文艺与生活的关系、继承与创新的关系进行了较详细的论述，尤其对《在延安文艺座谈会上的讲话》中提出的“长期地、无条件地、全心全意地”深入生活的理论进行了深入的、有创见的论述。

（4）此著作追求文学研究专著散文化的风格，力求文字优美，阐述中肯、生动，把枯燥乏味的理论化为文字流畅、令人喜闻乐见的散文和美学著作。

《刘白羽评传》

朱兵（副研究员）

专著　266 千字

百花文艺出版社　1995 年 12 月

（1）对著名作家刘白羽文学生涯 60 年进行了系统研究。

（2）发现了刘白羽本人已忘得一干二净、以往的刘白羽研究者从未发现的新材料：6 篇散文和 15 首自由体诗，发表在 1935 年的《华北日报》上。

（3）在文学理论上，对作家的主观意识和客观社会生活相结合的理论，通过刘白羽文学创作实践进行了深入的探讨和论述，与一切出自作家内心的主观唯心论的反映论进行了论辩，坚持唯物论的反映论，为捍卫马列主义文艺理论的纯洁性做出了自己的努力。

（4）该书追求的写作风格是文学研究专著的艺术化。从刘白羽、秦牧、杨朔的比较研究中，找到刘白羽的散文个性以及刘白羽在中国当代散文中的历史地位。从对贝多芬、米开朗基罗、列夫·托尔斯泰和刘白羽散文创作的关系中，探索刘白羽的散文艺术风格。

《民间诗神——格萨尔艺人研究》

杨恩洪（副研究员）

专著 270千字

中国藏学出版社 1995年6月

该书的写作，建立在作者长期深入青藏高原所进行的田野调查、采访艺人所取得的大量第一手资料之上。该专著分为上编、下编两部分。上编对格萨尔说唱艺人的社会地位与贡献、艺人说唱的内容与形式、艺人的分布与类型、托梦神授及其与藏族传说文化的关系等进行了深入的论述。下编是作者在采访40余位艺人的基础上撰写的22位具有代表性的藏族、蒙古族、土族民间艺人的评传。记录了这些作为平民百姓的民间诗神的苦难、坎坷的生活经历及说唱生涯，为人们提供了20世纪八九十年代艺人说唱及史诗传播的活的资料。

《多重选择的世界——当代少数民族作家文学的理论描述》

关纪新（副编审）、朝戈金（副研究员）

专著 145千字

中央民族大学出版社 1995年3月

该书共七章。第一章：当代少数民族文学的历史定位，着重从文学发生学的角度观察和分析了中国各个少数民族的作家文学的既往演进过程和在当代出现历史性嬗变的内在规律；第二章：民族作家与民族文学，选取文化人类学的全新视角，重新对少数民族作家文学的界定及其相关问题做出阐释；第三章：少数民族作家与民族文学传统，分析了各少数民族的不同类型的作家与本民族传统文化之间的彼此有别的关联方式；第四章：少数民族文学创作的双语问题，研究了少数民族作家创作中双语文学现象出现的原因、发展的前景以及与此相关的民族文化变异问题；第五章：民族文学中的审美意识，从分析民族审美心理的形成与结构入手，剖视了审美意识在民族文学创作中多层面的具体表现，肯定民族审美眼光在一切民族文学中的重要价值；第六章：少数民族文学的历史文化批判意识，分析了与文化传统存在不同关联状况的民族作家在创作中表现的不同民族文化扬弃态度；第七章：各民族文学互动状态下的多元发展，指出多元状态下的互动是当代少数民族作家文学的生存氛围，而互动状态中的多元发展则是当代少数民族文学的持续追求目标。

《东西方屠龙故事比较研究》

郎樱（研究员）

论文 14千字

《新疆大学学报》 1995年第3期

国内外许多学者认为，与西方的屠龙观念不同，在中国，崇龙观念根深蒂固，除崇龙习俗之外，在民间流传大量崇龙传说、崇龙民间故事。公认龙在中国人的心目中是祥瑞的象征。

该文作者认为以上观念不够全面，论文通过列举流传于我国西北突厥语民族中的大量屠龙故事以及流传于汉族地区的一些屠龙故事，得出如下结论：(1) 龙的形象在我国并非都是善良、祥瑞的象征，在西北的许多民族中，龙是恶势力的象征；(2) 在我国既存在着崇龙观念，也存在着屠龙观念；(3) 在我国既存在大量崇龙民间故事，也存在为数不少的屠龙民间故事。

论文通过对于新疆各民族屠龙故事与西方屠龙故事的比较研究，指出新疆屠龙故事与西方屠龙故事在叙事模式上的共性，以及新疆屠龙故事所具有的民族与地域的特点。

《略论〈玛纳斯〉与〈江格尔〉的共性》

仁钦道尔吉（研究员）

论文 10千字

《民族文学研究》 1995年第1期

柯尔克孜族的《玛纳斯》、蒙古族的《江格尔》与蒙藏两个民族的《格萨（斯）

尔》是我国三大史诗。它们在中国各民族文学史上占有重要位置，填补史诗一章的空白。作者将前两部史诗进行比较研究，指出了二者具有阿尔泰语系民族英雄史诗的共性，又有在发展过程中的相互影响。蒙古和柯尔克孜两个民族都属于骑马民族或毡帐民族，他们在发祥地、族源、社会环境、语言、原始文化、萨满教生活习俗等方面都很接近。蒙古族卫拉特人与柯尔克孜人13世纪在叶尼塞河一带生活时期长期交错而居，15世纪后他们迁徙到新疆一带，仍交往频繁，常常以各种方式互相接触。因此，上述二部史诗有以下几个方面的共性：它们经过了相似的发展过程；其结构主要是以正面人物为中心；它们都描绘了民族之间的征战；在人物塑造上有共性；有许多共同的萨满教因素、原始母题和细节。

《北京木刻本〈格斯尔〉和诺木齐哈顿手抄本〈格斯尔〉之历史来源》

斯钦孟和（副研究员）

论文　13千字

《蒙古语言文学》　1995年3月号

该文是对在蒙古地区流传的各种不同版本和手抄本《格斯尔》中产生年代最早的“诺木齐哈顿手抄本”和“北京木刻本”之间的关系及其来源进行研究。

第一部分，对两种本的基本情况进行介绍。

第二部分，对两种本的关系进行分析：(1)一个是手抄本，另一个是木刻本，但是这两种本的原书名完全相同。(2)两种本的书后记录完全相同。(3)“手抄本”共11章。“木刻本”只有7章。但是在11章本中全部包含了木刻本的7章。(4)两种本的文笔和写作方法完全相同。很明显，两种本是一个人的作品。根据以上几个特征，笔者做出了两种本是同源异本的结论。

第三部分，通过研究得出来的上述结论的基础上，进一步研究，手抄本和木刻本的哪一个在先产生的问题。

作者提出如下见解：

(1)“手抄本”先产生于“木刻本”。(2)1716年是“手抄本”成书的时间，不是“木刻本”的木刻成书时间。

在得出上述见解的基础上，对手抄本的作者和最早产生年代进行考证。根据手抄本和与手抄本同源的其他蒙文传抄本中的有关作者的记载以及其他有关历史资料研究和考证得出如下结论：(1)手抄本的作者是在17世纪下半叶活动在蒙藏地区，并曾与五世达赖两次会见的，学识渊博、精通蒙藏语言文学的著名喇嘛——额尔德尼·额尔赫朝尔吉。(2)手抄本的最早产生年代大约1650～1678年间。(3)手抄本书中最后的记录（1716年）是作者的学徒或其他人把他的作品用竹笔汇编成卷本的时间。

《老舍：民族文学流变中的多重意蕴》

关纪新（副编审）

论文　8千字

收入《满学朝鲜学论集》，中国城市出版社　1995年

老舍的作品在中国境内的族别文学分野中隶属满族文学。认定老舍创作个性中的满族素质，用老舍的创作经验探测我国多民族文学的发展，摸索我国少数民族文学的内在规律，是有意义的。老舍的文学成功证实，现实状态下的民族作家，不应该也不可能再到相对密闭的文化环境中找寻自己的道路，要勇于走进广阔的充满异质文化互动的天地，在接受外民族文化冲击的过程中，展示自己民族文化的内在魅力与外在风采。老舍在横跨“满族—汉族—西方现代诸民族”这多重文化系统之上建造的属于自己而又超乎常人的文化视角，对老舍这位少数民族作家

登上人类文学的高梯级，是必要的条件，而这一点对当代乃至今后我们各个少数民族的作家来说，都是一条可贵的经验。

《论哈萨克史诗中的女妖母题》

穆塔里甫（助理研究员）

论文 10千字

《民族文学研究》 1995年第1期

该文通过对女妖母题、女妖形象的介绍，论述了女妖形象在文化中的象征意义。

哈萨克史诗中的女妖有多种称呼，而且每一种女妖对人的危害程度和方式都不一样。如阿勒巴斯特女妖是一个有多个乳房、长发披散的形象，它专残害妇女和儿童。其他的有钢爪女妖、贪婪女妖等，有的与勇士为敌，有的与猎人为敌，有的与童男为敌等。这些女妖形象从整体上展示着一种文化意义和象征意义。在寒冷的北方草原，这些女妖象征着黑暗、风暴、寒冷和瘟疫等。女妖作为自然暴力的象征是显而易见的。对一个长期从事原始狩猎和畜养牲畜的北方民族，自然的灾害是他们最难以防范的。史诗流露着对火的崇拜、对天神地神及万物的崇拜。可以说，女妖母题具有古老的原始神话思维意识和深刻的文化内涵，对这类具有象征意义的母题进行研究分析是十分必要的。

《韩国语与中国东南沿海古吴越语言的比较研究》

苑利（编辑）

论文 24千字

北京大学《韩国学论文集》 1995年10月总第4辑

作者在对韩文化与中国东南沿海古文化进行多方面比较研究后，对两地语言固有词也进行了多方比较。发现凡文化相同的地方，反映这些同源文化的固有词，也多有相同。如反映稻作农业的，反映族名族称的，反映青铜文化的，反映衣、食、住等方面的固有词多有相同。这些比较材料多来自先秦史籍，故可以断定这种语言的同源与后世文化交流无关。固有词的相同，可能与文化同源有关。据考，韩国民族源出于中国东南沿海的百越文化。

外国文学研究所

《法国文学流派的变迁》

吴岳添（研究员）

专著 234千字

北京大学出版社 1995年8月

该书是第一部全面系统地研究法国文学流派的专著。它不是泛泛地介绍某个流派或作家作品，而是分析和研究从古至今文学流派的演变过程。通过对有代表性的作家作品的艺术特色的评析，尤其是透过流派之间相互否定和斗争的表象，该书证明了继承性是各个文学流派之间演变关系的实质，并从中得出了一些带规律性的结论。

从中世纪的修辞学派和里昂派到本世纪的现代派文学，该书研究了法国各个时代的主要流派，并在研究的基础上制订了各个流派的年表。该书的主要观点有：纠正了前人对修辞学派和里昂派的偏见和误解，恢复了它们在文学史上应有的地位；分析了七星诗社和古典主义这两个流派之间看似对立、实为继承的关系；论证了浪漫主义是19世纪所有流派，乃至20世纪的超现实主义的源头；现代派文学并非无本之木、无源之水，它的流派在历史上都有各自的源头和先驱。该书在系统地阐述流派变迁史的同时，论述了各个流派之间的异同，对高雅文学与通俗文学、文学的传统与创新、哲学与文学的关系等问题提出了有根据的见解，对有关文学流派的各种因素及其相互之间的复杂关系作了有益的探讨。

《拉美当代小说流派》

陈众议（副研究员）

专著 230千字

社会科学文献出版社 1995年8月

该书分六部分。绪论介绍拉美当代小说及有关流派、思潮的历史沿革，同时对有关术语、名称进行必要的甄别归类。结构现实主义、魔幻现实主义、心理现实主义、社会现实主义和幻想派，分别阐述这些流派的思想艺术特征以及对印欧传统的继承与发展，兼而探讨它们的来龙去脉，内涵外延，涉及拉美当代小说的所有名家名作。该书有如下主要特点：（1）系统评价拉美当代小说流派，以填补国内在拉美文学研究方面的空白；（2）观照新时期我国文学的某些现象或流派，以拓宽叙述内容；（3）鉴于拉美当代小说流派你中有我、我中有你、错综复杂、纷纭多变的特点，并参照20世纪中后期世界文学的发展态势，提出泛流派和浅流派两个概念。前者指出那些具有不同审美特征或能激发不同审美感受但不相似艺术倾向或追求的作家作品，如幻想派——它以博尔赫斯的创作为中心，辐射面遍及几乎所有非写实领域；后者指那些既无宣言、领袖，又无团体刊物，但却在某一时期产生了一定数量（规模）并富有相似的审美特征或取向、相似的表现形式艺术品格的作家作品，这些作家作品，如魔幻现实主义，所体现的品质、特征或倾向常常难以上升为传统意义上的"流派"。

《波兰戏剧简史》

林洪亮（研究员）

专著 230千字

社会科学文献出版社 1995年5月

波兰戏剧运动的历史源远流长，有着光辉的历史传统和艺术成就，曾引起世界剧坛的瞩目和好评。该书对波兰戏剧从中世纪到20世纪80年代600多年来的发展轨迹作了全面而又扼要的论述。全书共分八章，分别论述了各个时期的社会历史文化背景，戏剧创作的流派和特点，以及剧场艺术中的戏剧生活、表现导演和舞台美术的特色和成就。同时还对各个时期做出贡献，具有较大影响的作家作品、戏剧家、导演、演员和舞美设计家作了重点的评介，使读者既对波兰戏剧的发展有一个总体的认识，又能对重要作家和戏剧艺术家有较深的了解。该书不同于波兰同类的著作。波兰本国出版的戏剧史，大多是剧场艺术史，而不包括戏剧创作。同时又从中国读者对波兰戏剧所知甚少这一情况出发，作者采用叙述性和评论性结合的原则，首先对重要事实交代清楚，对重要作家和艺术家也作了简略的介绍，对重要作品的内容则采用夹叙夹议的评述。作者在撰写这部著作时力求做到材料翔实丰富，论证缜密稳重，评介公允求实，文笔流畅可读。

《匈牙利文学史》

冯植生（副研究员）

专著 227千字

社会科学文献出版社 1995年5月

这是一部通史式的学术专著，论述了匈牙利古代文学至20世纪80年代的文学情况。全书分为六章，分为18世纪以前的匈牙利文学，18世纪匈牙利文学，19世纪匈牙利文学，20世纪上半期和解放后的匈牙利文学等五部分。其中19世纪浪漫主义、现实主义最为发达，作家作品较多，成就突出，出现了裴多菲、约卡伊、米克沙等著名作家。该书对此都单列节进行深入评述。20世纪上半叶是匈牙利现代文学发端时期，该书着重论述现代文学奠基者奥第和莫里兹以及无产阶级文学的发展。对解放后文学，该书在掌握较充分材料的基础上作了实事求是的分析和评述。除综合评介外，还分别按照诗歌、小说、戏剧三个方面评述这个时期不同文学流派、思潮、作家创作的情况，使读者有一个全面了解。此书具有系统性、突出重点、论述公允、整体性的特点。

《莱蒙特——农民生活的杰出画师》

张振辉（研究员）

专著 263千字

长春出版社 1995年1月

该书以学术专著的形式对1924年诺贝尔文学奖获得者、波兰著名作家弗瓦迪斯瓦夫·莱蒙特（1867～1925年）的生平和创作作了全面深入的研究和论述，是目前我国介绍这位作家唯一的一部著作。莱蒙特出身于波兰农村一个教堂琴师的家庭，从小家境贫寒，主要靠自学成材，经过长时期的艰苦努力，在文学创作上终于取得了享誉世界的光辉成就，获得了文学殿堂的崇高荣誉。该书在占有大量第一手材料的基础上，全面介绍了作家辉煌坎坷的人生经历，并以他的主要作品《福地》和《农民》为研究重点，提出了一系列新颖独到的观点。作者认为：《福地》是波兰文学史上唯一的一部描写波兰19世纪城市工业资本主义发展状况的作品。莱蒙特在这部作品中，客观真实地反映了波兰资本主义发展中所出现的表面繁荣而实际上危机四伏的历史状况。《农民》是莱蒙特获诺贝尔奖的代表作，它最全面和最深刻地反映了20世纪初波兰农村的社会面貌，包括当时农民的生活、斗争、思想、情趣、习俗和他们所处的环境，是一部农村生活的百科全书，在波兰文学史上，是一部具有时代意义的杰作。

《诗的漂流瓶——布罗茨基和曼杰利什坦姆》

刘文飞（副研究员）

论文 12千字

《外国文学评论》 1995年第4期

这篇论文旨在探讨1987年诺贝尔文学奖获得者、俄裔美籍诗人布罗茨基与俄国白银时代著名诗人曼杰利什坦姆之间的继承关系。文章分为四个部分：（1）从曼杰利什坦姆的《论交谈者》一文和布罗茨基的《瓶中的信》一诗中引出“诗的漂流瓶”的意象，并将其作为一种穿越时空的诗歌继承关系的象征；（2）将两位诗人的诗歌美学观作了比较，发现他们共同具有某种对词的崇拜、对文化的眷念；（3）对两位诗人的诗作进行了具体的比较研究，认为“时间”和“死亡”是他们共同的创作母题；（4）分析了布罗茨基关于曼杰利什坦姆是“文明的孩子”的说法，并进而对诗歌的价值和诗人的使命等作了思考。

《诗与哲学的结合——柏拉图的心愿》

陈中梅（副研究员）

论文 12千字

《外国文学评论》 1995年第4期

该文从分析柏拉图对诗的某些深层思考入手，揭示了他的诗艺观中的一个鲜为人们提及的重要内容，即坚信诗与哲学除了对抗以外还有进行合作的一面。诗与哲学的“结合”是柏拉图“隐而不宣”的心愿。在西方人文发展史上，是柏拉图第一次把这一类“愿望”纳入了学术研讨的范围。他揭示了诗与哲学的内在联系，拓宽了人们对二者的思考层面，定导了诗学研究的（某一种）方向，在一些具体问题上提出了极有价值的见解。然而，柏氏的梦想最终并没有全部成真，当年他费了九牛二虎之力试图有所突破的难题今天仍然困扰着学人的思考。从某种意义上来说，海德格尔实际上继续了柏拉图的研究，把本源性的“对话”或“话语”当作是对“生活世界”的理解，而这种理解是统合哲学和“诗意”的历史性“存在”。

《俄国象征派的文学语言观》

周启超（副研究员）

论文　10千字

《外国文学研究集刊》　1994年12月第16辑

俄国象征派对词语机制与本性的透视是很有创造性的，对词语魔力的感悟是相当深切的。他们要“复活”词语的创造性品格，这种追求从新的层面上显示了这一群文学家对文学的自觉。他们对话语的“两分法”即概念性话语与象征性话语，既具有历史的价值又带有理论的局限。他们视“象征是外在词之中内在的词”这一见解，则恰恰道出了象征意象、象征境界何以生成这一至关重要的奥秘。该文是在文论的“原子水平上”，以俄国象征派对“词语魔力”的感悟，对词语的“创造性”与“非创造性”机制的体认，对“内在的词”与“外在的词”的品格的辨析等等为线索，对其文学语言观作一简要的梳理。

《巴赫金与文学研究方法论》

吴晓都（助理研究员）

论文　12千字

《外国文学评论》　1995年第1期

俄罗斯著名文论家巴赫金的“对话哲学”在20世纪的人文学界受到了广泛的重视。这种对话式的研究与以往单向式的文学研究相比，有很大优势。它要求文论家或批评家具有一种积极的参与精神，在平等的对话中提出新见解，发现文本中各种潜在的对话者，从而避免单向思维的狭隘与偏见。巴赫金的文本分析方法更新了原有的思维模式。他将研究的视点从“定型的”结果上移到“观念”形成的“生动过程”上，将“形而上”的抽象和“形而下”的聚象有机结合起来，其方法的多维综合特点丰富了文学研究的思维时空。在借鉴对话模式分析文本的多重语义的同时，也应该避免主观随意的偏差，主体与客体相统一的原则是应当记取的。

语言研究所

《广州话音档》

侯精一（编审）主编

专书及录音带　90千字

上海教育出版社　1995年11月

该书是现代汉语方言音库中的第二种，有专书一册及录音带一盘。专书包括语音、常用词汇、造词法举例、语法例句、长篇语料五部分。另有附论一：粤语概况；附论二：广州话概述。语音部分描写广州话语音系统，对于广州话特有的语音，注意用“比字”与“发音练习”的办法进行分析。常用词汇、语法例句和长篇语料三部分的内容（词条、语法例句等）与第一种《上海话音档》大致相同，以便进行方言对比研究。两个附论对粤语区广州话的全貌做了比较全面的介绍，并列出相当详尽的广州话同音字表。录音带有60分钟，发音纯正，保存了当代老派广州话的读音。

《繁简体字用法字典》

江蓝生（研究员）主编

工具书　350千字

商务印书馆（香港）　1995年9月

该字典应香港1997年回归祖国，香港同胞学习简化字的需要而编写。收《简化字总表》2235个简化字，并收录习惯上视为简化字的39个字，一共2274个简化字。每个字头下列有多种注音：汉语拼音、注音字母和国际音标注粤语音。说解部分独具特色：（1）分析简化字的部首、字形结构、构字方法、简化方法。（2）解说繁简字在形、音、义三方面的关系。(3) 介绍简化字在历代写本、刊本中的依据和先例。该字典还附有从繁查简和从简查繁两种笔划索引及汉语拼音索引，查阅方便，具有实用性、学术性和趣味性。

《实用全唐诗词典》

江蓝生（研究员）主编

辞书　1050千字

山东教育出版社　1994年3月

该词典是为诠解唐诗中的难解词语而编写的，可供具有中等以上文化水平的唐诗爱好者及大中学校师生使用。该词典共收各类词语约一万三千余条，除与现代汉语意义完全相同的易解词和少数字体繁难怪僻的罕见词外，凡属阅读中可能成为障碍的词语均在收录之列。

每个词条包括词形、注音、释义、举例等部分。典故条目注明出处，释义准确、扼要，根据不同词语特点，指出其引申义、比喻义，或说明其本指、泛指与特指。举例丰富，并一律标明诗题。典故出处一律采用第一手资料，翔实可靠。

《金瓶梅词话校注》

白维国（研究员）

资料集专著　2000千字

岳麓书社　1995年2月

该书对现存《金瓶梅》3个版本系统的祖本《金瓶梅词话》进行全面的校勘与注释，是《金瓶梅词话》问世以来首次全面系统的注释。校勘部分订正了以前各种排印本校勘方面的失误二百余处，凡改动处均出校记予以说明，是目前国内外整理较好又能最大限度保持该书原貌的校勘本。注释部分从反映该书所体现的明代社会风俗及文化背景出发，举凡书中涉及到的典章名物、历史典故、职官制度、风俗游娱、星命宗教、饮食服饰，以及方言俗语、市井切口均加注释，并考订出处，征引文献及用例，务使注释翔实可靠，对读者理解该书的内容，了解该书的文化背景，均有裨补。

《“有界”与“无界”》

沈家煊（研究员）

论文　20千字

《中国语文》　1995年第5期

该文从探究数量词对语法结构起制约作用的原因着手，论述人在认知上形成的“有界”和“无界”的对立在语法结构中的具体反映。事物在空间有“有界”和“无界”的对立，动作在时间上有“有界”和“无界”的对立，性状在程度或量上有“有界”和“无界”的对立，这些并行的对立关系不仅统一解释了与数量词起制约作用有关的一系列语法现象，而且对词类理论有很重要的意义。

《说“么”与“们”同源》

江蓝生（研究员）

论文　17千字

《中国语文》　1995年第2期

该文从“何等”作疑问代词，“吾等”、“公等”表示复数的一类人出发，根据同义词类同引申的规律，提出疑问代词“甚么”的“么”(前身为“何物”“是物”的“物”)与复数词尾“们”同出一源的假设。文中从连续式音变和文白异读的叠置式音变两方面解释了语源“物”跟唐代以来的复数词尾用字“弭、伟、每”，以及“懑、门、们”之间的音变关系；还列举了历史文献和现代方言的例子说明“么”与“们”的同源关系；最后总结了实词“物”语法化的四个特点。在余论部分强调了应从变化和竞争两方面考察语音的历史演变。

《北京话声调分布区的知觉研究》

林茂灿（研究员）

论文　15千字

《声学学报》　1995年11月第20卷第6期

声调分布区问题是研究声调信息是由字音的整个带音部分，还是由其韵母或主要元音所携带。该文采用感知实验方法研究这个问题。从一位说北京话的男青年单说的“癌”、“矮”和“爱”；“羊”、“养”和“样”；“苗”、“秒”和“妙”及“前”、“浅”和“欠”切割得到的刺激声，由10位受试者作辨认实验，其结果表明，当字音 F_0 曲线有明显的“弯头”和“降尾”，单说的字音声调的音高感知与浊辅音声母或介音及鼻音韵尾或元音韵尾无关；甚至当字音 F_0 曲线的“降尾”不明显，鼻音韵尾或元音韵尾与字音声调音高的感知也无关，调型段起始和末了部分中的 F_0 也可能跟字音的声调音高无关。总而言之，对北京话单说的声调来说，不仅可以把浊辅音声母或介音，而且也可以把鼻音韵尾或元音韵尾排除在声调分布区之外，因而，北京话单说的声调信息主要由主要元音及其过渡携带。

弯头段和降尾段里的 F_0 不是人们特意产生的，人们特意产生的只是在调型段里的 F_0；浊辅音声母、介音、鼻音韵尾和元音韵尾跟声调无关，声调信息主要存在于主要元音（及其声学过渡）上，因此可以说，F_0 跟字音声调音高相联系的函数是不连续的；字音里的 F_0 并不都能引起其声调音高的感知。

《连续变调与轻重对立》

曹剑芬（研究员）

论文　14千字

《中国语文》　1995年第4期

该文结合语音实验，对普通话里与变调和轻重音对立相关的若干有争议的问题进行探讨。文章分为3个部分：(1)“上上相连”变调补议。实验结果表明，两个上声字相连而引发的声调变化可能有两种，一种是“第一个上声变阳平”。另一种是“第一个上声不变”。可见具体变化条件说明，连续变调不仅仅是个语音现象，它还要受深层的语法和语义的制约。(2) 轻声问题。单就轻声的声调变化而言，可以看作一种特殊的变调；而从整个轻声音节四要素简缩的总的特点来看，它应该属于轻重音的范畴。(3) 词重音对立。无论从四要素的声学结构特点看，还是从区别功能或者重音对立的层次性及稳定性来看，所谓中与重的对立不过是正常重音型内部一种相对的对比性差异，而重与轻的对立才是两种不同重音类型之间的绝对的区别。

《北京口语易位现象的话语分析》

张伯江（副研究员）　合作者方梅

论文　15千字

收入《语法研究和探索》(七)，商务印书馆　1995年

该文介绍了以信息传递功能为着眼点，把句子分成主位和述位两部分的分析方法。第一部分分析了易位现象的基础：信息结构和语体特征。指出主位后置首先是对话语体的特有现象。一般叙述语体里主位在前述位在后的语序，是体现了语用学的可处理原则；在简短紧凑的对话里，简练原则更为有效。第二部分描写了后置成分的功能类型。主位是句子讨论的出发点，说话人选作出发点的，可以是时间/处所成分、行为者、一般事物、方式、条件、原因、目的等，文章逐一考察了这几种情况。第三部分研究了易位现象与问答方式的诸种配置。通过分析看出，易位句处在不同的问答地位时，其中后置主位成分的作用也呈现出不同的强弱程

度。第四部分研究了易位句和省略句的关系。指出易位句处于常态句和省略句的动态过程之间，反映了特定的表达策略。

《北京话指代词三题》

方梅（副研究员） 合作者张伯江

论文 12千字

收入《吕叔湘先生九十华诞纪念文集》，商务印书馆 1995年

该文从发展的角度看指代词的功能变化，顺着吕叔湘先生《近代汉语指代词》一书所描写的指示代词、人称代词的历史发展趋向，考察了半个多世纪以来北京口语中3组指代词的功能演变。(1)“这/那”从一般指代功能进而发展出了更为虚化的标志无指成分、标志通指成分以及指示性状程度的用法，文章分析了这几种用法的句法分布和语音表现。(2)“那谁，那哪儿，那什么”是一组新兴的代词，填补了汉语代词系统中有定指代和无定指代之间的功能空位。(3)他称代词“人”、“人家”和“别人”在汉语的历史上有过不严整的兴替过程。该文从指示功能、区别功能、替代功能、确知程度和人称指代的多能性等方面考察了当代北京口语中主要他称代词的消长趋势，指出省略形式“人”用法的兴盛趋向是指代系统内功能调整的结果。

法学研究所

《走向权利的时代》

夏勇（副研究员）、高鸿钧（研究员）、张志铭（副研究员）

专著 660千字

中国政法大学出版社 1995年

该书运用社会学的研究方法，以大量实证调查材料和统计数据，探索改革开放以来中国公民权利的发展变化趋向。主要内容包括：中国公民权利意识的演进；中国社会转型时期的权力与权利；当代中国的律师业；通过司法实现正义；民间调解与权利保护；公民财产权利的发展与保护；社会发展中的人身权利；刑事法制发展与公民权利保护；刑事被告人权利研究；城市女性劳动权利的保护；行政管理相对人的权利救济；乡民公法权利的生成；农村女性受教育权的保护。随着改革开放，中国经济迅速发展，社会结构和社会关系发生了深刻变化，由此，公民的权利意识有了明显的提高，权利保护机制大大加强，作为特殊权利主体如妇女和刑事被告人等的权利保护状况也有了空前改善。但是，由于义务导向的传统文化的影响，由于民主与法制有待进一步完善，影响公民权利发展的不利因素仍然存在。为消除这些不利因素，应迅速完善权利保护机制，特别是完善司法保护机制，使公民权利诉求正规渠道畅通无阻，同时，充分考虑中国的历史传统和现实条件，探索确立一种既与国际接轨又符合中国国情的权利与义务关系，以及构筑一套与之相适应的权利保护机制。

《中国公司法》

王保树（研究员）、崔勤之（研究员）

专著 316千字

中国工人出版社 1995年4月

有限责任公司的设立需具备三大要件，即公司创立人、出资和制定公司章程。有限责任公司成立前并无股东存在，公司设立过程中宜使用“公司创立人”的概念。有限责任公司的出资证明书是公司签发的证明股东出资并表彰股东权利的要式证书，不能在证券市场上流通。中国公司法强调有限责任公司的“资合”性质，但在股东会表决股东向外转让出资事项中却采用按“人”计算表决权，表明并未彻底摆脱“人合”的影响。大小公司区分立法已成为一种国际趋势，但国

外是在公司法总体层次上区分。我国的特点：一是仅在有限责任公司范围内；二是仅在董事会、监事会上。股份有限公司发起人的地位应着眼于两方面：就个人而言，每个发起人是发起人合伙中的成员；就其整体而言，发起人是设立中公司的机关。国有企业改建为股份有限公司时，不宜设置企业股，但应妥善处理企业留用资金，可考虑将其视为依法可支配资产，再投资于独立于自己的公司，或将其作为改建后公司的资本公积金。资本多数决定原则较好地反映了股份有限公司的特点，但应以完善的法律措施抑制少数人支配公司。对股东大会地位的理解，宜采用“二元”的观念，既肯定其权力机关的地位，又注意其反映投资者利益的一面。

《竞争法与市场经济》

王存学（研究员）主编　合作者吴姜宏

专著　195 千字

工商出版社　1995 年 10 月

该书着重论述了竞争法（包括反不正当竞争法和反垄断法）在市场经济法律体系中的核心地位，及其在保障和促进市场经济迅速与健康发展中的重要作用。全书共分三编 17 章：第一编概论，论述了竞争是市场经济的必然现象，竞争必须走向法治，竞争法的产生和发展，竞争法的地位和作用，竞争法的内容和类型。第二编外国竞争法的理论和实践，主要介绍了美国、德国、日本、英国等国竞争立法和执法的实际情况与经验，以及涉及竞争的有关国际公约或协议。第三编中国竞争法，主要论述了在市场经济条件下中国竞争法产生和发展的历史必然性，制定《反不正当竞争法》的背景及其主要内容，以及中国制定专门的反垄断法的必要性和紧迫性。同时，该书还强调和论述了进一步加强竞争立法和执法的重要性与艰巨性——中国竞争法制建设任重道远。

《死刑通论》

胡云腾（副研究员）

专著　280 千字

中国政法大学出版社　1995 年 1 月

该书是新中国第一部系统研究中外死刑制度的专著，共十章。第一章论述了死刑的一般特征，第二、三章详细介绍了死刑制度的沿革和当今世界主要国家的死刑状况，第四章全面评述了国外二百多年来死刑存废的争论，第五、六、七章分别阐述了我国刑法规定的死刑罪名、死刑适用条件和死刑缓期执行制度，第八、九章具体探讨了人民法院在实践中如何把握和适用死刑，第十章提出了完善我国死刑制度的一系列建议。主要观点有：(1) 死刑这种以国家的名义实施的杀人行为，是自然经济和农业文明的产物，在工业发达、科技进步、人权高涨的当代必日渐衰微，故有 48% 的国家和地区已完全废除死刑或实际上不执行死刑。(2) 死刑是具有极大的威慑力同时也具有许多副作用的刑罚，在刑法史上，死刑大多扮演的是刽子手的角色。(3) 我国应坚持限制死刑并逐步废除死刑的政策，在立法和司法中尽量减少死刑罪名和死刑适用数量，具体步骤是：通过这次修改刑法，将现有的八十来种死刑罪名压缩合并到二十种以内；到下个世纪 50 年代，争取将死刑罪名减少到二三种；下个世纪末我国进入发达国家后，全面废除死刑。

《中国侵权行为法》

张新宝（副编审）

专著　360 千字

中国社会科学出版社　1995 年 9 月

该书分为五个部分共 26 章，绪论探讨了侵权行为法的发展规律，总论阐述了侵权行为法的一般原理，过错责任论讨论了各种基于过错的侵权行为之构成与民事责任，无过错责任论研究了各种不基于过错的侵权行为之构成要件与民事责任、免责条件，抗辩论分析了抗辩的一般规律，并对各种主要抗辩事由的具体运用进行了说明。

该书是国内第一部内部结构严密、风格一致的侵权法专著，它在侵权行为法的理论体系建立方面具有开拓性，并对国内的立法、重要案例进行了充分的分析，其中提出的诸多意见和建议，对于完善有关立法、改进司法实践具有重要参考价值。该书十分强调对公民人身权的保护，其中对隐私权和人身自由权的研究具有创造性。它对建立我国市场经济过程中出现的一些侵权行为提出了相应的立法和司法对策。该书反映了国际国内侵权行为法的发展趋势，评介了国内外侵权行为法理论研究的最新成果，适应我国改革开放的需要，把握了我国有关侵权行为法立法和司法工作的重点和难点。

该书一出版即受到学界同行的重视和好评，已被中国政法大学、西南政法大学、郑州大学法学院等指定为民法硕士研究生教材或必读书籍。

《规范的证券市场——证券的法律分析》

刘俊海（助理研究员）　合作者宁晨新

专著　140 千字

贵州人民出版社　1995 年 4 月

这是一部运用法律解释学和比较法学的研究方法考察我国证券市场法律制度的学术著作。全书共分十二章。第一章分析了证券的概念及其与证书、物权的有价证券及债权的有价证券的区别，研究了证券的分类方法，探讨了证券法的概念、特点和基本原则，对我国证券市场中存在的法律问题进行了探讨。第二章研究了证券的发行，包括证券发行的审核制度，证券发行的程序与条件，证券发行中的信息公开制度，证券承销制度和债券评级制度等内容，主张对证券发行采取申报与核准综合制。第三章研究了证券交易制度，包括证券上市制度和证券场外上市制度。第四章研究了证券经营机构的组织形式、设立、监督和管理，指出我国证券法应当确认证券承销商、证券经纪商和综合性证券商。第五章研究了资信评估机构、证券顾问机构、证券登记机构和证券清算机构。第六章研究了证券交易所与场外交易场所两大证券交易场所的法理。第七章研究了证券信托投资基金法律制度。第八章探讨了上市公司收购的法律问题。第九章研究了证券税收（含证券印花税、证券所得税和证券交易税）制度。第十章研究了证券市场的管理体制。第十一章研究了证券业协会的职能、设立、机构及其管理。第十二章研究了证券仲裁制度。

《中国古代经济法制之研究》

刘海年（研究员）

论文　18 千字

《中国史学》第 5 卷　1995 年 10 月

该文主要论述中国古代经济法制的形式、内容、特点，研究中国古代经济法制的意义和应注意的若干问题。论文以史籍和文物中的大量材料为依据，说明中国古代经济法制主要表现于综合性法典、单行法规和帝国诏旨，也表现于官方认可的习惯。从先秦到明清，历代对农业、手工业、市场、货币管理和赋役征调，都有许多规定，内容丰富。在指导思想上重视农业，控制手工业和商业发展，保证财政收入和统治稳定；具体制度上注意总结经验，以健全法制，推动经济发展；总体上看中国古代经济法制有明显专制主义特征。由于与当时经济发展相适应，中国古代经济法制促进了经济发展和社会文明。我们对其中有益的经验应当汲取。文章最后指出，研究好中国古代经济法制应注意搜集广泛资料；注意法律规定和司法、执法间存在的距离；注意治世和乱世的不同变化；注意全国各地区之间的不平衡，尤其应注意少数民族聚居地区的特点。

《法律效力补论》

陈世荣（研究员）

论文　11 千字

《法学研究》　1995 年第 3 期

该文在重申法律效力的完整含义后，提出并论证了赋予效力是法律的第一效力的观点。还指出为充分发挥法律效力，必须在立法中注意完善法律规范结构，依法公布法律，注意法律效力发生的记载及其用词和方式等。该文还着重论述了法律、法律效力与人的行为之关系，认为在法理学上，只有法律及其部分派生的文件、文书才具有法律效力；任何组织和公民的任何行为本身，都一概不具有法律效力，而且，任何行为人欲在法律面前证明某个或某些行为是合法还是违法，或证明其有一定意义和作用，或者求得法律的认可，都必须将行为本身转换或表现为一定的文字材料形式，方可与行为评价尺度或准绳的、以文字材料为其标准表现形式的法律进行比对、接受评价。

《国有企业走向公司的难点及其法理思考》

王保树（研究员）

论文　12 千字

《法学研究》　1995 年第 1 期

国有企业改建为公司的本质，是把企业塑造成真正的市场经营主体。1979 年以来，国有企业虽进行过多项改革，但它们中的绝大多数仅有企业法人之名，而没有企业法人之实：一是国有企业没有独立的财产；二是它不能独立地承担民事责任。国有企业改建为公司，就是从根本上解决这些问题，使企业既有企业法人之名又有企业法人之实，成为名符其实的市场经营主体。为使国有企业顺利地改建为公司，必须强调国有股的规范操作，包括国有股东的确认、国有投资公司作为股东代表、国有股进入市场流通等。此外，还要解决债权变股权、非经营性资产独立经营、职工持股规范化等问题。职工持股应视同为自然人股，不宜过分夸大它与自然人股的差别。“职工持股会”是管理职工持股的一种方式，但应强调职工自愿参加。

《民法商法在市场经济发展中的地位和作用》

王存学（研究员）

论文　8.5 千字

《吉林大学社会科学学报》　1995 年第 1 期

该文认为，在实行市场经济的国家中，民法、商法是以宪法为依据调整商品经济关系的基本法和基础法，是规范微观经济行为的重要工具。在一定意义上说，民商法对商品经济关系的微观调整，是国家运用经济手段、行政手段和其他法律手段对整个市场经济实现宏观调控的基础。因此，民商法对市场经济的发展起着重要的保障和促进作用。如，通过确认民、商事主体的法律地位，保障其充分行使自己享有的合法权利；通过确定民、商事主体的财产所有权，保证其自由、自主经营并独立承担其民事责任；通过对知识产权的保护，推动科学技术进步，促进社会生产力的发展；通过规定民事商事活动准则，规范市场行为，维护市场经济秩序；通过全面调整商品经济关系，促进国内和国际贸易的发展。

《论中国反贪污机构设置的完善及其职权的强化》

徐益初（研究员）

论文　6 千字

《人民检察》　1995 年第 11 期

反贪污机构的合理设置，法律赋予其必

要的职权，是反贪污斗争的组织保证，一直为我国理论界和实际部门所关注。

(1) 反贪污机构的设置和完善。根据反贪污斗争的特点和总结实践经验，必须建立反贪污专门机构。我国对贪污罪案的查处，历来由检察机关主管，把反贪污专门机构设在检察机关，符合我国国情。另行设立专门机构，由人大直接领导，不是最佳选择。因为我国的检察机关是由人大产生并受其监督的国家法律监督机关，它可以把办理贪污贿赂案件同对国家工作人员的法律监督职责紧密结合起来，其他机关无法代替。它不隶属于行政，依法独立行使职权，具备抵制来自行政与其他方面非法干扰的客观条件。但我们必须正视当前体制上存在的问题，努力加以完善。提高反贪污贿赂局的地位；保持相对独立，实行以垂直领导为主的体制。

(2) 强化反贪污机构的职权。不仅应赋予其一般的侦查职权，还应有特殊的权力，包括紧急拘留权，特别调查权、无证搜查权、秘密侦查权等。(该文是第七届国际反贪污大会入选论文)

《侦查监督理论与实践若干问题探析》

徐益初（研究员）

论文　12 千字

《政法论坛》　1995 年第 6 期

(1) 研究侦查监督概念。目前对侦查监督概念的表述众说纷纭，作者提出应表述为侦查监督是指人民检察院对侦查机关执行法律情况的监督，即对侦查机关侦查的案件在认定事实、适用法律上是否正确、合法和在侦查活动中有无违法行为实行监督。(2) 提出我国侦查监督的特点：侦查权与侦查监督权彻底分离；侦查监督具有法律监督性质；侦查和起诉在程序上公开，把审查起诉作为一个独立的诉讼阶段；检察机关直接受理的侦查案件实行内部制约制度。(3) 研究侦查监督的范围。着重探讨了立案和立案后到审查批捕前的侦查活动是否列入侦查监督的范围；检察机关直接受理侦查的案件是否属于侦查监督的范围，公安机关、国家安全机关的秘密侦察活动是否属于侦查监督的范围。作者联系司法实践情况，从理论上作了系统的阐述。

《无罪推定探究》

傅宽芝（研究员）

论文　4 千字

《检察理论研究》　1995 年第 4 期

无罪推定是指法院对刑事被告人作出有罪判决之前，侦查机关、检察机关和审判机关推定他是无罪的人。这一思想最初见于意大利法学家贝卡利亚于 1764 年著的《犯罪与刑罚》一书中。1789 年法国的《人权宣言》将无罪推定纳入。后来在一些国家宪法中规定，并引申出被告人享有沉默权等原则。1948 年联合国大会通过的《世界人权宣言》将该原则纳入。这一原则对于促进刑事诉讼制度文明，在资产阶级反封建时期以及资产阶级革命胜利后的一段时间有进步意义。但随着社会发展、进步，无罪推定的历史局限性又明显露出，一些国家不得不突破这一原则所包括的内容，如被告人没有证明自己无罪的义务的原则。无罪推定具有片面性，妨碍我国刑事诉讼的顺利进行，甚至与刑法的有关规定相抵触。如我国颁布的《关于惩治贪污贿赂罪的补充规定》明确表示：国家工作人员的财产或支出明显超过合法收入，差额巨大，可责令其说明来源，否则，差额部分以非法所得论处。此外，它还与其他一些情况不相符合。因此，我国不宜将无罪推定完全纳入刑事诉讼。

《论权利的定义》

张恒山（副研究员）

论文　10千字

《法学研究》　1995年第3期

关于法律权利概念，在国内外有多种解说，主要包括资格说、主张说、法力说、规范说、自由说、选择说、可能说、利益说。

笔者尝试给法律权利作定义：法律权利是主体为追求或维护利益而进行行为选择，并因社会承认为正当而受国家承认并保护的行为自由。

上述定义中包含权利概念的四个要素：(1) 主体的实质要素——主体对利益的追求和维护。权利本身不等于利益，而是追求或维护利益的法律活动形式。(2) 主体的形式要素——主体可以作出的行为选择自由。任何一种权利，对于权利主体而言，都意味着可以在“做”、“不做”、“放弃”这三种行为方式中选择，并不受他人干涉。(3) 社会实质要素——权利所内含的以立法人为代表的社会和社会本身对于权利主体所享有的、以“权利”这一名词所指称的追求或维护利益的行为选择和自由的态度。“权利”这一概念包含着“正当”的意思。“正当”是一种社会性评价或社会性态度，是社会对某种行为状态的赞同和认可。(4) 社会的形式要素——权利概念所内含的、当权利主体根据权利作行为选择、但受到他人干涉时，国家对权利人给予保护和帮助的意思。

《法律权利与义务的异同》

张恒山（副研究员）　合作者黄金华

论文　10千字

《法学》　1995年第7期

法律权利与法律义务有区别，也有共同之处。

(1) 法律权利内含着“正当”，即社会判断“权利”这一名目标示的行为是“正当的”。“正当”意指“对的”，“正确”，“可以”，表示着社会对权利行为的赞同；法律义务内含着“应当”，即社会认为“义务”标示的行为是“应当的”。“应当”包含着“正当”和“必须”的意思。由于义务中的“应当”同时包含着“正当”，所以，法律权利和法律义务有共同点。

(2) 法律权利是主体具有的行为选择的自由；法律义务是主体应作的必然性行为。必然和自由有相关性：必然性行为是自由行为的前提，因遵循必然，才有真正的自由。

(3) 法律权利是主体追求维护自我利益的法律手段；法律义务是维护、实现社会共同利益、国家利益、集体利益、他人的非损他性利益的法律手段。由于法律义务旨在实现的社会共同利益、国家利益、集体利益中包含着义务人的个体利益。所以，义务作为实现利益的法律手段与权利有共同性。

(4) 国家对行使权利的态度分别为不管、保护；国家对履行义务的态度为不管、保护，对不履行义务的态度是强制。

《当代中国的律师业：以民权为基本尺度》

张志铭（副研究员）

论文　60千字

《比较法研究》　1995年第1期

该文以民权保障为基本尺度，以律师业的社会化和行业化进程为主要线索，从宏观的层面上对中国律师业的历史、现状和发展作出了描述、分析和评估，探讨了中国的律师制度和律师业在社会发展的大背景下的重塑问题。全文除导言外由三部分组成：第一部分从纵向角度刻画了中国律师业的发展轨迹，揭示了基本的矛盾点和今后的发展趋势；第二部分从横向角度分以下六个方面对中国律师业的现状作出概括的描述和评论：职业定位和职业使命，律师数量和法律服务体系，律师业务和对律师服务的需求，组织形式和管理体制，政治参与和律师权利——“资源贫乏”及其克服，以及律师惩戒和职业规范；第三部分对中国律师业今后发展所面临的两个基本问题作出了分析。作者认为，有效的民权保障，需要有发达的律师业，而律师业的发达，总体上也只有以民权的倡导和法治的实现为依托。

《不动产物权取得问题》

孙宪忠（副研究员）

论文 24千字

《民商法论丛》(第3卷)

法律出版社 1995年9月

该文根据世界各国及地区的立法，把不动产物权的取得方式归纳为三种，并结合我国实践探讨这些方式在我国的应用规则。

不动产物权的第一种取得方式是法律规定，即权利取得人取得不动产物权不依据任何人的意思表示，而只依据法律规定。这些方式有先占、时效取得、添附等。依这些方式取得不动产物权虽然需要当事人的行为，但决定性的因素是法律规定。这些方式的建立在中国有现实意义。

不动产物权的第二种取得方式是单方法律行为，主要是遗赠。遗赠人的意思，是取得人取得权利的依据。

不动产物权的第三种方式是双方或多方法律行为。这种方式的特点，是权利出让人及取得人之间有合同性行为。但双方当事人的合同，有债权行为和物权行为的区分、采纳物权行为理论的问题。

不动产物权取得的规则应当是：依第一、第二种方式的物权取得，不必登记即可成立；依第三种方式的物权取得，必在登记后才可以成立。

《反垄断国际统一立法的现状和前景》

王晓晔（副研究员）

论文 9千字

《外国法译评》 1995年第1期

1993年7月，以德国和美国为首的国际反垄断法典起草小组提出了一个国际反垄断法典草案，以便作为世界贸易组织的一个多边贸易协定。该文分析了这一草案的背景，分析和论述了它的主要内容，并对反垄断国际统一立法的前景提出了自己的看法。作者认为，草案的主要内容，特别是它的国内法原则、最低标准原则和国民待遇原则都是积极的和有益的，是减少和避免国际经济贸易领域中法律冲突的有效途径。但是，鉴于世界各国经济发展的不平衡，这个草案目前还难以被发展中国家所接受。因此，在这个法律领域，避免冲突的可行办法仍然是扩大双边和多边的合作。

《废除类推及刑法科学化》

胡云腾（副研究员）

论文 22千字

《法学研究》 1995年第5期

该文的基本观点是，主张废除现代刑法中的类推制度，在未来的刑法典中规定罪刑法定原则。废除类推的理由是：(1) 类推是封建时代的刑罚制度，已被当今所有法制国家的刑法废除，我国也不应例外；(2) 类推制度惩罚法无明文规定的犯罪，与当代法制的精神背道而驰；(3) 我国刑法已相当详备，法无明文规定的犯罪极为稀少，保留类推无意义；(4) 在司法实践中，由于审判人员规避类推，使类推制度已形同虚设。规定罪刑法定原则的理由是：(1) 罪刑法定原则是现代法制的一块基石，为当今各国刑法所普遍规定，我国也应当规定为刑法的基本原则；(2) 规定罪刑法定原则有利于保护公民的权利不受司法人员的越权侵害；(3) 规定罪刑法定原则有利于监督司法机关严格执法；(4) 规定罪刑法定原则有利于促进公民守法和预防犯罪。

《试析男女平等原则的法律体现》

朱晓青（副研究员）

论文　6千字

中国检察出版社　1995年8月

该文认为，在联合国成立迄今的50余年里，它为保障妇女权益做了大量工作，它制定了一系列国际法律文件和国际行动纲领，以确认男女平等原则和加快提高妇女地位，并通过许多活动促进男女平等的实现及妇女参与国家发展。但由于有关国际公约确立的执行措施效果不理想等原因，故国际法确认的男女平等与国际社会现实生活中的男女平等有较大的差距。而综观各国立法，其宗旨和目的都是消除性别歧视，充分保证男女平等。但由于历史的和社会的种种原因，以及法律本身的不完善，在许多国家，男女法律上的平等与事实上的平等之间尚存在较大的差距。

该文主张，当大幅度缩短男女法律上的平等与事实上的平等间的差距，联合国必须在国际立法及执行机制上继续发挥重要作用。此外，各国也必须承担这种责任。只有透过国际的、区域的、国家的三级立法与执行机制，才能使男女平等充分实现。

《论政府与人民的法律角色定位》

刘俊海（助理研究员）

论文　3千字

《法制日报》　1995年11月16日

该文认为，为确保人民政府依法用好、用活来自人民手中的行政权，落实政府对人民的法律责任感，必须准确地界定政府与人民的法律角色。该文在分析了实现政府与人民法律角色定位的六大现实障碍的基础之上，将政府与人民之间发生的法律关系区分为公法关系和私法关系，并分别提出了界定这两类主体的法律角色的建议。文章指出，行政权的所有者只能是人民，而不是人民代表大会或政府，政府只是依附于人民，为人民行使行政权的机关而已；主张建立与健全公民的公权保护体系；主张强化整体意义上的人民对于政府行政行为的有效监督与控制机制；认为私法自治原则和平等原则完全适用于政府与人民之间所发生的私法关系。

《我国黑社会犯罪的现状及其对策》

刘仁文（助理研究员）　合作者欧阳涛

论文　8千字

《学习》　1995年第3期

全文分为四部分，第一部分指出，黑社会势力正在对中国社会治安构成严重威胁，这是当前所面临的一个严峻现实。第二部分分析了当前黑社会势力及其犯罪所呈现出的几个主要特点：(1) 反侦查和逃避打击的能力较强；(2) 数罪交织，案中有案；(3) 涉及面广，受害者多，危害大；(4) 境外黑社会势力渗透加剧。第三部分分析，黑社会势力在我国死灰复燃并渐呈蔓延之势的原因：(1) 缺乏完备的法律武器，“反黑”打击不力；(2) 综合治理的各项措施没落到实处，基层组织严重削弱；(3) 党政机关和执法队伍中存在严重的腐败现象。第四部分对防治黑社会势力犯罪提出了如下对策：(1) 充分发挥刑事法律的威力，依法从重从快严厉打击黑社会势力犯罪；(2) 端正党风和社会风气，整顿司法队伍；(3) 落实社会治安综合治理的各项措施，建立健全各项预防机制。

《民事诉讼迟延问题探讨》

叶自强（助理研究员）

论文　12千字

西北政法学院《法律科学》　1995年第6期

文章指出，诉讼迟延是各国民事诉讼中

共同存在的问题，只是程度有所不同。依导致迟延的主客观标准，可将其分为两种：客观性迟延与主观性迟延。前者是指民事诉讼法规范本身所允许的迟延，或者它所导致的迟延，因而亦称制度性迟延；后者则是当事人及其诉讼代理人在诉讼过程中以种种不当手段故意拖延诉讼。针对上述问题，作者运用比较的方法作了系统深入的讨论，并结合我国司法实践，提出了相应的措施。第一，完善证据规则，不允许当事人在一审及再审中提出新证据。第二，简化案件的审批程序，充分发挥合议庭的职能。第三，建立审前调查程序，要求在审理之前实现证据的集中，在此基础上确定案件的争执点，及时进入一审，做到绝大多数案件一次了结。

《试论版权估价的原则和方法》

周林（助理研究员）

论文　8千字

国家版权局主办《著作权》　1995年第1期

版权，从它的财产属性这个方面看，是指作者或其他版权所有人依法所享有的对其创作作品的商业性使用的支配或控制权。版权估价，就是对版权人创作作品商业性使用的支配或控制权的价值作出评估。

作者认为，版权估价，不仅仅是给某一件作品使用权的价值作出评估，更重要的是通过这种评估能够最大限度地实现版权价值(商业价值和社会价值)，繁荣创作，促进社会文明。这便是版权估价的社会价值与商业价值兼顾原则。根据版权价值的特点，作者还提出了多种估价方法综合运用原则和多种因素综合评定原则。

在对现有的版权估价方法，即对收益现值法、重置成本法、现行市价法、清算价格法作出评述后，作者重点论述了版权估价的一种新方法——综合商业指标排列法。作者把这种在技术转让过程中确定提成率的方法加以改造，运用于版权估价。作者以图书出版为例，将图书出版过程中的商业成本和利润排列出来，首先列明“补偿作者创作与改进出版社形象”这项开支，对生产成本、图书定价、税前毛利加以调整，从而对一部作品版权的价值作出相对准确的评估。

政治学研究所

《辉煌古中华》

陈高华（研究员）、白钢（研究员）、史卫民（副研究员）等

图集　8册　450千字

中国人民解放军出版社　1995年2月

该书是《中华古文明大图集》的缩编本，同样分为8册，收图2000余幅。

《中国知青事典》

史卫民（副研究员）　合作者刘小萌、定宜庄、何岚

专著　1260千字

四川人民出版社　1995年9月

这是国内第一部完整反映知识青年上山下乡运动的著作，不但对重大事件和重要人物有专门叙述，还对上山下乡运动的组织形式和重要会议等作了专条阐述。书后附有主要参考书目和大事年表。

《村民自治：中国农民的政治参与》(英文)

白钢（研究员）

论文　27千字

日本神户大学《国际协力论集》　第3卷第2期　1995年12月

在拥有12亿人口的中国，有9亿人口居住在乡村。农民的情况如何，决定着中国的面貌。农民的政治参与程度规定并影响着中国政治发展的过程。建国以来，农村政治

体制几经变化。1988年《村委会组织法(试行)》颁布实施以后，农民的政治参与形态由动员型向自发型转化。表现在选举行动、决策参与、管理参与、监督参与等各个方面。但是从全国范围来看，农民的政治参与的发展极不平衡，好的或比较好的仅占30%。如何推进农民政治参与向高水平发展，促进农村政治结构的民主化和政治文化的世俗化，是摆在中国政府面前的一项艰巨的任务。应当进一步完善村民自治的各项法律，改善和加强党对农村基层工作的领导，树立宪政观念，严格按照法律实施对村民自治的领导，提高农民的素质，才能提高农民政治参与的能力与质量，推进中国政治发展的进程。

《试论中国政治体制改革的几个理论问题》

杨海蛟（副研究员）

论文　约10千字

《政治与法律》　1995年第1期

该文就我国理论界对政治体制改革的一些有争议的理论观点进行了较为深入的剖析和论述。文章根据政治体制改革的特点，进一步总结国内外政治体制改革的经验教训，就政治体制的内涵，市场经济体制与政治体制的关系，如何对待我国原有的政治体制以及政治体制改革与社会稳定等一系列问题，提出了与当前理论界的一些观点的不同看法，澄清和匡正了一些较为糊涂和绝对化的理论观点。对保证政治体制改革的健康发展具有一定的指导意义。

《制定〈中央政府与地方政府关系法〉的必要性、可行性及原则》

董礼胜（副研究员）

论文　9千字

中央编委会议论文　1995年10月

该文首先阐述几个重要概念：(1) 在中国，中央政府与地方政府的关系，应从更为广阔的层面，即中央与地方的关系来理解。(2) 集权与分权的利弊。

在对这些基本概念作了说明后，该文简略考察了中国中央政府与地方政府关系的现状，随后论述立法的必要性，分析立法的可行性或具备的条件，最后提出立法可考虑的几个原则。

关于现状，该文指出目前中央政府与地方政府在管理权限上基本没有事项的划分，仅有伴随着层次的高低而形成的权力和责任的大小之别。改进中央政府与地方政府的关系应以事权相对分散于地方，而财权财力相对集中于中央为目标。

在制定这个法时，建议考虑如下几个原则：(1) 就近原则或称地方可为原则。(2) 职权明确原则。(3) 诸权一致原则。

《西方国家行政改革的十大发展趋势》

潘小娟（副研究员）

论文　11千字

《经济参考研究》　1995年第163期

当前，行政改革已发展成为一股强大的潮流。自70年代末以来，世界各国政府都在积极推进行政改革，以建立新的行政管理模式适应变化和发展的需要。从世界范围来说，战后行政改革从未间断过，但进入80年代后，行政改革进入了一个新的发展阶段，其深度、广度、力度和速度都是以往所不能比拟的。该文在翔实资料的基础上，对西方国家80年代以来的行政改革情况进行了分析研究，提出了民主化、精干化、民营化、合同化、分权化、目标化、简约化、优质化、信息化、过程化为其主要发展趋势。

《法国的计划管理体制》

潘小娟（副研究员）

论文　11千字

《经济参考研究》　1995年第163期

计划管理体制在战后法国经济和社会发展以及加速现代化建设中发挥着不可低估的作用，成为国家指导和干预整个国民经济发展的重要手段。该文对法国计划管理体制的发展沿革、组织结构、内容方法、运行机制及其特点，作了全面系统的分析和研究，为我国的经济体制改革提供了可供借鉴之处。

民族研究所

《旷日持久的波黑内战》

郝时远（研究员）主编

专著　165千字

中央民族大学出版社　1995年11月

冷战后的世界，民族纷争迭起，宗教冲突加剧，领土争端多发，由此而引起的地区冲突和国家内战形成了众多的国际“热点”，其中，最引人注目的“热点”莫过于前南斯拉夫地区爆发的波黑内战。在1994年上半年中国世界民族学会召开的波黑局势分析研讨会基础上，由郝时远任主编组织本院和有关单位的专家学者完成了该书。

该书是目前国内唯一以此为专题的学术专著。共分8章，分别从波黑的历史、南斯拉夫解体中的波黑局势、内战爆发与激化、联合国与维和部队的困境、波黑和平进程中的6个方案、其他国际势力的介入、波黑和平前景的分析预测等方面进行了研究。

著作者通过对波黑内战的背景与现实、内因与外因、过程与走向的综合研究，提出了实现波黑和平的四种可能性：压服塞族、战争升级、穆克火并、修改方案。在该书付梓以后，波黑的局势发展，基本上是在这四种可能性的交相作用下走向和平的，而书中对波黑实现和平后的“和平后遗症”的忧虑，也在波黑实现和平、举行大选、国家重建的过程中显露出来。这也从一个方面反映了该书作为一种动态研究的科学价值。

《毛泽东民族理论研究》

杨荆楚（研究员）主编

专著　220千字

民族出版社　1995年5月

该书是纪念毛泽东诞辰一百周年，由杨荆楚主编的一本学术专著，全书共10章。重点论述了毛泽东在中国革命和建设的实践中，依据马克思主义基本原理，制定了一整套解决国内民族问题的路线、方针和政策。逐步形成了有中国特色的民族理论体系。书中首次披露了毛泽东不拘泥于斯大林认定资本主义以前“不可能有民族”的结论和前苏联区分“民族”和“部族”的做法，认为中国“有数十种少数民族……都已有长久的历史”。1953年，毛泽东针对国内争论民族形成时间问题时指出：科学分析是可以的，但政治上不要去区别哪个是民族，哪个是部族和部落。根据毛泽东的指示，进行了民族识别，国家法定中国大陆56个民族。另外，书中论述了毛泽东关于民族殖民地问题、民族平等问题、民族团结问题、民族区域自治问题、少数民族地区和平改革问题、大力培养少数民族干部问题、帮助少数民族发展经济文化问题、反对两种民族主义问题。在民族斗争说到底是阶级斗争问题等一系列重大问题上，大大丰富和发展了马列主义民族理论，为无产阶级解决国内民族问题开创一条成功之路。中央民族大学教授、中国民族理论学会秘书长金炳镐先生认为：该书“贵在最初，贵在探索研究，贵在填补了学术空白”，是一部“民族理论研究的佳作”。

《藏缅语语料库及比较研究的计量描写》

民族研究所语言中心郑玉玲等 10 人

词汇语言数据库

该项目由国家自然科学基金会资助。研究起止时间为 1992 年 1 月至 1994 年 12 月，1995 年 3 月按期结题。

以大规模真实文本为语言研究的素材，通过计算机处理、统计和分析产生语言知识和语言学理论的方法为经验主义。这是国际计算语言学界提出的最近一个时期的战略目标，即唯理主义方法转为经验主义，实现语言研究在理论、方法和工具等方面的重大转变。

该项目正是基于上述目标，建立了我国藏缅语五大语支 82 个语言或方言点 16 万词条的开放性词汇语音数据库。为达到语言研究的需要，对数据库进行了词义、语音、词素、语义、词类、谱系等多层加工和标注。应用数据库进行了语言比较研究的计量描写。设计了适用于民族语多语支语言、多音节词根特别的多元分析方法。对藏语方言进行了较为系统的语音、词汇的特征统计和语言分类学方面的比较研究，得出了大量的统计分析结果。并设计出一整套语言计量分析研究软件。

该项目在研究的理论方法上、结论上均为我国民族语言的计量研究做了有益的尝试。

该项目获全国科技信息系统优秀成果二等奖。

《藏语拉萨话语音分析与合成》

民族研究所课题组计算机软件

该项目为国家自然科学基金资助项目和本院重点项目，已于 1992 年底全部完成，并于 1993 年 9 月通过专家鉴定。该项目的最终成果是在计算上建立了两个彼此独立而又有联系的系统。它们是：

（1）《藏语拉萨话语音声学参数数据库》。选择了拉萨话的 733 个音节，经数字语图仪分析，提取了 30 项语音声学特征数据来表征每一个音素。数据库还配置了一套数据管理、排序、检索、数值统计分析和绘图等功能性软件。鉴定意见认为：声学特征选择合理，能覆盖拉萨话的语音特点。数据库容量大，功能齐全，使用灵活方便，不仅可以作为藏语言语工程方面的重要参考数据，更可成为藏语语音研究的一个得力工具，其规模和功能领先于国内外同类数据库，对建立我国其他语言的数据库也有重要参考价值。

（2）《藏语拉萨话文—语合成系统》。该系统是一个硬、软件结合的语音合成系统，能将藏语文字编码的文本文件及时地由计算机转换成拉萨话口语。合成器采用了并联型共振峰语音合成原理，合成参数的提取和编辑全部实现了计算机化。鉴定意见认为：藏文字到语音的设计合理，转换及时，为国内外首创。

社会学研究所

《1994～1995 中国社会形势分析与预测》

江流、陆学艺、单天伦（研究员）主编

研究报告　300 千字

中国社会科学出版社　1995 年

该研究报告是“社会形势分析与预测”课题组连续第三个年度报告蓝皮书。全面系统地对中国社会形势演变的各主要方面及其基本趋势进行了分析与预测。

全书由四个部分组成：社会形势总体分析与预测；本年度突出的社会经济问题分析与预测；各主要社会经济领域动向的分析与预测；各主要社会阶层状况的分析与预测。

《中国新时期阶级阶层报告》

李培林（研究员）主编

专著　500千字

辽宁人民出版社　1995年

该项研究是院重点课题“有中国特色的社会主义社会研究”的子课题之一。该项研究包括一个总报告和13个分报告，从经济体制改革所引发的利益格局变动出发，运用大量的经验材料，比较全面地分析了我国现阶段各主要阶级阶层的状况和发展趋势。

《中国的私营经济与私营企业主》

张厚义（研究员）、刘文璞（研究员）

专著　316千字

知识出版社　1995年8月

该书由上篇、下篇和附录三部分组成。

上篇六章，重点描述与分析私营企业主阶层赖以产生与发展的经济基础——私营经济的再生前提、发展过程及其内部外部的经济关系。下篇五章，重点描述与分析私营企业主阶层的角色构成、行为心态、基本特征、社会属性及其有关的几个问题。附录是两篇最新的阶段性研究成果。一篇是《全国首次私有企业抽样调查数据及分析》，另一篇是《私营经济发展的新阶段》。

《当代中国城市家庭研究》

沈崇麟（研究员）等主编

调查报告　384千字

中国社会科学出版社　1995年

该研究是“六五”国家哲学和社会科学重点项目“中国五城市婚姻家庭研究”的继续。

该调查报告分为调查报告和统计资料汇编。调查报告由一篇总报告和七篇分报告组成。总报告是对北京、上海、成都、南京、广州、兰州、哈尔滨七个调查点婚姻家庭情况的比较和概括，而七篇分报告分别对北京、上海、成都、南京、广州、兰州、哈尔滨七个调查城市婚姻家庭变化进行了初步探讨。

《新集体主义：乡村社会的再组织》

王颖（副研究员）

专著　193千字

经济管理出版社　1995年

该书运用社会学理论，详细描述、分析了公社解体后，集体与个体关系的演变，个体农民与社会化农业生产的关系，乡村组织与乡村组织网络的变革，指出了乡村社会发展的社区化趋势，提出了新集体主义概念。

该书共分七章，有集体与集体经济的重新定位；集体与个体的共生关系；个体农民与农村组织；重新缔结的组织网络；公社化到社区化；组织方式的变革；乡村社会再组织的理论思考。

《1994～1995年中国社会形势的分析与预测》

本院“社会形势分析与预测”课题组（执笔人：李培林研究员）

论文　14千字

《管理世界》　1995年第1期

1994年10月，本院“社会形势分析与预测”课题组召开了1994～1995年中国社会形势分析预测座谈会，40多位属于不同研究领域的专家学者参加了会议。此外，课题组还在1994年10～11月就中国1994～1995年的社会形势对北京160多名不同领域的专家学者进行了问卷调查，并对全国10个省区的20000多名城乡居民进行了问卷调查。作者对专家学者意见的归纳整理和对来自各个方面调查统计资料的综合分析，对1994～1995年中国社会形势进行分析预测，并就1995年社会发展趋势的预测，综合课题组各方面专家学者的意见，提出了对策建议。

《再析新时期利益格局变动中的若干热点问题》

李培林（研究员）

论文　16 千字

《社会学研究》　1995 年第 5 期

该文针对国外流行的关于收入分配与经济增长关系的“倒 U 型”理论及一些国家或地区发展的实践，对我国改革开放以来的收入分配与经济增长的关系提出了自己的观点。同时，认为市场机制的导入对劳动工资收入差距扩大的影响并不是非常突出的，而对于劳动收入和资本收入差距扩大的影响是明显的。市场机制调节范围的扩大并不一定意味着收入分配状况的恶化，也不一定意味着政府对收入分配的调节能力会受到削弱，等等。此外，对衡量人的社会地位、如何看待“流动民工”、是否存在着严重的“脑体倒挂”以及“反贫困”等问题，都作了颇有新义的探讨。

《改革开放以来中国大陆社会结构的变化》

张琢（研究员）、张萍（副研究员）

论文　9 千字

《开放时代》（广州）　1995 年第 7、8 期合刊

随着经济体制的改革，所有制向多元化发展，产业结构的升级和向市场经济的转轨，社会结构相应发生了深刻变化。作者以国家宏观社会统计和学者们的实证调查与研究相结合对照分析，先对这一期间中国大陆社会结构的各基本方面给出一个总体的量化分析，然后着重就社会分层及社会组织结构的变迁加以介绍。

《阻碍转型社会良性发展的四个问题》

邵道生（副研究员）

论文　9.6 千字

《社会学研究》　1995 年第 4 期

改革开放使中国社会发生了巨大的变化，也使转型社会的发展遇到了一些新的难题。该文从现实情况出发，探讨了使社会良性发展的四大障碍：腐败现象的泛滥、社会的无序、分配不公和严重的通货膨胀，研究了这四大问题的新情况、新特点和对社会、对公民的负性影响。作者指出：如果社会不认真解决这四大障碍，那么就有可能葬送改革的前途，动摇共和国的根基。

《21 世纪中国的社会结构——关于中国的社会结构转型》

陆学艺（研究员）

论文　14 千字

《社会学研究》　1995 年第 2 期

作者通过对中国社会结构转型过程中的人口结构、就业结构、城乡结构、区域结构诸方面的现状分析与未来发展预测，揭示了中国现代化建设目标得以实现的量化依据。

《新时期阶级阶层结构和利益格局的变化》

李培林（研究员）

论文　25 千字

《中国社会科学》　1995 年第 3 期

该文采用大量材料和数据，分析了改革开放以来我国阶级阶层结构和利益格局的变化，并就“社会是否出现了两极分化”、“是否产生了一个新的资产阶级”、“怎样认识中产阶级和小康大众”、“怎样看待社会公平”等问题阐述了自己的观点。文章强调指出，体制改革实际上也是一个阶级阶层结构和利益格局的调整过程，改革、发展的稳定机制最终来自于社会利益关系的合理与协调。因此，要把经常考察社会各阶级阶层利益关系的变化作为政策制定和调整的依据。

《1992年中国社会发展水平评价》

朱庆芳（研究员）

论文 6千字

《中国人口资源与环境》 1995年第1期

作者根据世界银行的发展报告，选择16个主要社会指标组成评价体系。该体系参考了国外指标体系的理论框架，体现以人的发展为中心的衡量标准，并结合我国国情，反映了经济与社会的协调发展。在16个指标中有10个指标是参考了美国社会学专家英克尔斯确定的现代化指标，这10个指标基本上概括了现代化过程中的社会结构和生活质量的主要方面。作者确立的评价体系增加了出口比例、教育经费比例、婴儿死亡率、人均摄取热量、人均能源消费量和通货膨胀率6个指标，更全面地反映了生活质量的各个方面。

作者根据实际对中国数字也作了适当调整，采用的计算方法是综合评分法。

评价结果表明，我国改革开放以来，经济和社会获得了持续稳定的发展，在世界百万人口以上国家和地区中的地位是稳步上升的。根据最新的1994年世界发展报告中的1992年数据，我国社会发展水平在世界上的位次已上升至67位，属世界中等偏下水平。

《价值合理性与目的工具合理性》

司马云杰（研究员）

论文 9千字

《社会学研究》 1995年第6期

在西方文化中，价值合理性与目的工具合理性是割裂的，因为前者纯属价值判断问题，而后者则是经验实证问题。作者从中国大道文化哲学的本体论、价值论与知识论之相统一出发，论述了价值合理性与目的工具合理性的统一性，以及信念道德与责任道德的一致性。作者认为，中国不论是搞市场经济，还是现代化的社会发展，都不能片面地追求目的工具合理性，而必须把价值合理性放在重要地位，努力实现价值与价值判断、价值合理性与目的工具合理性，以及信念道德与责任道德的统一与一致。

《妇女研究的新进展》

谭深（助理研究员）

论文 14千字

《社会学研究》 1995年第5期

“妇女研究”，严格说来包含着两个不同的研究角度，一是性别研究，一是妇女独特问题的研究。这是由于研究对象的性质所决定的：一类是我们研究的大多数问题，是男女两性共同面临的问题，如就业问题、环境问题、社会文化问题等，其中的“妇女问题”是比较男性而言，因而在研究妇女时必须连男性一起研究，这就构成事实上的性别研究；一类是妇女的独特问题，如与生育过程有关的一系列问题等。但是即便是性别研究，它的切入点仍是妇女问题，这两类问题共同的前提是迄今为止在两性关系中妇女相对不利的地位，以及社会为调整两性关系所做的努力，所强调的重点都是妇女。因此，该文仍将其笼统称作“妇女研究”。

说妇女研究是个“新领域”，是指妇女研究作为一个独立的研究领域，而并非一般的以妇女为对象的研究。妇女研究作为一个学术概念的出现是西方新女权运动之后的70年代，她的标志是在一些国家的大学内开设了妇女研究的课程和设立有关学位，以及专门的妇女研究机构的产生。

《从“共有制”跨人现代市场经济》（南海乡村考察报告之一）

王颖（副研究员）

论文 15千字

《社会学研究》 1995年第5期

作者认为，中国乡村在不完全的公有制或曰“集体所有制”之后，相当多的村落曾经自发地走过私有化的道路，然而在中国完全恢复资本主义初期的私人所有制是没有基础的。广东南海市乡村发展的现实向人们提供一条思路，中国有可能也有条件一步跨入现代市场经济，跳跃式地进入市场经济的高级阶段。

《正直与圆滑：国人在做人问题上的冲突——汉语谚语的社会心理研究》

李庆善（研究员）

论文 5千字

《社会学研究》 1995年第2期

做正直人，还是做圆滑人？历来是中国人很关注的问题。汉语中有关这方面的谚语很多。通过这些谚语的初步分析使我们看到，正直与圆滑是两种相互冲突的做人价值和准则。这种冲突往往使国人在做人问题上理想与现实、目标与手段、应然与实然相互脱节。尽管在理念上国人一直追求做正直人的价值目标而极力贬斥做圆滑人，但在实际上却不得不做圆滑人而放弃做正直人的目标。这与国人赖以生存和发展的关系、人情及面子社会，是密切相关的。我们仅仅倡导正直而反对圆滑是不够的，要使倡导成为人们做人的实际规范，则必须从社会结构层面上触动并改造关系、人情及面子。

《中国乡村里的都市工业》

李培林（研究员）

论文 16千字

《社会学研究》 1995年第1期

改革开放以来，中国的乡镇企业异军突起，仅用了十几年便创造出与国民经济的产业结构雷同的“第二国民经济体系”，即作者所称的“乡村里的都市工业”。该文探讨了乡镇企业发展如此迅速的原因，在天然的土地社会保障、家庭伦理与组织成本、廉价劳力和创业精神、成本外部化与送礼“艺术”、法人社会等问题的剖析中，以独到的视角阐释了人们普遍关注的诸如“离土不离乡”、血缘关系在乡镇企业中的地位与作用等问题，读来令人耳目一新。

新闻研究所

《中国的报业经营：机遇与挑战》

唐绪军（助理研究员）

论文 10千字

《新闻与传播研究》 1995年第1期

报业经营是保持和发展报社经济实力的重要手段，它的存在必须具备两个基本条件，一是市场经济，二是报社成为独立的经营实体。本文认为，报业经营之所以长期未在我国办报实践中占据应有的地位，就是因为这两个基本条件不完备。改革开放以来，社会主义市场经济体制的发展和报业产业特性的确定，为报业的经营发展提供了一个极好的机遇。作者着重论述了报业经营发展所必须解决的以下几个问题：(1) 报纸两个效益与发行量之间的关系；(2) 报业经营需要的政策环境；(3) 报纸的发行方式；(4) 广告市场的规范化；(5) 报社内部管理体制的改革。

《论心理实验在传播研究中的应用》

卜卫（助理研究员）

论文 10千字

《新闻与传播研究》 1995年第1期

该文通过对传播研究历史的回顾和分析，讨论了心理实验方法在传播研究中的作用。作者首先分析了心理实验方法的主要特征，说明心理实验可以用来发现和检验传播活动中的因果关系。论文论述了在传播学研究历史上较为重要的心理实验：佩恩基金会关于电影影响的研究、霍夫兰的大众传播实验、耶鲁说服实验、选择性理解实验、团体压力实验和班都拉的电视与社会学习的实验。作者指出，大众传播实验是传播学实验研究的一个转折点，此后，传播学研究在利用心理实验研究人类的社会行为方面逐渐走向成熟。这些心理实验主要用来检验和发展理论假说中的因果关系，传播学中的一些重要理论是实验研究的结果。由于建立确定的因果关系是一门学科构成的主要因素，所以传播学研究需要大量的实验验证。

《论孔子的传播思想》

陈力丹（研究员）

论文　12千字

《新闻与传播研究》　1995年第1期

该文论证了孔子在社会文化意义上的信息传播观以及他的传播思想基本结构和实用理性特点。作者认为，周代创制，将权力叠加在血缘关系之上，孔子则完成了将权力伦理化的理论创造，让人们通过道德自觉，认同现存的信息传播秩序。他把传达信息的一切形式，引导并消溶在以亲子血缘关系为基础的人世关系之中。“修齐治平”是孔子所勾画的社会生活传播结构。其中人们在修身、齐家的活动圈子里信息交流最为丰富，而治国、平天下的传播圈子不过是修身齐家传播形态的延伸。这样，以孔子为代表的中国传统文化中的信息传播，就表现出重视人际关系，强调泛道德主义的特征，强化了封建专制对社会的干预力度。

《试论传播心理学的研究内容》

刘晓红（助理研究员）

论文　10千字

《新闻与传播研究》　1995年第1期

该文在分析传播学和心理学研究关系的基础上，讨论了传播心理学这一交叉学科的研究内容和学科建立的标准，认为传播心理学能否成为一门学科，关键在于能否发现足够多的为传播活动所独有的心理现象，并且这些现象的抽象能否构成一个完整的体系。文章通过大量文献分析，说明以传播心理学命名的著作出版至今虽然已有30年历史，但传播心理学尚未发展成为一门具有明确研究对象的学科。作者以“心理真实”为例，认为这是大众传播活动中特有的心理现象，可以构成传播心理学的研究课题。作者进而提出，只有发现足够的类似心理现象，并且发现这些现象之间的某种内在联系，从而构成一个现象系统，对这一现象系统的研究才可以形成传播心理学学科。

《清末报律再探——兼评几种观点》

李斯颐（副研究员）

论文　17千字

《新闻与传播研究》　1995年第1期

该文对以往有关清末报律的研究结论提出不同见解，认为：清末报律在创办权、采访权、传递权和报道评论权等方面给予报界较大自由，并采取种种措施促进报业高潮的发展。作为近代修律活动的产物之一，报律的内容和框架已脱离了我国古代诸法合体、以刑为主的封建法律体系，民事化色彩较为浓厚。它没有采取西方国家在封建制末期和资本主义制度建立初期，为维护官报垄断地位，限制民间报刊发展而通常使用的特许制、事前检查制、时政要闻垄断以及知识税等手段，立法特点与西方自由资本主义阶段的法律同步，是我国新闻法近代化的开端。在实践中，报律得到广泛运用，为新闻界保护自身利益提供了依据。

《世妇会报道对新闻学传播学的启示》

喻权域（高级编辑）

论文　12千字

《新闻与传播研究》　1995年第3期

该文总结了1995年在北京召开的联合国第四次世界妇女大会期间中外新闻报道的基本情况，分析了我国新闻界取得成功和西方传媒失败的原因，提出了这次“新闻报道大战”对新闻学传播学的八点启示：(1)新闻报道、大众传播的基本使命是为受众提供信息服务；(2)传媒的报道自由必须与责任相联；(3)以偏概全、用小事淹没大事的报道，在本质上是不真实的，不负责任的；(4)西方传媒的党性（政治倾向性）非常鲜明；(5)我们讲党性并非要一概剑拔弩张；(6)新闻报道都有倾向性，但倾向性不能超过一定的度；(7)传播技术打破国界，对传播者有利也有弊，应当建立国际传播新秩序；(8)应当研究“美国式讲演”，并设法对付它。

《新闻侵犯公民名誉权行为研究》

张西明（助理研究员）

论文　20千字

《新闻与传播研究》　1995年第3期

80年代中期以来，因新闻报道或评论引起的侵犯名誉权纠纷，在我国此起彼伏，至今法院立案审理的已逾千起。作为新类型案件，名誉权纠纷对新闻实践和司法实践都提出了许多前所未有的问题。该文采取案例分析与理论探讨相结合的方法，系统地对有关问题进行了分析研究，如新闻侵害名誉权范围、特征和构成要件，新闻工作者如何避免侵权、减少诉讼，新闻侵害名誉权的责任分担，司法部门如何在平衡把握言论自由与公民人身权的前提下适当运用自由裁量权，以及运用更正、答辩、调解、仲裁乃至诉讼手段解决新闻侵权纠纷的方法等。文章在这些方面提供了较具实用性和操作性的思路。

《美国大众传播效果研究的实用主义背景探讨》

王怡红（助理研究员）

论文　7千字

《新闻与传播研究》　1995年第4期

该文探讨了实用主义方法对西方大众传播效果研究的影响及二者间的关系。实用主义在决定传播研究者的精神立场和研究取向，决定理论的位置和重要性方面影响很大。传播效果研究在两个方面与实用主义相吻合，一是应用了实用主义方法，二是接纳了实用主义关于真理实用性的观点。

《中国女新闻工作者现状与发展调查》

陈崇山（研究员）等

调查报告　30千字

1995年12月上交

该文是我院新闻所与中国记协共同承担的联合国教科文组织委托项目的总报告。课题组采用随机抽样的方式，对我国30个省市、461家单位的新闻工作者8240人发放问卷进行了调查，共回收有效问卷5867份(其中含作为对照的男性样本1834份)。这是建国以来我国进行的首次大规模女新闻工作者调查，报告在以下方面提供了大量统计数据：女新闻工作者的基本特征、地区分布和行业分布、教育程度、工作年限、职务职称、工作范围、参与决策情况、业务进修状况、健康状况、工资收入、婚姻家庭状况以及工作满意度等。此外，报告还针对我国女新闻工作者面临的问题和如何促进女新闻工作者的发展提出了建议。

世界经济与政治研究所

《1994～1995年世界经济形势分析与预测》

滕藤、谷源洋（研究员）主编　徐更生、温伯友（研究员）副主编

专著 134千字
中国社会科学出版社 1995年9月

该书是根据院领导指示，并应社会各界呼声而编写和出版的《世界经济形势分析与预测》黄皮书（样书）。将从1996年开始每年出版一本，从而与我院已经出版的《中国经济形势分析与预测》蓝皮书相配套。

编辑和出版本黄皮书的目的是，为我国经济决策者们和企业经理们提供一个准确了解当前世界经济形势及其未来发展趋势的窗口，使之能够准确地把握形势，利用机遇，从而加快我国经济的发展。

主要内容为：（1）对上一年度和本年度世界经济形势总的分析与预测；（2）对世界主要国家和地区经济形势的分析预测；（3）对世界经济领域内一些重大专题的分析与预测；（4）与世界经济分析与预测有关的部分研究报告；（5）国际市场上大宗商品行情；（6）国际经济环境与我国对外经贸关系；（7）最新的世界经济统计资料。

《建设具有中国特色的社会主义的国际环境》

李琮（研究员）、徐葵（研究员）主编
专著 300千字
世界知识出版社 1995年12月

该书是《有中国特色社会主义的建设与当代世界》一书的上册。内容是对我国社会主义建设所处的时代背景和国际环境进行阐述，对国际环境可能发生的变化进行预测。同时，对国际环境对我国社会主义建设可能产生的影响，包括机遇和挑战进行分析，并对我国应采取的对策提供一定的理论依据。

全书贯彻邓小平同志建设有中国特色社会主义理论的基本精神，正文前有《邓小平论当代国际问题》。正文共九章，分别对我国社会主义建设的时代背景、冷战后的世界格局、发达资本主义国家、发展中国家、俄罗斯、亚太地区、全球化、区域化、科技革命与国际关系等问题及其对我国的影响进行论述。

《建设具有中国特色的社会主义的国际比较》

李琮（研究员）、徐葵（研究员）主编
专著 300千字
世界知识出版社 1995年12月

该书是《有中国特色社会主义的建设与当代世界》一书的下册。内容是就我国社会主义（主要是经济，也包括政治）体制等各方面问题与其他国家进行比较研究。通过比较，力求找出有中国特色社会主义的具体特点和优越性，也特别注意外国有哪些有益的经验，以作为我们的借鉴；它们有哪些缺陷，我们应加以避免。

全书共十章，分别从所有制关系、分配体制、市场经济、政府的宏观调控、对外经济关系、生产力的地区分布、权力制衡机制等方面进行比较。

《世界国有企业：发展·管理·改革》

王金存（研究员）主持
专著 230千字
中国企业管理出版社 1995年12月

该书在综合研究世界不同类型国家国有企业发展的基础上，探索了世界范围内国有企业发展的基本趋向、国有企业和国有资产存量和结构的变化、国有化与“私有化”之间的交替和变化关系，分析了影响国有企业发展的经济、技术和社会因素，综合分析了世界不同类型国家国有企业管理模式和方法、国有企业经营机制与民间企业经营机制的差异及其产生的原因、发展和经营活动中普遍存在的矛盾和问题、改革和调整的途径和方法。该书还以案例的形式介绍和分析了世界上具有代表性的国有企业管理方法。

该书是在作者主持的中华社会科学基金课题研究的基础上撰写而成。

《税收征管制度的国际比较》

司马军（研究员）等主编

专著　167千字

经济科学出版社　1995年

该书从国外财政税收体系的比较入手，重点研究了国外税收征管制度、税务管理机构、对税务人员的管理和教育，以及税收的违章处理等问题。专门介绍了国外所得税、财产税和流转税的征管，并根据国外的一些成功做法，针对我国税收征管中存在的问题，提出了加强我国税收征管工作的一些对策。

该书就税收征管问题进行了国际比较，兼有知识性和实用性，对于深化我国的税制改革，尤其是加强征管工作颇有参考价值。

《资本主义大辞典》

罗肇鸿（研究员）、王怀宁（研究员）主编

工具书　3500千字

人民出版社　1995年5月

这是一部关系资本主义的综合性工具书，收词9000余条。内容包括1500～1992年期间资本主义社会主要领域中的重要事件、理论主张、范畴概念，重要的著作、人物、出版物和组织机构等，涵盖经济、政治、对外关系、军事、科学技术、法律、教育、文化、新闻出版、人口和生态以及宗教等资本主义社会生活的广大领域，为读者提供一份全面了解资本主义社会的材料。

该辞典有三个特点。第一，词事结构。所收词条既有范畴概念的释义，又有事件的始末和机构的沿革。第二，理论与人物兼顾。各个领域的理论主张、主要著作和代表人物一并兼收。第三，厚今薄古。该辞典的时间跨度虽然从1500年到1992年，但重点放在19世纪以来的200年期间。1500～1799年的内容专设一个其他类，它包括在此期间的所有领域的主要内容。

《1996～2010年世界经济和科技发展的走势及特点》

谷源洋（研究员）主持

研究报告　30千字

1995年5月

该研究报告的要点是：

今后15年世界经济将因科技进步和经济全球化而加快增长。“可持续发展”将成为众多国家追求模式。国际贸易仍是世界经济增长的推动力，国际直接投资将快于国际贸易的增长。国际金融局势动荡，但不致发生严重金融体系危机。

世界经济中以发达国家为主导的不利于发展中国家的格局还难以根本改变。世界经济格局更趋多极化及多层次化，经济矛盾将因之增加。我国地处世界经济增长中心，占地理之优，我国周边国家和地区的经济形势继续看好，对我国既是压力又是挑战，我们亟应未雨绸缪，制订正确的经济发展战略。

《乡镇企业如何走向国际市场——江阴乡镇企业考察报告》

司马军（研究员）、戎殿新（研究员）主持

考察报告　35千字

1995年3月

该报告是所级重点项目中的阶段成果，系为江苏省江阴市提供的咨询报告。包括一个主报告，四个分报告。

报告分析了江阴乡镇企业的实际情况，提出：处于走向国际市场初始阶段的江阴乡镇企业，必须首先强化市场意识，正确选择进入国际市场的渠道（目前应以间接渠道为主，同时大力开拓商定渠道）；建议江阴乡镇企业在走向国际市场过程中宜采取五种组织形式，完善八个系统；为了在国际商战中取胜，江阴还应培养一大批优秀的企业家和培育良好的企业文化（即企业精神）。

《苏联东欧国家剧变独联体前景与世界政治经济格局》

罗肇鸿（研究员）主持

研究报告　80千字

1995年12月

这是“八五”国家社会科学基金重点项目，包括一个总报告和五个分报告。

该报告分析的主要问题和结论有：

（1）苏东剧变的原因是多方面的、综合性的，经济原因是主要的，军备竞赛的沉重负担和政治动乱与民族分立主义也不可忽视。（2）分析了经济转轨期间经济严重滑坡的原因，如政治体制突变，政府缺少权威性，投资锐减和对外经济关系阻断等。（3）指出经济转轨和“休克疗法”的区别与联系。（4）俄罗斯外交政策的重点是重振大国雄风，在独联体内起领袖作用，在中东欧国家积极介入，维持大国影响，但不同西方发生严重对抗，在其他利益有关地区参与但不介入。（5）苏联解体和东欧剧变对世界格局产生重大影响，即进一步推动世界格局向多极化发展，促进市场经济全球化的进程，俄罗斯急欲参与亚太经济合作，力图在太平洋地区同中、美、日和东盟国家一起对世界事务发生积极影响。

《亚洲“四小”市场经济模式——市场体系培育和管理》

杜方利（副研究员）主持

研究报告　100千字

1995年12月

该报告对以贸易自由化、金融自由化、现代企业制度的确立和劳动力市场的形成为主要内容的经济自由化过程，进行了比较全面、系统的论述。其中，既按时间顺序对每一领域实施市场化和国际化政策的情况的描述，也注意到各个领域的自由化政策相互间的交叉和内在联系，从而使每一个领域的市场化与国际化的演进过程得到比较清晰的反映。这就避免了那种仅仅对市场的某个领域作孤立的政策的研究方法，因而较有实感，也更具可操作性。该报告将宏观经济管理职能划分为服务职能、调节职能和行政干预职能，这在国内的同类文献中尚不多见。与此同时，该报告还比较深入地分析了运用不同宏观经济管理职能的条件、方法和目标。这在为政府比较准确选择宏观经济管理职能，降低宏观经济管理成本方面极具现实意义。该报告还着重论证了亚洲“四小”宏观经济管理的主要目标在于减少市场运行的障碍，完善市场竞争环境，以促进市场竞争机制的充分发挥。因此，亚洲“四小”经济管理的自由度较高，这是它在经济上获得成功的最主要原因。

《建立具有中国特色综合国力评价指标体系合成方法——兼论中国综合国力在国际比较中的地位》

该所统计分析室课题组

研究报告　30千字

1995年12月

该课题是院重点研究项目，经专家鉴定，给予了较高评价。认为“本课题很好地达到了课题设计要求，立论合理，结构清晰，逻辑性强，是一份相当优秀的科研成果”。该报告是作者在前人研究综合国力的基础上，结合中国经济发展特点和当前国际比较需要，深入研究的结果。提出了建立综合国力评价指标体系应遵循的五条原则：即综合性原则、科学性原则、实际需要与现实可能相结合的原则、借鉴与创新相结合原则及坚持中国特色与国际可比相结合的原则；建立了一套包括：资源能力、经济实力、对外经济活动能力、教科文能力及社会发展程度等五大要素、100项指标构成的综合国力评价指标体系；分别采用“综合指数”法和“大多数”法量化指标，采用“简单合成”和“加权合成”两种方法进行汇总，测算出世界不同类型的13个国家、1990和1993年两个年份的综合国力，并按得分多少排出位次。最后，作者从总体和结构两个方面，分析了中国综合国力在当今国际比较中的地位与前景，并据此提出了对策。

《原苏联东欧国家演变后的现状和前景研究》

徐更生（研究员）、田春生（副研究员）

研究报告　120千字

1995年12月

该研究报告认为，到1995年底，多数原苏东国家的政治制度架构已经初现轮廓；在中东欧地区，中左翼势力的发展变化是决定该地区政局走向的重要原因；政府政策可能向较为温和的方向变化；在俄罗斯和独联体国家，共产党仍然具有较强的政治影响，但在它们的政治方向上已经发生了较大的变化，政治体制正在向混合政权的方向演化。在经济方面，市场经济已经成为这些国家普遍追求的目标：中东欧国家再有2～3年的时间，大多数国家可以恢复到1990年的水平；俄罗斯在21世纪初可能恢复到1990年的水平；其他独联体国家经济在今后1～2年时间里有可能达到谷底，经济恢复到转轨前的水平则是下个世纪的事情。在对外关系方面，从长远看，中东欧国家融入欧洲、东西欧的政治与经济的融合乃是大势所趋。1995年是俄罗斯对外政策调整的一年，调整后的对外政策具有强硬的独立倾向。研究报告还从原苏东国家社会演化的现状分析入手，将它们的演变与社会主义的发展结合起来，探讨社会主义发展前景与规律。因此，该报告对于国际问题研究与社会主义理论研究具有一定的参考意义。

《世界主要国家综合国力比较研究》

王诵芬（研究员）主持

研究报告　120千字

1995年12月

综合国力是一个主权国家在一定时期内所拥有的各种力量的有机总和，是所有国家赖以生存和发展的基础，又是世界强国据以确立其国际地位，发挥其国际影响和作用的基础。该研究报告从定量测定方面着手，选定资源、经济活动能力、对外经济活动能力、科技能力、社会发展程度、军事能力、政府调控能力和外交能力八个方面共85个指标，选择1970、1980和1990三个时点，以国际组织统计出版物为资料源，将统计分析和层次分析、定性分析和定量分析相结合，采用分层赋权、逐层汇总的一整套指标统计方法，研究分析了18个国家近20年来综合国力增强的总体趋势及其结构特征。从静态看，中国综合国力位居第10；从动态看，同前9位国家的差距日渐缩小。根据中国综合国力在结构上呈现出“三长两短一快”的特征，在战略目标、发展重点、经济总量和人均量的关系以及汇率和购买力平价等方面提出了一些见解。

《当代世界经济》

戎殿新（研究员）、李毅（副研究员）、王春法（副研究员）、陶洁（助理研究员）

普及读物　120千字

世界知识出版社　1995年11月

这本普及读物先被列入世界知识青年丛书，后又列入希望工程丛书。

该书前三章讲述的是具有整体意义、各个部分有着内在联系的世界经济体系。书中指出，“随着科学技术的进步和各国经济的发展，世界经济的网络越来越密集，各国间的相互依赖关系也越来越深化”，因此，了解世界经济，“可以进一步增强我们对改革开放的信心”。作者用通俗易懂的语言讲述了从“世界工厂”到“全球经济村”的历史发展进程，介绍了世界经济的协调机制以及战后迅速发展的地区集团化和跨国经营趋势，并分析了当代世界经济格局的变化。

第四至六章分别讲述了西方国家、发展中国家以及原苏联东欧国家战后发展和近年的历史变迁。

第七章在分析中国在世界经济中的地位时指出，在当代世界经济中，中国是“一个既贫困又强大，曾经使人为之苦恼垂泪，如今又让人充满希望和信心的国家”。在世纪之交，“抓住机会，迎接挑战，把中国推向世界经济大国前列，已成为炎黄子孙的光荣使命”。

东欧中亚研究所

《独联体国家向市场经济过渡研究》

陆南泉（研究员）

专著　243千字

中共中央党校出版社　1995年

全书共11章，分别论述了独联体各国向市场经济过渡的历史进程、主要政策和措施、外部环境以及体制转轨等问题，并对中俄经济改革进行了比较研究。该书是社会科学基金项目。

《西伯利亚与远东的开发及其国际经济合作》

刘清鉴（研究员）、张森（研究员）、刘启芸（副研究员）

专著　230千字

东欧中亚研究所印　1995年

该书重点分析了西伯利亚与远东经济开发简史，各个历史阶段的开发战略及其变化背景，该地区开发的多种制约因素及开发前景，地区开发中的国际经济合作及前景，我国应采取的对策，组建东北亚经济圈的形势、各种制约因素及近期内东北亚经济圈难以形成的主要原因，当前东北亚地区经济合作应采取的具体措施等。该书为社会科学基金项目。

《东欧中亚私有化问题》

赵乃斌（研究员）主编

专著　500千字

当代世界出版社　1995年

东欧中亚剧变后，在经济转轨过程中，国有资产的改造是转轨的重要组成部分。东欧各国都采取了私有化道路。小私有化（商业、服务业等）都比较顺利地完成了，但大私有化（大中型国有工业企业）则步履艰难，至今仍为一大难题。该书客观地介绍了东欧中亚各国推行私有化方面的指导思想、途径、效果，以及存在的问题，说明私有化并非国有资产改造的灵丹妙药。该书还附有各国有关私有化的法律。该书是研究东欧中亚国家国有资产改造较全面的参考资料。

《俄罗斯和东欧中亚国家年鉴》

徐葵（研究员）、黄曰炤（译审）主编

工具书　560千字

东欧中亚研究所　1995年

该年鉴是介绍俄罗斯和东欧中亚国家基本情况的工具书。苏联解体后，许多新独立的国家是我国读者所不甚熟悉的。编写此年鉴是为了提供这些国家剧变以来经济、政治、外交方面的基本情况，以利于广大读者更清楚地了解俄罗斯和东欧中亚国家。

《剧变后的前苏东国家及其发展前景》

张文武（研究员）

专题报告　36千字

东欧中亚研究所　1995年

该报告对前苏东国家自1989年政局剧变后的五年进行了历史的回顾，并对其体制转轨问题及其发展前景提出了一些探讨性的看法。报告共分五个部分：(1) 剧变后的苦难历程；(2) 体制转轨面临的几个根本性问题；(3) 关于社会主义的反思；(4) 前苏东国家与中国在体制转轨方面的相同点与不同点；(5) 对苏东国家发展前景的几点分析。

《俄罗斯经济形势不容乐观，捷克经济形势好中有忧》

张森（研究员）

考察报告　6.5千字

本院《要报》　1995年第66期

1995年俄罗斯农业形势更为严峻，产业结构更加畸形化，物价涨幅有增无减，其前景不容乐观。

捷克经济形势比东欧中亚多数国家要好得多，所有制、物价、财政的改革，都很有成效。但是农业改革滞后，引进外资似有失度，将构成经济发展的隐忧。

《乌克兰综合国力和战略地位研究》

李静杰（研究员）、董晓阳（副研究员）

研究报告　60千字

东欧中亚研究所　1995年

该报告主要从乌克兰的资源力、经济力、科技力、军事力和政治力等方面进行分析，其中还包括西方国家对乌克兰的综合国力及战略地位的评估。这对于我们准确了解乌克兰及它在国际上的战略地位，确定我国对其政治、经济等方面的方针政策，具有很大意义。该报告是院重点项目。

《中亚五国市场研究》

陈联璧（研究员）、刘清鉴（研究员）

研究报告　65千字

东欧中亚研究所　1995年

该文阐述了中亚五国资源结构和产业结构，经济发展和经济改革的方针政策，中亚国家市场结构及其动态分析，中亚五国的对外经济联系和投资环境，并提出了我国进入中亚市场的对策建议。该文是院重点项目。

《俄罗斯外交战略的基本概念和总构想》

郑羽（副研究员）

论文　8千字

《欧洲》杂志　1995年第1期

独立以后俄罗斯外交政策的不断调整，其外交战略已基本形成，其基本概念是："力量和利益均衡"，其含义是俄罗斯外交总体性的政策目标是通过在国际社会的各个重要问题上谋求与西方大国的力量对比的大体均衡，来实现利益分配的均衡。

欧洲研究所

《西方外交思想史》

陈乐民（研究员）主编　周荣耀（研究员）副主编

专著　350千字

中国社会科学出版社　1995年

该书为国家哲学社会科学基金资助课题，是我国研究外交思想史的重要成果，是我国学者研究美欧资本主义国家外交思想的第一部学术著作。它从宏观方面、上层建筑领域剖析了两百年来西方国家不同阶段外交思想的形成、特点和在历史上所起的作用。这对于深入了解、认识西方国家外交方针、政策的制订及国际关系格局的形成与演变都具有重要意义。

该书系统地论述了近现代西方国家外交思想史，从拿破仑的霸权外交到"力量均衡论"，美国的门罗主义和德国威廉二世的扩张主义，二战中绥靖和反绥靖主义，二战后的冷战、"三环外交"与"遏制外交"，冷战结束后控制与反控制之争等等。这些外交思想反映了整个历史时期外交事务的实质和矛盾的规律性，具有较高的学术价值。

《意大利走向二十一世纪》

罗红波（研究员）　合作者戎殿新等

专著　300千字

经济日报出版社　1995年

人类正在告别20世纪而走向21世纪。在此历史时刻，世界政治格局和经济格局发生了许多重大变化，而且这种变化仍在继续向纵深发展。在许多国家内部，由于民族、宗教以及经济利益分配等种种原因，也正在发生或酝酿新的组合，推出新的政治版图。意大利作为西方文明古国和当今世界主要工业化国家之一，从人们的价值观念到国家体制，从选举制度到经济发展模式，都在经历着深刻的变化。在这个变化过程中，意大利政府的腐败问题和如火如荼的反腐败斗争震撼了全世界，并导致了意大利第一共和国的结束。意大利政坛涌现了一大批新人，出现了全新的局面。今后意大利会走向何处？在新的世纪里将展现何种面貌？该书第一、二部分介绍分析了世纪之交的意大利政治经济体制的变革，特别着重介绍了反对黑手党和反腐败的斗争；第三部分主要介绍意大利权威研究机构为今后的意大利所设计的蓝图框架。

《欧洲民主社会主义》

杨祖功（研究员）、王捷（助理研究员）

专著　270千字

社会科学文献出版社　1995年

该书系院重点项目。书中全面地论述了民主社会主义的思想、理论、组织渊源，分析了从社会民主主义到民主社会主义的演变过程，介绍了它与科学社会主义的渊源关系和根本差异。书中重点介绍和评估了欧洲各国社会党、工党、社民党在不同历史时期的理论主张，特别是它们执政时期的施政纲领和实践。对于它们在国有化、计划化、福利国家、“共决制”等方面的社会改良试验及其实质做了恰如其分的分析。90年代初，东欧改制、苏联解体，欧洲民主社会主义又有新的发展变化，引起广泛注意和激烈争论。对此，书中也做了概括介绍和初步探讨。

《欧洲学刍议》

刘立群（副研究员）

论文　5千字

《欧洲》杂志　1995年第4期

该文从“欧洲学”这一术语入手，对我国的欧洲学研究现状加以评论和提出建议。文中首先讨论了人文社会科学领域学科划分的层次性，指出通常所说的“美国学”、“日本学”、“全球学”等就是对某一国别、地区乃至全球的现状进行多学科的综合性研究，因此对欧洲的现状进行多学科综合研究便可以命名为“欧洲学”。由于冷战期间东、西欧尖锐对立，造成以往学术界对东、西欧问题分别加以研究。冷战结束后东、西欧的逐步融合为欧洲学的出现提供了契机。提高我国欧洲学乃至国际问题研究水平，关键在于既要有尽量完备的书刊资料，更要鼓励百花齐放、百家争鸣。而包括欧洲学在内的整个国际问题研究本身也是横向国际文化交流的一个重要组成部分。

《关于欧洲一体化的思考》

王鹤（副研究员）

论文　22千字

《欧洲》杂志　1995年第3、6期

80年代中期以来，欧洲一体化形势与以前相比发生了相当大的变化，该文对欧洲一体化的涵义、动因、理论、限度、格局等问题进行重新思考，提出独到的见解。随着1989年以后中东欧国家回归欧洲，欧洲一体化的涵义从此前仅限于西欧变为囊括几乎所有欧洲国家的多层次的一体化格局。80年代中期以来的欧洲一体化进程可大致分为三个阶段:80年代中至1992年的顺利发展;1992年严重受挫;1993年后重新起步,各阶段发生的重大事件对一体化进程产生质的影响。政治因素固然是促使西欧国家联合的初始动因,但真正推动一体化发展的是经济因素,这一点并没有因冷战结束而改变。欧洲一体化的限度在于超国家权限与国家主权的斗争及欧盟内在局限的制约,但正是矛盾的冲突与解决推动着一体化的发展。欧盟不断发展的调解机制为世界提供了一个有益的借鉴。

《西欧大国的新亚洲政策》

赵俊杰(副研究员)

论文 12千字

《欧洲》杂志 1995年第5期

该文分析了西欧大国德、法、英调整亚洲政策的背景和动因、内容和特点,以及西欧新亚洲政策对国际关系和中欧关系产生的影响。制定新亚洲政策的背景因素是:摆脱"后冷战综合症";欧亚经济依存增强,已形成相互投资、竞争合作和共同受益的密切联动体系;世界经济重心的东移使亚太成为大国角逐的场所;多极化和多圈化趋势的发展,迫使西欧在激烈的经济竞争中与美日展开较量。新亚洲政策对国际关系的影响包括:使洲际关系、地区间关系在后冷战时期更显突出,促进了多圈化,加速了大国关系的重新定位和多极化趋势,产生了一个东西文化碰撞和交融问题,这是国际关系更深层次的变化。新亚洲政策的出台体现了重建欧洲中心与亚太经济中心的激烈竞争,体现了世界走向多极化格局中的实力整合。

西亚非洲研究所

《海湾战争后的中东格局》

赵国忠(研究员)主编

专著 283千字

中国社会科学出版社 1995年10月

全书分为导言、海湾战争的爆发及其影响、大国对中东的争夺、中东地区的安全和军控问题、阿以冲突与中东和会、中东的民族和边界问题、中东的伊斯兰复兴运动、中东政治民主化问题、中东主要国家的综合国力、中东国家的经济体制调整和中东经贸市场等十章。全面系统研究海湾战争后的中东格局,在国内外中东学术界尚属首次。

该书对中东七个主要国家综合国力的分析具有开拓性,填补了这方面的空白;该书引用的资料,特别是军事情况材料翔实、数据可靠,有一定的权威性;该书对中东政治民主化问题、伊斯兰复兴运动等问题的研究,在理论上有所突破;该书对中东形势的发展前景(如阿以问题、伊拉克政局)作了较准确的判断。

《石油·发展·挑战——走向二十一世纪的中东经济》

马秀卿(研究员)主编

专著 176千字

石油工业出版社 1995年2月

该书全方位、多角度地论述了中东石油的世界地位,中东石油工业的发展历程及其对中东经济、社会发展的突出作用和影响,中东石油供应与油价政策和生产配额制度;分析了中东的经济多样化发展战略、对外贸易、金融业的崛起、宗教传统,以及中东石油所面临的机遇与挑战;探讨了我国与中东各国的经贸关系,特别是石油领域的合作现状与前景;阐明了我国石油工业的发展战略及其与对外合作的密切关系和重大意义。

《〈洛美协定〉丛书》

姚桂梅（助理研究员）

专著 80千字

中国大百科全书出版社 1995年10月

该书较为全面地介绍了《洛美协定》签订的历史背景及原因，几次续签中内容的变化，对非洲、加勒比海和太平洋国家与欧共体进行经贸活动的规定及管理办法，协定的执行情况以及对欧共体、非加太国家市场全面发展的作用与存在的问题，该协定生效以来对其他第三世界国家与欧共体进行经贸活动的影响等。尤其是该书根据我国社会主义市场经济体制发展的现实需要，提出了中国经贸界如何利用《洛美协定》对非加太国家的优惠，使中国产品打入欧洲大市场的对策。

《石油输出国组织》（世界市场全书分册）

杨光（研究员）、姜明新（助理研究员）

专著 100千字

中国大百科全书出版社 1995年12月

该书是国内第一本系统论述石油输出国组织的专著。介绍了该组织在世界经济中的地位，对其创立背景和石油斗争历程进行了回顾。重点从理论和实践上分析了该组织在国际能源和金融市场的战略，特别是它的定价原则、价格体系、产量配额制度、与非欧佩克的关系。最后分析了该组织目前面临的主要挑战，并展望了它的发展前景。

《沙漠鏖战——二战中的非洲战场纪实》

徐济明（研究员）、苏泽玉（副研究员）、王建（助理研究员）、杜继锋（助理研究员）

专著 210千字

天津人民出版社 1995年8月

非洲战场是第二次世界大战的重要组成部分。它的成败得失对欧洲战场乃至整个第二次世界大战的进程具有重大影响。然而，迄今国内外关于二战史的著作普遍忽视非洲战场。该书弥补了这个缺憾。该书全面系统地介绍二战中非洲战场的情况，其中，既有名闻遐迩、惊心动魄的沙漠坦克战和盟军北非登陆等重大战役，也有一般读者知之甚少的阿比西尼亚抗意战争、意大利法西斯对东非的侵略及帝国梦的破灭，戴高乐派势力在非洲的发展等情况。

《泛非主义与非洲统一组织文选》（1900～1990）

唐大盾（编审）选编

资料选辑 270千字

华东师范大学出版社 1995年9月

该书系我国“非洲通史资料选辑”之一。全书遵循精选精编、精心译校的原则，分四个部分：（1）源远流长的泛非主义运动；（2）争取非洲统一的艰难历程；（3）在斗争中前进的非洲统一组织；（4）泛非运动领导人文选，全面系统地选编了自1900年第一次泛非会议以来泛非主义运动和非洲统一组织的重要文献和资料，以及杜波依斯、马库斯·加维、乔治·帕德莫尔、阿齐克韦、恩克鲁玛、塞古·杜尔、尼雷尔和卡翁达等泛非运动领导人的有关重要讲话和文章。这对深入研究泛非主义和非洲统一组织，以及当代非洲政治、经济、国际关系和文化等都具有一定的参考价值。

《南非2000展望》

杨立华（研究员）

论文 90千字

《西亚非洲》 1995年第1期

该文要点：南非新体制的确立，取决于政治统一的巩固和经济的恢复及发展。下个世纪初南非社会发展处于如何把种族隔离造成的分裂社会改造为统一的民族国家。统一国家的建设，将会使南非的政治、经济和社会发展进入正常平衡的轨道。南非政治过渡的一个成功的经验，是通过多党分享权力的机制实现民族和解与国家的统一。然而，南非的种族、地区之间社会经济发展的差异，不会在短期内消除。南非政府的重建和发展计划旨在建立合理的经济结构，使黑人逐渐进入主流经济，为黑人民族的充分发展创造条件。随着政治和解与经济的发展，旧的种族对立将得到缓解，但是新的社会矛盾、种族和经济利益的交叉将逐渐显现。

《伊斯兰原教旨主义的再认识》

东方晓（副研究员）

论文　8千字

《西亚非洲》　1995年第2期

该文详细探讨了伊斯兰原教旨主义这一概念所包涵的内容，并从历史唯物主义的角度分析了伊斯兰原教旨主义的发展历程及其变化，尤其是对冷战结束以后伊斯兰运动的表现形态及其影响国家政治的方式进行了学术性探讨。基本的结论在于，当伊斯兰教日益影响穆斯林国家的政治，并对地区局势稳定产生冲击的时候，简单地视伊斯兰原教旨主义为威胁是不够的，也许将之视为挑战更为恰当，如何面对伊斯兰运动的广泛影响，如何寻找与之打交道的方式应该成为我们研究的主要目的。

《中东贸易市场的发展趋向》

马秀卿（研究员）

论文　11千字

《西亚非洲》　1995年第2期

该文论述了在中东和平进程加快的新形势下，中东贸易市场的发展明显呈上升的趋势。市场规模和容量扩大，商品结构趋向多样化，市场竞争态势错综复杂，构筑共同市场热升温，使中东贸易市场在国际经贸领域发挥日益重要的作用和影响。

《俄罗斯重返中东刍议》

王京烈（副研究员）

论文　9千字

《西亚非洲》　1995年第2期

文章主要内容有：(1) 俄罗斯在中东的利益及外交政策调整的原因。(2) 俄罗斯重返中东的主要表现：在海湾危机中积极斡旋；重新介入中东和平进程；积极插手也门问题；扩大与中东国家的双边合作。(3) 俄罗斯重返中东的趋势：决不会回到两霸争夺中东的时代，但俄罗斯重新介入中东，从某种意义上可促进多极化发展，使中东问题的解决“相对公正”。

《略论二次大战中非洲战场的若干问题》

徐济明（研究员）

论文　10千字

《西亚非洲》　1995年第4期

作者认为，第二次世界大战和反法西斯战争的概念不能完全等同，其开始时间也不一样。同时，作者认为，应该把非洲战场和欧洲战场看作一个整体，非洲对法国有着特殊重要的意义。以戴高乐为首的法国抵抗运动就是以非洲为基地，经过四年奋斗，成立了法兰西民族解放委员会，实际上的法兰西临时政府。到1943年中，戴高乐已以阿尔及尔为中心，将法国在海外的政治、军事力量统一起来，为打败纳粹德国、光复法国本土以及胜利后重建新的共和国奠定了基础。因此，必须重视对非洲战场的研究。

《前苏联和俄罗斯在南非的利益与政策》

贺文萍（助理研究员）

论文　10千字

《西亚非洲》　1995年第4期

该文从历史的跨度着重考察和分析了从

冷战时期的前苏联到冷战结束后的俄罗斯在发展与南非关系时的政策与利益考虑。作者认为，冷战时期社会主义的前苏联与南非种族主义政权的全面对抗主要基于军事和战略利益的驱动。当时苏联为与美国等西方国家以及中国争夺在非洲大陆的影响，对南非白人政权采取了内外夹击的战略，但收效有限。1985年3月戈尔巴乔夫上台后，苏联的外交政策开始了现实主义的战略调整，苏联与南非的对抗关系逐步走向缓解。1991年底苏联解体。尽管非洲作为一个整体在俄罗斯的外交排序中重要性下降，但南非因其重要的战略、资源和经济优势而受到俄罗斯特别的关注。基于经济互惠的原则，双方在加强政治外交联系、挖掘合作潜力和拓宽经济合作领域等各方面均迈出了较大步伐。

《新伊斯兰原教旨主义探析》

陈德成（副研究员）

论文　10千字

《西亚非洲》　1995年第4期

70年代末80年代初以来，新伊斯兰原教旨主义成为伊斯兰世界的一种重要的政治意识形态。基本骨干是非职业性的宗教思想家和知识分子。其在某些根本性问题上的共同点是：(1) 彻底否定世俗的、政教分离的国家体制，鼓吹建立神权的、政教合一的国家体制；(2) 反对法制世俗化，实行法制伊斯兰化；(3) 宣扬进行“圣战”，主张诉诸“行动”；(4) 否定现存国际体系，建立伊斯兰世界体系。它的积极性是：(1) 一种现代化模式的探索；(2) 政教合一的现代国家的尝试；(3) 民族复兴的执著追求。其消极面是，如强化社会分离功能，提倡恐怖活动，对外政策严重失误等。

《南非政治中的部族因素》

杨立华（研究员）

论文　8千字

《西亚非洲》　1995年第5期

由于长期的白人种族主义统治，南非的黑人与白人的种族矛盾是主要的社会矛盾，因此非洲人的部族主义在民族解放运动中不占主导地位。南非工矿业的发展，使非洲人城市化程度达到60%以上，非洲传统势力的影响主要在农村地区。种族隔离废除、建立新体制后，非洲传统领导人的地位得到宪法承认，但是基层政权的民主化将逐渐削弱传统势力的实权。随着新政府《重建和发展计划》的实施，非洲人农村的基础设施、教育、通讯的发展和城市化的加快，非洲人传统社会将逐渐发生变化。今后，非洲人部族传统势力在农村地区仍有很大影响，部族因素仍是南非政治中一个值得注意的问题，但是对南非政治的发展不起决定性作用。

《和平发展与非洲的妇女解放》

贺文萍（助理研究员）

论文　8千字

《西亚非洲》　1995年第5期

作者通过考察当前非洲妇女的现状认为：在充分肯定妇女解放终极目标（如消除性别歧视，实现男女平权）一致性的同时，还应注意到妇女解放的层次和阶段性问题。

从一般意义上的生存权、发展权、劳动权到具体领域里的平等权和妇女特殊权益保护等等。如果超越社会发展阶段和本国、本地区的经济发展水平，简单地把不发达国家与发展国家的妇女解放所面临的问题混为一谈，就会颠倒现阶段不发达国家和地区妇女解放运动的主次矛盾，使其工作重心发生偏移，进而影响到妇女解放的进程。因此，从这个意义上说，当前非洲妇女的解放就应牢牢抓住和平与发展这两个关键问题，从制止战争和铲除贫困入手，通过缔造和平和推动整个社会的发展进步来带动妇女自身的解放。

《中东政治格局与中国的中东外交》

东方晓（副研究员）

论文 8千字

《西亚非洲》 1995年第6期

该文论述了冷战结束以后，中东地区形势发生的巨大变化，其最主要的特点是，在美国的主导下，阿以和平不断取得进展，同时地区经济合作逐渐提上议事日程。然而，长期以来，在中国的对外政策中，中东一直是一个不太重要的因素。作者认为，随着改革开放的深入，随着中国综合国力的持续增长，积极推动与中东国家的经济、政治关系，已成为中国外交的重要的课题。因此，我国应从现在开始就制定一项面向21世纪的中东外交战略。

《论图拉比的伊斯兰主义》

陈德成（副研究员）

论文 10千字

《西亚非洲》 1995年第6期

图拉比的伊斯兰主义是苏丹现行政策的理论基础，可以概括为"九论"：（1）伊斯兰国家论；（2）伊斯兰法制观；（3）政治"舒拉"说；（4）伊斯兰解放论；（5）"吉哈德"说；（6）知识论；（7）经济科技教育主张；（8）政学说；（9）"世界共同阵线"论。图拉比伊斯兰主义的基本特征是：（1）求融通，中和；（2）传统性与现代性熔为一炉；（3）政治色彩强烈，理论颇具系统性；（4）民众性与合法性合为一体。图拉比的伊斯兰主义的出现与世俗民族主义不能成功地解决苏丹发展道路问题密不可分，也和伊斯兰教在苏丹的巨大影响息息相关，各种外来思潮，尤其是西方思潮的作用不可低估，世界性的伊斯兰运动持续发展也为其成长提供了契机。

《以色列对外贸易的发展》

马秀卿（研究员）

论文 10千字

《西亚非洲》 1995年第6期

该文全面系统地论述了以色列对外贸易的突出地位和发展态势，进出口商品结构的变化和技术出口模式的形成，以自由贸易为主导的贸易格局，促进外贸发展的重要措施等，并分析了以色列对外贸易发展中存在的困难和问题及其前景。

拉丁美洲研究所

《美国和拉丁美洲关系史》

徐世澄（研究员）主编

专著 264千字

社会科学文献出版社 1995年4月

在美国的全球战略中，拉丁美洲占有重要地位。拉丁美洲是美国南面的屏障，又是美国重要的原材料供应地、市场和投资场所。美国一直把拉美视作自己的传统势力范围，不容其他外来势力染指。1823年美国总统门罗提出"美洲是美洲人的美洲"即"美洲是美国人的美洲"的"门罗宣言"。随后，美国历届总统对拉美都制定了具有不同特色的政策，如塔夫·脱的"金元外交"，西·罗斯福的"大棒政策"，富·罗斯福的"睦邻政策"，肯尼迪的"争取进步联盟"，尼克松的"低姿态"政策，卡特的"新方针"，里根的"低烈度战争"和布什的"美洲倡议"等。美国历届政府对拉美政策的主要目标是：企图独自在政治、经济、军事等方面控制并称霸拉美，排除外来侵略和威胁，尽力保持拉美的相对稳定来为美国利益服务。美国在拉美的霸权地位经历了一个由弱及盛至衰的过程。冷战结束后，美国从美苏争霸全球转向更多地从振兴美国经济角度来处理美拉关系，更加重视同拉美的经贸合作。与此同时，拉美国家也采取主动步骤积极改善同美国的关系，美拉之间相互依存和相互合作的趋势正在加强。但是，美拉之间干涉与反干涉、控制与反控制的斗争将会继续存在下去。

《智利》

王晓燕（副研究员）

专著　160千字

当代世界出版社　1995年11月

该书全面、系统地介绍了智利的历史、文化、自然物产、人文地理、政治、经济和外交等。特别是对智利70年代以来的对外开放政策和90年代以来的经济调整、对外经济关系和社会保障改革作了较为深刻的研究。此书对全面了解智利提供了较大的参考价值。智利总统爱德华·弗雷特为该书撰写了序言并认为该书“必将为进一步密切我们两国之间的联系作出贡献”。

《当代世界毒品大战》

张文峰（研究员）主编

专著　200千字

当代世界出版社　1995年9月

该书从毒品与国际社会这个角度对当代世界毒品问题进行分析研究，全书共分五个部分。(1) 毒品问题的由来和发展。毒品问题产生于19世纪，20世纪日趋严重。战后，特别是六七十年代以来，毒品问题越来越引起世人的关注。80年代末，毒品已发展成为难以解决的“全球性”问题。(2) 世界毒品问题现状。当前世界毒品问题已十分严重，吸毒之风愈演愈烈，毒品生产与日俱增，毒品走私无孔不入，毒品问题成了人类社会的一种“恶性肿瘤”，对人类的生存和社会的发展构成了极大的威胁。(3) 国际社会的禁毒斗争。为了解决毒品问题，世界各国都在以各种形式开展禁毒斗争，联合国为推动国际社会合作禁毒而进行积极活动。(4) 毒品为何禁而不止。毒品屡禁不止的原因很复杂，既有毒品本身的因素，也有禁毒政策的因素；既有各国的问题，也有国际的问题。(5) 关于毒品问题的几点思考：关于根治毒品的艰巨性与复杂性；关于毒品合法化的问题；关于综合治理问题；关于国际合作禁毒问题。

《拉丁美洲经济一体化的新局面》

苏振兴（研究员）

论文　4.5千字

《世界经济》　1995年第6期

拉美地区经济一体化在经历债务危机冲击之后，80年代中期再度恢复生机，形成一种蓬勃发展的新局面。文章概括了这种新局面的基本特点。(1) 采用了新的一体化模式，即与出口导向发展模式相配套的外向型一体化模式，如建立自由市场、关税同盟等，把扩大了的地区市场作为通向世界市场的桥梁。(2) 强调制度化、契约化。(3) 注重务实性，如以发展次地区小型集团和双边合作为主，不强求一致，等等。(4) 重视地区性协调，如力求使新、旧机制相互衔接，关注由当前分散的多头合作逐步走向全地区汇合等。(5) 坚持开放的地区主义，力求全面参与世界经济。

实践表明，拉美国家在地区经济一体化方面既较好地吸取了以往的经验教训，也力图适应世界经济全球化与地区集团化的趋势。

《墨西哥金融危机的缘由与教训》

陈芝芸（研究员）

论文　7千字

《世界经济与政治》　1995年第4期

1994年12月墨西哥因本国货币大幅度

贬值引发了一场严重的金融危机。它不仅给墨西哥经济造成了严重的后果，而且对国际金融市场带来巨大的冲击。受危机影响，资本大量外逃，股市狂跌，国际储备告罄。为控制事态，塞迪略政府实行紧急计划。美国政府和国际货币基金组织提供了总额达500亿美元的贷款，以帮助墨西哥渡过难关。

造成这次危机的原因：(1) 在经济调整和改革过程中未能很好协调各阶层的利益，社会矛盾尖锐，政局动荡不稳，外国投资者对墨西哥经济前景缺乏信心。(2) 国内市场开放过度，进口增长太快，导致贸易赤字庞大，国际收支严重不平衡。(3) 外资流入过分集中，其中不稳定的证券投资占的比重过大，一旦发生逆转，对经济造成冲击。(4) 国内银行利率较高，企业投资环境较差。(5) 比索长期定值过高，汇率调整不够及时。

从这场危机中可吸取的教训：(1) 保持社会和政治稳定是经济稳定发展的基本条件。(2) 开放国内市场必须以推动本国经济发展为前提。(3) 对外国资本必须加强管理，使其服从本国经济发展的需要。(4) 在金融市场全球化的形势下，必须提高应变能力。

《“特基拉效应”与经济全球化革命》

曾昭耀（研究员）

论文 6千字

《拉丁美洲研究》 1995年第4期

(1) 1994年12月爆发的墨西哥金融危机是一个发展中国家在经济全球化进程中采用新自由主义发展模式，并与发达国家搞经济一体化而产生的一种危机。描绘这一危机影响而使用的“tequila效应”一词，意即“墨西哥式的经济危机效应”，与本来意义的“龙舌兰酒”并无关系，所以还是音译为好。

(2) 墨西哥金融危机并不是墨西哥一时政策失误所造成的恶果，而是墨西哥在债务危机的压力下不得不实行债权国所要求的经济自由化政策，以致造成大批民族工业倒闭，大批工农劳动者失业，社会贫困化，外贸赤字日增和越来越不顾后果地依靠外资，最后爆发为金融危机。

(3) 对于“特基拉效应”，发展中国家和西方发达国家反应不同，前者从中看到可能潜伏的危险，因而反思自己新选择的发展模式，探讨发展的安全机制；后者则出于政治的需要，不惜以数百亿美元来拯救因墨西哥危机而陷入动摇的新自由主义模式。但是，因为它们所拯救的东西正是造成墨西哥危机的东西，所以这种拯救只能帮墨西哥暂渡难关，不可能真正消除“特基拉效应”。

(4) 经济全球化革命的根本任务是要改变旧的不合理的国际经济关系，建立与全球化大生产的生产力相适应的国际经济关系，促进人类的共同发展。

《关于拉美地区一体化的几个问题》

徐宝华（研究员）

论文 10千字

《世界经济》 1995年第2期

拉美地区一体化是世界经济集团化的重要组成部分。拉美地区一体化经过发展、调整之后，90年代进入务实阶段。文章指出拉美国家开展一体化合作的目的：一是联合起来，提高同发达国家的对话能力；二是加强地区的经贸往来，促进专业分工，参与国际竞争，享有真正的政治经济独立和主权，是90年代拉美地区一体化的动力。认为互补性与竞争性问题，既是对实行经济一体化的利弊得失的评价问题，又是一体化组织内外关系的辩证统一问题，关系到一体化组织采取什么样的模式，实行什么样的机制问题。新型的一体化组织对内要强调互补性，对外要突出它的竞争性，成员国之间是建立在合作和竞争的新型国际分工的基础上。当前拉美国家把一体化进程作为扩大地区内相互贸易、培育本国经济参与国际竞争的手段，作为加速本国经济和社会发展的重要措施。拉美国家以实现国内贸易来推动一体化进程不可逆转，能否建成美洲自由贸易区将是21世纪的事。

《拉美地区一体化模式和机制的变化及其今后的发展趋势》

石瑞员（研究员）

论文 5千字

《世界经济与政治》 1995年第11期

该文试图通过分析拉美一体化模式和机制的变化来研究它初期的发展、中期的低落、现又重趋活跃的原因，并在此基础上进一步探索它今后的走势。共分两部分，第一部分分析拉美和加勒比地区一体化模式和机制的变化。指出，拉美和加勒比国家在推进区域经济合作和一体化进程中，对相互间的经济合作形式进行了坚持不懈的探索。这些合作形式大致可归纳为三种模式，即交换型、规划型和实用型一体化模式。第二部分分析拉美地区一体化今后的发展趋势。指出，目前拉美一体化模式已呈现出相互关联的多层次立体结构，整个拉美和加勒比地区已形成了两个新的向心力，今后将朝“美洲自由贸易区”的目标前进。这必将对拉美乃至国际社会的走向产生深远的影响。

《巴西国有企业的改造与整顿》

吕银春（副研究员）

论文 7千字

《拉丁美洲研究》 1995年第5期

国家企业家——即政府通过公共资金建立的国有骨干企业垄断经济的主要部门所导致的问题——财政补贴过重、加重中央财政负担、垄断过多挫伤私人企业（民族私人企业和外资企业）的积极性一直是巴西经济现代化进程中的障碍。1990年科洛尔政府执政后，重新开始自70年代末实施的对国有企业的改造、整顿计划。改造整顿计划主要包括两方面的内容：一是联邦政府与大型国有企业巴西石油公司和多西河谷公司“签定管理合同”；二是将国有企业，特别是钢铁、石化、电力等部门实施私有化。巴西政府对国有企业的改造和整顿取得了较为满意的效果：政府对国有企业的补贴和投资减少、私有化后的企业生产率明显提高、私人企业的积极性得以调动、生产结构得到调整，为巴西经济进入国际市场创造了良好的条件。

《阿根廷的经济改革与中阿关系》

晓章（副研究员）、宋晓平（副研究员）等

论文 7千字

《拉丁美洲研究》 1995年第6期

自90年代以来，阿根廷致力于经济改革和经济开放，彻底改变旧的替代进口经济发展模式，从半封闭的内向型经济向外向型经济发展，扩大本国经济对世界经济的参与度，在国际竞争中发展本国经济。阿根廷已打破原有的内向型经济发展模式，向外向型经济模式迅速转变。这大大推动了中阿经贸关系的发展。两国双边贸易有较大增长，直接投资合作正在展开。两国经贸关系的加速发展尚有待克服一些问题。如企业如何加强相互了解；进一步加强金融和银行业务方面的合作；在双边贸易中，挑选和重点发展两国有优势的产品和生产项目；中国应加强对南方共同市场的了解和研究等等。

《拉美、东亚发展模式的比较与思考》

江时学（副研究员）

论文 12千字

《战略与管理》 1995年第5期

战后以来，拉美、东亚的经济、社会发展业绩有着明显的差异。拉美的“失败”和东亚的“成功”不仅在于两地区受到的外部冲击大小不同、政府干预的力度不同和文化背景不同，而且还在于两地区的发展模式不同。虽然它们都曾实施过“进口替代”，但东亚及时地从内向发展转向外向发展，而拉美则长期奉行内向发展。其结果是，东亚有力地介入了世界市场，从而获得了外向发展模式带来的一系列优势。与此相反，在内向发展模式中，拉美高度保护国内市场，使企业难以提高经济效益。拉美未能奉行外向发展模式的原因在于两个方面：(1) 拉美寻求外汇收入来源的迫切性不如东亚；(2) 拉美的政府“权威性”不如东亚。但是，外向发展模式的弱点在一定程度上也决定了利用“机遇”的重要性，尽管“机遇”对任何国家都是均等的。

《拉美经济改革对社会公正的冲击》

袁东振（副研究员）

论文　8.5 千字

《拉丁美洲研究》　1995 年第 6 期

80 年代以后，拉美国家的经济改革是在新自由主义的指导下进行的，而新自由主义的核心内容是反对国家干预，崇尚市场机制的作用。在拉美经济改革进程中，出现了看似矛盾的现象。一方面，从理论上讲，改革及其所导致的经济发展可能会推进这些国家的社会发展及公正程度，另一方面，在实践中，贫困和社会不公问题却更加突出。80 年代后，在经济危机和改革的冲击下，拉美国家的社会不公问题呈现如下一些新的特点：中间阶层出现分化，其经济和社会地位受到明显冲击；劳资关系向不利于劳工的方向发展，劳工的权利和福利受到严重削弱；社会贫困和两极分化现象更趋明显。但是我们不能笼统地把 80 年代以后进行的改革看作是拉美社会不公问题的根本原因。拉美国家的社会贫困和社会不公问题由来以久，在 80 年代改革之前就已存在，改革进程虽对社会不公问题起了加剧作用，但它决不是拉美社会不公问题的根本原因，充其量只是社会不公问题加剧的催化剂。此外，有些改革措施的确加剧了拉美国家的贫困和社会不公，而另一些措施并没有对社会公正构成直接的冲击，有一些改革措施甚至是符合社会公正原则的。

《拉美社会保障制度的发展及其问题》

刘沅（刘纪新，副研究员）

论文　10.7 千字

《拉丁美洲研究》　1995 年第 5 期

该文在全面回顾拉美社会保障制度的历史发展进程和已取得突出成绩的基础上，着重探讨了拉美各国面临的问题及其原因。作者的基本观点是：社会保障收支失衡和不平等现象是该制度内在缺陷的反映。进而从两个方面阐述了这一论点：(1) 收支严重失衡与经济发展中的结构性问题相关，反映出两大矛盾：社会保障扩展趋势与就业结构的矛盾和社会保障扩展趋势与前资本主义生产方式的矛盾。(2) 拉美社会保障制度在发展过程中未能解决好投保比例、管理科学化和社会保险基金保值增值问题。作者指出，拉美在如何建立社会保险基金并形成良性循环、怎样确立适当的投保率以及扩大社会保障在农村的覆盖面等方面有不少经验和教训，值得总结，可以为我国的社会保障制度改革提供借鉴。

亚洲太平洋研究所

《港台澳在中国大陆投资情况问卷调查分析报告》

张蕴岭（研究员）

调研报告　10千字

1995年8月

由本院亚太所和新华社《瞭望》周刊共同合作，于1995年成立港台澳在中国大陆投资情况问卷调查课题组，该报告即为调查结果。在中国的经济高速发展中，外资的大量引进起着极其重要的作用。来自香港、台湾和澳门的投资在所有外来投资中占最大的比例，因此对港台澳在中国大陆的投资情况进行调查，对全面分析和了解外资在中国经济发展中的作用，外资的经营状况，外资对中国经营环境的评价，以及中国对外资的管理等问题有着重要的意义。这是国内第一次以问卷方式对港台澳在中国大陆投资情况进行的比较全面的调查分析。此报告主要由企业家问卷调查及分析、雇员问卷调查及分析、政府官员问卷调查及分析三部分组成。这份调查报告对取得的资料进行了全面的分析，提供了比较丰富的信息，使读者对港台澳在中国大陆的投资情况有一个较为全面的了解。对一些重点问题进行了专题分析，特别为企业投资决策和政府调整和制定政策提供了可靠的依据。这份调查对于各界了解、认识港台澳在中国大陆的投资的情况，对于企业家改善管理和进行投资决策有所帮助。新华社《瞭望》周刊为此调查报告的完成举行了新闻发布会，在社会上和学术界得到了一定的重视。

《冷战后中国与东南亚国家的关系及其对策》

陆建人（研究员）

调研报告　60千字

1995年6月

该报告主要内容如下：(1) 冷战后东南亚形势的特点；(2) 冷战后美、日、俄、澳等国东南亚政策的调整及其对中国的影响；(3) 冷战结束前后中国与东南亚国家的关系；(4) 近年来中国与东南亚国家的经贸关系；(5) 当前影响中国与东南亚国家关系的主要问题及其对策。

该报告主要研究冷战结束后至今我国同东南亚国家的关系，着重分析冷战结束后东南亚地区在政治、经济、安全、国际关系等各方面的变化，主要大国在该地区的活动及对我国的影响及当前我国与东南亚国家关系中存在的主要问题，在分析研究的基础上提出对策建议。该报告发表后受到政府有关部门、部队调研单位及国内研究单位的一致好评，认为该报告选题有现实意义，针对性强，及时地为我国的东南亚政策提供了较好的政策参考建议。

《图们江下游多国开发问题的研究》

韩镇涉（研究员）

调研报告　23千字

1995年5月

报告从十个方面探讨了与图们江国际开发有关的重要问题，其中对吉林省开发战略和图们江开发设想提出了不同的见解和政策建议，得到了有关方面的重视。我院滕藤副院长、中国国际问题研究中心、中国外交学会、辽宁省政策研究室、丹东市政府办公室、北京市外经联办等都给予了肯定的评价和赞扬。

《对亚太经合组织发展中几个重要问题的看法》

张蕴岭（研究员）

调研报告　10千字

1995年4月

1994年在印尼召开的亚太经济合作组织（APEC）非正式首脑会议通过的“茂物宣言”开拓了亚太经济合作发展的新阶段。同时亚太经济合作组织也具备了推动亚太经济发展与合作的实际功能。中国要在亚太经合组织中发挥积极的作用，应主动提出自己的提案和政策，充分利用各种机会，为我国的改革开放服务。这就要求对亚太经合组织的发展在认识上有一个准确的和符合实际的把握。作者通过亲自参加APEC高官会议的体会，对亚太经济合作组织的性质、发展模式的选择、对“贸易自由化”的理解和定义、亚太经合组织当前的操作问题进行了较为深刻的剖析，并在该调研报告的末尾提出了几点原则性的政策建议，为我国参加大阪会议制定政策及时地提供了决策参考。

《印度的农业改革及其政策走向》

孙士海（研究员）

论文 10千字

《当代亚太》 1995年第5期

进入90年代后，印度政府在经济领域实行了一系列以宏观经济稳定和结构性调整为内容的改革。这一改革基本背离了印度独立以来长期实行的经济发展模式和政策。在农业部门，印度也实行了以市场为取向的农业政策改革。如削减政府对农业投入的补贴，取消对农产品流通的限制，提高农产品的收购价格，扩大农业信贷以及放宽农产品的进出口贸易政策等。印度政府将逐步减少对农业的干预，在农业的生产和流通领域将更加发挥私人经济的作用和市场机制的调节作用。其农业经济发展模式将由“内向型”向着更加开放的“外向型”转变。但印度不会把农业完全推向市场，农业的对外开放也将是一个渐进的过程。在今后较长时期内印度保护和支持农业的基本政策将不会改变。

美国研究所

《回顾与前瞻——新时期中国学者对中美关系史研究的回顾与展望》

资中筠（研究员）主编

专著 400千字

安徽教育出版社 1995年

该书分别对1949年以前、1949～1972年、1972～1989年以及90年代以来的中美关系史主要课题的研究现状，进行全面回顾和分析。

《当代西方社会结构——理论与现状》

周琪（副研究员）

专著 230千字

中国社会科学出版社 1995年

作者首先对马克斯·韦伯等西方理论家的社会分层理论进行了分析、解剖；然后根据战后西方的现实，运用马克思主义学说的基本原理来解释当代西方社会阶级结构，尤其着重于分析中产阶级的属性问题。

《抗日战争时期的中国对外关系》

陶文钊（研究员）等

专著 450千字

中共党史出版社 1995年

该书全面分析了1937～1945年间中国南京政府的对外关系，其中的中德关系等章节所涉及的问题具有开拓意义。

《政治-文化分裂与美国政局演变》

金灿荣（副研究员）

论文 19千字

《美国研究》 1995年第1期

该文首次提出自30年代“新政”以来，围绕民主党自由主义和共和党保守主义，美国社会呈现一种“政治—文化分裂”格局。此后美国政治、经济、文化各方面的发展都是在这一分裂格局的背景下展开的。

日本研究所

《中日关系与东亚的安全》

周季华（研究员） 合作者张碧清、倪孝全、陆建人、林昶、阮宗泽

专著 45千字

北京东亚研究中心 1995年5月

冷战结构瓦解后，亚太形势处于战后最好的时期。当前具有以下几个特点：（1）“两制多元”并存；（2）各国对外开放的倾向增强；（3）地区经济蓬勃发展，合作的热情高涨；（4）提高自主防御能力的倾向增强；（5）稳定之中有危机。在东亚战略格局中，起关键作用的是中国和日本。目前东亚地区能够保持相对稳定，与中日关系稳定分不开。东亚国家对中日关系现状是满意的，同时也认为中日存在着潜在的危机。目前中日两国在关于大国在本地区中的作用、关于亚太经济合作以及地区安全合作等问题上存在的一些分歧。双方应严格遵循两国联合声明和《中日和平友好合作条约》各项原则和精神，加强各级对话渠道的功能，及时消除隔阂与摩擦。同时，应综合发挥两国在政治和经济上的互补性，以推进地区的安定与繁荣。两国关系既不能损害第三国或全地区的利益，也应防止为第三方所干扰。加强地区的安全机制应着力于以下方面：（1）理顺地区内大国之间的关系；（2）健全地区安全协调机制；（3）增强经济合作机制，缩小国家间的贫富差距。

《日本政治概论》

蒋立峰（研究员）主编 合作者刘映春、王新生等

专著 450千字

东方出版社 1995年2月

该书前言对90年代日本政治发生的两大根本变化即向海外派兵和自民党一党长期政权的结束进行了深入分析，概述了日本政治的未来发展方向，即日趋保守化，走向两党制，在国际政治中发挥日益重要的作用。全书十一章，论述的主要问题是，战后日本阶级关系的演变及当前特点、日本天皇制的性质及国家对发展经济的作用，法律改革及法律文化与日本现代化的关系，战后政党政治的发展及新时期的特点，日本政治中的选举活动及利益集团、传播媒介的影响，决策过程中朝野政党及国会、官厅的相互关系，政府的组织特点及运作方式，日本军事力量的现状及发展前景，对外战略的演变及特点，政治文化的发展过程及特点，日本政治学研究的成果等。该书附录有《日本国宪法》等古今重要法律文献，及战后内阁首相、众参两院正副议长一览表，并附有公元以来日本政治年表。该书撰写依据资料截至1994年12月10日。

《日美加强同盟体制的新动向》

赵阶琦（研究员）

研究报告 6千字

该所 1995年

近来，日美之间出现了力图加强军事同盟体制的新动向。9月下旬，在华盛顿举行的首次有两国外长和国防部部长参加的日美安全协议委员会上，双方曾决定于今年11月20日克林顿同村山首相会谈，并发表“日美安全联合宣言”，就冷战后日美安全条约重新下定义，以便建立面向21世纪的新日美同盟关系。这一宣言因克林顿取消大阪之行而推迟发表，但从拟定的“联合宣言草案”和围绕起草“联合宣言”双方所发表的言论看，拟议中的日美同盟体制“新定义”将使日美安全条约的内涵发生重大“质变”，一旦新体制付诸实践，对日美双边关系、亚太乃至世界形势将产生重大影响，也与我国

安危息息相关，因此不能不引起我们密切关注。

日美两国已经把我国的崛起看作是对它们的潜在威胁，并声言要通过加强日美同盟体制，来“对付中国的挑战”。看来双方已经通过为日美同盟体制重新定性，为双方对华政策定下基调。

《桥本龙太郎上台的社会背景及其影响》

王新生（副研究员）

研究报告　6.5千字

该所　1995年

1.桥本上台的社会背景：桥本当选自民党总裁有着深刻的社会背景，其中最重要的是日益增长的民族主义。日本日益增长的民族主义主要表现在以下三个方面：(1) 弥漫于整个日本社会的大国意识；(2) 要求代表不是时代潮流的政治世家交替；(3) 否认侵略战争罪行，拒绝反省。

2.桥本的政治主张：(1) 恢复自民党一党执政；(2) 推动政治大国化；(3) 修改宪法；(4) 军事大国化；(5) 对外态度强硬化；(6) 暧昧的历史观。

3.对桥本龙太郎上台后对外政策的预测。如果桥本上台执政，日本的外交政策将可能出一些新的特点，甚至会发生较大的变化，其中最重要的可能有以下几个方面：(1) 积极争取成为联合国安理会常任理事国；(2) 增强对美的独立性；(3) 积极插手世界热点地区；(4) 围绕历史问题同亚洲国家的摩擦将会加剧；(5) 打着“普通价值论”的幌子干涉他国内政；(6) 日台关系将会有所突破。

至于中日关系，桥本可能不会改变已经形成的基本政策，特别不敢冒然采取恶化中日关系的政策，但在“贸易逆差”、“援助”、“安全”等问题上，可能会发生更多的摩擦和冲突。

《日本经济的中长期展望》

冯昭奎（研究员）

论文　12千字

《日本学刊》　1995年第4期

影响1995～1999年的日本经济发展的因素主要有以下几个方面：(1) 全球信息革命的迅速进展，正在对世界贸易、金融、雇佣产业结构和人们的生活方式产生称之为“经济领域的地震”那样的重大影响；(2) 近年来日元对美元汇率进一步升高。然而，无论是从近期经济发展来看，还是从中长期经济发展来看，日元升值的影响都是既有利又有弊，从根本上说是“利大于弊”；(3)“泡沫经济”后遗症对今后日本经济增长的制约；(4) 国际竞争环境的变化对日本经济的增长也成为一种制约因素。

从日本经济增长的长期发展来看，其主要影响因素是产业结构的变革与人口的高龄化。

《战后日本经济外交的作用及其演变》

金熙德（副研究员）

论文　9.8千字

《日本学刊》　1995年第4期

1.在战后的日本外交中，经济外交起到了举足轻重的作用。

经济外交之所以在日本外交史中起重要作用，是由日本所处的历史条件和日本自身外交决策所决定的。这种特征的形成原因，可以概括为以下几点：(1) 战后的国内外环境，否定了日本在对外关系上运用军事外交手段的可能性；(2) 由于战败国的地位，战后的日本在政治外交上的回旋余地变得十分狭小；(3) 以日美关系为基轴的外交方针，使日本推行独立自主外交的必要性和可能性大为降低；(4) 在战后所处的历史条件下，经济外交变成了日本得心应手的外交形态。

2. 日本经济外交的演变。

战后日本经济外交的雏形形成于50年代上半期。它的演变可分为几个阶段：(1)从50年代初到70年代初是其形成发展期；(2)从70年代初期到80年代初期是其转折期；(3)从80年代初期到90年代初期是日本经济外交日益发挥更大的政治作用，并被纳入其争当政治大国轨道的时期。

3. 日本经济外交在冷战后的运用。

冷战后日本经济外交在具体运用上表现出如下趋势：(1)有些方式，由政府的内政、外交来直接促进出口贸易的方式，将不再是日本外交的主要内容；(2)有些方式在特定条件下具有重演的可能性；(3)有些方式将被继续运用乃至有所加强，从而在今后构成日本经济外交的重要内容。

《由"不战决议"谈日本对侵华战争的认识问题》

蒋立峰（研究员）

论文　13千字

《日本学刊》　1995年第5期

1995年6月9日，日本国会众议院通过了《以历史为教训，重申和平决心的决议》(亦称"不战决议")，"对全世界的阵亡者以及因战争等原因而牺牲者表示真诚的追悼"，并"念及世界近代史上多次殖民经济及侵略性行为，认识到我国过去作出的这种行为以及给他国国民尤其亚洲各国国民造成的痛苦，表示深刻的反省"。这个决议因措词暧昧，态度含混，引起了亚洲各国的不满。然而也应看到，这个决议作为执政党妥协的产物，毕竟聊胜于无，总算扭扭捏捏地承认了日本过去进行的"殖民统治的侵略行为"及因此"给亚洲各国人民造成的痛苦"。为此，日本右翼势力至今仍极力反对这个决议。当然，这个决议还是非常不充分的，日本各界还需进一步加强反省，早日作出真正"以历史为教训"的决议，以取得亚洲各国人民的谅解。

作者从"错误言论由来已久"、"当前错误言论种种"、"对错误言论的分析及批判"三个方面对主题作了论述。

《日元升值与日元国际化》

徐梅（助理研究员）

论文　9千字

《日本学刊》　1995年第6期

1. 日元升值及其特点：

1995年伊始，尤其是自3月以来，西方外汇市场出现了剧烈的动荡，日元与美元的汇价屡创战后最高纪录。

日元在其升值过程中形成了下列特点：(1)长期性；(2)幅度大、速度快；(3)不断深化的倾向。

2. 日元升值的原因：

浅层次的原因有：(1)国际货币体制的"无制度性"和国际金融市场的脆弱性使货币秩序极易受短期因素和突发性事件的影响，而这些往往成为外汇市场动荡形成的最初诱因；(2)日元升值最主要、最直接的原因还在于日美两国庞大的国际收支不平衡的加剧以及美国常年居高不下的联邦预算赤字；(3)全球游资的急剧增加及其大规模投资性活动，对日元升值起了推波助澜的作用；(4)美国的"不合作态度"助长了日元升值。

深层次的原因是：(1)日元与美元汇价长期持续的升降变化归根到底是日美两国经济实力消长变化的反映，是资本主义经济发展不平衡规律作用的结果；(2)在经济日益全球化背景下，任何国家开展经济活动不仅要按国内市场经济规律办事，同时也要遵循国际市场的内在规律，否则市场就要帮助它树规立法。

3. 日元升值对于日元国际化的意义：

(1) 日元升值推动了日本政府进一步加快“日元国际化战略”的实施；(2) 日元国际化水平在日元升值浪潮中“水涨船高”；(3) 日元升值揭示了国际货币体制的未来走向，日元国际化的征途充满机会和希望。

台湾研究所

《台湾经济总览》

李家泉（研究员）主编　刘映仙（研究员）副主编

专著　1544 千字

中国财政经济出版社　1995 年 4 月

该书是国内第一部关于台湾经济的融研究成果与浩繁资料为一体的综合性工具书。该书具有以下几个特点：一是内容涉及广泛，涵盖台湾农业、工业、第三产业、交通运输、对外经贸、财政金融、科技、环境保护、两岸关系等诸多方面；二是研究较为深入，分析客观，观点独到，每篇章均有综合性分析；三是时间跨度较大，从日本投降后开始至 1994 年，时间跨度为 49 年，并且对台湾光复以前的经济，尤其是日本殖民统治时期的经济，都列有专门章节加以概述；四是数据较全面，各种统计数字基本是从日本占领时期开始截至 1993 年底，比较系统全面。全书除各篇章均附有必要的统计数据外，最后还附有各种综合性统计资料。

《现阶段两岸关系性质的双重性格》

周志怀（副研究员）

论文　10 千字

《台湾研究》　1995 年第 2 期

80 年代末期以来的两岸关系发展，使两岸关系性质呈现出十分明显的双重性格，这就是：经济交流，政治交恶；非对抗性矛盾和对抗性矛盾同时并存。在两岸关系的经济交流、政治交恶的双重性格中，经济交流的非对抗性矛盾居于从属地位，而政治交恶的对抗性矛盾则是居于主导地位的。这表明，在两岸政治对抗性矛盾未解决前，海峡两岸的统一之路还不十分清晰。但是，两岸政治对抗性矛盾的发展也并不是无限膨胀的，它不仅要受到非对抗性矛盾的影响，同时也会受到其他诸多因素的制约。因此，在今后相当长的一段时期内，两岸关系仍将继续维持不统不独的局面。为了化解两岸对抗性矛盾的发展，两岸可以采取下述一些做法：(1)坚持以经济合作为主导的原则；(2)建立“由下而上”和“由上而下”相结合的立体化协商对话模式；(3)在进行经济合作与政治对话时，采取理性务实的现实主义原则。

《简析李氏“台独”与其特征》

戴文彬（研究员）

论文　3.5 千字

《黄埔》杂志　1995 年 10 月

李氏“台独”是目前主政台湾的李登辉依仗美国强权，抛弃“一个中国”观念和原则，以“多体制国家论”、“东西德模式”为依据，立足台湾，台澎金马为领域，延用“中华民国”名号的“台湾国”。其谋“独”之路有个暴露过程，总的来看是三步曲：其一，抛弃国民党“一个中国”为核心的传统政策。其二，提出台湾是个“主权国家”，制造“两个中国”论调。其三，乞求美国支持付诸实施。特征是，具有依美性、欺骗性和更大的危害性。从客观事实、法理上看，李氏“台独”无出路。

《台湾首届省市长选举评析》

刘红（副研究员）

论文　8.7 千字

《台湾一九九四》　1995 年 3 月

该文就台湾举行的首届省市长选举一事，分别对此次选举的政治背景、选举中的主要问题和选举结果对岛内三大党政党政治格局所产生的影响，进行了评析。认为首届省市长选举是岛内政治演变的必然结果，关系到今后一段时期政治版图的划分；国民党赢得“台湾省长”和“高雄市长”两席，可谓是胜中有输，促使该党加快内部调整以适应选举所带来的政党政治新格局；民进党胜选“台北市长”，可谓是败中有赢，促使该党重新估量政治路线的可行性；新党第一次参加全面性的选举，在“省市议员选举”中有所斩获，苦战有成。从全岛政治生态看，首届省市长选举结果则说明“两党对抗、三党竞争”的政治格局已经形成。

《关于两岸产业分工问题之刍议》

刘映仙（研究员）

论文　8千字

《台湾研究》　1995年第2期

随着台商到大陆投资的快速增加和两岸各项经济交流与合作的迅猛发展，关于两岸产业分工问题就愈益显得重要和紧迫。(1) 加强两岸产业分工是大势所趋。首先，这是世界经济区域化的必由之路；其次，这是两岸经济关系发展的客观要求；再次，这是两岸经贸政策互动的必然结果。(2) 加强两岸产业分工，必须克服几种思想障碍：如何看待两岸经济依存度增加的问题，如何看待两岸的竞争问题；如何看待所谓台湾“产业空洞化”问题。(3) 加强两岸产业分工，必须遵循互补互利、共同繁荣的原则，建立多元化、多层次的两岸产业分工体系。

《台湾工业发展策略及历程》

殷存毅（副研究员）

论文　15千字

收入《台湾经济总览》　1995年4月

该文论述了近半个世纪以来，台湾从“以农业培养工业”着手，在稳固发展农业基础上，从轻工业到重化工业，从劳动密集型产业到资本、技术密集型产业，从进口替代到出口导向，再到内需与外需并重这一工业化过程的政策指导思想及其效果。

《九十年代以来国际资本流动特点及其趋势》

王建民（副研究员）

论文　11千字

《亚太论坛》　1995年第1期

90年代以来，国际资本流动方式与流向发生了重大变化，并对全球经济发展与金融市场的稳定产生日益重要的影响。其资本流动的特点：(1) 国际资本流量不断增加，资本输出者同输入者角色发生变化。昔日一些资本供应者变为资本输入者；一些新兴发展中国家则从资本输入者变为资本输出者。(2) 国际资本流向仍以发达国家为主，但流入发展中国家的资本比重迅速提高。(3) 国际资本流动方式多样化。(4) 流入发展中国家的外国资本地区分布不平衡，东亚与拉美是两个热点。(5) 发展中国家的对外投资迅速增长。(6) 发达国家仍是最大的资本输出者，但增长势头有所减缓。

国际资本流动趋势有如下特点：(1) 流入发展中国家的资本增长速度减缓。(2) 资金流向仍将集中在发达国家与少数发展中国家。(3) 国际资本一体化、证券化趋势明显，影响资本大转移。(4) 国际银行联合贷款重新兴起。(5) 发展中国家的金融、保险及通讯等第三产业成为未来外商直接投资的重点行业。

文献信息中心

《社会科学新方法大系》

李惠国（研究员）主编

工具书　2000千字

重庆出版社　1995年4月

社会科学方法是认识和改造社会的理论、技术、方法的总和。方法可分为“知”的方法和“行”的方法，即认识方法和实践方法两大类。该书所指社会科学方法主要指研究、认识社会的方法。该书搜集的科学方法绝大部分是第二次世界大战以后的新成果，少量传统方法也着重介绍本世纪以来的新发展、新内容，全书力求反映社会科学新方法在20世纪中形成的系统全貌。

该书是我国第一部专门讲科学方法的大型工具书。由于许多方法的本身是自然科学的成果，而要将其应用于研究复杂的社会科学领域必须有许多改变和具体的创造，因此给编写工作增加了不少困难。但经过作者和编者的共同努力，历时六七年，终于将这部难度较大的大型工具书编撰完成。

《社会科学检索词表》

吕其苏（研究馆员）

研究报告　2112千字

《情报资料工作》　1995年第1期

该报告系国家社科“七五”规划重点科研项目，是我国第一部大型社会科学主题词表。全表由主题字顺表，分类表和英汉对照索引三部分组成，共收词23000条。经中国社会科学院等有关单位标引实验证明，该表收汉词全面，学术性强，专指度高，适合社科研究部门文献标引和检索，是建立计算机信息管理系统的基础工具书。

《论后现代主义的三种形态》

王治河（助理研究员）

论文　12千字

《国外社会科学》　1995年第1期

文章区分了三种形式的后现代主义，其一是激进的或否定性的后现代主义；其二是建设性的或修正的后现代主义；其三是简单化的或庸俗的后现代主义。其中激进的后现代主义的主要特征是它的“彻底的否定性”，它的深刻和片面皆源于这种否定性。建设性的后现代主义具有乐观主义色彩，但由于急于建设，其理论具有某种幼稚和空想的色彩。庸俗后现代主义的优点是便于理解，但失之于简单化。文章认为，所谓后现代主义的三种形态，其实也就是后现代主义的三个向度（dimension），也就是说，后现代主义具有否定性、建设性和庸俗性三个向度，当后现代主义强调否定一切、摧毁一切的时候，同时也就暗含着保留一切、建设一切的意思。英文unmaking（摧毁）一词就同时具有“恢复事物本来面目”的意思。从中不难看出后现代主义的复杂程度。这一切提示我们：不要简单化地理解后现代主义，那样极易抹杀它所具有的丰富的理论内涵。

《将知识转化为行动——当代应用人类学家的追求》

黄育馥（研究员）

论文　10千字

《国外社会科学》　1995年第4期

近几十年来，随着西方人类学家越来越认识到把人类学知识转化为社会行动的必要性，他们日益重视应用研究。或通过向私人或官方决策机构提供咨询，或通过直接发起某种行动，努力促进一种他们所向往的社会文化环境的出现，使人类学学科发展成为一种新的知识，一门政策科学。参与社会政策的制定和实施，关注解决实际问题，已成为当代应用人类学发展的重要趋势之一。

《文化论争的继续：实践理性与文化》

肖俊明（副研究员）

论文　9千字

《国外社会科学》　1995年第4期

从世纪之交开始，西方文化论争一直推演至当代。论争的焦点自然是文化这一难题。美国文化人类学家 M. 萨林斯在 70 年代以一部《文化与实践理性》对以往的论争做了综合和清算。萨林斯对以往把文化还原为功能需要和实践活动的做法进行了批判，提出要从符号意义去理解文化。也就是说，文化是人与物之间的意义秩序，文化秩序是自主的、系统的，不是心的发明，而是一个“自在之物”。正是文化符号支配着资本主义社会的运行。这样萨林斯不是从经济的角度而是从文化的视角对资本主义社会展开了批判。

《荷兰妇女研究的现状与趋势》

刘霓（助理研究员）

论文　8 千字

《国外社会科学》　1995 年第 5 期

在荷兰，妇女研究起源于 60 年代末的第二次女性主义运动，到今天已经发展成为一个全方位的学术活动领域。该文主要介绍了荷兰妇女研究成长发展的过程；女性主义学术研究中主要的批判与理论争论，即从初期的对传统学科中性别歧视的批判到后来对“妇女受压迫”这一假说的阐述；介绍了荷兰女性主义学者曾集中使用的包括社会化理论、马克思主义理论及心理分析和话语分析等理论方法，最后分析了女性研究的方向与趋势。尽管荷兰是一个小国，然而其女性研究的发展排在欧洲国家的前列，其观点与经验对我国的妇女研究不无启迪意义。

《面对 21 世纪的挑战——美国社会学家的思考》

黄育馥（研究员）

论文　7 千字

《国外社会科学》　1995 年第 7 期

21 世纪即将到来。一些关心社会学的前途和发展的美国社会学家就如何在 21 世纪提高社会学的地位，使这一学科为社会做出更多的贡献进行了认真的讨论。他们认为，面向应用应成为社会学教学的重要任务，在培养本科生和研究生的教学计划中，将教学、研究与实习结合起来。21 世纪的社会学还应该跟上时代变化，了解并努力满足高等教育、政府企业以及其他社会机构的需求，把提高人类生活质量作为学科的最终目标和最高使命。

《妇女、环境与持续发展》

刘霓（助理研究员）

论文　9 千字

《国外社会科学》　1995 年第 8 期

“妇女、环境与发展”是 70 年代初期提出的一个研究与实践课题。由于这一课题包含了对西方以工业增长为主导的发展模式的批判，因此它或多或少地映射出二战后全球的经济与政治历程。目前，特别是在 1992 年联合国环境与发展大会之后，伴随着人们对日益严重的环境危机的警醒以及对如何实现持续发展的深思，这一主题更加引起广泛的国际关注。该文从多学科的角度阐述了妇女在环境保护与发展中的重要作用，涉及了与此有关的经济理论问题、人口问题和生物差异保护问题，展示了妇女从独特角度对世界所面临的环境危机与发展偏差所进行的探讨与观察。

《京剧——观察中国女性地位变化的窗口(1911～1937)》

黄育馥（研究员）

论文　14 千字

收入闵家胤主编的《阳刚与阴柔的变奏》

中国社会科学出版社　1995 年 9 月

该文从艺术社会学和性别研究的角度，把京剧作为一种社会文化现象，一个观察中国两性之间关系变化的窗口来研究。早期京剧的重要特征之一是男人对它的绝对垄断。

中国封建社会的性别角色期待在京剧中得到充分的反映。这种局面在19世纪末20世纪初有所改变，女性作为演员、学生和观众开始进入京剧的世界，京剧中女性人物的地位也明显改善。这些变化在一定程度上是当时中国社会的历史变革在京剧和京剧界的投影。

中国边疆史地研究中心

《略论当代中国边疆的稳定与发展》

马大正（研究员）

论文 15千字

《中国边疆史地研究通报》 1995年

该文首先研究了中国边疆地区的界定，认为边疆是一个历史概念，当代中国边疆不能与古代的边疆划等号。其次论述了中国边疆地区面临的机遇与挑战，正确处理边疆地区稳定与发展的辩证关系，历史经验的总结等。作者认为：以发展求稳定，以稳定保发展是相辅相成的。越是在边疆地区发展变化的时期，越有必要加强中央在边疆的权威和影响。该文是作者多年从事边疆历史与现实研究的成果，具有较高的理论价值和社会意义。

《关于中国边疆的若干问题》

邢玉林（研究员）

论文 16千字

《中国边疆史地研究通报》 1995年

该文从中国边疆的特殊性、中国边疆与中国各民族和国家的关系、中国边疆的稳定问题三个方面进行了研究，认为：中国边疆的范围标志着国家版图盈缩的限度，它与国势的兴衰有必然联系，与中国国家内政善修与否有关；边疆与内地是一个完整的系统，内地是边疆的依托，边疆是内地的门户，边疆的治乱直接影响国家的安全及国家的统一或分裂。同时该文针对边疆地区的稳定问题提出了对策性探讨。

《辽朝经营与开发北疆》

林荣贵（研究员）

专著 295千字

中国社会科学出版社 1995年

该书较全面深入地考察研究辽朝建政立国二百余年并经营与开发北疆地区在我国统一多民族国家发展中的社会意义和历史作用，同时指出辽朝统治北疆的历史局限性。从根本上说，辽朝经营、开发北疆，同宋、金等王朝经营开发全国其他地区一样，为元朝实现全国性的大一统创造了条件。该书是研究辽朝及北部边疆地区的一部力作，对中国史、中国边疆史的研究均有较高的学术价值。

《中老边界历史形成探微》

李国强（副研究员）

论文 18千字

《中国边疆史地研究通报》 1995年

该文系统研究了中老边界历史形成的过程，认为中老边界的形成除了自身发展的原因外，近代帝国主义的侵略是其重要的外因。该文是国内目前唯一就该问题进行全面研究的成果，填补了国内学术界的一个空白，对西南边疆史、中国边界史的研究有一定的学术价值。

《金三角的历史、现在与未来》

刘为（助理研究员）

论文 7千字

《中国研究》 1995年第2期

该文对“金三角”形成的外部因素、内部因素作了详细的研究，认为目前针对“金三角”这个毒品之源争取国际社会步调一致的共同行动成为可能。该文还分析了中国毒品现状，并对中国禁毒斗争提出了对策性建议，强调了在毒品区实行替代种植的计划。该文对危及边疆地区稳定与发展的毒品问题进行了研究，具有明显的社会意义。

《清朝首任伊犁将军明瑞政绩述评》

阿拉腾奥其尔（助理研究员）

论文　13千字

《中国边疆史地研究》　1995年第3期

该文对清朝首任伊犁将军明瑞在新疆任职期间的政绩做了叙述，并对其作为做了详述，认为明瑞虽为首任，但无重大建树，其政绩反映着清政府在新疆实行军府制的实际内容。该文较为清晰地评述了明瑞的政绩，对新疆历史尤其是军府制的研究有一定的学术价值。

附件：

中国社会科学院第二届青年优秀成果奖获奖成果名录

（一）专著

一等奖：

《经济发展与制度选择——对制度的经济分析》（世经政所张宇燕，中国人民大学出版社1992年10月版）

《人权概念起源》（法学所夏勇，中国政法大学出版社1992年6月版）

《隋唐两京丛考》（历史所辛德勇，三秦出版社1991年10月版）

《中国工业发展与对外经济贸易关系的研究》（工经所江小涓，经济管理出版社1993年4月版）

《富国富民论——立足宋代的考察》（经济所叶坦，北京出版社1991年1月版）

《扑朔迷离的游戏——后现代哲学思潮研究》（文献信息中心王治河，社会科学文献出版社1993年10月版）

二等奖：

《大历诗风》（文学所蒋寅，上海古籍出版社1992年8月版）

《中国图腾文化》（民族所何星亮，中国社会科学出版社1992年11月版）

《太平天国宗教》（近代史所夏春涛，南京大学出版社1992年10月版）

三等奖：

《福清方言研究》（语言所冯爱珍，社会科学文献出版社1993年6月版）

《俄国象征派文学研究》（外文所周启超，社会科学文献出版社1993年12月版）

《刑事特别程序的实践与探讨》（院党委办公室张弢、陈卫东，人民法院出版社1992年7月版）

《死的困扰与生的执著——中国民间丧葬仪礼与传统生死观》（社会学所郭于华，中国人民大学出版社1992年7月版）

《殷商文化区域研究》（人事局宋新潮，陕西人民出版社1991年10月版）

《关贸总协定与中国经济》（财贸所王军，中国金融出版社1993年4月版）

专家提名奖：

《无边的挑战——中国先锋文学的后现代性》（文学所陈晓明，时代文艺出版社1993年5月版）

《历史的心镜——心态史学》（历史所彭卫，河南人民出版社1992年12月版）

《加速解决中国人口问题的经济魔方——期望孩子的交易价格原理及其应用》(人口所李小平，中国广播电视出版社 1993 年 5 月版)

《梁漱溟评传》(近代史所马勇，安徽人民出版社 1992 年 7 月版)

(二) 译著

一等奖：

(空缺)

二等奖：

《荣格心理学与西藏佛教》(亚太所江亦丽、罗照辉，香港商务印书馆 1991 年 9 月版)

《初民的法律》(民族所周勇，中国社会科学出版社 1993 年 8 月版)

三等奖：

《计量史学方法导论》(世历所王小宽，上海译文出版社 1991 年 5 月版)

《卢梭和马克思》(哲学所赵培杰，重庆出版社 1993 年 9 月版)

《政治与市场——世界的政治经济制度》(世经政所王逸舟，上海三联书店 1992 年 10 月版)

《阅读行为》(文学所金惠敏、张云鹏、张颖、易晓明，湖南文艺出版社 1991 年 4 月版)

(三) 论文

一等奖：

THE MINIMAL SYSTEM L'0 (《极小系统 L'0》) (哲学所王学刚，NOTRE DAME JOURNAL OF FORMAL LOGIC 1992)

《论向市场经济过渡的实质、道路及成本》(世经政所王宇，《经济研究》1993 年第 5 期)

《吴稚晖与中国反传统主义的科学观》(文学所汪晖，《学人》1992 年第 3 辑)

《论赫梯王权的性质》(世历所易建平，《古代王权与专制主义》文集，中国社会科学出版社 1993 年 10 月版)

《人口迁移的空间过程及其迁移场研究》(人口所刘启明，《中国人口科学》1992 年第 6 期)

二等奖：

《庄子审美哲学的思维特色及其对中国文化的影响》(哲学所徐碧辉，《中国哲学史》1993 年第 1 期)

《巴勒斯坦难民问题的由来和发展》(西亚非所余国庆，《西亚非洲》1993 年第 6 期)

《江南稻作起源传承研究》(少文所白庚胜，《中国江南的民俗文化》1992 年 3 月)

《论日本阿夷奴语和阿尔泰诸语的代词关系）（民族所朝克，《民族语文》1993年第2期）

《市场经济下民族地区区域合作组织发展的基本走向》（民族所吴兴旺，《中央民族学院学报》1993年第3期）

《安特生与中国史前考古学的早期研究——为纪念仰韶文化发现七十周年而作》（考古所陈星灿，《华夏考古》1991年4月至1992年1月）

《崛起的中国农村股份合作经济》（农村所韩俊，《改革》1993年第9期）

《市场经济与利率机制的市场化》（财贸所何德旭，《经济学家》1993年第3期）

《论价格指数与增加价值指数的关系》（技经所曾力生，《数量经济技术经济研究》1992年第3期）

《超越压抑：从语言选择到叙述——观察台湾小说写作史的一个视野》（文学所黎湘萍，《文艺争鸣》1992年第4期）

《西安北郊汉墓发掘报告》（考古所古方、丁晓雷，《考古学报》1991年第6期）

三等奖：

《马克思晚年对社会结构理论的发展》（社科杂志社孙麾，《哲学研究》1991年第4期）

《美国在拉美霸权地位的变化及其影响》（拉美所袁东振，《拉丁美洲研究》1993年第5期）

《日本证券市场的发展及对我国的启示》（日本所阎坤，《日本学刊》1993年第3期）

《宾语与动量词语的次序问题》（语言所方梅，《中国语文》1993年第1期）

《唐代诗歌中胡姬形象的文化意义》（办公厅孙立峰，《学习与探索》1993年第2期）

《步入发展领域的文化人类学》（文献中心刘霓，《国外社会科学》1993年第7期）

《新闻侵犯公民隐私权行为研究》（新闻所张西明，《新闻研究资料》1993年第3期）

《突厥语族语言元音和谐的类型》（民族所吴宏伟，《语言研究》1991年第2期）

《民国政府与南沙群岛》（边疆史地研究中心李国强，《近代史研究》1992年第6期）

《“候风地动仪”之“候风”究竟为何物？——兼谈中国古代风信器具》（历史所史延廷，《北方论丛》1992年第3期）

《失败的外交记录——抗战初期的日本外交综论》（近代史所王建朗，《近代史研究》1992年第1期）

《国有大企业法律形式研究》（工经所高旭东，《中国工业经济》1993年第10期）

《中国经济发展过程中的收入分配》（经济所李实，北京大学出版社《中国经济论坛》1992年论文集）

专家提名奖：

《中国农村区域间居民的收入分配》（经济所张平，《经济研究》1992年第2期）

《封顶盉研究》（考古所杜金鹏，《考古学报》1992年第1期）

《农村剩余劳动力的地域转移与中国的城市化道路选择》（农村所胡必亮，《农村经济与社会》1992年第2期）

（四）研究报告

一等奖：

《关于发展同哈萨克斯坦和中亚诸国关系的几点看法》（东欧中亚所邢广程，《东欧中亚情况》1992年第12期）

二等奖：

《论工资机制转换——对国家机关事业单位工资改革的中长期选择》（科研局陈东琪，《经济研究参考》1993年第1期）

《涉台立法技术问题研究》（法学所信春鹰、高旭晨、李湘如，1993年提交国务院台办）

《论儿童的媒介需要与媒介选择》（新闻所卜卫，《北京广播学院学报》1993年第4期）

三等奖：

《必须着手提高西部的国家投资份额》（工经所陈耀，《中国社会科学院要报》1993年第49期）

《泰国政变的影响》（亚太所韩锋，《亚太资料》1991年第29期）

《农副产品区域贸易封锁剖析》（农村所张军，《农产品流通体制改革与政治保障》1992年11月）

（五）普及读物

一等奖：

（空缺）

二等奖：

《大洋的彼岸：当代西方资本主义世界现状》（世经政所张精华、陈建越、钱岗南、刘鹏辉，光明日报出版社1992年5月版）

三等奖：

（空缺）

二 一九九五年主要学术活动

中国国际汉学研讨会

1995年1月5～9日，我院历史研究所与诚成企业集团（中国）有限公司在海口市联合举办“中国国际汉学研讨会”。与会代表80余人，来自中国大陆、台湾、香港、澳门及美国、日本、英国、加拿大等国家和地区，其中包括一批国际著名的中国历史、考古、哲学、文学、艺术、宗教方面的专家学者。

我院党委书记、副院长王忍之出席会议并致开幕词。

会议拟定了三个主题：（1）中国文明的起源、形成和发展；（2）中国传统学术与思想文化的专题研究；（3）国际汉学研究的回顾与展望。

“中国12亿人口日”座谈会

1995年2月14日，我院人口研究所主持召开“中国12亿人口日”座谈会。与会人员就“12亿人口日”到来之际的国情，“12亿人口日”是提前还是推迟的辩证认识，人口学界的学术研究对人口控制形势的作用，及解决中国人口问题的政策选择，进行了广泛的探讨。座谈会由人口所所长、中国人口学会常务副会长田雪原主持，我院党委书记、副院长王忍之，特邀顾问刘国光，国家计生委副主任、党组副书记杨魁孚，中国人口学会副会长邬沧萍、张纯元以及在京著名人口学界专家学者、我院职能部门领导和人口所的部分研究人员，约50人出席了座谈会。

中德经济秩序理论与伦理学讨论会

会议于1995年3月6～8日在北京召开，由我院哲学研究所和德国汉诺威哲学研究所联合举办。参加会议的中方代表18人，德方代表6人。

会议密切结合世界经济发展和我国改革开放的实际，通过与来自发达国家的学者探讨经济发展中的经济制度和伦理道德问题，互相交流经验，使双方学者都得到了很大的教益。

讨论比较集中的问题是：

伦理与现代经济生活的关系。王锐生认为，中国经济体制转变给经济—伦理关系带来三个方面的深刻变化：一是在个人和社会的关系上，由过去的普遍提倡集体主义道德，向在承认社会总体利益的前提下，更多尊重个人的选择转变。二是企业发展的驱动力由外在向内在转变。过去依靠行政命令和脱离职工实际利益的道德说教不能充分调动职工积极性，现在将企业命运和职工利益联系在一起，职工有了内在的工作主动性。三是市场经济下的拜金主义对原有的道德生活产生了冲击。德国科斯罗夫斯基认为，虽然在资本主义制度下，对利润的追求是社会结构的必要组成部分，但作为社会整体，必须有伦理、文化等方面对人的行为的调节和制约。经济不能脱离道德，经济也受社会道德的影响。许多人认为，在经济发展带来财富增长和生活水平提高的同时，也造成了不少社会弊端，有些甚至影响到人类的生存，因此特别需要用道德规范的方法来进行正确的引导。在效率和公平何者在先的问题上，学者们有不同意见。有的主张效率优先，兼顾公平，有的主张两者都重要，应平衡发展。德方学者多主张公平比效率更重要。

从文化伦理方面理解市场经济。李鹏程认为，市场经济的文化意义可以从三个方面来理解：一是市场秩序必须有它赖以存在的文化伦理基础；二是一切市场行为都隐含着文化伦理意义；三是为了在市场经济下达到人和人类社会的全面发展，文化伦理的因素是非常必要的。科斯罗夫斯基认为，从文化的角度考虑和理解经济现象固然十分必要，但决不能把经济发展完全归结为文化和宗教等因素的作用，并以哲学史上的例子作了辅证。库恩则对文化的内涵作了进一步的区分。最后比较一致的意见认为，应当把作为经济伦理现象的文化和作为纯文化的文化本身区分开来，不能混为一谈。

儒家文化在现代经济发展中的作用。郑家栋认为，东亚工业文明的出现证明了儒家思想有极强的兼容、再生、转化、同化的能力。尤其是市俗化的儒家理论主张义利并重，能在一定程度上兼顾利益、效率和人际关系的和谐，讲求群体意识，这些都是东亚社会后来居上、赶超欧美的重要优势之一。其他学者提出了不同意见，有的认为不能将儒家伦理作为东亚地区经济腾飞的主要动因，最根本的原因仍然要从生产方式方面去找。儒家思想比较适合于农业经济的生产方式，总体上不适合现代工业经济的发展。

“云南边疆地区稳定与发展现状及其对策”研讨会

“云南边疆地区稳定与发展现状及其对策”研讨会，1995 年 3 月 16～20 日在昆明市召开，由我院中国边疆史地研究中心与云南大学西南边疆民族研究所合办。来自云南大学、云南省社科院、云南国际问题研究所、云南省公安厅、云南省药物依赖研究所、中国国际友好联络会，及我院历史所、科研局等单位的 31 位学者与会。与会学者向会议提交论文 16 篇，有 14 位学者先后在大会上发言。会议集中讨论了以下问题：（1）云南稳定与发展及禁毒斗争现状和对策；（2）历史上封建王朝对云南边疆的治理。与会学者一致认为，毒品问题是影响云南社会稳定的重大问题，十年禁毒斗争成绩巨大，但“金三角”的毒源堵不住，毒品禁而不绝，禁毒斗争是一项庞大的社会系统工程，需要进行全民动员，进行长期的斗争。与会学者还动议，会议组织者能在适当的时候组织召开一次规模更大的禁毒问题学术讨论会，并力争开成国际会议。

中国欧洲学会第四届年会

1995 年 3 月 21～23 日，我院欧洲研究所中国欧洲学会在上海召开第四届年会，来自全国40多个高等院校、研究机构及新闻出版等有关部门的100多名会员出席会议。年会以“中国—欧洲：合作与发展”为主题进行了讨论，选举了新一届的欧洲学会理事会及学会领导机构成员。中国对外友协副会长陈昊苏、上海市对外友协副会长赵云俊、欧洲联盟驻华大使魏根森等到会表示祝贺并发表了热情洋溢的讲话。

会议期间，与会者就年会主题集中讨论了以下几个问题：(1) 世界经济新现象、欧洲货币联盟前景、德国统一后的经济新现象、德国统一后的经济发展及其对欧洲的影响；(2) 欧洲当前形势及欧洲联盟现状与前景；(3) 欧洲主要国家的政治、经济、社会与外交；(4) 欧洲与中国的合作与发展问题。

“遣唐使所见中国文化——中国社会科学院考古研究所最新文物精华展”在日本展出

为纪念日本藤原京建都1300周年，1995年3月29日至5月21日在日本国奈良县橿原市举办了历时54天的一系列庆典活动。其中，由我院考古研究所和日本奈良县橿原考古学研究所附属博物馆共同举办的“遣唐使所见中国文化——中国社会科学院考古研究所最新文物精华展”，是其主要内容之一。

中日两国人民的友好往来和文化交流源远流长。建都于公元694的藤原京，便是中日文化交流的结晶。天武、持统天皇时，通过遣唐使学习中国的典章制度、法规律令、建筑技术、文化艺术等，仿照唐代首都的城市布局建立起日本第一个中央集权制的国都。这在日本古代史上具有划时代的意义，对此后兴建的平城京、平安京有着深远的影响。

这次展出的文物以隋唐两京——长安和洛阳的出土文物为主，还有北魏洛阳城、河北磁县湾张北朝墓、洛阳偃师杏园唐墓等的出土文物，都是我院考古研究所近年经过科学发掘所得的文物精品。

陈列展出按时代和文化内涵分为七部分：一、磁县湾张北朝墓；二、北魏洛阳城；三、河南偃师杏园汉唐墓；四、西安郊区隋唐墓；五、隋唐洛阳城；六、隋唐长安城；七、洛阳宋代衙署庭园遗址。

为配合这次展出，应日本奈良县橿原考古学研究所的邀请，我院考古研究所派出以王立邦为团长的代表团，出席了文物精华展的开幕式。4月2日在橿原考古学研究所附属博物馆讲演厅举办讲演会，由橿原考古学研究所所长、附属博物馆馆长樋口隆康先生，我院考古研究所代表团成员、研究员王岩先后作了题为《遣唐使所见中国文化》和《遣隋遣唐使与隋唐两京》的专题讲演。5月3日于附属博物馆讲演厅举行第二次讲演会，中国学者孟凡人、安家瑶分别作了题为《从北魏洛阳城到隋唐长安城》、《唐长安西明寺的发掘和研究》的学术讲演；日本学者町田章以《日本都城的形成》、东野治之以《遣唐使研究与吉士长丹的肖像画》、前园冬知雄以《文物所见接受佛教的情形——从佛教的传来到遣唐使》为题分别作了学术讲演。

1995年7月8日至8月27日和9月2日至10月12日，该展览又分别在日本广岛县立博物馆和四日市市立博物馆进行了展出。在日本展览期间共有10万多人参观了展览，进一步加深了两国人民之间的相互了解，增进了中日两国人民之间的友谊。

反通货膨胀理论与对策理论研讨会

我院财贸经济研究所与《财贸经济》编辑部于1995年4月10日在北京联合召开了“反通货膨胀理论与对策”理论研讨会。会议收到论文70多篇。与会70多位专家学者就当前通货膨胀的特点、成因、走势和对策进行了认真的探讨。

1. 新一轮通货膨胀的特点：专家们认为，从1993年至今的新一轮通货膨胀有四个显著特点：(1) 从整体特征看，具有来势猛、涨幅高和持续久的特点；(2) 从品种结构特征看，经历了一个先生产资料价格后消费品价格轮番上涨的过程；(3) 从地区特征看，明显地表现出地区传递的特点；(4) 从性质特征看，这一轮物价上涨既具有结构性调整的因素，也有通货膨胀引起的物价上涨，两者互相交错，互相推动。

2. 通货膨胀的成因：许多专家认为，投资规模过大，社会总需求增长过快是这一轮通货膨胀形成的根本原因；产业结构失衡，特别是农业转轨加剧了农产品短缺，是这一轮通货膨胀的突出原因；改革力度加大，基础产品价格结构性调整和企业工资性收入增长过快，导致劳动力成本大幅度提高所积累下来的成本推动加快释放是重要原因。

3. 通货膨胀的走势：专家认为，今年和去年相比，推动物价上涨的因素有几点差别：一是今年一般不再出台新的调价措施，与去年价格、外汇、税制、工资、财会制度的改革共同推进物价上涨的情况有重大区别，可以缓解物价上涨的压力；二是全社会投资需求将继续有所控制；三是中央、国务院对农业问题非常重视，农产品供应偏紧的问题可望缓解；四是我国外汇储备增加，可以用来调节供求的余地比较大。有的专家还认为，今年是这轮物价上涨的收缩期。从1994年11月起至1995年2月，呈逐月下降的趋势。只要今年中央既定的宏观调控政策真正到位，再加上农业不遇到特大自然灾害，物价指数控制在15%以内是有希望的。也有的专家分析了不利的一面，认为去年物价上涨的滞后影响将推动今年物价上升；同时，公众对物价上涨的承受能力下降。从思想认识上看，各地追求超高速发展的劲头仍然很足，中央政府偏紧的宏观经济政策的落实仍然会遇到种种阻力，对此绝不能掉以轻心。

4. 治理通货膨胀的对策：首先，要统一思想认识，通货膨胀不仅仅是个经济问题，而且是一个政治问题。要彻底摒弃通货膨胀“无害论”和“难免论”，认清它的危害性。其次，抓总量平衡，一手抓控制需求，一手抓增加供给。要抓住控制需求这个总闸门，管好三个分闸门，即固定资产投资规模、消费基金增长和财政支出。要非常重视农业的基础地位，增加农产品的有效供给，抓好“米袋子”、“菜篮子”。第三，要强化价格管理，充分发挥粮食储备、物资储备、风险调节基金等经济调控手段的作用，同时还要运用法律手段，坚持基本生活必需品价格的监控制度以及反暴利法的贯彻落实。第四，进一步深化体制改革，通货膨胀要综合治理，治标和治本结合起来，大力推进企业、市场、宏观三位一体的综合配套改革和社会保障体系。第五，要注意研究开放经济条件下外资、外汇以及相关问题，尽量减少外部因素对国内经济的影响，特别是对通货膨胀的影响。

影视人类学国际学术讨论会

此会于1995年4月24～28日在北京举行，来自世界各地的54名代表出席了会议。其中国内代表33人，他们是来自科研单位、高等院校、电视台、电影厂和音像制作公司的人类学家、影视人类学家及关心这一事业的企业界人士。境外代表21人，包括国际影视人类学会主席安东尼奥·玛拉兹等一批影视人类学界的国际知名人士、专家、学者，分别来自德、美、法、日、瑞士、意大利、奥地利等国和香港、台湾等地区。

我院副院长汝信出席开幕式并致开幕词，德国驻中国使馆文化参赞博姆先生也在开幕式上致词祝贺。我院民族研究所所长杜荣坤、广东东亚音像制作有限公司总经理肖锋、德国哥廷根科学电影研究所所长汉斯·卡尔格勒在开幕式上讲了话。

该次学术讨论会的主要议题是：新中国人类学影视片的拍摄实践和理论研究；国外影视人类学的历史和理论；人类学影片的研究价值、教学作用及其功能；人类学影视片摄、编、制作方法和多媒体技术的应用。同时，对人类学影视片的性质、摄制原则等问题亦进行了深入的探讨。

代表们还就影视人类学的基础发展、理论研究、创办刊物、建立资料馆、评比活动及国内外学术交流等问题提出了建议。另就成立中国民族学学会影视人类学分会召开了筹备会议，并酝酿了影视人类学分会的章程和组织机构。

通过该次会议，使我国更进一步了解了国际学术水平的发展状况，特别是对影视人类学的国际发展动向和趋势的了解，使学者们开阔了视野。同时也介绍了我国影视人类学研究的情况。为增进了解、促进交流，为我国影视人类学立足国内、走向世界创造了条件。

人力资源开发与管理高层研讨会

由我院数量经济与技术经济研究所与加拿大工商研究院联合主办的“人力资源开发与管理高层研讨会”，于1995年5月3～4日在北京举行。国务院发展研究中心主任孙尚清，我院副院长王洛林，全国人大常委、民盟中央副主席冯之浚，全国政协常委、北京市政协副主席王之泰，加拿大工商研究院副院长帕雷姆先生等高级专家和领导出席会议开幕式，并做了重要讲话，来自国内的40多家企业负责人或人力资源部门负责人及著名学者专家出席了会议，会议开幕式由我院经济学科片领导小组组长、数量经济与技术经济研究所所长李京文主持。中外代表在两天的会议中，就企业如何制定人力资源规划，有效吸引和招聘人员，如何制定和实施企业的培训与发展政策和制度，调动和激励员工积极性，增强企业的凝聚力等问题进行了热烈交流和研讨。

会议发言和讨论的主要内容如下。

1. 人力资源管理与开发的重要意义。

改革开放16年来，中国经济取得了举世瞩目的成就，成为当今世界上经济增长最快的国家，但是中国的经济增长基本上是靠加大投入的粗放型增长，1979～1993年，中国GNP增长了3.8倍，而同期投资却增长了11倍以上。因此，中国经济在由计划向市场转轨中，必须转换经济增长的模式，而学习和研究在市场经济条件下开发和管理人力资源的经验和方法，将具有特别重要的意义，这将是使中国经济增长由粗放型向集约型转变的一个关键因素。

2．人力资源管理开发与国内企业发展。

（1）不同类型的企业人力资源管理的方式不同，三资企业、民营企业更早地意识到人力资源管理与开发所面临的挑战，正在逐步吸收和借鉴现代科学的人力资源管理方法。而为数众多的国有企业的人力资源管理基本上还是采取比较陈旧的方式，人力资源还没有成为企业在市场竞争中取胜的关键因素。

（2）目前在企业人力资源管理中需要引进现代人力资源管理方法，特别是人员的招聘、提升所需使用的一些测评还缺少有效手段。

（3）企业人力资源管理的变革离不开外部环境的影响，没有比较完善的劳动力市场，企业的招聘将很难顺利进行，没有建立起社会保障体系，企业合理解聘辞退冗余员工也难以进行。

（4）人力资源开发，应采用科学评价手段，在开发过程中，采取优化方式，把重点放在对企业经济效益起关键作用的那部分人员上。

（5）加强人力资源资产的评估，理顺投资者、经营者、劳动者之间的关系，对劳动者和经营者人力资源开发的投资的回报，也应通过新型企业工资制度予以体现。

（6）人力资源的开发重点是建立相对完善的制度，人力资源具有极强的时效性，该开发的时候如未能及时开发，失去了机会，不仅这部分人力资源不能很好发挥作用，而且可能会对社会、经济造成更大负担。

（7）加强对人力资源部门人员的培训。

3．国外企业人力资源开发与管理的经验。

会上，帕雷姆先生等国外代表分别介绍了西方尤其是加拿大人力资源开发与管理的发展和取得的经验，引起了国内代表的关注。他们的发言可重点归纳为企业人力资源开发与管理的具体经验和人力资源部门的作用两大方面，关于企业人力资源开发与管理的具体经验，主要是：

（1）在雇员招聘方面，西方企业传统做法是采用推荐方式，企业相当看重应聘人的资历、学历。近年这种情况已发生了很大变化，企业现在录用雇员更加看重的是应聘人两方面的素质，即工作态度和学习能力，从而发展出一整套相关的测评方法。

（2）在培训与发展方面，加拿大的许多企业从观念上纠正了单纯把培训当成投入的片面认识，过去仅仅用培训的时间长短、投入的资金多少等指标来衡量企业的培训工作，就体现了这种片面性。

（3）在劳动报酬方面，帕雷姆等国外代表指出，应看到报酬作为激励手段的两面性，报酬政策得当，可以有力地调动雇员的积极性；反之，使用不当，也会产生负作用。

（4）在业绩评估方面，加拿大企业也看到了准确评估的难度。国外代表结合自己的体会强调指出，从原则上来说，业绩评估的基础和前提是实现企业的共同目标。在操作中，应建立一种全方位客观评价的制度，必须尽量避免单纯上级评估带来的主观片面性，而应当根据用户、下属、供应商、相关部门等多方面的评价，对雇员的业绩做出全面准确的结论。

(5) 在劳动关系方面，加拿大企业重视扩大雇员和工会对企业管理的参与。

关于人力资源部门的作用，(帕雷姆先生介绍了加拿大工商研究院的新近研究成果) 调查数据表明，加拿大大多数企业人力资源部门的地位和作用已经发生了显著的变化，这表现在几个方面：人力资源主管在行政隶属关系上地位上升为归公司总裁直接领导；大企业的人力资源经理除参加经营、计划和财务委员会外，还参与制定公司的发展战略；人力资源职能由保管人事记录和事后处理人际矛盾转变为更直接地为公司战略计划提供事先的专业服务；人力资源部门与一线经理间建立了一种新型的合作关系，由人力资源的监控者变成一线管理的伙伴和咨询者；人力资源部门从作为与利润无关的花钱部门，转变为对经营效益贡献较大的部门等。

会议还讨论了中加双方今后在人力资源开发与管理方面进一步加强合作的问题。双方代表一致认为，今后的合作领域十分广阔。加拿大工商研究院帕雷姆副院长提议，可以在以下五个方面进行合作，即：组织双方的工作互访、企业考察，以达到相互学习的目的；双方组建并依托具有论坛性质的机构开展相互的交流；在人员培训方面加强合作，例如开展关于企业领导方式方面的培训，对培训人员开展培训等；合作召开各种专题研讨会；进行跨文化的管理方式的研究，可先选择在中加合资企业中展开。

“妇女与人权”国际研讨会

为了迎接1995年9月在北京召开的第四次世界妇女大会，为了积极有效地准备“妇女与人权”非政府论坛，1995年5月16～18日，由我院法学研究所主办的“妇女与人权”国际研讨会在院学术报告厅举行。与会者近百人。’95世界妇女大会中国组委会主席黄启璪、副主席刘海荣，我院副院长龙永枢和法学所所长刘海年，及联合国开发署总代表贺尔康先生等到会并讲话。他们对大会的召开表示祝贺，并充分肯定研讨会对提高妇女的人权会起到有益的作用。全国妇联非政府论坛组织部和我院妇工委的领导也参加了会议。中国方面的与会代表主要来自本院法学所等十几个研究所和中国人权研究会的科研人员，同时还有其他大专院校、科研机构的代表。全国妇联和中国人权研究中心也派人参加了会议。国外的主要代表有联合国妇女发展基金会代表罗克桑娜·卡丽罗女士，亚洲妇女联合会代表英达·索亚女士，还有分别来自美国和津巴布韦的学者和妇女人权活动家夏洛特·邦奇女士，谢罗·霍姆女士和弗洛伦斯·巴特娃女士等。国外有关驻京机构的人士也参加了会议。这些代表在带来了新的信息和她们自己的观点的同时，也了解了中国妇女人权研究的成就，增添了与中国学者进行交流的兴趣。

会议由法学所研究员信春鹰主持。根据目前国际上妇女与人权问题的焦点问题和提交会议的23篇中方论文，研讨会围绕五个专题进行了认真、深入的讨论。国外学者对我院以如此的规模和认真的态度重视“妇女与人权”的非政府论坛工作表示赞赏，为能参加研讨会感到兴奋，她们对中方学者提交的论文颇感兴趣，她们的印象是：(1) 涉及面广。它们几乎涵盖妇女与人权的各个方面，其中既有中国特有的，也有世界普遍存在的；(2) 这一次的讨论有相当的学术水准；(3) 内容丰富，有理论探讨，也有现实问题研究；有情况分析，也有对策建议。她们对中国妇女与人权研究的发展进程之快感到意外，表示愿意进一步了解中国妇女对持续发展的态度、看法以及中国妇女在争取平等、发展及和平上所面临的问题和对策。她们还表示今后应召开这样的会议、交流经验，互通信息，加强合作，共同讨论，为消除对妇女的一切形式的歧视，实现社会公正而共同努力。

会议的另一个重要内容是讨论和即兴发言。与会的中外代表发言踊跃，使一些重要问题在充分讨论的基础上达到了共识。涉及的主要问题有：

（1）男女平等的目的是追求社会公正。妇女的权利是人权。妇女提出在各个方面权利平等，并不是要与男性对立，与他们争高低，而是要使占人类总数一半的人享受到公正和基本权利。在这个意义上，妇女所要的平等是社会公正，她们追求的是人类的理想，即男女更加和谐、平等的公正社会。而当今社会，作为占人口一半的妇女在各国还不同程度的存在权利受到侵害的现象，没有享受到应有的人的权利，也正是在这个意义上讲，争取妇女的平等权利是21世纪人类的一个重要问题。

（2）妇女的权利应是具体的权利。鉴于男女平等在法律上与现实上的差距，对妇女权利的考察应该不仅看政治、法律的平等，而且要具体地从社会、经济、文化进行深入的探讨，因为这些是真正影响妇女切身利益的领域。经过研究，大家认识到，造成不平等的因素有社会的，也有妇女自身的，有社会制度的，也有思想意识的。为此，实现男女平权，要从政治、经济、社会和文化各方面入手，要有男人与妇女的共同努力，同时政府应该承担一部分责任，做出努力。

（3）发展不仅仅是物质上的发展，也不是西方强加于第三世界的发展。发展是全面的，它既包括物质发展，也包括道德水平的提高，既包括现代科学技术发展，也包括民族经济、文化的发展。纯粹追求利润的发展，导致妇女处于商品经济中的劣势，造成不平等的社会环境。目前发展的另外一个问题是，西方发达国家提出并定义的发展观，在这个保护伞下，西方国家在第三世界的发展行为侵害了第三世界人民的民族利益，也严重危害了妇女的利益。大会尤其讨论了在全球经济一体化的趋势中，妇女首当其冲地面临的一系列的不利情况。指出要从妇女的生存和发展权看经济的发展。

（4）解决妇女问题要总体把握与具体实践相结合。争取妇女的平等权利是全球性的问题，需要世界上不同民族、国家和种族的妇女团结一致。同时又必须具体的、针对不同国家不同的问题，采取不同的办法、措施和途径。

（5）消除对妇女一切形式的暴力是需要认真对待的迫切问题。目前全球普遍存在对妇女的暴力行为，有些国家还相当严重。而且由于种种原因，大多数妇女对此保持沉默，社会也不认为这是人权问题，对这一问题的解决，需要国际社会与地方机构采取一致行动，通过法律与社会教育唤起男性与女性共同努力。

在大家的共同努力下，这次会议取得了圆满的成功。夏洛特女士在会议闭幕时表示，此次会议所展示的成果表明，中国妇女在妇女与人权问题上的研究和见解并不亚于任何国家，她认为中国妇女的努力必将极大地贡献于'95世界妇女大会。'95世界妇女大会非政府论坛中国组委会主席黄启璪女士也对会议给予了高度评价。

’95 中国商文化国际学术讨论会

’95 中国商文化国际学术讨论会于 1995 年 5 月 21～25 日在河南省偃师市举行。讨论会由我院考古研究所主办，洛阳市文物管理委员会、偃师市政府协办。

参加会议的代表共 90 余人，他们分别来自中国、美国、日本、韩国等国家，以及香港、台湾地区的大学及研究机构。我院领导王忍之同志出席了会议的开幕式，并做了重要讲话。石兴邦、安金槐、邹衡、张长寿、郑振香等一批著名学者参加了会议。因故未到会的李学勤、张光直、裘锡圭、杜正胜等著名学者也向讨论会提交了学术论文。

会议自筹备时就得到了院及外事局、科研局等有关单位领导的大力支持与帮助。外事局、科研局等还派员参加会议，给予了具体的帮助和指导。

会议共收到学术论文 60 余篇。与会学者就商文化研究中的许多重要问题进行了热烈讨论，主要包括：二里头遗址、郑州商城、偃师商城的年代、性质及相互间的关系；先商文化、商族的起源及夏商文化的关系；安阳殷墟的布局、西北岗王陵区大墓的墓主及年代，殷墟墓葬的分期与分区，家族墓地及其所反映出的社会历史问题；商王畿以外的商代文化遗存；商代冶铸、车马、兵器、漆器、海贝等有关物质文化史方面的研究；商文化在中国古代文明中所占的地位等等。另有部分学者发表了利用自然科学手段对考古遗存进行研究的结果。还有学者对目前商文化研究的状况做了总结。

会议期间，代表们还参观了考古所二里头队、商城队的发掘现场及标本陈列室，听取了有关的情况介绍。两队的研究成果给代表们留下了深刻印象。会议还利用晚上时间组织了自愿参加的小型学术座谈。代表们观看了二里头、偃师商城、垣曲商城、郑州小双桥、殷墟、滕州前掌大、安徽尉迟寺以及兴隆洼遗址等的幻灯及录像资料，并就各自感兴趣的问题交换了意见。

瞿秋白就义 60 周年纪念暨学术讨论会

由我院与中共中央党史研究室、中共中央文献研究室和中共江苏省委联合举办，近代史所具体负责组织，于 1995 年 6 月 18～20 日在北京召开瞿秋白就义 60 周年纪念暨学术讨论会。开幕式在人民大会堂江苏厅举行，由院党委书记、副院长王忍之主持。中央领导及老同志刘华清、李铁映、胡绳、陈慕华、钱正英、刘澜涛、王平、杨成武、邓力群、刘英、张全景等出席了开幕式。胡绳在讲话中，对瞿秋白的革命一生及功过是非作了全面评价。他指出，瞿秋白从开始投身革命到最后壮烈牺牲，虽然只有短短的十多年时间，但他在对实际革命斗争的领导、马克思主义理论的建设、革命文化事业的建设等方面为党和人民做出那么巨大而又多方面的贡献，是十分令人赞叹和敬佩的。其中对中国革命理论和革命道路所作的探索和取得的成果，尤其值得称道。会后，与会学者到八宝山革命公墓瞿秋白的墓前献了花圈。

在为期两天的讨论中，来自全国各地的学者从政治、思想、文化等不同角度，广泛深入地探讨了瞿秋白的革命实践和理论，充分肯定瞿秋白在寻找革命道路中表现出的锲而不舍的探索精神，以及坚强意志和高尚人格。

第四次全国传播学研讨会

1995年6月26～30日，我院新闻研究所与四川省广播电视厅和四川省社会科学院在成都市联合召开了“第四次全国传播学研讨会”。这次研讨会是自1982年第一届传播学研讨会召开以来规模最大的一次，来自全国32家大专院校、研究机构和新闻单位的专家学者60余人参加了会议，共提交论文59篇。新闻所所长喻权域主持了研讨。

此次研讨会以“传播与社会发展”为主题，围绕传播学学科发展方向、传播与社会发展、传播学应用、传播学重大理论问题、传播与文化发展、国外传播学理论动态、传播新技术和新媒介以及研究方法等问题，进行了讨论。

与会者认为，90年代以来，我国新闻传播事业发展极为迅速，传播学作为研究人类信息交流的一门学科，在借鉴国外研究方法的基础上，应当与我国新闻事业的发展形成相互促进的互动关系，面向社会，以解决现实问题为主要内容，以促进社会主义市场经济健康、稳定发展为目标，否则难以走出学者的书斋。在传播与社会发展问题上，与会者围绕传播与经济建设、区域发展、社会教育、妇女权利、反腐败之间的作用与关系等进行了讨论，认为大众传播体系的发展状况是衡量国家和地区现代化程度的指标之一，现代观念和文化的传播是社会整合的重要手段，通过促进人的现代化而促进经济和社会的发展与进步。与此同时，传播界在信息传播活动中也应注意防止和减少传播对社会产生的负面影响。国外传播学动态也是研讨会关注的一个问题。研究者注意到国际传播学研究正在向宗教、民族、语言等领域扩展，出现了社会期望、社会关系、社会组织理论等新的研究模式，有的论者进而尝试用国外近年来出现的传播理论解释我国新闻实践问题，如根据“沉默螺旋”说论证正面宣传为主的方针对形成正确社会舆论的积极作用，利用米勒和卡特赖特理论研究“经验范围叠加”对提高传播效果的影响等。这次研讨会论文数量最多的是应用传播研究，论题涉及舆论引导、广告传播、形象定位、电视杂志、电视纪录片、热线直播、广播改革、农村广播电视发展等方面，这些研究贴近实践中一些亟需解决的问题，对于我国社会主义新闻事业的发展做出了有益的探讨。会议结束后，论文集已结集出版。

中日女性学比较研讨会

1995年6月，为配合第四届世界妇女大会的召开，我院亚太研究所与日本城西国际大学共同举办了中日女性学比较研讨会。中日两国共40余名学者出席了研讨会。全国人大常委会副委员长雷洁琼，日本城西国际大学理事长水田清子出席了开幕式。与会代表认为，高速增长的东亚经济已为世界瞩目，而这一地区的文化发展、社会问题及其中的妇女运动也成为大家共同关注的热点。中日两国妇女有着比较相同的文化背景和长久的传统友谊，两国妇女相互学习由来已久，但两国的经济发展和社会状态的不同造成了两国妇女在各方面的差异，因此举办这样的研讨会有助于加深相互了解与合作，有助于进一步推动亚洲乃至世界妇女运动的发展。会议期间，代表们就传统文化与女性的发展、中日女性就业比较、女性在教育中的地位、女性文学等进行了热烈的讨论，会议共收到了30余篇论文。

“战后日本50年”中日学术讨论会

1995年7月25～26日在北京举行了“战后日本50年”中日学术讨论会。讨论会由中华日本学会、我院日本研究所和日本新构想研究会共同举办。

会期两天，在讨论会上，中日双方的十多位报告人对半个世纪日本的政治、经济、科技、文化、外交等领域的有关问题以及中日关系演进等进行了探讨，交换了看法。

关于日本的经济发展与经济形势，与会代表认为，日本经济历经战后数十年的发展之后，现在已达到一个难以在现有水平上继续迅速增长的历史阶段，特别是近年来日本经济陷入低迷状态难于自拔。

关于日本政治与政局，许多与会代表用“十字路口”一词来描述日本政治目前所处状态。战后日本采取以和平宪法和日美安保为基础、以经济发展为中心的发展路线，这种发展路线使日本成为战后世界第二经济大国。现在日本正处于“十字路口”，有人认为，原有发展道路已不适应冷战后日本所处的国际环境，因而主张修改宪法，使日本要由“特殊国家”向“普通国家”发展。今后日本的走向值得关注。

关于中日关系，与会代表从历史、现状、未来等多方面进行了讨论。中方代表对文化因素在中日关系中的意义作了专门分析，认为文化因素在中日经济发展中产生过重大影响。

关于日本的对外关系，日方代表认为，日美、日中关系都在日本对外关系中居重要地位。对日本来说，中、美是永远的课题。有些中方代表同意这一观点，并认为在日美、日中之间，日美关系在一个时期内显然不会被中日关系所超过。

“世界反法西斯文学书系”研讨会

1995年7月为纪念世界反法西斯战争胜利50周年，我院外国文学研究所许多专家、学者参加了在人民大会堂举行的“世界反法西斯文学书系”研讨会，院党委书记、副院长王忍之出席大会，并发表了讲话。这套丛书的外国卷40本是由外国文学研究所《书系》编委会和重庆出版社合作完成的。《书系》收入了60余个国家近千位作家的作品，是迄今为止国内外第一套全面、系统地介绍世界反法西斯斗争的优秀文学作品书系。她以鲜血写成的文字，唤起人们回顾历史上那场重大浩劫中的生死搏斗和辉煌胜利，以弘扬正气、荡涤邪气的精神，激励子孙后代，促进世界的和平与发展。《书系》的出版也是科研单位和出版系统密切合作的成果。其中篇幅最大的苏联卷（10本）荣获俄罗斯对外国际文化交流中心颁发的奖状。

纪念恩格斯逝世100周年新闻学术讨论会

1995年8月5日，我院新闻研究所在京召开了“纪念恩格斯逝世100周年新闻学术讨论会”，研究和讨论恩格斯的新闻思想与实践活动，以期更好地坚持和发扬马克思主义新闻学基本理论。讨论会由新闻所所长喻权域主持，来自中央马列著作编译局、人民出版社、中国人民大学、清华大学、中国新闻学院及我院马列所等10家单位的专家学者，和人民日报社、新华社、光明日报社、解放军报社等7家单位的新闻工作者29人出席了会议，上海、湖北、广西和黑龙江等地的一些学者寄交了论文。学术讨论会共收到论文16篇。

此次会议讨论的内容，涉及恩格斯新闻思想的诸多方面，如他的党报思想和新闻理论，有关党报开展批评监督和自身经营管理的论述，如何用科学的世界观和方法论指导新闻工作的观点等。在新闻实践活动方面，与会者讨论了恩格斯与工人政党报刊发展的关系，对恩格斯的社会调查方法，他在《新莱茵报》时期的活动，他的军事新闻和评论以及游记写作方法等，进行了分析和研讨。与会者认为，恩格斯从青年时代起，一生与报刊活动紧密相连，报刊活动是他毕生为无产阶级革命而斗争的极其重要的组成部分。如果根据马克思和恩格斯生平事业把马克思主义新闻学划分为早期民主报刊、中期工人报刊和晚期党的报刊三个阶段的话，那么晚期党报学说的形成与发展则主要应归功于恩格斯。巴黎公社以后的30年，特别是马克思逝世以后，恩格斯在指导国际共产主义运动中，对党报理论进行了系统的论述。他指出，报纸都要反映自己党派的观点，永远也不会违反自己党派的利益，即使主张放弃政治的报纸也是在从事政治，因此党报的任务首先是组织讨论，论证、阐发和捍卫党的要求，驳斥资产阶级对工人政党的攻击。为完成这一任务，党报工作者要有健康的无产阶级特色，对工人阶级有最真挚的感情和高度的责任感，全心全意投入党的报刊工作，要有铁的纪律，懂得斗争策略，掌握调查研究的基本功。在业务实践中，党报应当更多地依靠通讯员、作者和发行员，不断满足读者需要，对读者提供教益和吸引力，同时适应读者的经济水平，这样才能办好报纸。此外，他对党报工作者的基本素质、新闻报道写作方法等等，也都作过精辟的论述。恩格斯的新闻思想已经成为马克思主义新闻学原理中的经典，是我们党的新闻工作者至今仍必须坚持和发扬的基本理论。另一方面与会者也指出，恩格斯晚年针对某些具体情况，如党报与第二国际各国党的关系、当时机关报体制中的一些工作原则等所讲的话，今天我们还不宜简单地照字面上的理解去搬用。论及恩格斯有关新闻报道自由的观点时，与会者对新闻报道自由究竟是法人的自由还是自然人的自由问题，还发表了不同的见解。

中国语言学会第八届学术讨论会

中国语言学会第八届学术讨论会于1995年8月7～11日在贵阳市召开。

会议由我院语言研究所、中国语言学会、贵州大学联合主办。来自全国各地的百余位学者出席了讨论会。来自日本、韩国和香港地区的学者参加了会议。应邀出席开幕式的有国家语言工作委员会主任许嘉璐、贵州省副省长龚贤永、贵州省政协副主席蒋希文、贵州省教委副主任杨桂珠等。

会议收到论文80多篇。大会发言中，胡明扬在他的论文《现代汉语词类问题考察》中对名词、动词、形容词等主要词类分别选出2～3个用例，分析它们在句子中的分布情况，通过统计数据考察现代汉语词类的功能，试图通过数据分析解决汉语词类的划分问题。伊世超在评论中认为这篇论文是词类研究中的一种新尝试。唐作藩《再论〈广韵〉音系就是〈切韵〉音系》在前人研究的基础上，对《唐韵》、王一、王二、王三、《切韵》重新作了比较，又参照比较了《集韵》的反切，得出《广韵》音系也就是《切韵》音系，而《集韵》则不能归于《切韵》音系的结论。李思敬在评论中除对唐文给予肯定外又作了一些补充论述。

小组讨论分四个专题组进行：现代汉语组（含语言理论、汉外比较），近代汉语组，古代汉语组，音韵、方言、民族语言组。经过讨论各组推荐有代表性的论文到全体大会作学术报告。推荐的论文有马思周《近代汉语表疑问词读阳平论》、余志鸿《元代汉语假设句的后置标记》、潘文国《比较汉英语语法研究史的启示》、吴继光《语流中的名词句连用》、曾宪通《释“凤凰”及其相关诸字》、李建国《唐代的字样之学》、史锡尧《论句义的表达和理解》、李思敬《关于黄侃古音学的“乞贷论证”问题的思考》、吴启禄《贵州民族语言概况》等。

中国语言学会副会长胡明扬在闭幕词中说，这届年会的论文多是下了大功夫写的，材料翔实，分析细致深入，并且有不少新观点、新方法，有的论文有强烈的时代精神，有的论文则富有社会实用价值。他还说中国语言学正朝着和国际语言学汇合的方向快步前进。

第六届中国明史国际学术讨论会

1995年8月11～16日，第六届中国明史国际讨论会在明太祖朱元璋的故乡——安徽凤阳县举行。这次讨论会由朱元璋研究会、安徽师范大学、中国明史学会、我院历史研究所明史室等单位联合发起。与会代表除大陆学者外，还有来自我国台、港地区和日本、韩国、新加坡、美国、德国等国的专家学者。大会共收到论文百余篇，大部分选题清新，较为全面地反映出近两年国内外明史研究的新动向、新视野、新水平。讨论会的主题为朱元璋与明代政治，通过几个层面进行讨论：（1）朱元璋政治思想的形成与发展；（2）朱元璋废相与滥杀功臣；（3）朱元璋治国政策的历史影响。

海峡两岸传统社会与当代中国社会史学术研讨会

1995年8月12～14日，海峡两岸传统社会与当代中国社会史学术研讨会在北戴河召开。此次研讨会由我院历史研究所与台湾联合报系文化基金会合作举办。与会学者60余人，宣读论文近50篇。会议的议题包括宗教、家族、家庭问题；妇女与儿童问题；秘密宗教与秘密社会问题等方面。这次研讨会是海峡两岸社会史学者第一次坐在一起进行社会史的探讨与交流，通过这次接触，为今后双方的合作提供了诸多可能，更有助于拓宽研究方法和思路，将研究引向深入。

走向21世纪：中外文化、文艺理论国际学术研讨会

1995年8月，我院文学研究所中国中外文艺理论学会与山东师范大学在济南联合举行“走向21世纪：中外文化、文艺理论国际学术研讨会”。来自全国各地、国外、境外专家、学者百余人出席了这次会议。汝信副院长在开幕式的贺词中指出：“我们的文艺理论研究要跟上时代的步伐，就应该面向现实、面向世界、面向未来，去探讨文艺创作中出现的新现

象、新问题，在这个基础上提出新观点、新理论”，“要革新我们的文艺理论研究工作，要解放思想，更新知识，更新观念”。但是“单靠引进和搬用某一种外国理论来解决我们所面临的文艺问题，肯定是不会成功的。文艺理论研究只有扎根于中国大地，从中国实际出发，解决中国的实际问题，才能在中国真正开花结果”。中国中外文艺理论学会会长钱中文在开幕词中说，“在当今国际文化环境中，倡导东西方学者加强对话与联系，增进东西文化、文艺理论的双向交流，顺应历史潮流。结合文学创作的实际，在中外古今融会贯通的基础上，必然会出现文学理论的创新。中外文学理论的关系不是跟着说，甚至不是接着说，而是对着说，对着说则是真正的对话。未来新的综合与融合，将使文学理论获得新质，得到更新与发展。独创、综合、交融、创新，将是文学理论未来的新趋向”。文学研究所所长张炯也向大会致词，提出有三个涉及文艺创作的问题要深入讨论，即文艺本质特性、人的本质特性、文艺创造的本质特性。

会议就文艺理论的未来走向、建立有中国特色的文艺理论、重建文学艺术的价值精神、文艺的人文精神、民族性与世界性的关系、中国古代文论的现代转换、中西文论的整合、中西比较诗学等问题，进行了学术交流。学会顾问蒋孔阳指出：一、在建立有中国特色的文艺理论中，我们对于民族特色不能作狭隘、固定的理解，而要把有利于中华民族发展的东西，理解为民族特色。二、对于外来的文化优势，我们要吸收、容纳和消化；对于我国固有的文化的优势，我们也不能数典忘祖，视而不见。三、要进行中西文论的比较研究，重视外国人对中国文论的研究，从中得到启发。

美国著名文艺理论家拉尔夫·科恩教授在发言中指出，作家以固有的方式写作，研究者以自己固有的方式展开研究，这种互相隔膜的现象是不正常的。文化、文艺理论研究要打破学科、地域、语言的界限，要结合新的社会文化现象（如电脑文化），深切关注理论的过去、现在和未来。他指出对话、交流的必要，如果将自己封闭于国界的局限中，我们就无法成功地建立关于世界文学艺术的理论，如果这种理论超乎我们的经验之外，则我们就不能准确地理解文学艺术。另一位美国著名文艺理论家乔纳森·阿拉克和印度学者拉雅珈巴兰·拉德哈克里希南分别就如何寻找一种更新更好的研究方法及“后殖民”文化问题发表了自己的看法，尤其是“后殖民”文化问题，引起了许多代表注意，会上会下进行了多次交流与对话。著名的比较文学学者周英雄教授就文学中的主体性问题作了历史性的考察，他认为文学的主体性应从作品自身出发，他应用现象学的阅读方法，通过对文本的具体分析，说明主体的定位与易位是透过文字进行的。他的分析方法引起了与会者的兴趣。

参加会议的学者、专家一致认为，此次以面向21世纪为主旨的学术研讨会，是国内外不少从事中外文化、各种文艺理论研究的学者、专家之间的一次成功的对话与交流，它无疑活跃了我国当前文化、文艺理论研究的学术空气，显示了中外学者对理论建设的执著追求与创造的自信。

APEC政策研究中心成立大会

我院亚太经济合作组织（APEC）政策研究中心于1995年9月1日宣告成立（中心常设机构设在亚太研究所），成立大会在院学术报告厅举行。来自中央国家机关、在京学术研究机构、大专院校、有关国家驻华使节、外国驻华机构的中外来宾近百人出席了大会。我院副院长、APEC政策研究中心理事长滕藤首先发表祝辞。他指出，近年来亚太地区的经济合作发展很快，亚太经合组织的发展也取得了显著的成效，尤其是在1994年“茂物宣言”之后，提出了APEC成员实施贸易、投资自由化的时间表，标志着亚太经济合作进入了一个崭新的、实质性的阶段，APEC已成为亚太地区经济发展与合作的一个有生命力的核心组织。中国地处亚太地区，是APEC组织的成员，并积极参与了各项活动，也愿意在APEC中起积极的作用。为了更好地开展对APEC问题的研究，特别是APEC政策的研究，为中国参加APEC活动提供政策建议和咨询，是中国社科院APEC政策研究中心的职责。中心将协调院内外的研究力量对APEC重大问题进行深入研究，并加强与院外研究机构的联系，为我国政府职能部门提供高水平的研究成果。研究中心主任张蕴岭在会上宣读了中心章程及领导机构组成名单。日本驻华大使佐藤嘉恭、世界银行驻华首席代表鲍泰利、福特基金会驻华代表赛奇在会上发表讲话祝贺中心成立，并预祝中心能取得优异的成绩。

“中国民族学如何面向21世纪”学术讨论会

我院民族研究所中国民族学学会于1995年9月15日在大连市主持召开了题为“中国民族学如何面向21世纪”的民族学学术讨论会。来自全国9个省市的57名代表出席了会议。他们来自党政机关的研究部门、高等院校和科研机构。

中国民族学学会会长、中央民族大学民族学研究院院长宋蜀华教授在大会上致开幕词，副会长李绍明教授致闭幕词。

代表们围绕着“中国民族学如何面向21世纪”这一主题，本着“百家争鸣”的方针，踊跃发言，各抒己见，热烈地进行了讨论。

一、如何进一步建立和完善中国民族学学科与理论体系。代表们认为：学科体系规范化是中国民族学学科发展与完善的重要前提。民族学是研究人类、民族及其文化的学科，是社会科学中的一门独立学科，并强调了学科建设的五化问题，即学科体系规范化、理论体系中国化、民族学知识普及化、田野调查科学化和研究对象多元化。

二、在新形势下，民族学如何研究和解决民族地区现代化建设中出现的理论与实践问题。民族学是一门应用性很强的学科。因此，与会学者认为：学术要与应用相结合，在现阶段，重点应放在为民族地区的现代化服务上。积极研究民族地区现代化过程中出现的新问题、新情况，为决策部门提供有价值的建设性意见。在学科方面，要扬长避短，加强现代化过程中的文化因素，创立民族学自己的社会发展理论和现代化学说。只有这样，民族学研究才会有强大的生命力。

三、关于如何培养中国民族学跨世纪教学和科研人才问题。一个学科拥有多少人才，是关系到这一学科的地位和影响的关键一环。只有培养出大批跨世纪的教学和科研人才，才能使中国民族学在21世纪得到迅速的发展和完善。就目前现状而言，应强化人才意识，创造人才成长的环境，做好梯队工作，有意识地培养新一代学术带头人，以促进民族学专业人才的培养和选拔。

夏鼐考古学研究成果奖金第二次颁奖会

我院考古研究所夏鼐考古学研究成果奖金第二次颁奖会于1995年9月19日在考古研究所举行。颁奖会由颁奖委员会秘书长、考古研究所副所长乌恩主持，评奖委员会主任委员、考古研究所学术委员会主任王仲殊宣布评选结果并对获得一等奖和二等奖的七项研究成果作了简明扼要的介绍，院党委书记兼副院长王忍之和王仲殊代表评奖委员会向获奖成果的作者颁发了奖状和奖金，获奖成果的作者代表麦英豪、赵其昌、王世民分别在会上发了言，最后，王忍之作了重要讲话。评奖委员会委员张政烺、安志敏、任式楠、刘庆柱，考古研究所领导王立邦、张国宝，以及获奖成果的作者代表，国家文物局、文物出版社、中国历史博物馆、故宫博物院、北京大学考古学系、北京市文物研究所、河南省文物考古研究所、湖北省文物考古研究所等单位的领导和专家，新华社、光明日报社和中国文物报社等新闻单位的记者，我院科研局领导葛良志及考古研究所学术委员、处室负责人和有关人员共60余人出席了颁奖会。

我院考古研究所夏鼐考古学研究成果奖金，是以夏鼐先生捐赠的3万元人民币为基本基金于1985年设立的，用于奖励对中国考古学做出突出成绩的中国境内的中国籍学者，以推动中国考古学研究和考古学事业的发展。1994年考古研究所另行筹集7万元，合计10万元人民币为基金。该奖是目前我国唯一的一项面向全国考古学界的奖金，也是中国考古学界的最高奖。该奖金由考古研究所负责管理，聘请所内外专家组成评奖委员会，负责评奖和颁奖。1995年6月30日，第二届评奖委员会在充分酝酿的基础上，采取无记名投票方式，从申报和被推荐的大量成果中评选出了一等奖3项，二等奖4项，另授予9项成果鼓励奖。

这次获奖成果，是从1986年1月至1994年6月间出版发行的考古著作中评选出来的。这次评奖，是我国考古学界最近几年研究成果的一次检阅，也是我国考古学研究水平的一次展示。获得一等奖的《殷周金文集成》（全书18册），作为一部古代铭刻资料的大型集录，收录殷周铜器铭文达11984件，并附有详细的文字说明，不仅对学术研究有重要参考价值，而且标志着我国殷周铭刻研究进入了一个新阶段。获得一等奖的《西汉南越王墓》、《侯马铸铜遗址》和获得二等奖的《定陵》、《包山楚墓》、《密县打虎亭汉墓》、《淅川下寺春秋楚墓》等6部著作，都是近年来面世的大型考古发掘报告。这些发掘报告不仅科学、详尽而全面地对有关大规模考古发掘的资料进行了报道，而且公布了广泛利用现代科学技术对考古遗迹和遗物进行分析、鉴定和研究的成果，同时还有各种专题性研究和综合性研究，既向学术界提供了完整的科学资料，又将某些问题的研究引向了深入，显示出我国田野考古发掘及资料的整理和研究都达到了前所未有的水平。

各位获奖著作代表的发言，都饱含深情，感人肺腑，催人泪下，他们在回顾相关发掘和研究工作历史的同时，无不满怀深情地缅怀了夏鼐先生生前对他们具体而又精心的指导，赞颂了夏鼐先生的严谨学风、大师风范和高尚情操。《西汉南越王墓》的代表麦英豪在发言中谈到，西汉南越王墓发现后第三天，夏鼐先生在听取广州赴京人员的汇报时就指出：考古研究所要同当地同志一起组成发掘队，积极投入该墓的发掘和研究，要投入大量人力，尽最大可能搞好这一工作；发掘队队长要由当地同志担任，发掘报告的署名要把考古研究所排在后面。发掘和整理期间，夏鼐先生曾先后两次到工地现场指导。《定陵》的代表赵其昌回忆40多年前的定陵发掘时说，夏鼐先生历来是不赞成对帝王陵进行主动发掘的，但当国家决定对定陵进行发掘后，他则认真地对待这项工作；定陵出土的皇冠，就是夏鼐先生带病在墓室内蹲了3天亲手清理出来的。《殷周金文集成》的代表王世民说，该书从立项到调集人员以至于编写体例的制定，都是夏鼐先生亲自筹划设计的；洋洋5千字的序言，也是夏鼐先生在出差去青岛期间撰写的；该书的编写出版，夏鼐先生倾注了大量精力和心血。

王忍之在讲话中充分肯定了这次评奖活动的作用和意义，高度评价了夏鼐先生的学识学风、献身考古事业的精神和对新中国考古事业的创立和发展做出的杰出贡献，号召考古工作者学习夏鼐，继承夏鼐，超过夏鼐，做出更多更优秀的成果，使中国考古学更加兴旺发达。

今年是夏鼐先生诞辰85周年，又是他逝世10周年。今年进行夏鼐考古学研究成果奖金评奖活动，是对夏鼐先生最好的纪念。这次评奖，将有力地促进我国考古学研究的深入开展；夏鼐精神，将继续激励着全国考古工作者以马克思主义为指导，艰苦奋斗，求实创新，不断地把我国的考古学事业推向前进。

海湾研究中心成立

1995年9月19日，我院批准成立“中国社会科学院海湾研究中心”。该中心制定了章程，确定了领导机构——理事会，并召开了成立大会。海湾研究中心的宗旨是：加强中国研究海湾问题和海湾国家的专家和学者的团结和合作，开展科研活动，促进中国与国外海湾问题学者之间的学术交流，增强中国与海湾国家之间的经济、文化交流与合作，为建设有中国特色的社会主义服务。滕藤副院长任名誉理事长。理事长：赵国忠，副理事长：姜汉章、温伯友，秘书长：王京烈。国内研究海湾问题的专家、学者和海湾地区沙特阿拉伯、科威特、巴林、卡塔尔、阿拉伯联合酋长国、阿曼六国大使或代办出席了成立大会。滕藤副院长以及海湾六国大使代表讲了话，祝贺该中心成立，并希望今后更好地开展学术活动，促进学术交流。

中国、阿根廷关系研讨会

1995年9月21～22日，我院拉丁美洲研究所和阿根廷驻华使馆在北京联合召开了中阿关系研讨会。

这次研讨会的召开，恰逢阿根廷梅内姆总统即将对中国进行第2次正式访问前夕，因而受到有关方面的重视。中国方面中联部、外经贸部和外交部等主管部门的领导和官员，国际贸易研究所、我院经济研究所和拉美所的有关学者，以及新华社记者参加了讨论会。阿方亦从国内派来外交部、经济部等单位的4名官员和学者与会。滕藤副院长和阿根廷驻华大使埃斯特拉达·奥尤埃拉出席了开幕式，并发表了讲话。

两国与会者提交了十多篇论文，内容涉及双方政治、经济和文化交流等诸多领域。双方发言人全面回顾了中阿两国建交23年来双边关系发展的积极成果，并对此感到满意；对于继续严格遵循发展双边关系的各项基本原则，双方表明了高度的共识；双方各自介绍了本国当前的政治经济形势，对进一步发展双边合作的潜力进行了探讨，并分析了双边交往中存在的一些具体问题，提出了一些对策建议。

双方与会者都认为，谋求和平与发展的共同目标，建立平等互利的新型国家关系是两国政府和人民的共同意愿。与会者还认为，中阿两国之间良好的政治关系，促进了双边经贸关系的发展。但同时也指出，当前存在的一些具体问题影响了双边贸易的发展。这些问题包括：(1) 阿方对中国一些出口商品实行反倾销问题；(2) 人员交往中签证比较困难；(3) 银行间的金融合作滞后的问题；(4) 双方能否就卫生检疫尽快达成协议的问题；(5) 双方之间如何进一步加深了解的问题。

针对双边贸易中存在的上述问题，双方与会者还提出了一些建设性意见：首先，加强磋商，加深了解。其次，在双边贸易中发挥各自的优势。第三，开辟新的合作领域。

“亚洲背景下的中德关系”研讨会

1995 年 9 月 21～22 日，我院和德国阿登纳基金会在北京联合举办了题为“亚洲背景下的中德关系”研讨会。该次会议的组织工作是由欧洲研究所承担的，有 20 余位中方学者及 7 位德方学者参加了这次研讨会。

在该次讨论会中，中德学者在许多问题上都达成共识。其中最重要的一致意见是，目前的中德关系，至少是处于二战后的最好阶段，还有很大潜力。

会后欧洲研究所组织出版了该次研讨会的论文集。

“回顾与展望：跨世纪的外国文学”学术研讨会

1995 年 9 月 21～24 日我院外国文学研究所《外国文学评论》编辑部和青岛海洋大学、青岛大学、山东省社会科学院共同举办“回顾与展望：跨世纪的外国文学”学术研讨会。来自全国各地的 70 多位专家学者汇聚青岛，参加了讨论。20 世纪外国文学的确表现出多元化和多声部的特点。文学流派此起彼伏，文学现象扑朔迷离，作家作品层出不穷，需要我们认真研究。大家就如何把握 20 世纪外国文学的特性和总体态势发表了意见。与会者从宏观上对 20 世纪占绝对位置的两大文学概念——现实主义和现代主义进行了历史性的回顾和远景展望。现代主义比现实主义显示了内蕴更丰厚、风格更庞杂的艺术成就。但是现实主义潮流却从来没有中断和消逝。关于 20 世纪文艺思潮，有代表提出，20 世纪理论的一个重要特点是回到柏拉图。不应只看到 20 世纪文论对柏拉图理念的批判，而且还要看到它与柏拉图哲学的联系。代表们还就 20 世纪文学与传统、20 世纪文论的语言论转向、对“人学”概念的理解等问题发表了意见。有人提出，“人学”是一个动态嬗变的历史概念。批判现实主义是抨击社会上层罪恶、呼唤人道良心的人学艺术史，社会主义现实主义的理论核心是“群体文学”。现代主义的人学特征是个体性人学。对理性主义和非理性主义，代表们也提出了自己的看法。在怀疑的时代，在相对主义的时代，才产生了非理性的挑战。它是对理性主义的怀疑，是新的一轮的求知，同样是把握世界的一种方式，是解开人类之谜的一种努力。与会者还对理论、作家和作品进行了微观评析。代表们的发言涉及到弗洛伊德精神分析理论中的

“初始场景”概念、结构主义、女权主义和后现代主义的关系、西方小说的陌生化特征等问题。有关文学史的讨论也是一个有意义的话题。研讨会上，学者们对俄苏文学史、美国文学史、波兰战后文学、澳大利亚当代文学进行了专门讨论。最后大家谈到大众文化对文学的挑战。对于21世纪，外国文学研究所所长吴元迈谈到，21世纪将是“世界文学”的世纪，将是众声喧哗的综合主义的世纪。文学，从来都像曙光，是内心里一盏不灭的灯。

首届涿鹿黄帝、炎帝、蚩尤三祖文化学术研讨会

为了弘扬和阐发中国传统文化的精华，深入探讨黄帝、炎帝、蚩尤三祖文化的历史蕴涵，促进学术交流，推动学科发展，1995年9月25～28日，由河北省涿鹿县人民政府、我院历史研究所中国先秦史学会、中华炎黄文化研究会共同组织发起的全国首届黄帝、炎帝、蚩尤三祖文化学术研讨会在涿鹿县隆重召开。来自海峡两岸历史学、考古学等方面的40多位专家学者出席了会议，共提交学术论文30余篇，就中华民族人文三祖及有关历史文化的一系列问题，展开了多角度、多层面的交流切磋。会议议题包括炎、黄、蚩三族的发祥地，阪泉之战与涿鹿之战，蚩尤的历史地位和蚩尤族南迁问题。

世妇会新闻报道学术研讨会

1995年10月5日，我院新闻研究所在京召开了“世妇会新闻报道学术研讨会”，讨论国外及海外新闻媒介对第四次世界妇女大会报道的特点和方法，分析其基本倾向，总结我国新闻宣传报道的经验，并探讨了加强和改进我国新闻媒介对外宣传报道效果等问题。研讨会由新闻所所长喻权域主持，来自人民日报社、新华社、光明日报社、国际广播电台等12家新闻单位的新闻工作者和中国人民大学、广播学院等院校的专家学者共39人参加了会议。

研讨会上，几位参与世妇会宣传报道组织工作，包括主办大会会报——中文《妇女之声》、英文《世界妇女》的同志，以及参加世妇会论坛活动的代表，作了观点鲜明的专题发言，会议围绕这些专题进行了讨论。与会者认为，世妇会从筹备到召开一直是各国关注的热点，不少传媒尊重事实，对世妇会取得的成就和会议组织工作的成功进行了客观的报道。但也有一些西方新闻媒介蓄意歪曲事实，毫无客观公正可言。其主要手法，一是对我国为争取世界妇女平等、和平、发展而承办世妇会这一主旨加以歪曲，对会议各种设施和组织工作竭力进行贬损；二是渲染会议有“政治恐怖”气氛；三是回避大会主题和成就，在枝节问题上大做文章；四是转移目标，攻击我国妇女状况。对此，与会者认为，西方新闻报道并非像它们宣称的那样客观公正，相反却是主题先行，以偏概全，主观代替客观，在新闻自由的旗号下表现出强烈的阶级立场和政治倾向性。西方传媒对世妇会的歪曲报道受到与会者谴责，是必然的。根据世妇会新闻报道的具体情况和我国新闻媒介的成功经验，参加座谈会的学者还从新闻学和传播学理论的角度进行了分析与总结。与会者提出，新闻传播的首要任务是提供信息服务，新闻报道是选择事实的艺术，选择就必然有立场，选择的目的应当是让大众比较全面、比较正确地了解外部世界的信息。我国新闻宣传报道受到世妇会各国代表和联合国官员的好评，其中一条成功经验，就是以提供客观、全面、公正、平衡的新闻信息服务为主，

既坚持党性原则，在重大问题上毫不让步，维护国家利益，又注意以中性面貌出现，用报道对象的观点巧妙地表达我们自己的倾向，将倾向性把握在能够为多数“中间群众”接受的“度”上，避免剑拔弩张，适得其反。从世妇会新闻报道情况看，以往新闻学理论研究中争论不休的对“本质真实论”的批评是不能成立的，事物发展主流和支流在新闻报道中反映的比例应当符合客观实际，否则只会误导社会。即使强调新闻报道自由，也应承担对法律和公众负责的义务，而不能滥用这种自由。

税法国际研讨班在开封举行

基本情况：1995 年金秋时节，作为我院与荷兰教育科学部协议项目之一的税法国际研讨班，在中国历史名城河南省开封市举行。该次研讨班由我院法学研究所与荷兰莱顿大学联合主办，得到了河南大学法律系的支持。荷兰莱顿大学选派沃汀和赫尔登副教授前来讲授。学员计 20 名，他们均是从事税务实际工作或研究教学工作的专业人员，分别来自最高人民法院、国家经济体制改革委员会、财政部、国家税务总局、北京市国家税务局、北京大学、中国人民大学、中国政法大学、对外经济贸易大学、华东政法学院、西北政法学院和我院法学研究所等机关、院校和科研单位。

10 月 9 日上午，研讨班开幕式在河南大学小礼堂隆重举行。出席开幕式的有我院外事局暨欧洲处的领导，法学研究所领导，开封市政府、大人常委会、司法局及检察院领导，河南大学暨法律系领导，荷兰莱顿大学法学院教授，全体学员，河南大学法律系部分师生等。

10 月 9 日下午，研讨班正式开课。荷兰教授开始全面、系统地讲授荷兰及欧共体税法。其间，穿插若干座谈讨论会及中国学员的专题讲座。

10 月 20 日下午，为期两周的研讨班落下帷幕，与会者在开封宾馆举行了简短的闭幕式。有关领导和荷兰教授发表讲话，对该次研讨班给予很高的评价。随后，荷兰教授向完成学业的全体学员一一颁发了荷兰莱顿大学的结业证书。

研讨内容：该次研讨班的主旨在于介绍、探讨荷兰及欧共体税法并将之与中国税法加以比较研究，有关讨论内容涉及广泛，主要包括：荷兰与欧共体税法的理论基础及其相互关系，荷兰税法的概貌和特点，荷兰税制的基本框架和设计原理，税收与再分配，税收与国际贸易和国际关系，税收与各国经济发展，直接税与间接税的作用，个人所得税的课征范围及其变迁和社会影响，公司所得税存在的理论依据及其与个人所得税重叠课征的解决方法，特定关系公司间避税的产生原因、方法及防止措施，增值税的结构及其经济影响，纳税申报制度的普遍采用及其实际操作，税款征收的有效实现及有关的稽征制度，中国税制改革与中国税法的演变，中国涉外税收概况，荷兰税法与中国税法的异同及其原因、历史和社会背景等。

研讨形式：基本上采用中荷双方共同使用英语、自由交流的形式。在授课方面，中国学员于荷兰教授的讲演过程中随时就有关的难点、疑点问题提问，荷兰教授则即席详加解答；在座谈讨论会方面，中荷双方就各自或共同关心的问题广泛地、无拘束地进行切磋研讨，相互交流知识和心得。其间，研讨班组织者根据双方的意愿，及时与双方协商，灵活安排授课和座谈讨论的内容，使之更为紧凑合理。

研讨效果：首先，荷兰教授对荷兰及欧共体税法理论与税制结构的精彩的讲解和分析论证，为中国学员打开了一个瞭望世界的窗口，使中国学员开阔了视野和思路，增长了见识。特别是，由荷兰教授直接用英语传授，具有相当的权威性、准确性和可靠性，澄清了国内有些论著在移译介绍欧洲税法时的某些有疑义或不当之处，对于提高和完善税法研究具有重要意义。

第二，两位荷兰教授备课、讲课倾尽心力，令中国学员感动。在授课方法上，两位教授分别以理论分析、举例说明及图表佐证等手段详加讲解，逻辑性强，论证有力，既使人易于理解，又令人信服。尤其是两位教授还各就其专业特长，分别从税法学和公共财政学的不同角度对各种税所涉及到的不同层面逐一考察，使学员对税收领域中的各种问题有了更全面和更深入的认识和了解。许多人改变了税收即“政府要钱，纳税人交钱”的简单、片面认识，开始注意到，在市场经济条件下，合理的税收制度对于引导投资和消费导向，对于建立合理的社会保障制度，对于调节社会财富的分配，从而保障并促进经济和社会的安全、稳定与发展，维护社会正义等，都具有重要的作用。

第三，荷兰教授对该次研讨班的组织工作给予高度评价，特别对中国学员的知识素质和外语水平以及认真求知的态度十分满意。他们感到，该次研讨班比他们原来想象的还要成功。他们觉得自己也从学员那里学到了许多东西，对中国税法有了较全面的了解和认识。研讨班结束后，荷兰莱顿大学负责此项目的波洛克教授专程来华验收总结，在了解情况后，对该次研讨班深表满意，并表示愿在其他方面与我院合作交流。

最后，在作为中国古代灿烂文明的代表地之一，六朝古都开封市举办国际税法研讨班，由荷兰学者向中国学员介绍欧洲发达、完善的税法制度并由双方就两国税法加以对照探讨，令人产生很多遐想和对历史的沉思，对提高该次研讨班的思想水平和中国学员的爱国情操具有特定的作用。

《文学遗产》创刊40周年
暨复刊15周年庆祝会和学术报告会

为纪念《文学遗产》杂志创刊40周年暨复刊15周年，我院文学研究所于1995年10月10日在北京举办了庆祝会和学术报告会。出席庆祝会的有：中宣部、中国社科院、国家语言文字工作委员会、中国艺术研究院等单位的负责同志，有来自北京地区各高等院校、科研机构、新闻出版单位及其他文化部门的150多位专家、学者，还有来自全国各省、市、自治区的40多位古典文学专家、教授。我院汝信副院长在庆祝会上发表了讲话。他肯定了《文学遗产》40年来所取得的成绩，肯定了《文学遗产》长期坚持的科学方向和严谨切实的学风。他指出，40年来《文学遗产》发表了许多优秀的论文，在古典文学研究界起到了核心刊物的作用，在组织学术队伍、培养学术人才方面也做了许多工作，受到各界的重视和好评。他回顾了40年前陈翔鹤先生为刊物奠定的理论与实际并重的学术传统。汝信同志在讲话中还勉励《文学遗产》编辑部在新的历史时期里勤奋工作，克服困难，进一步联系和团结广大古典文学工作者，加强学科建设，为总结和继承祖国丰富的文学遗产，为社会主义精神文明建设多做贡献。文学研究所副所长董乃斌代表文学研究所和《文学遗产》编辑部讲话，他希望有关方面和领导继续给《文学遗产》杂志以关怀和支持。希望全国老、中、青三代学者一如既往地爱护和浇灌这片共同的园地，也希望编辑部的同志更加广泛而深入地联系全国的作者，更加精心地编好刊物。在庆祝会上发言的还有：老、中、青三代古典文学研究者的代表北京师范大学教授钟敬文、中华书局编审程毅中、杭州大学萧端峰。

10月10～12日，由《文学遗产》编辑部主持举行了学术报告会，北京以及各省、市赴京专家、学者80多人参加了会议。报告会的宗旨，是在庆祝《文学遗产》与新中国的古典文学研究事业一同进步、硕果累累的同时，重申它继续为建设中国的学术文化事业努力发挥作用的办刊原则。专家们提出的学术报告基本上反映了当前学术界研究的状况以及人们普遍关心的问题和焦点，大致可以归纳为文学研究与文献、文学史与文学理论、文学与社会文化三方面的论题。在学术报告会上，还特设有形式新颖的编者与读者的交流活动，编辑部的同志根据编辑工作的经验体会，就研究中的成绩和欠缺分别发表了各自的意见。与会者一致反映，会议的学术质量很高，《文学遗产》在40周年纪念活动中安排这样一项活动，体现了刊物的学术本色。

走向21世纪的社会主义——纪念恩格斯逝世一百周年国际学术研讨会

该研讨会由我院马列研究所、中共中央马列著作编译局、华中师范大学共同主办，于1995年10月15～18日在武汉召开。来自俄罗斯、法国、德国等国的外国学者和国内的专家学者40余人出席会议。与会者围绕恩格斯对社会主义理论与实践的贡献；马克思主义与建设有中国特色的社会主义；20世纪社会主义的回顾与21世纪社会主义的展望三个主题进行了研讨。

与会者认为，恩格斯作为马克思主义的两位奠基者之一，为创立、坚持和发展科学社会主义理论做出了自己独特的贡献。他对社会主义从空想到科学发展历程的系统阐述，对唯物史观和剩余价值理论与科学社会主义内在联系的精辟论述，使科学社会主义的理论体系得以构建。面对19世纪末资本主义生产方式的巨大变化和无产阶级革命面临的新形势，他将马克思主义的基本原理创造性地应用于实践，对资本主义社会基本矛盾及其新的表现形式、国家学说、无产阶级革命的战略和策略、东方经济文化落后国家的发展道路等重大问题进行了科学的考察和分析，极大地丰富和发展了科学社会主义，为20世纪社会主义运动的胜利奠定了理论基础。与会者指出，恩格斯探讨社会主义的方法论原则和他关于科学社会主义基本原则的思想，时至今日仍对我们的社会主义改革和发展具有重要的指导意义。他曾反复阐明，实行生产资料公有制是社会主义与资本主义的“具有决定意义的差别”。如果丢掉生产资料公有制，便无所谓科学社会主义。因此，在谈社会主义的本质规定时，对这个社会主义的最根本原则不能模棱两可或含混不清。不能因为过去曾教条式地实行这个原则，在社会主义实践中犯了错误，就否定这个根本原则。而应吸取教训，将这个根本原则运用到不同国家、不同时期的社会主义实践中，找到公有制实现的最好形式，解决这个历史性课题。

与会者认为，一百多年来，马克思主义在与各国具体实际和时代特征相结合的过程中，不断得到丰富和发展。建设有中国特色的社会主义理论就是马克思主义面向新时代，回答新问题的伟大成果。关于中国特色社会主义与时代发展的关系，有的学者指出，苏联模式是在战争与革命为主题的时代选择的一种社会主义模式。随着时代主题向和平与发展转换，从计划经济过渡到有宏观调控的市场经济就成为社会主义面临的新的时代课题。在这个过渡中，社会主义发生了一次从波匈事件到苏联剧变的发展性危机。危机既包含危险，又包含机遇。正是以苏联模式衰败促发的危机为重要条件，中国特色社会主义逐渐萌芽、形成和发展起来，开始向着有宏观调控的社会主义市场经济过渡。与会者认为，中国特色社会主义对马克思主义理论做出了重大贡献。有的学者提出，它的贡献就是赋予了马克思主义新的生命力。马克思主义的生命力就在于，以它的基本原则和根本方法为指导，探索不同时代、不同国家无产阶级革命和建设的特殊规律。有中国特色的社会主义理论与实践，正是这一生命力的体现。有的学者指出，中国特色的社会主义具有不同于传统观念的社会主义的思想特点，这就是严格地按照生产力发展的状况规定社会主义的历史进程。它不仅在理论上实现了社会主义在当代的自我更新，而且在实践上开创了世界社会主义新一轮周期运动的新起点。

与会者认为，社会主义在20世纪的发展经历了艰难曲折的历程，给我们留下了宝贵的经验和教训。社会主义运动在本世纪遇到的困境，深层次的原因在于没有把社会主义放到世界历史这个总进程中加以考察。在原苏东国家出现严重曲折后，从表面上看，社会主义似乎已经大大削弱，但由于人民经受了锻炼，从中吸取了教训，将使社会主义向着更加健康的方向发展，并将用实践向人类证明，社会主义是必由之路。展望21世纪，社会主义不仅将继续存在，而且将迈过低谷走向复兴和发展。虽然道路是漫长和曲折的，但社会主义代替资本主义将是历史发展不可逆转的总趋势。

中日第六次佛教学术会议

由我院世界宗教研究所与日本《中外日报》社联合主办的“中日第六次佛教学术会议”于1995年10月17～18日在北京举行。自1985年11月由日本《中外日报》社发起在京都举行两国第一次佛教学术会议以来已经过了10年，其间每隔两年分别在中国、日本轮流举行会议一次。

该次会议的中心议题是“佛教与儒、道二教的关系”。中日两国各有五位正式代表出席会议并发表论文，展开学术答辩。日本学者围绕中心议题多从某一专题或著作进行微观研究，中国学者多从整体上进行发挥，通过彼此交流，加深了对传统文化中的佛教与儒、道二教会通和结合的了解。

第四届全国青年世界史工作者学术讨论会

1995年10月17～21日，第四届全国青年世界史工作者学术讨论会在湖南湘潭市召开。这次会议由我院世界历史研究所《世界历史》杂志社、湘潭师范学院历史系和中国史学会东方历史研究中心共同主办。会议经费由我院院长基金资助了一部分，院领导王忍之向会议发了贺信。出席会议的正式代表有52位，他们都是全国各大专院校及研究单位推荐来的、在世界史学科中作出一定成绩的青年学者。会议收到论文47篇，选题为世界历史上社会转型时期各国在政治、经济及世界文化诸方面的变革，20世纪世界政治格局及国际关系的变化，走向21世纪的各国世界史研究等。

会议以分组形式进行讨论，气氛十分热烈，涉及了当今世界史学界人们普遍关注的不少热点问题。主要讨论了以下问题：（1）关于20世纪世界格局问题；（2）关于意识形态在国际关系中的作用问题；（3）关于民族主义问题；（4）关于战后新殖民主义问题；（5）关于传统和现代化的关系问题；（6）关于19世纪中叶至19世纪末的欧洲工人运动问题；（7）关于人口与历史发展的关系；（8）关于学科建设问题等。

会议还特邀了几位学者作了学术报告。报告题目分别是：现代国际关系研究所研究员顾关福的"冷战后形势与俄罗斯"、世界历史研究所研究员廖学盛的"世界古代史研究的几个问题"、现代国际关系研究所副研究员楚树龙的"美国政治社会变革与中美关系"、南京大学教授钱乘旦的"英国历史上的阶级与阶级斗争问题"。

这次会议对扶持青年世界史工作者，发现和培养跨世纪的学科人才，进一步推动世界史学科的发展起了积极的作用，并将产生良好的社会效果。

商业代理制理论研讨会

中国商业经济学会、我院财贸经济研究所、中国人民大学、国内贸易部经济研究中心、北京市钟表眼镜公司于1995年10月23～25日在北京联合召开了商业代理制理论研讨会。会议收到论文、调查研究报告和介绍性资料共27篇，来自理论界、流通企业及有关部门的代表共43人出席了研讨会。代表们在提交的论文及会期的讨论中就有关商业代理制的许多问题进行了探讨，发表了各自的见解，与会代表的主要观点如下：

1. 商业代理制的职能和作用。代表们根据代理制的制度安排和运作特点，讨论了代理制的职能，比较一致的认为，它具有如下职能：（1）实现委托人权益的职能；（2）媒介和促进商品流通的职能；（3）信息传递职能。

代表们还根据代理制的运作特点，具体讨论了商业代理制对我国商品流通的作用。这些作用主要包括：（1）密切工商关系、农商关系及商商关系，稳定商品流通渠道；（2）提高流通效率，降低流通费用；（3）站在生产者或者委托者一方看，代理制的最大优势不在即期，而在远期现货代理；（4）站在代理方面即商业企业一方来说，代理制可使其取得稳定的货源，增强其经营实力和市场影响力，可使商业企业节省经营资金，提高资金的使用效率；（5）站在消费者的角度看，代理制有利于提高对用户的服务质量。

2. 商业代理的形式。商业代理是由商流、物流、信息流共同组合的商品流通系统。由于商业代理的复杂性和形式的多样性，它可以因不同的划分方法而表现为多种形式，概括起来看，主要有以下几种分类方法及相应的形式：（1）按照代理关系的授权和代理区域的大小划分，有全权代理、专项代理与内部代理，或直接销售代理与间接销售代理，或缔约代理与媒介代理，或独家销售代理与多家销售代理等形式；（2）按代理商在代理体系中所处的层次划分，有总代理与分代理形式；（3）按照委托人代理人之间的交易结算方式划分，有佣金代理和延期买断代理形式；（4）按照代理的业务性质及内容划分，有制造业代理商、销售代理商等形式；（5）按照代理商的组织形式划分，有公司代理商、信托机构、经纪人、销售代表等形式。

从国外情况看，最典型的有三种形式：一是以加拿大通用汽车销售公司的代理方式为代表的延期买断代理的形式；二是以美国罗兰达公司的代理方式为代表的所谓佣金代理形式；三是以日本商社为代表的所谓“指定销售”或“自营销售”形式。

3. 代理制在商品流通和流通体制改革中的地位。代表们普遍认为，社会主义市场经济的发展对于代理的需求日益明显，代理商也必将在经济生产中扮演重要角色，并不断地发展成为一支强大的经济力量，但在准确的在商品流通和流通体制改革中对代理制加以定位时，却有两种明显矛盾的观点：一种观点认为，在流通企业与生产企业之间的经济联系中，单纯购进买断关系的流通方式是次要的；而代理关系，即由代理商从事代理购销、代理储运等长期工商联合的现代流通方式则是主要的。流通与生产的关系，主要是代理关系，而不是买断关系。而另一种观点则截然相反，认为与独立的批发商和生产商的分销机构比，代理商只是批发商业的一种次要形式，而非主要形式。并不是每个商业企业都要发展代理经营，也不是在所有的市场态势之下都适于代理经营。

在商业代理适用的商品范围上，代表们也有不同的看法。部分代表认为，适宜于代理的产品门类主要是农产品和生产资料。另一部分代表则认为，代理不仅适用于农产品和生产资料，还适用于一些流通量大、市场覆盖面宽的生活消费品。有的代表认为，商业代理的适用范围主要限于各类新产品、急于开拓新市场的产品以及某些厂家的平销或滞销产品。但也有的代表认为，代理制能否成功，更主要的是要逐步对紧俏商品、名牌商品、有竞争力或有发展前途的商品取得代理权，以便垄断在一个地区对某种商品的专营权。

关于代理制在流通体制改革中的地位，一种观点认为，推行代理制，是深化生产资料流通体制改革的核心内容，是坚持发挥国有商贸企业在流通领域的主渠道作用的有效途径，是物资系统和流通企业摆脱困境的正确出路。但另一种观点则认为，商业代理的作用应定位于一种有效的营销策略，而不应将其作为物资流通体制改革的中心环节。

4. 商业代理制发展中的问题和对策。代表们还集中讨论了我国商业代理制发展中存在的问题，大家认识到尽管商业代理制近几年在我国发展较快，目前形势也较为有利，但另一方面，它还处于引导、探索、试点的阶段，还存在着许多制约因素。这些因素或问题有：(1) 我国企业还算不上是真正的市场主体，从而在一定程度上制约着代理制功效的发挥；(2) 市场秩序对发展代理制并不是很有利，存在所谓“信誉主体缺位”的现象，市场发育程度还很低，市场供求形势也不是很宽松，没形成真正意义上的买方市场；(3) 代理制将会引起工商企业间新的矛盾。在商业代理制下，生产企业资金占用增加，周转速度放慢，但另一方面，三角债将由工业企业转移至商业企业；(4) 代理费的控制可能会成为一个突出的问题；(5) 代理商自身条件及素质较低，网络与信息能力也很弱，不能满足委托人的要求；(6) 代理制的推行将面临价格限制的制约；(7) 直销与代理的并存将会导致大量的水货问题产生；(8) 市场分割将是我国推行代理制的最大阻碍；(9) 在经济波动下，合理的最低代理额难以确定；(10) 代理合同不完善，目前我国尚无统一的销售代理合同范本；(11) 各项有关管理法规和管理体制也还不健全。

针对上述问题，代表们提出了如下对策建议：(1) 在试点的基础上应尽快建立和推行代理制；(2) 理清国家与企业的初始代理关系，积极推行现代企业制度的改革，尽快使企业成为独立的市场主体；(3) 加强引导，推动工商企业积极建立起一种新型的工商关系，形成利益共享、风险共担的机制，以协调新形势下的工商新矛盾；(4) 进一步进行价格体制改革，完善工业企业的定价机制；(5) 防止水货与“官倒”，通过多方努力消除水货问题；(6) 破除部门、地域观念，尽快形成国内统一市场；(7) 在推行步骤上可以采取从沿海至内地，从大城市到中小城市；(8) 依据经济周期，适当调整最低代理额；(9) 加紧进行销售代理立法；(10) 制定我国的销售代理合同范本，规范销售代理中代理商与委托方的行为，促进销售代理的健康发展。

与会代表还就代理制与委托——代理关系、我国商业代理制产生和发展的原因、工业直销与商业代理形式的比较、农产品流通中的代理问题进行了热烈的讨论。

全国汉语方言学会第八届学术讨论会

我院语言研究所主办的全国汉语方言学会第八届学术讨论会，于1995年10月22～26日在武汉市举行。到会正式会员及列席人员共110多人，他们分别来自全国各地有关研究部门和高等院校，还有来自香港、美国、日本等国家和地区的汉语方言学者。

该次会议共有95篇论文在大会上宣读并讨论。论文涉及汉语方言语法研究方面的几乎占了一半，这反应了汉语方言学界近年来对方言语法研究的重视，无疑将对现代汉语语法的深入研究起到一定的促进作用。

会议期间，召开了理事会。理事会审议了第七届学术讨论会以来收到的入会申请，经过认真讨论，同意接收其中的27人为全国汉语方言学会会员。会议还选举通过了新的理事会。新的理事会由24名理事组成。

“中国西域楼兰学与中亚文明”国际学术讨论会

“中国西域楼兰学与中亚文明”国际学术讨论会，1995年10月26～28日在新疆库尔勒市召开，由我院中国边疆史地研究中心与中国中亚文化研究会、我院历史所、新疆大学历史系、巴音郭楞蒙古族自治州中国楼兰文化研究中心联合主办，来自北京、上海、江苏、辽宁、内蒙古、甘肃、新疆等省、市、自治区学者与会，其中中国学者54人，日本学者3人。提交大会论文27篇，大会发言学者29人，论文和发言涉及中国西域楼兰学与中亚文明研究领域中的历史、民族、宗教、文化、语言、文字、考古、地理等多方面问题，基本上反映了这些领域当前研究状况和达到的水平。边疆中心马大正同志在会上作了题为《开展中国边疆探察史研究的思考》的学术发言，发言中提出组织力量撰写楼兰探察史的构想，受到与会学者和出版界的重视。

第六次中日韩三方东北亚问题研讨会

1995年10月31日至11月4日，在我院学术报告厅，由我院世界经济与政治研究所、日本综合研究开发机构、韩国开发研究院共同主办了第六次中日韩三方东北亚问题研讨会。

会议讨论的主要问题及观点如下：

根据三方的商定，该次中日韩三方东北亚会议共有四个议题：(1) 东北亚的文化模式与合作关系；(2) 东北亚的安全格局及未来走势；(3) 东北亚的经济合作关系；(4) 东北亚地区在未来世界经济中可能发挥的作用。

文化问题被安排在第一议程上。它反映出人们越来越强烈的一个共识：探讨东北亚地区的经济持续高速增长之"谜"，仅仅凭借对经济本身或经济政治相互关系的研究是不够的，而必须从更加广泛的历史和文化背景下做全方位的把握。在主发言人之后的自由讨论中，三国代表从不同角度、不同领域纷纷发表见解，显示出东北亚地区某种历史渊源的共同性和当代发展的多样性之复杂结合的学术特点，所及话题还有文化差异与共性问题、日本和韩国起飞时期的文明发展及与当今中国的比较、文化因素能否视为经济成长的内在函数、东方文化与西方文化的优劣及未来走势等等。

会议第二阶段的主题是地区安全问题。这是一向被认为是最重要也最敏感的一个话题，在此次国际研讨会上亦不例外。如果说在前面的文化讨论和后面的经济讨论时各国与会者表现出较多的共同点的话，那么在这一阶段的讨论中则显示了较多的差异和激起了较多的争论。日本代表在提交的《东北亚的安全》一文中，把注意力集中放在朝鲜半岛的政治和安全形势上，强调了南北韩对峙局面的严重程度和以和平谈判方式解决矛盾的必要性；除了对美国的作用有比较积极的评估外，日本代表并没有涉及这一地区其他国家的角色及相互关系。与此相反，中国代表则明确指出了美国特别是日本在东北亚地区安全格局形成方面的消极作用。韩国代表则回避对上述两人的发言直接做出评判，而是谨慎地估量了中美关系在朝鲜半岛安全问题上的极端重要性，认为美国在这一地区的军事存在是保持稳定的重要前提条件。中方代表在评论中归纳了 3 位发言者的共同点，即都希望建立和平稳定安宁的地区局面，也都意识到冷战结束后国际关系发生了巨大深刻的改变，但同时指出各国出于利益差别而形成的观点差异，这主要表现为如何认识新的敌我友关系（假如还存在的话）、如何解释造成地区形势不稳的根源以及如何相应地处理这种局面等方面。对于三方代表的发言及评论，各国专家学者表示了极大的兴趣和关注，其提问和评论之踊跃、争论和分歧之激烈、交换意见之坦诚，均超过其他三个领域的讨论。一些代表指出，冷战结束以后世界发生了巨大的变化，往昔的敌我友关系早已模糊不清，应当以不同于"冷战思维"的新的思维看待国家间关系，包括已经有的和可能出现的各种摩擦与矛盾，避免陷入不必要的冲突之中。在这方面，东北亚国家尤其有责任维护今天这种来之不易的和平与发展的局面，做出更大努力促进相互的信任与合作。

东北亚的经济合作关系是第三阶段的主题。在这方面，中日韩三国之间一向被认为是具有最广泛的共同利益和交流话题。从这次研讨会的情况看，各国学者主要围绕几个具体领域的问题进行了深入细致的讨论，它们是：APEC 范围中的贸易和投资自由化问题（包括进程和难点）；次区域合作的各种设想；中日之间、中韩之间、日韩之间及三国与美国及世界主要贸易区的经济往来及合作关系；经济体制和对外经济方针方面的差异及其对东北亚经济合作的已有的和可能产生的影响；如何帮助朝鲜民主主义人民共和国进入次区域的经济合作并且享受经济国际化的好处；环境污染和采取措施制止形势进一步恶化的问题等等。

最后一段议程讨论的主题是东北亚地区在未来世界经济中可能发挥的作用。显而易见，这是当前世界各国经济学家、政治界和报界人士十分热门的一个话题，它当然不会为东北亚地区各国所忽略。在这次国际研讨会上，来自中日韩三国的经济学家们纷纷发表意见，阐述对这一问题的见解。尽管各方代表观点不同，但大家都有以下共识：第一，东北亚国家应当加强合作以应付可能到来的挑战；第二，亚太经济合作、包括东北亚各国的合作，不应当是排他性的，而应当采取“开放的地区主义”。

该次国际研讨会得以成功，主要有以下几点：

首先，在评论这次会议的气氛和收获时，许多代表都认为，这是一次坦诚的、畅所欲言的学者间的聚会，是一次议题广泛深入、探讨深入的学术活动，是不同社会制度和文化背景的国家的代表之间的一次友好交流。

其次，会上会下通过广泛深入的切磋交流，为三国间今后的交流与合作提出了许多很好的意见与建议。这反映出中日韩三国人士加强交流与合作的强烈愿望。

此外，会议组织工作周到有序。会议结束时，日本和韩国代表团团长代表各自国家的代表对我院世界经济与政治研究所为这次研讨会的成功所做的“辛勤而卓有成效的努力”给予了高度评价。

“亚洲的发展与中美关系”专家研讨会

1995年11月3日，美国对外关系委员会亚洲政策专家组专程到京就美国的亚洲政策及美中关系与我院亚太研究所共同举办了“亚洲的发展与中美关系”专家研讨会。会议由亚太所所长张蕴岭主持，滕藤副院长出席了会议。中方代表是来自中国社科院、外经贸部、中国国际问题研究中心、中国战略学会、中国外交学会等单位的专家学者13人，美方代表有包括前国防部长布朗、前财政部长布鲁门塞尔在内的10位著名专家出席了研讨会。会议分经济、国际关系及安全3个专题进行了讨论。关于美国的亚洲经济政策，美方非常关注美国对东亚贸易赤字及一些跨国经济问题，认为中国不应带有特殊的条件加入世界贸易组织(WTO)。在政治政策方面，美方认为亚洲的政治组织相当脆弱，其对亚洲的政策基础是接触政策，美坚持一个中国的政策并无意遏制中国。关于美对亚洲的安全政策，美方认为由于美国在亚洲存在着重大的利益，因此仍然保持在东亚的军事存在。美国希望与中国合作解决朝鲜问题，不希望南沙争端升级，希望能够和平解决台湾问题，并希望中国的军事预算增加透明度。

“中国与澳大利亚”学术讨论会

澳大利亚高级学者访问团于1995年11月29～30日与我院亚太研究所举行了为期两天的题为“中国与澳大利亚”学术讨论会。来自澳中两国的学者20余人出席了研讨会，双方就澳大利亚的亚洲政策、中澳关系、澳大利亚与中国在亚太经合组织中的作用、澳大利亚对中国经济改革的看法等问题进行了较为详尽的讨论，这是亚太所第一次与澳大利亚学者进行直接的学术交流，双方学者在讨论中各抒己见，并提出了许多问题，会议开得活跃而富有成效，双方加深了了解，并达成了一定的共识，进一步增进了中澳两国的关系。澳大利亚驻华使馆官员也出席了研讨会。

深圳国际美学美育会议

中国主办的第一次国际美学美育会议于1995年11月在深圳大学召开。该次会议由我院哲学研究所中华美学学会、深圳南山区教育局、深圳大学、北京泛亚未来教育中心联合举办。刘纲纪、聂振斌、滕守尧、胡经之、钟涵、姜一涵、史作柽、赫伯特·曼纽什、塞沃玛·索尼亚、卜松山等20多名中外著名学者和教授参加了会议。该次会议的主要议题是中西美学、艺术、审美和艺术教育的比较，分述如下。

1. 中西美学的沟通与对话。学者们不约而同地表达了一个共同看法：中国美学有自己独特的传统和魅力，这是中国人独有的财富，放弃它而亦步亦趋地追随西方人是愚蠢的。赫伯特·曼纽什认为，这个世界的精神孕育者应当是柏拉图和老子、亚里士多德和庄子。然而许多人却常常只提欧洲哲学家，忽视老庄，很不明智地拒绝了一种对欧洲文化极为重要的思想源泉。他期望随着中国思想对西方美学影响的增长、艺术对人的存在的意义问题将再次成为人们关注的焦点。滕守尧认为，道家哲学中有一种怀疑传统和对话精神，这种怀疑传统和对话精神正是打通阻碍人类的各种精神之墙的途径。然而今日中国文化和美学却严重缺乏对话精神。有的人对西方"话语"采取毫无保留和不加分析的态度，亦步亦趋地跟西方人学；有的则对之一律排斥。卜松山对比了中国美学和康德美学，他认为"气"范畴相当于康德的"天才"，"意境"则与"审美概念"有直接的对应。但从实质上说，中国美学与康德美学有很大差异：康德强调的是独创性，中国美学追求的是完美。这两点与其说是它们的优点，勿宁说是缺点。对独创性的强调导致了西方艺术求新求怪的恶习，而对完美的追求则使中国美学过于注重古典典范，导致艺术的停滞和僵化。卜松山认为，比起康德美学来说，中国美学是一种更为完美、更适合于艺术的诗意话语类型，这是中国人的宝贵财富，是中国人能平等地参与到西方美学讨论中去的基础。石朝颖认为，美学的描述是一种超越于形式描述的"存在性描述"，其价值在于使人类有从麻木不仁中被"唤醒"的可能。与此相应，我们这个时代的艺术就不可能只是单纯的东方或西方艺术，而是融合东西方的向一切可能去追溯的原始性艺术、一种"人类的艺术"。江溶和樊美筠都从审美与自然的关系上强调了中国古典美学对现代世界的意义。江溶认为，当代西方人提出的"诗意地栖居"正是一种与中国古代的"林泉之心"暗合的生存模式；樊美筠则认为，中国古典美学有一种比今日西方的生态革命所倡导的生态意识更加积极的生态意识。

2. 中西美学与艺术比较。刘纲纪和刘清平对中西美学的根本差异及其文化哲学根源进行了分析。他们认为，由柏拉图开其先河的西方文化揭示了现实与理想感情与理性、肉体与灵魂、个体与社会这一系列对立面之间的深刻矛盾和内在张力，并试图找到克服矛盾的途径。这是西方文化的深刻合理之处。对于深受孔子思想影响的中国文化来说，上述对立面之间并不存在不可逾越的鸿沟。通过伦理和审美修养的自觉努力，现实本身就可以通向理想。中国文化这种思想倾向，无疑存在着忽视矛盾冲突，走向为现实辩护的道路的缺陷，但另一方面，它认为人与自然、现实与理想、感性与理性、个体与社会之间不仅应当统一，而且在日常生活中就可以通过人类自身的努力达到统一的思想，正是中华文明能够延续并为人类做出巨大贡献的精神支柱和它们的现代意义所在。台湾学者石作柽把美学问题同对人类文明的考察分析联系起来。他认为，人类表达方式按其历史顺序应是一种三元结构：声音→图形→文字，其中声音是最完整自然的表达方式。自文字产生后，这个三元结构产生了断裂、缺失与偏转，文字遮蔽和掩盖了其他表达方式。最具原则性与自然性的表达方式的声音与图形失去了自然性。为了弥补因文字对自然的遮蔽而产生的缺陷，唯一的方法就是对文字进行还原，把它还原为声音与图像，这正是形上美学所做的工作。形上美学设法实在地建立起一条文字说明通道，将人从文字的世界带回自然存在状况之中。

聂振斌对比了中西方的人体艺术观念的异同，他认为，中国艺术偏重于人文精神，注重人的道德人格之美，对形体美则较忽视；西方艺术偏重于科学精神，人的美多与知识、自然相关，重视形体美。二者的差异是由于中西方不同的历史文化形成的，各有其历史的合理性与局限性。就两种艺术本身来说，它们只有异同而无高低之分。索尼亚·塞沃玛论述了东方的“精神之山”，她认为，东方的山之“道”为人类打开了一条无限宽广的道路，一个文化的心灵可以循之而达到心灵的最高抽象层次。“山”这一符号可以被用来反映任何一种人类感情，因为它有着多方面、多角度、多层次的隐喻。于培杰认为，中国传统艺术结构模式倾向于线条，西方则倾向于团块。

与会者还对审美与艺术教育的目标和方法等问题进行了探讨。他们达成了一个共识：美育是现代教育中一个必不可少的内容。美育不仅仅是与德、智、体、劳并列的一项“学科”，而且应该是渗透、体现于所有教学内容的一种基础教育与训练，是变应试教育为素质教育的最重要的途径。

当前拉美发展模式研讨会

1995 年 11 月 27 日至 12 月 1 日，中国拉丁美洲学会和我院拉美研究所在北京联合召开了当前拉美发展模式研讨会。拉美学会的部分会员和来自全国的 60 余名专家、学者参加了会议。滕藤副院长到会并讲了话。

会议就以下几个问题展开了深入的讨论：即关于当前拉美发展模式的由来、关于当前拉美发展模式的理论基础、当前拉美发展模式的主要组成部分、对当前拉美发展模式的整体评价、关于主要拉美国家发展模式之间的异同、关于对外政策和政治改革在当前拉美发展模式中的地位、当前拉美发展模式对中国改革开放的启示。

与会者认为，拉美发展模式的转换以及中国的改革开放，都是世界改革历史潮流的重要组成部分。因此，我们能从拉美国家的发展模式中得到一些有益的启示：

第一，必须掌握改革开放的“度”；第二，必须重视收入分配不公的破坏性作用；第三，必须强化国家的宏观调控能力；第四，在降低贸易壁垒的同时，必须努力扩大出口贸易。

香港史研究现状与前景研讨会

由我院与广东省社会科学院联合举办，香港新亚洲文化基金会协办，近代史所具体负责组织，于 1995 年 12 月 16～17 日在广东珠海市召开香港史研究现状与前景研讨会。我院副院长龙永枢，国务院港澳办和新华社香港分社部门负责人卫凌彦、蔡培远，香港新亚洲文化基金会主席范止安，珠海市副市长曾德锋等出席开幕式并讲了话。龙永枢在讲话中着重阐述了香港史研究的重大现实意义，热切期望内地、港澳和海外学者密切合作，写出更多更好的香港史著作，为实现“一国两制”的方针，促进香港的稳定繁荣多做贡献。

来自内地、港澳和加拿大等地的70余名学者出席了研讨会，共提交论文或发言提纲43篇。内容涉及内地和港澳香港史研究现状述评；香港史资料收藏情况简介；对近年出版的有代表性的香港史著作的评议；对香港史研究一些重大问题的探讨；对香港史研究前景的展望等。与会学者从不同角度，就上述问题进行了热烈讨论。

《20世纪的香港》、《粤港澳关系史》，是刚刚出版的香港史研究的新成果，引起了与会学者的极大关注。《20世纪的香港》主要论述20世纪香港的政治，与会学者在评议中充分肯定了该书的成就，指出它是继《19世纪的香港》之后，使人们认识香港、了解香港的又一部具有很高学术价值和现实意义的好书。《粤港澳关系史》一书对粤港澳这块原本混然同一，后又界分为三的地区关系进行了历史考察，认为正是由于近代鸦片战争及其后种种的复杂环境，使香港和澳门先后离开它们的母体——中国的广东，从而形成界限明确的粤、港、澳三个地区。与会学者对此给予充分的认同，指出全书主题突出，叙述了港澳地区是在一种怎样的历史背景下，以什么样的方式从粤（广东）分离出去的；粤港澳三地区出现不同政制和不同治理方式后的相互排斥与相互利用的关系，以及粤港澳人民具有“血浓于水”的民族感情，在一定的条件下，能够团结起来，共同御敌等等。

讨论中，与会学者还就香港史研究如何深入，提出了许多值得重视的建议。不少学者提出，为了把香港史研究提到新的水平，应当广泛搜集史料。不仅已发现的史料要及时整理出版，而且尚有很多中文、西方文献资料亟待挖掘，为使香港史研究能有比较大的突破，不能无视这些基础性的工作。其次，要把香港史研究引向深入，必须拓展研究领域，强化对香港经济史、社会史、文化史的研究，这是香港史研究的薄弱环节，应当加强。至于香港通史的编纂，在专题研究的基础上也应着手进行。再次，扩大研究队伍，加强内地、港澳学者的交流和合作，也是十分必要的。

与会学者普遍感到，这次研讨会既是对以往研究成果的检阅，也为香港史研究进一步发展展现了美好的前景。形势的需要对香港史研究是极大的激励，也提出了更高的要求，每个香港史研究者应当充分理解历史的使命，努力不负时代的重托。

当代世界社会主义问题研讨会

该研讨会由我院马列研究所、哲学研究所和广州中山大学哲学系联合主办，于1995年12月20～23日在广州召开。来自全国各地的30多位专家学者出席会议。会议围绕苏东剧变后世界社会主义流派现状及其对社会主义问题的研究；世界社会主义运动发展的前景；世界社会主义运动与建设有中国特色的社会主义3个议题进行了广泛而深入的研讨。此次会议信息量大，涵盖面广，反映了我国学术界近年来对当代世界社会主义问题研究的一些新成果。

与会者认为，苏东剧变后，世界社会主义运动虽然处于低潮，但包括西方学者在内，对社会主义问题的研究并未停止，反而出现了新的热潮，这种情况应引起我们的高度重视和关注。与会者从不同侧面探讨了这一新动向。在现有社会主义国家，苏东剧变客观上促使人们对僵化的社会主义模式进行反思，成为探索社会主义新道路的机遇。越南、古巴等国的共产党纷纷加快改革的步伐。1991 年越共七大提出了建立“社会主义定向的，多种经济成分的、由国家管理的市场经济机制”的改革方针。1991 年古巴提出改革开放，1993 年提出建立“多样化的经济”，1994 年宣布所有的生产部门都对外资开放，主张“不放弃马克思列宁主义、不摈弃社会主义而实现民主”，建立“自己独创的市场社会主义”。原苏东国家的共产党人及其左翼力量，也在总结经验教训，积极寻求理论上的创新。从俄共三大的新党章可以看出，俄国共产党仍强调坚持以马克思列宁主义为指导，力图探索一条适合俄国特点的、重新走向社会主义的道路。与会者指出，目前民主社会主义在西方有着广泛而深远的影响。特别是苏东剧变后，共产党人社会民主化的倾向加剧，其原因值得我们认真研究。在如何看待民主社会主义的问题上，我们既不能简单贬低，也不能任意拔高，必须加以具体分析。作为一个政治派别，它不属于无产阶级范畴；作为一种政治制度，它并不与资本主义根本对立。总的说来，它与科学社会主义有着本质区别。但它的理论及其社会性措施，仍值得我们探讨和借鉴。会上，还就近年来兴起的“市场社会主义”、“生态社会主义”、“后工业社会的社会主义”等社会主义流派的理论观点进行了评介，认为这些理论观点对于我们研究社会主义的进一步发展，具有启发意义。

与会者提出，未来社会主义发展的前景问题，正在成为世界普遍关注的重点。运用马克思主义的立场、观点、方法研究 21 世纪社会主义的前景，是时代赋予我们的历史使命。有的学者提出，21 世纪世界社会主义运动将逐渐进入复兴，这将是更高水平的社会主义，它有四个特征：与时代的特征相结合；与新的世界科技革命相结合；与市场经济相结合；与本国国情相结合。有的学者认为，未来社会主义的发展方向将是模式的多元化，将是民族性与世界性、多样性与统一性的结合。随着充满活力的社会主义新模式的产生，社会主义必然走向一个新的发展高潮。

与会者指出，建设有中国特色社会主义理论和实践的发展，必将促进世界社会主义运动的复兴。有中国特色社会主义理论的提出，不仅总结了中国社会主义的历史经验，而且也总结了世界社会主义的历史经验；不仅立足于本国国情，而且也是站在世界历史高度而得出的结论。这一理论与实践的世界意义，在于它初步回答了经济落后国家如何建设社会主义的问题，为世界现代化提供了一条新路子，为社会主义的复兴创造了条件。与会者认为，在新的历史条件下，对社会主义问题的研究必须有新视野、新角度、新方法。不仅要研究中国特色的社会主义，而且要研究世界社会主义的理论与实践；不仅要研究当今社会主义的发展，而且要研究当今资本主义的发展。要从世界现代化的进程，从资本主义发达国家所面临的危机，从全人类的命运和出路，探讨社会主义的发展模式。社会主义理论研究要敏锐地洞察世界科技革命的发展，研究和借鉴一切有价值的文化思想因素。要坚持一切从实际出发、实事求是的精神，理论密切联系实际，分析研究现实社会主义提出的各种问题，使我们的研究成果更好地体现其指导实际工作的价值。

第五编

学术人物

一　一九九四年中国社会科学院审定的博士生指导教师名单

系　别	专　　业	姓　名	备　　注
哲学系	马克思主义哲学	景天魁	
	中国哲学	蒙培元	
	西方哲学	王树人	
	逻辑学	刘培育	
	美学	聂振斌	
	科学技术哲学（自然辩证法）	余谋昌	
宗教系	宗教学	吴云贵	
经济系	政治经济学	陈东琪	
	中国经济史	董志凯	
工经系	工业经济	吕　政	
	企业管理	陈佳贵	
		周绍朋	
农经系	农业经济	邓英淘	
财经系	财政学	李茂生	
	商业经济	郭冬乐	
	国际贸易	陈家勤	
		王洛林	
投资系	投资经济	张汉亚	
世经系	世界经济	王金存	
法学系	法学理论	韩延龙	
	宪法学	张庆福	
	民法学	马骧聪	

续表

系别	专业	姓名	备注
社会学系	应用社会学	苏国勋	
民族系	中国民族史	史金波	
外文系	英语语言文学	盛 宁	
	法语语言文学	郭宏安	
	德语语言文学	章国锋	
文学系	中国现当代文学	袁良骏	
	中国古代文学	陈铁民	
少民系	少数民族语言文学	郎 樱	
语言系	现代汉语	徐 枢	
历史系	史学史	施 丁	
	历史文献学（古文献学）	葛兆光	外单位资格挂本院
	专门史	郭正忠	
	中国古代史	王曾瑜	
		陈智超	
近代史系	中国近现代史	杨天石	
		张海鹏	
世界史系	世界近现代史	杨灏城	
	世界地区史、国别史	汤重南	
考古系	考古学	杨 泓	
		孟凡人	
苏东系	国际政治学	李静杰	
拉美系		苏振兴	
亚太系	东方哲学	宫 静	
人口系	应用社会学	田雪原	

注：1995年2月15日国务院学位委员会同意我院学位委员会自审通过上述名单。

二 一九九五年晋升正高级专业技术职务人员

叶 坦（女） 1956年10月生，山东蓬莱人，研究员。主要学术专长是中国经济思想史研究。1982年7月河北大学历史系毕业，1985年7月武汉大学中文系硕士研究生毕业，1988年11月本院研究生院经济系博士研究生毕业。1988年至今在本院经济研究所工作。现任中国经济思想史学会理事、东方文化研究会历史分会理事等。

主要代表作有：《富国富民论——立足宋代的考察》（专著）、《文明的运势——中日民族性诸形态比较研究》（主编、主笔）、《中日近世经济观略论——东亚现代化基础研究之一》（论文）、《1920～30年代中国经济思想史研究之分析》（论文）等。

胡淑珍（女） 1940年9月生，河北藁城人，编审。主要学术专长是经济学类刊物编辑。1964年9月北京大学经济系毕业。1973～1981年在北京建筑工程学院工作，1981～1985年在本院财贸所工作，1985年至今在本院经济所工作。现任中国国际贸易学会理事。

主要代表作有：《对外经济技术交流手册》（编著、合著）、《改革十年社会科学重要理论观点综述》（编著、合著）、《实用经济辞典》（合著）、《工业市场学》（合著）、《社会科学新辞典》（合著）、《中国国际贸易学会十年来外贸理论研讨的主要观点与思考》（综述）、《也谈社会主义市场经济》（论文）等。

金 碚 1951年4月生，江苏吴江人，研究员。主要学术专长是工业经济学研究。1982年7月南京师范学校毕业，1984年10月南京大学经济系硕士研究生毕业，1989年6月中国人民大学经济系博士研究生毕业。1989年7月至今在本院工业经济研究所工作。现任该所副所长，中国投资学会理事。1991年被中国人民大学评为“做出突出贡献的博士学位获得者”。

主要代表作有：《中国工业化经济分析》（专著）、《经济发展与宏观统筹》（专著）、《中国国有企业改革的问题和前景》（合著）、《增长与发展》（译著）、《论公有制体系中的私有经济行为》（论文）、《论我国工业化过程中的劳动资源配置机制》（论文）等。

张承耀 1947年5月生，江苏镇江人，研究员。主要学术专长是企业管理研究。1970年2月清华大学毕业，1985年2月本院研究生院经济系硕士研究生毕业，1988年2月本院研究生院工经系博士研究生毕业。1988年2月至今在本院工业经济研究所工作。现任该所企业管理研究室副主任，中国消费者协会理事，广州铁路集团国有资产监事等。

主要代表作有：《现代企业制度原理》（专著）、《股份制认识误区试析》（论文）、《江南造船与三菱重工的比较研究》（论文）、《重审股份制》（论文）、《国有资产形态的变迁》（论文）等。

黄速建 1955年11月生，浙江萧山人，研究员。主要学术专长是工业组织研究。1982

年9月厦门大学会计系毕业，1985年2月厦门大学经济系硕士研究生毕业，1988年3月本院研究生院工业经济系博士研究生毕业。1988年3月至今在本院工业经济研究所工作。现任该所工业管理研究室主任，中国国有资产管理学会常务理事等。

主要代表作有：《公司制度与企业改革》（专著）、《市场经济与企业产权制度变革》（专著）、《市场经济与企业组织结构变革》（专著）、《社会募集公司的财务公开》（论文）、《现代企业制度建设中的若干问题》（论文）、《关于产权制度改革与国有投资主体的确定》（论文）等。

林道君 1938年10月生，山东福山人，编审。主要学术专长是外贸经济及经济刊物的编辑。1961年7月北京外贸学院经济系毕业，1965年8月北京外贸学院经济系研究生毕业。1965年8月至1973年11月在上海外贸学院工作，1973年11月至1984年4月在首都钢铁公司工作，1984年5月至今在经济管理刊授联合大学、本院工业经济研究所工作。现任《经济管理》月刊副主编。

主要代表作有：《资金流向与区域经济梯度整合》（合著）、《落实“条例”还需要多做扎扎实实的工作》（论文）、《推进我国工业经济的改革与发展》（综述）等。负责《经济管理》月刊编辑、审定工作。

韩　俊 1963年12月生，山东高青人，研究员。主要学术专长是农业发展理论研究。1983年7月山东农业大学农业经济系毕业，1989年5月西北农业大学农业经济系博士研究生毕业。1989年6月至1989年12月在国务院农村发展研究中心工作，1989年12月至今在本院农村发展研究所工作。现任《中国农村经济》编辑部主任，中国合作经济学会理事，农业部软科学委员会专家组成员。

主要代表作有：《跨世纪的难题：中国农业劳动力转移》（专著）、《崛起的中国农村股份合作经济》（论文）、《本世纪末农村富余劳动力转移的研究》（主持及执笔）等。

李　扬 1951年9月生，安徽怀远人，研究员。主要学术专长是金融问题研究。1981年7月安徽大学经济系毕业，1984年7月复旦大学世界经济系硕士研究生毕业，1989年7月中国人民大学财政金融系博士研究生毕业。1989年7月至今在本院财贸经济研究所工作。现任该所副所长，中国金融学会理事，中国财政学会理事等。1992年经人事部批准为有突出贡献的中青年专家。

主要代表作有：《财政分配与价格分配》（专著）、《货币供应量的统计及调控》（论文）、《国际资本流动对宏观调控的影响》（论文）、《市场取向的财政改革》（论文）、《中国城市土地的使用与管理》（论文）、《收入功能分配的调整》（论文）等。

裴长洪 1954年5月生，山西阳城人，研究员。主要学术专长是对外经济贸易研究。1976年8月厦门大学经济系毕业，1981年9月本院研究生院经济系硕士研究生毕业。1981年10月至1983年4月在本院经济所工作，1983年5月至1984年12月在中央书记处农村政策研究室工作，1985年1月至1994年8月先后在北京市牧工商总公司、北京市农村经济研究所、北京市农村经济研究中心工作，1994年8月至今在本院财贸经济研究所工作。现任该所外经贸研究室主任，中国国际贸易学会理论研究委员会理事及副秘书长等。

主要代表作有：《土地规模经营：我国农业后续政策研究》（专著）、《邓小平利用外资思想与马克思主义国际分工理论》（论文)、《FDI与中国开放型经济研究》(专著)、《我国外商投资发展的宏观分析》(论文)、《发展中经济的外资利用》(专著)等。

王福珍(女) 1937年6月生，辽宁辽中人，编审。主要学术专长是金融研究及经济类刊物编辑。1962年7月辽宁财经学院财政金融系毕业。1978～1983年在北京财贸学院工作，1983年至今在本院财贸经济研究所工作。

主要编辑的代表作有:《我国银行业务工作四十年》(主编)、《利率市场化问题研究》(主编)、《储蓄业务指南》(主编)、《合作金融学》(合编)等。曾主持《财贸经济资料》编辑部工作。

沈利生 1946年4月生，江苏张家港人，研究员。1970年3月清华大学电机工程系毕业，1982年2月清华大学经济管理系硕士研究生毕业。1982年2月至今在本院数量经济与技术经济研究所工作。现任该所经济模型研究室副主任，中国数量经济学会常务理事等。

主要代表作有:《中国经济波动和宏观调控研究》(专著)、经济蓝皮书:《中国经济形势分析与预测》(1993、1995年等)(合著)、《中国产业发展政策与经济增长的关系研究》(课题组成员)、《"九五"期间不同经济增长速度分析及几个有关问题》(课题组成员)等。

郑易生 1944年5月生，内蒙古凉城人，研究员。主要学术专长是技术经济研究。1968年12月清华大学自动控制系毕业。1973年2月至1980年底在燕山石化公司工作，1981年1月至今在本院数量经济与技术经济研究所工作。现任该所环境研究室副主任，中国环境学会第四届理事等。

主要代表作有:《局部经济效益的社会成本》(合著)、《自由交换，自由权力与自组织行为——论中国社会契约化过程的开始》(论文)、《有公共资源参与的"联合生产"和经济波动》(论文)、《产业组织及有效竞争》(合著、主笔)等。

周德英(女) 1941年11月生，重庆市人，编审。主要学术专长是数量经济理论研究。1966年四川大学经济系毕业。1968～1982年在本院经济研究所工作，1982年至今在本院数量经济与技术经济研究所工作。现任中国数量经济学会副秘书长。

主要编辑成果有:《需求膨胀的量化研究与预测公式》、《经济发展·改革与政策》、《体制转换中的中国工业生产率》等。主要代表作有:《略论固定资产折旧的计算方法》(合著)、《中国2000～2010年的经济、社会发展及对电力工业发展展望》(研究报告)等。

徐远和 1942年12月生，江苏如皋人，研究员。主要学术专长是中国哲学史。1967年7月北京大学哲学系毕业。1968年7月至1981年5月在铁道部第一工程局工作，1981年6月至今在本院哲学研究所工作。现任该所东方哲学研究室主任，中国孔子基金会学术委员会委员，国际儒学联合会副秘书长。

主要代表作有:《儒学与东方文化》(专著)、《理学与元代社会》(专著)、《元代儒学与中华文化》(论文)、《洛学源流》(专著)、《中国古代人学思想概要》(主编之一)等。

王葆玹 1946年11月生，北京市人，研究员。主要学术专长是中国哲学史。1981年9月本院研究生院哲学系硕士研究生毕业。

1981年9月至今在本院哲学研究所工作。

主要代表作有：《西汉经学源流》（专著）、《玄学通论》（专著）、《天人三策与西汉中叶的官方学术——再论“罢黜百家、独尊儒术”的时间问题》（论文）、《郭象庄注的改编及其与向注的混合——从一新角度看向郭庄注问题》（论文）、《〈系辞〉帛书本与通行本的关系及其学派问题》（论文）等。

王　路　1955年2月生，山西定襄人，研究员。主要学术专长是逻辑史及语言逻辑的研究。1977年2月北京大学西语系毕业，1981年9月本院研究生院哲学系硕士研究生毕业。1981年10月至今在本院哲学研究所工作。现任中国逻辑学会西方逻辑史委员会秘书长，金岳霖学术基金会副秘书长。

主要代表作有：《亚里士多德的逻辑学说》（专著）、《弗雷格》（专著）、《弗雷格的语言哲学》（论文）、《“是”的逻辑研究》（论文）、《对象的明确和方法的更新——论关于中国逻辑史争论的几个问题》（论文）、《论逻辑和哲学的融和与分离》（论文）等。

谷　方　1935年3月生，湖南衡东人，研究员。主要学术专长是先秦哲学的研究。1959年7月中国人民大学新闻系毕业。1959年8月至1979年8月在《新建设》杂志社工作，1979年9月至今在本院哲学研究所工作。

主要代表作有：《中国哲学人物辞典》（专著）、《主体性哲学与文化问题》（专著）、《学派与中国文化》（论文）、《评中国哲学史研究新领域的开拓》（论文）、《评重质轻文的传统价值观》（论文）、《关于实践与文化的几个问题》（论文）等。

徐友渔　1947年3月生，四川成都人，研究员。主要学术专长是英美语言哲学。1978年2月至1979年9月在四川师范大学数学系学习，1982年7月本院研究生院哲学系硕士研究生毕业。1982年7月至今在本院哲学研究所工作。现任中国现代外国哲学学会理事。

主要代表作有：《“哥白尼”的革命——哲学中的语言转向》（专著）、《罗素》（专著）、《语言与哲学——当代英美和德法传统比较研究》（合著）等。

闵家胤　1942年6月生，四川泸州人，研究员。主要学术专长是系统科学和系统哲学的研究。1964年9月北京师范学院中文系毕业，1981年9月本院研究生院哲学系硕系研究生毕业。1981年9月至今先后在本院情报所、哲学所工作。现任哲学所马克思主义哲学原理研究室副主任，中国系统科学研究会理事。

主要代表作有：《进化的多元论——系统哲学探索》（专著）、《系统科学的对象、方法和哲学意义》（论文）、《进化的多元论及其哲学意义》（论文）、《阳刚与阴柔的变奏》（主编）、《对系统论的哲学考察》（论文）、《多种文化的星球》（合著）等。

李立新（女）　1939年9月生，浙江东阳人，编审。主要学术专长为历史唯物主义研究和哲学刊物编辑。1964年7月中国人民大学哲学系毕业。1964年8月至1969年4月在中央马列主义研究院工作，1973年9月到中国科学院近代史研究所工作，1978年9月至今在本院哲学研究所工作。现任《哲学动态》编辑部主任，中国历史唯物主义学会常务理事。

主要代表作有：《生产力标准》（辞条）、《实践唯物主义研究述评》（论文）、《哲学争论（1982～1986）》（合著）、《人道主义，还是自然主义——为人类中心主义辩护》（论文）等。主持编辑《哲学动态》。

李凤鸣　1940年9月生，北京市人，研究员。主要学术专长是社会主义思想史研究。1964年9月中央民族学院政治系毕业，1967年9月中国科学院哲学所研究生毕业。1967年9月至1994年8月在本院哲学所工作，1994年9月至今在本院马列所工作。

主要代表作有：《马克思主义的三个组成部分》（主编）、《科学社会主义在中国》（主编）、《伏尔泰》（专著）、《十八世纪法国唯物主义》（主编）等。

张战生　1944年12月生，河北盐山人，编审。主要学术专长是马克思主义和社会主义基本理论研究及刊物编辑。1968年12月北京大学哲学系毕业，1981年9月本院研究生院哲学系硕士研究生毕业。1981年9月至1985年11月在本院哲学研究所工作，1985年11月至今在本院马列所工作。现任《马克思主义研究》编辑部主任。

主要代表作有：《唯物史观基本范畴史纲》（合著）、《马克思主义哲学史》第一卷（合著）、《反思与超越——马克思主义的思想轨迹》（合著）等。编辑《马克思主义研究》期刊。

何光沪　1950年9月生，贵州贵阳人，研究员。主要学术专长是宗教哲学及基督教神学。1978年3月至1979年8月在贵州师范大学外语系学习，1982年8月本院研究生院硕士研究生毕业，1989年7月本院研究生院博士研究生毕业。1989年7月至今在本院世界宗教研究所工作。现任该所宗教学原理研究室主任，中国宗教学会理事。

主要代表作有：《多元的上帝观》（专著）、《中国文化的根与花》（论文）、《一种开放的宗教哲学》（论文）、《中国宗教改革论纲》（论文）、《现代基督教思想（上下卷）》（译著）等。

李富华　1939年9月生，宁夏银川人，研究员。主要学术专长是佛教文献的研究。1964年8月北京大学历史系毕业。1964年9月至今在本院世界宗教研究所工作。现任该所佛教研究室副主任。

主要代表作有：《中华大藏经（106册）》（合编）、《赵城金藏研究》（论文）、《法门寺发现的普宁藏秘密经及其续补问题》（论文）、《中国民间宗教史》（合著）、《佛教经籍选编》（合编）等。

马文宽　1936年8月生，河北宣化人，研究员。主要学术专长是瓷器考古研究。1960年9月北京大学历史系毕业。1978年12月至今在本院考古研究所工作。

主要代表作有：《宁夏灵武窑发掘报告》（主编）、《海上陶瓷之路》（论文）、《〈马可波罗游记〉所录中国基督教初考》（论文）、《辽墓辽塔出土的伊斯兰玻璃——兼谈辽与伊斯兰世界的关系》（论文）、《从考古资料看中国唐宋时期与伊斯兰世界的文化交流》（论文）等。

曹定云　1939年9月生，湖南衡山人，研究员。主要学术专长是甲骨文的研究。1963年7月毕业于北京大学历史系。1963年7月至今在本院考古研究所工作。

主要代表作有：《殷墟妇好墓铭文研究》（专著）、《论殷墟卜辞中的“上示”与“下示”》（论文）、《释道、永并兼论相关系》（论文）、《古文“夏”字考——夏朝存在的文字见证》（论文）等。

李毓芳（女）　1943年4月生，北京市人，研究员。主要学术专长是秦汉考古学研究。

1968年7月北京大学历史系毕业。1972年6月至1979年4月在陕西省咸阳市博物馆工作，1979年5月至今在本院考古研究所工作。现任该所汉长安城考古队队长。

主要代表作有：《汉长安城未央宫发掘报告》（合著）、《汉长安城窑址发掘报告》（合著）、《汉长安城的宫城和市里布局形制述略》（论文）、《汉宣帝杜陵陵寝建筑制度研究》（论文）、《汉代陶窑初论》（论文）等。

安家瑶（女） 1947年8月生，山东烟台人，研究员。主要学术专长是隋唐都城考古和古代玻璃研究。1978年2月甘肃师范大学毕业，1982年7月本院研究生院考古系硕士研究生毕业。1985年9月至今在本院考古研究所工作，现任西安研究室主任。

主要代表作有：《中国出土的明确年代的伊斯兰玻璃》（论文）、《中国的早期玻璃》（论文）、《唐长安西明寺遗址发掘简报》（论文）、《唐长安西明寺遗址的几个问题》（论文）、《隋仁寿宫·唐九成宫37号遗址的发掘》（执笔）等。

张永山 1936年11月生，北京平谷人，研究员。主要学术专长是甲骨、金文的研究。1963年7月北京大学历史系毕业。1963年8月至今在本院历史研究所工作。

主要代表作有：《中国军事史略》（合著）、《原始社会》（合著）、《罗振玉评传》（合著）、《武丁南征与江南“铜路”》（论文）、《商代的南北交通——从新干商墓看商文化的南渐》（论文）、《西周时期的纺织和毛皮手工业生产》（论文）、《金文所见成周的战略地位》（论文）等。

赫治清 1939年10月生，四川开县人，研究员。主要学术专长是清史研究。1963年7月毕业于四川大学历史系。1963年9月至今在本院历史研究所工作。现任中国社会科学院韩国研究中心理事，中国会党研究会副会长。

主要代表作有：《天地会起源研究》（专著）、《中国古代军制史》（合著）、《二十六史大辞典·兵制编》（主编）等。

李锡厚 1938年11月生，辽宁沈阳人，研究员。主要学术专长是中国古代辽金史研究。1963年8月北京大学历史系毕业，1981年10月本院研究生院历史系硕士研究生毕业。1981年11月至1987年3月在中国人民警官大学工作，1987年3月至今在本院历史研究所工作，现任隋唐宋元史研究室副主任。

主要代表作有：《耶律阿保机传》（专著）、《中国政治制度史（辽金卷）》（专著）、《头下与辽金“二税户”》（论文）、《辽金时期契丹及女真的社会性质的演变》（论文）等。

宋镇豪 1949年1月生，江苏江阴人，研究员。主要学术专长是甲骨学及先秦史研究。1969年12月武汉河运专科学校毕业，1981年8月本院研究生院历史系硕士研究生毕业。1981年8月至今在本院历史研究所工作。现任中国先秦史学会常务理事兼副秘书长。

主要代表作有：《夏商社会生活史》（专著）、《中国春秋战国习俗史》（专著）、《中国真迹大观》（全27卷）、《商代军事制度研究》（论文）、《商代邑制所反映的社会性质》（论文）等。

郑则民 1936年9月生，广东潮阳人，研究员。主要学术专长是中华民国史研究。1963年7月北京大学历史系毕业。1963年8月至1978年4月在中国科学院近代史研究所工作，1978年5月至1982年8月在中共中央文献研究室工作，1982年9月至今在本院近代史研究所工作，现任民国研究室主任，中俄关系史研究会理事。

主要代表作有：《蒋介石传稿》（合著）、《中华百年屈辱史》（专著）、《中国近代不平等条约选编与介绍》（编著）、《中国大百科全书·民国史分卷》（副主编）、《中华民国史》（合著）等。

刘蜀永　1941年1月生，河北定县人，研究员。主要学术专长是香港史研究。1966年6月天津南开大学外文系毕业，1982年7月本院研究生院硕士研究生毕业。1982年7月至今在本院近代史研究所工作，现任中外关系研究室副主任。

主要代表作有：《二十世纪的香港》（主编）、《香港历史问题资料选评——割占九龙》（专著）、《十九世纪的香港》（合著）、《香港与辛亥革命运动》（论文）、《九龙城问题始末》（论文）、《勘建九龙城炮台文牍选》（资料整理）等。

虞和平　1948年9月生，浙江宁波人，研究员。主要学术专长是中国近代社会经济史。1976年8月北京大学历史系毕业，1988年12月华中师范大学历史研究所博士研究生毕业。1989年1月至今在本院近代史研究所工作，现任经济史研究室主任，中国经济史学会理事。

主要代表作有：《商会与中国早期现代化》（专著）、《比较中的审视：中国早期现代化研究》（专著）、《清代全史》（合著）、《试论辛亥革命后的实业救国热潮》（论文）、《经元善集》（研究资料、编著）等。

吴廷嘉（女）　1943年10月生，重庆市人，研究员。主要学术专长是清代与近代思想史。1968年8月中国人民大学国政系毕业，1981年11月中国人民大学清史研究所硕士研究生毕业。1981年11月至今在本院近代史研究所工作。现任史学理论研究会理事。

主要代表作有：《戊戌思潮纵横论》（专著）、《历史唯物论与当代史学理论的发展》（合著）、《梁启超评传（学术卷）》（合著）、《黄土板结：中国传统社会结构探析》（合著）等。

吴恩远　1948年8月生，重庆市人，研究员。主要学术专长是俄罗斯史研究。1982年7月四川大学历史系毕业，1984年本院研究生院硕士研究生毕业，1990年在本院研究生院获历史学博士学位。1984～1987年在国务院国际问题研究中心工作，1987年至今在本院世界历史研究所工作。现任该所副所长，中国东欧中亚学会理事，中国苏联东欧史学会理事。

主要代表作有：《苏联演变的历史思考》（合著）、《剧变后的俄罗斯卫国战争史研究（1917～1945）》（论文）、《苏共二十七大对国际问题提法的变化》（论文）、《对罗马尼亚的考察报告》等。

马龙闪　1941年4月生，河南宜阳人，研究员。主要学术专长是苏联思想文化史研究。1964年7月北京大学俄罗斯语言文学系毕业，1967年8月北京大学俄语系文学教研室研究生毕业。1967年9月至1970年8月在北京大学工作。1977年9月至今在本院世界历史研究所工作。现任该所苏联东欧史研究室主任，中国苏联东欧史研究会副秘书长。

主要代表作有：《苏联意识形态的“大转变”与斯大林思想文化领导体制的形成》（论文）、《布哈林与俄共（布）中央1925年文学政策的决议》（论文）、《苏联文化体制沿革史（1917～1982）》（专著）等。

黄淳浩　1935年6月生，重庆市人，研究员。主要学术专长是郭沫若和创造社作家研究。1959年8月四川大学中文系毕业，1959年9月至1964年10月在中共中央政策研究室工作，1964年10月至1969年8月在马列主义研究院工作，1969年8月至1978年4月在首都钢铁公司工作，1978年4月至今在本院文学研究所工作。现任中国郭沫若研究会理事。

主要代表作有：《创造社：别求新声于异邦》（专著）、《我国新诗的开拓者和奠基人——纪念郭沫若诞辰一百周年》（论文）、《郭沫若的书信与书信中的郭沫若》（论文）、《郭沫若书信集》（编注）等。

刘　纳（女）　1944年9月生，北京市人，研究员。主要学术专长是中国现代文学研究。1968年5月北京师范学院中文系毕业，1981年9月本院研究生院文学系硕士研究生毕业。1981年9月至今在本院文学研究所工作。现任中国现代文学学会理事。

主要代表作有：《颠踬窄路行——世纪初：女性的处境与写作》（专著）、《诗：激情与策略》（专著）、《中国古典诗歌的回光返照——1912至1919年间诗歌创作的文化意义》（论文）、《无奈的现实和无奈的小说——也谈新写实》（论文）等。

刘扬忠　1946年2月生，贵州大方人，研究员。主要学术专长是古典诗词的研究。1968年12月贵州大学中文系毕业，1981年9月本院研究生院文学系硕士研究生毕业。1981年10月至今在本院文学研究所工作。现任中国李清照辛弃疾学会副会长。

主要代表作有：《诗与酒》（专著）、《辛弃疾词心探微》（专著）、《周邦彦传论》（专著）、《唐宋俳谐叙论》（论文）、《论陈子龙在词史上的贡献及其地位》（论文）等。

楼肇明　1938年7月生，浙江东阳人，研究员。主要学术专长是散文研究。1960年7月北京大学图书馆学系毕业。1960年至今在本院文学研究所工作。

主要代表作有：《第十三使徒》（专著）、《散文美学论辩集》（论文集）、《黑土地诗歌情话》（评赏集）、《八十年代台湾散文选》（编著）、《新时期散文潮流回顾》（编著）、《世界散文经典西方卷》（编著）等。

张宝坤（女）　1935年10月生，辽宁沈阳人，研究员。主要学术专长是小说美学研究。1964年7月北京大学中文系毕业。1964年8月至今在本院文学研究所工作。

主要代表作有：《辽金元古典文论》（丛书）、《中国大书典》（主编之一）、《唐代传奇美学成就论略》（论文）、《毛泽东思想与中国传统文化》（论文）等。

胡　明　1947年8月生，安徽绩溪人，编审。主要学术专长是古代文论和陈独秀、胡适研究。1981年9月本院研究生院文学系硕士研究生毕业。1981年9月至今在本院文学研究所工作。现任《文学评论》编辑部副主任。

主要代表作有：《胡适传论》（专著）、《陈独秀选集》（编注）、《关于胡适中西文化观的评价》（论文）、《红学四十年》（论文）、《关于胡适的〈水经注〉研究》（论文）等。

卢济恩　1937年1月生，浙江临海人，编审。主要学术专长是中国现代文学研究。1962年9月南开大学中文系毕业。1980年10月至今在本院文学研究所工作。现任

《文学评论》编委、现代组组长。

主要代表作有：《〈呐喊〉论》（专著）、《〈呐喊〉的独创性及其在中国文学史上的地位》（论文）、《另一种风范——梁实秋散文创作论》（论文）、《旷代文章数阿Q》（论文）等。

朱 兵 1939年7月生，河北正定人，研究员。主要学术专长是作家文学研究。1964年7月南开大学中文系毕业。1964年8月至1976年在《新建设》杂志社工作，1976年至1986年在本院文学研究所工作，1986年至今在本院少数民族文学研究所工作。现任中国当代文学学会理事。

主要代表作有：《草原交响诗——玛拉沁夫小说创作论稿》（专著）、《刘白羽评传》（专著）、《雪狮吟啸的神韵——伊丹才让诗歌创作论》（论文）、《马克思主义百科要览》（合编）等。

钱满素（女） 1946年1月生，江苏无锡人，研究员。主要学术专长是美国文化文学研究。1968年12月北京外国语学院英语系毕业，1981年7月本院研究生院外文系硕士研究生毕业，1992年8月美国哈佛大学文明史专业博士生毕业。1981年7月至今在本院外国文学研究所工作。现任外文所英美文学研究室副主任，全国美国文学研究会理事。

主要代表作有：《爱默生与中国》（专著）、《我，生为女人》（编著）、《培植民主的"基因"》（文章）、《别了，上帝》（文章）、《梭罗的账单》（文章）等。

林洪亮 1935年9月生，江西南康人，研究员。主要学术专长是波兰文学艺术研究。1960年6月波兰华沙大学波兰语文系毕业，获硕士学位。1960年11月至1964年9月在本院文学研究所工作，1964年9月至今在本院外国文学研究所工作。现任中国苏联东欧学会理事。1984年获波兰文化部"波兰文化功勋奖章"。

主要代表作有：《波兰戏剧简史》（专著）、《东欧当代文学史》（主编）、《东欧戏剧史》（合著）、《完美的史诗风格》（论文）等。

冯植生 1935年9月生，广西百色人，研究员。主要学术专长是匈牙利语言文学研究。1959年匈牙利布达佩斯大学匈牙利文学语言系毕业。1959年10月至1964年9月在本院文学研究所工作，1964年9月至今在本院外国文学研究所工作。现任外文所东欧研究室主任，国际匈牙利学会会员。

主要代表作有：《匈牙利文学史》（专著）、《东欧文学简史》（合著）、《论约卡伊的小说创作》（论文）、《裴多菲诗歌创作简论》（论文）、《呼唤民族意识觉醒的歌者》（论文）、《东欧短篇小说选》（上下册）（主编）等。

张 玲（女） 1936年4月生，山东烟台人，编审。主要学术专长是英美文学及哈代研究。1958年7月北京大学中文系毕业。1958年9月至1979年6月先后在宁夏日报社、宁夏大学工作，1979年6月至1982年12月在中国对外翻译出版社工作，1983年1月至今在本院外国文学研究所工作。1994年被国际托马斯·哈代学会授予终身荣誉称号。

主要代表作有：《晶体美之所在——哈代小说面面观》（论文）、《英国的心理小说中的心理构成》（论文）、《〈双城记〉译本序》（论文）、《傲慢与偏见》（译著）等。参加《外国文学研究资料丛书》、《世界文论》编辑工作。

白维国 1945年9月生，吉林吉林市人，研究员。主要学术专长是近代汉语词汇研究。1970年9月南开大学中文系毕业，1981年9月本院研究生院硕士研究生毕业。1981年9月至今在本院语言研究所工作。现任语言所近代汉语研究室主任，中国金瓶梅学会理事。

主要代表作有：《金瓶梅词话校注》（合注）、《中国中世语法史研究》（合译）、《介词“打”的来源》（论文）、《金瓶梅词话切口语的构成方式》（论文）等。

晁继周 1941年1月生，北京市人，编审。主要学术专长是词典编纂及词典学。1964年7月北京大学中文系毕业。1964年9月至1978年10月在北京大学中文系工作，1978年11月至今在本院语言研究所工作。现任语言研究所词典室副主任，中国辞书学会常务理事。

主要代表作有：《中学语文词典》（合编）、《略论规范型词典的特点》（论文）、《关于规范型词典的收词问题》（论文）、《〈现代汉语词典〉修订中的语音规范》（论文）、《〈现代汉语词典〉修订述略》（论文）等。

施关淦 1939年4月生，浙江富阳人，编审。主要学术专长是现代汉语语法研究。1965年7月复旦大学中文系毕业。1965年8月至1978年2月在中央广播事业局工作，1978年3月至今在本院语言研究所工作。现任《中国语文》副主编。

主要代表作有：《现代汉语里的向心结构和离心结构》（论文）、《关于语法研究的三个平面》（论文）、《关于“省略”和“隐含”》（论文）、《动词谓语句型简论》（论文）等。编辑《中国语文》杂志。

陶正华 1942年5月生，江苏溧阳人，研究员。主要学术专长是国际公法和国际经济法研究。1965年7月中央民族学院历史系毕业，1982年7月本院研究生院法学系硕士研究生毕业。1982年8月至今在本院法学研究所工作。现任法学所国际法研究室主任，中国国际法学会理事，中国国际贸易仲裁委员会仲裁员。

主要代表作有：《中国法学大辞典》（合著）、《中华人民共和国涉外经济法概论》（论文）、《中华人民共和国宪法和基本法律通解》（合著）、《现代中国法入门》（合著）等。

陈世荣 1943年8月生，北京市人，研究员。主要学术专长是社会主义法制和立法学研究。1966年7月北京政法学院毕业，1982年7月本院研究生院法学系硕士研究生毕业。1982年7月至今在本院法学研究所工作。

主要代表作有：《全民所有制工业企业法通论》（合著）、《法律效力论》（论文）、《法律效力补论》（论文）、《职权性法律规范论》（论文）、《论法律效力发生的记载》（论文）等。

张江华 1941年9月生，四川甘孜人，研究员。主要学术专长是藏学及影视人类学。1964年8月西南民族学院政史系毕业，1964年9月至今在本院民族研究所工作。现任民族所影视人类学研究室主任，中国民族史学会理事，中国民族学学会影视人类学分会秘书长。

主要代表作有：《西藏封建农奴制社会形成》（合著）、《门巴族封建农奴社会》（合著）、《影视人类学及其影片性质述论》（论文）、《轮回与圆圈——藏传佛教文化现象研究》(论文) 等。

李坚尚 1940年8月生，广东阳山人，研究员。主要学术专长是西藏各民族研究。1963年8月中央民族学院历史系毕业。1963年9月至今在本院民族研究所工作。现任中国民族史学会副秘书长。

主要代表作有:《珞巴族的社会和文化》(合著)、《珞巴族社会历史调查》(合著)、《雄龙德庆县的财政变化和人权改善》(论文) 等。

伍昆明 1940年9月生，广东连县人，研究员。主要学术专长是西藏近现代史研究。1964年8月中央民族学院历史系毕业，1967年8月中国科学院民族所研究生肄业。1967年9月至今在本院民族研究所工作(其中1968年6月至1982年6月因冤案入狱)。

主要代表作有:《西藏近三百年政治史》(合著)、《西藏地方与中央政府关系史》(合著)、《英国、俄国与中国西藏》(合著)、《早期传教士进藏活动史》(专著)、《西藏最早的天主教传教会》(译著) 等。

祝启源 1943年9月生，广东阳山人，研究员。主要学术专长是藏族史的研究。1966年7月中央民族学院历史系毕业，1981年7月本院研究生院历史系硕士研究生毕业。1981年9月至今在本院民族研究所工作。现任民族所民族历史研究室副主任，中国民族史学会理事和副秘书长。

主要代表作有:《西藏地方与中央政府关系史》(合著)、《中国历代民族政策研究》(合著)、《明代藏行政建置史迹钩沉》(论文)、《唃厮啰后裔史迹稽考》(论文)、《中华民国时期中央政府与西藏地方关系》(论文) 等。

赵锦元 1937年2月生，北京市人，研究员。主要学术专长是民族问题及民族文化研究。1961年7月北京对外经济贸易学院毕业。1964年8月至1968年8月在外文出版发行事业局工作，1968年8月至1979年2月在人民画报社工作，1979年2月至今在本院民族研究所工作。现任民族所世界民族研究室副主任，中国世界民族学学会副会长兼秘书长，中国都市人类学学会理事。

主要代表作有:《当代欧洲民族问题的新趋向——移民问题与种族主义》(论文)、《难以消弭的科索沃危机》(论文)、《英国的北爱尔兰问题及其前景》(论文)、《吉卜赛民族与文化》(专著) 等。

赵 习(女) 1935年6月生，河北玉田人，研究员。主要学术专长是朝鲜语研究。1957年7月北京大学东方语言文学系毕业。1957年9月至1979年在中国科学院少数民族语言研究所工作，1979年至今在本院民族研究所工作。现任国际韩国语学会会员，中国社科院韩国研究中心理事。

主要代表作有:《朝鲜语方言调查报告》(合著)、《朝汉常用词词典》(工具书、独著)、《我国少数民族语言文字使用与发展问题研究》(调查报告、合著) 等。

古清尧 1940年11月生，广东兴宁人，编审。主要学术专长是中国民族史研究。1964年7月武汉大学中文系毕业。1964年8月至今在本院民族研究所工作。现任《民族研究》副主编。

主要代表作有:《贝加尔湖地区和黑龙江流域各族与中原的关系史》(合著)、《谈博穆博果尔其人与清军对索伦部的征讨》(论文)、《清代前期达斡尔族——精奇里哈拉史地考》(论文) 等。

沈崇麟 1945年8月生，浙江宁波人，研究员。主要学术专长是家庭社会学和社会研究方法。1988年荷兰海牙社会研究学院硕士研究生毕业。1980年5月至今在本院社会学研究所工作。现任社会学所社会调查方法研究室主任。

主要代表作有：《中国人口发展报告》（研究报告）、《实用社会科学研究计算机技术》（专著）、《中国当代城市婚姻家庭研究——中国七城市婚姻家庭调查报告和资料集》（研究报告）等。

李银河（女） 1952年2月生，山西沁县人，研究员。主要学术专长是家庭社会学研究。1977年山西大学历史系毕业，1986和1988年分别获得美国匹兹堡大学社会学系硕士、博士学位，1988至1990年在北京大学做博士后研究。1992年至今在本院社会学研究所工作。现任社会学所家庭社会学研究室副主任。

主要代表作有：《生育与中国村落文化》（专著）、《中国人的性爱与婚姻》（专著）、《他们的世界——中国男同性恋群落透视》（合著）等。

明安香 1945年11月生，湖北阳新人，研究员。主要学术专长是大众传播学及公共关系学。1968年12月北京经济学院物资管理系毕业，1981年8月本院研究生院新闻系硕士研究生毕业。1981年9月至今在本院新闻研究所工作。现任新闻所传播学研究室主任。

主要代表作有：《当代实用公共关系》（专著）、《政府官员的"媒介形象"问题需提上议事日程》（调研报告）、《试论传播是生产力》（论文）、《是新闻大战，还是媒介大战？——评社会主义市场经济中的新闻媒介资源配置》（论文）等。

司马军 1937年3月生，江苏金坛人，研究员。主要学术专长是印度经济及世界农业研究。1964年8月北京大学东方语言文学系毕业。1964年9月至今在本院世界经济与政治研究所工作。现任世经政所副所长，中国南亚学会常务理事。

主要代表作有：《各国农业劳动力转移问题研究》（合著）、《增值税的国际比较》（研究报告）、《印度市场经济体制》（合著）、《发展中国家经济发展的理论和实践》（合著）、《分化与组合——转变中的世界》（合著）等。

余永定 1948年11月生，广东台山人，研究员。主要学术专长是西方现代经济理论。1986年7月本院研究生院世界经济硕士研究生毕业。1994年7月英国牛津大学博士研究生毕业。1994年8月至今在本院世界经济与政治研究所工作。现任世界经济学会理事，牛津大学中国研究中心客座研究员。

主要代表作有：《中国宏观经济分析和稳定政策设计》（专著）、《2000年的中国国际环境》（合著）、《中国通货膨胀的基本思路》（研究报告）、《经济增长方式的若干问题》（研究报告）等。

佟福全 1939年2月生，北京市人，研究员。主要学术专长是国家宏观调节及区域集团化的研究。1965年7月南开大学经济系毕业。1965年9月至1979年9月先后在南开大学经济研究所、煤炭部北京煤炭学校工作，1979年9月至今在本院世界经济与政治研究所工作。

主要代表作有：《当代西方市场经济如何运行》（专著）、《从欧美与东亚不同模式看我国建立现代企业制度的取向》（论文）、

《北美经济圈与未来美洲经济圈的开放性质》(论文)、《跨世纪的经济大挑战——初具规模的美洲经济圈及走向》(专著)等。

李玉平　1938年12月生，江苏兴化人，研究员。主要学术专长是西方发达国家经济研究。1964年7月北京大学西语系毕业。1964年7月至今在本院世界经济与政治研究所工作。现任北京外国问题研究会理事，法国研究会理事。

主要代表作有：《走向21世纪的西方大国经济关系》(主编)、《略论法国市场经济的宏观管理》(论文)、《从激进的社会民主主义到“经济自由主义”——法国社会党经济政策思想剖析》(论文)等。

肖桂森　1940年11月生，河北邢台人，研究员。主要学术专长是俄罗斯政治体制研究。1965年8月北京外国语学院俄语系毕业。1965年9月至1981年1月在中共中央对外联络部苏东研究所工作，1981年1月至今在本院东欧中亚研究所工作。

主要代表作有：《苏联剧变研究》(合著)、《试论东欧中亚国家的社会发展前景》(研究报告)、《中央高度集权体制与苏联的演变》(论文)、《戈尔巴乔夫执政年代——苏联政治体制改革纪实》(主编)等。

汪丽敏(女)　1938年5月生，北京市人，研究员。主要学术专长是南斯拉夫经济研究。1958年10月南斯拉夫贝尔格莱德大学哲学系毕业。1958年10月至1978年9月在中国对外文化联络委员会工作，1978年10月至今在本院东欧中亚研究所工作。现任南斯拉夫经济研究会副总干事，北京外国问题研究会理事。

主要代表作有：《南斯拉夫联邦解体中的民族危机》(合著)、《对1990年南斯拉夫货币政策的评析》(论文)、《市场经济体制宏观调控的国际比较》(合著)、《南斯拉夫知识辞典》(主编)等。

顾俊礼　1939年12月生，江苏泰兴人，研究员。主要学术专长是德国政治经济研究。1964年7月北京外国语学院德语系毕业。1964年9月至1978年12月在中国科学院《中国科学》杂志社工作，1979年1月至1981年4月在本院世界经济与政治研究所工作，1981年4月至今在本院欧洲研究所工作。现任中国欧洲学会理事。

主要代表作有：《德国社会市场经济运行机制》(专著)、《西方政治制度比较》(合著)、《关于德国统一与德国经济》(研究报告)、《目前德国的国内形势》(研究报告)、《统一后德国的国际地位》(研究报告)等。

杨　光　1955年3月生，北京市人，研究员。主要学术专长是中东经济研究。1978年1月北京外国语学校毕业。1978年5月至今在本院西亚非洲研究所工作。现任西亚非所中东经济研究室主任，中国亚非学会理事及副秘书长，中国中东学会和中国国际经济合作学会理事。

主要代表作有：《石油输出国组织》(合著)、《海湾战后的中东格局》(合著)、《走向21世纪的发展中国家经济》(合著)、《中东市场指南》(主编)、《石油·发展·挑战》(合著)等。

唐大盾　1938年5月生，江苏沭阳人，编审。主要学术专长是当代非洲政治思潮的研究。1964年8月复旦大学历史系毕业。1964年9月至1966年8月在中国科学院西亚非洲研究所工作，1966年9月至1980年12月在中共中央对外联络部西亚非洲研究所工作，1981年1月至今在本院西亚非洲研究所工作。现任中国非洲问题研究会理事。

主要代表作有：《非洲社会主义新论》（主编）、《论“非统”——兼论非洲的统一与发展》（论文）、《泛非主义与非洲统一组织文选》（主编）、《非洲社会主义：历史·理论·实践》（主编）等。主持编辑《西亚非洲》并任副主编。

石瑞元　1939年2月生，上海嘉定人，研究员。主要学术专长是委内瑞拉经济研究。1964年7月北京大学西语系毕业。1964年9月至1971年6月在中国科学院拉丁美洲研究所工作，1971年6月至1978年6月在中共中央对外联络部工作，1978年8月至今在本院拉丁美洲研究所工作。

主要代表作有：《拉丁美洲资本主义发展》（合著）、《拉美地区一体化进程——拉美国家进行一体化的理论和实践》（合著）、《战后拉丁美洲教育研究》（合著）等。

周俊南　1936年12月生，吉林东丰人，编审。主要学术专长是对巴西的研究及编辑学。1960年11月北京外国语学院西语系毕业。1960年11月至1978年在总参谋部外事局工作，1978至1981年在中共中央对外联络部拉美所工作，1981年至今在本院拉丁美洲研究所工作。现任《拉丁美洲研究》编辑部主任。

主要代表作有：《巴西利益格局的形成和调整》（论文）、《关于拉美投资环境的一些方法和建议》（研究报告）、《对期刊编辑工作的几点认识》等。主持编辑《拉丁美洲研究》工作。

徐宝华　1937年10月生，广东丰顺人，研究员。主要学术专长是拉丁美洲经济研究。1963年7月北京大学历史系毕业。1964年10月至今在本院拉丁美洲研究所工作。

主要代表作有：《拉美地区一体化进程——拉美国家进行一体化的理论和实践》（合著）、《关于拉美地区一体化的几个问题》（论文）、《哥伦比亚发展农村经济的战略选择》（论文）、《哥伦比亚》（专著）等。

毛里金　1937年5月生，江苏太仓人，译审。主要学术专长是西班牙语翻译和教学。1959年7月北京外国语学院西班牙语系毕业。1959年7月至1984年9月在北京外国语学院工作，1984年9月至今在本院拉丁美洲研究所工作。现任中国西班牙葡萄牙拉丁美洲文学研究会常务理事。

主要代表作有：《帝国主义与依附》（合译）、《长笛与利剑——何塞·马蒂诗文选》（合译）、《中国与周边国家关系的新发展》（译文）、《墨西哥合众国技术转让和利用开发专利及商标注册法及其实施细则》（译文）、《处在十字路口的巴西：外债和财政枯竭》（译文）等。

薛克翘　1945年4月生，辽宁金县人，研究员。主要学术专长是印度文化比较的研究。1969年北京大学东方语言文学系毕业，1982年本院研究生院南亚系硕士研究生毕业。1982年至今在本院亚洲太平洋研究所工作。现任中国南亚学会理事，玄奘研究中心副秘书长。

主要代表作有：《从〈酉阳杂俎〉看中印文化交流》（论文）、《佛教与中国文化》（专著）、《中国与南亚文化交流志》（专著）著。

高连福　1942年1月生，河北滦县人，研究员。主要学术专长是亚太经济研究。1964年7月黑龙江大学外语系毕业。1964年7月至1988年在本院世界经济与政治研究所工作，1988年8月至今在本院亚洲太平洋研究所工作。现任亚太所亚太综合研究室主任，中国亚太学会秘书长，中华日本学会及中国国际关系学会理事。

主要代表作有：《走向21世纪的亚太经济格局》（合著）、《亚太的崛起》（合著）、《90年代亚太经济发展趋势和区域经济合作研究》（研究报告、执笔人）、《中国农村改革之路》（论文）等。

肖　炼　1949年8月生，湖北武汉人，研究员。主要学术专长是美国经济研究。1982年7月中国人民大学经济系毕业，1988年7月本院研究生院博士研究生毕业。1988年至今在本院美国研究所工作。现任美国所经济室主任，中华美国经济学会理事，中国国际经济学会常务理事。

主要代表作有：《世界经济格局变化的动力学》（主编）、《协同竞争论：东西方市场竞争理论比较研究》（专著）、《国有资产管理：理论、方法、实务》（主编）、《美国民间审计机构》（研究报告）等。

牛　军　1954年11月生，山西壶关人，研究员。主要学术专长是中美关系及中国对外关系的研究。1983年11月中国人民大学党史系毕业，1984和1988年分别获得中国人民大学法学硕士、法学博士学位。1990年7月至今在本院美国研究所工作。现任美国所研究室副主任。

主要代表作有：《从延安走向世界：中国共产党对外关系的起源》（专著）、《中苏同盟的起源》（论文）、《毛泽东外交思想的起源》（论文）、《关于当前对美政策的几点建议》（研究报告）等。

姜筱绿（女）　1935年10月生，上海市人，译审。主要学术专长是俄罗斯语言翻译。1959年7月上海外国语学院俄语系毕业。1959年9月至今在本院文献信息中心工作。

主要代表作有：《国际社会科学大事记（1980～1988)》（工具书）、《世界社科机构指南》（合译）、《民族文化问题和当代中国社会学》（译文）、《肯尼思·阿罗新古典理论的发展》（译文）、《斯大林的政治肖像》（合译）等。

孟宪范（女）　1942年1月生，河南邓州人，编审。主要学术专长是妇女问题研究。1964年7月北京师范大学中文系毕业。1964年9月至1980年8月在河南教育出版社等部门工作，1980年9月至1984年8月在北京邮电学院函授分院工作，1984年9月至今在中国社会科学杂志社工作。现任杂志社综合编辑室主任，中国民族学会理事。

主要代表作有：《改革大潮中的中国女性》（专著）。编辑成果有《考古学新理解论纲》（责编）、《西藏文明的东向发展》（责编）、《图腾的起源》（责编）、《氏族内婚禁忌探源》（责编）等。

周志宽　1939年3月生，河北武强人，研究员。主要学术专长是印度现代文学研究。1965年7月北京大学东方语言学系毕业。1965年9月至今在本院外文所、少文所、亚太所、科研局工作，现任科研局学术秘书。

主要代表作有：《印度民族主义诗歌的产生及其审美特征》（论文）、《对社会科学研究管理的思考》（论文）、《东方现代文学史》（合著）、《般吉姆论》（论文）等。

第 六 编

一九九五年重要规章条例

一 《中国社会科学院关于成立研究中心的若干规定》的补充规定

（［95］社科研字14号 一九九五年三月十六日）

院属各单位：

1992年11月21日，我院颁发了《中国社会科学院关于成立研究中心的若干规定》。两年多来的实践证明，这个文件对研究中心的健康发展和管理产生了积极作用，但也存在某些不完善之处，同时，研究中心在运作过程中又出现了一些新的问题。为了使研究中心的管理工作更加规范，特作如下补充规定：

1. 附设在研究所的院属研究中心在研究所的直接领导下开展工作，并接受院的指导，其科研计划、学术活动、对外交往等必须经所领导批准。所属研究中心在研究室的领导下开展工作，重要问题应请示所领导。

2. 院属研究中心如以研究室为依托，研究室不负责对该研究中心的领导，但研究中心应向研究室主任通报自己的工作计划，相互支持和配合。

3. 研究中心（含院属和所属）成员的个人研究计划均应纳入各自所在的研究室的计划，业务考核、专业技术职务评聘、晋升工作仍在原研究室进行，其行政关系不得脱离原研究室。

4. 研究中心（含院属和所属）接受资助（包括国外资助）以及通过有偿服务所取得的经费，应严格按财务制度和我院的有关规定进行管理。

二 中国社会科学院关于实施双向选择工作的暂行办法

(一九九五年三月二十日 院务会议通过)

第一条 为了落实“三定”方案和学科调整方案，引进竞争机制和激励机制，激发全院科研人员和管理人员的积极性和创造性，为多出人才、出成果创造良好的环境，特制定本暂行办法。

第二条 双向选择是指根据“三定”确定的各单位的总编制数、人员结构和比例，实行双向的处（处）室领导选择工作人员和工作人员选择处（室），以期达到优化、高效的组合方式。

第三条 双向选择工作在党委领导下，由行政领导负责组织实施。

（一）工作原则

第四条 坚持公正、竞争、择优的原则，任人唯贤。选择人员时，应以工作需要、学科建设及研究任务为主要依据，严格掌握标准，宁缺毋滥。要实行直系亲属回避制度。

第五条 研究所应根据科研发展方向和科研任务，并结合学科调整，提出研究室（组）的设置方案。

研究室（组）的双向选择应严格限制在“三定”确定的专业人员编制内进行。

第六条 职能部门的机构、编制及职数，应严格限制在“三定”方案范围内设置。

职能处（室）实行岗位责任制。各单位要制定出具体的岗位职责，做到因岗选人，不搞因人设岗。

第七条 职能机构处长、副处长和研究室主任、副主任的任职条件，按《关于颁发〈中国社会科学院关于研究所职能机构和研究室管理的暂行规定〉的通知》[（93）社科人字49号] 执行。

（二）工作程序

第八条 双向选择采取自上而下的方式进行，先确定处（室）负责人，由处（室）负责人选择工作人员，工作人员选择处（室）。

第九条 研究室主任的产生，须在广泛征求群众意见和学术委员意见的基础上，按干部管理权限审批备案。

研究室主任根据本专业、学科特点及本室的研究任务，在编制的范围内选择适合的科研人员；科研人员根据自己的专业特长、研究发展方向，选择研究室。

第十条 职能处（室）的处长（主任）的产生，须在广泛征求群众意见的基础上，按干部管理权限审批备案。

职能处（室）的处长（主任）根据岗位职责和职数，选择适合本部门工作的人选；工作人员根据各自的实际情况和专长，选择部门。

第十一条 经双向选择产生的处（室）人员组成，须经所长办公会议审定。

第十二条 党委办公室和人事部门协助所领导组织实施双向选择工作。在双向选择存在较大分歧的情况下，由党办人事部门进行协调，如协调无效，由所领导直接进行协调。

第十三条 对于专业技能合适，工作需要，而无正当理由拒绝选聘，并不接受协调意见者，视作自动辞职，并按人事部《关于印发〈全民所有制事业单位专业技术人员和管理人员辞职暂行规定〉的通知》[人调发（1990）19号] 规定办理。其住房等按院财务基建计划局有关规定执行。

第十四条 双向选择中落选下岗人员按《中国社会科学院关于富余人员分流及管理暂行办法》实施管理。

第十五条 落选下岗人员在接到通知后，如有较大异议，可在15日内提出申诉，由所务会议最终裁定。

（三）附则

第十六条 院直机关和直属单位参照本办法执行。

第十七条 本办法由人事教育局负责解释。

第十八条 本办法自院务会议通过之日起执行。

三　中国社会科学院关于建立职工年度考核奖励制度暂行办法

（一九九五年三月二十日　院务会议通过）

第一条　根据国务院《关于机关和事业单位工作人员工资制度改革问题的通知》（国发［1993］79号）、国务院办公厅《关于印发机关、事业单位工资制度改革三个实施办法的通知》（国办发［1993］85号）文件规定，结合我院具体情况，为建立年度考核奖励制度，以实现奖勤罚懒，充分调动和激励各类人员积极性，特制定本办法。

第二条　本办法适用于院属研究所、院直属单位和院直机关正式职工。

第三条　年度考核的标准和要求，专业人员按我院《关于进行专业人员考核工作的意见》、《中国社会科学院专业人员考核条例》执行；管理人员按《中国社会科学院管理人员考核暂行规定》执行。

第四条　年度考核一般应在12月底以前完成。考核结果分为优秀、合格（称职）和不合格（不称职）三种。年度考核优秀的比例最高不超过在职人员的20%。

第五条　考核的结果与津贴发放和工资调整挂钩。年度考核优秀者，给予本人年工资（职务工资、津贴）10%的一次性奖励。考核不合格者，减少津贴（活工资）部分的比例，从下年度一月份起，视不同情况，每月扣除津贴的三分之一直至全部。

第六条　经考核特别优秀者，可提前晋升或越级晋升工资。提前或越级晋升工资的人数最多不得超过在职人数的3%，并严格按干部管理权限审批。提前晋升或越级晋升工资者，其正常升级考核年限可连续累加。

第七条　扣发津贴人员在扣发津贴的年度内，如调出院外或离退休，可按本人原工资向外介绍和计算离退休费。

第八条　院内实行企业化管理的单位可参照本办法执行，所需奖励经费由本单位自行解决。

第九条　本办法由人事教育局负责解释。

第十条　本办法自院务会议通过之日起执行。过去有关规定与本办法不符者，以本办法为准。

四　中国社会科学院关于富余人员分流及管理暂行办法

（一九九五年三月二十日　院务会议通过）

第一条　为适应我院机构改革的需要，落实“三定”方案和学科调整方案，加强人员分流和对富余人员的管理，特制定本办法。

第二条　本办法适用于院属研究所、院直属单位、院直机关原正式职工经核岗、双向选择后的富余人员。专业对口、工作需要而无正当理由不应聘的人员不在此列。

第三条　对于富余人员将本着“鼓励向院外流动、允许提前退休、保证最低收入”的原则，进行分流和管理。

第四条　各单位通过核岗、双向选择后应及时将富余人员向院人才交流培训中心备案。院人才交流培训中心根据需要组织转岗培训，并积极协助做推荐、安置等工作。

第五条　各单位可按照下列办法分流富余人员：

（1）鼓励向院外流动：各单位应积极向院外推荐、协助安置工作。凡本人自找单位或他人推荐介绍单位并被正式接收的，给予本人或推荐人一次性1000元奖励。

（2）提前办理退休：男年满55周岁、女年满50周岁或工龄30年以上，本人自愿，单位同意，可按干部管理权限，审批办理退休手续；工人或经医院证明身体不能坚持正常工作的，可再提前5年办理退休手续，退休费按现行政策执行。凡提前办理退休的人员在办理退休时可提高一档工资计算退休费。

（3）停薪留职：愿意停薪留职者，按我院停薪留职“暂行规定”办理停薪留职（时间一般为二年）手续的，各单位可酌情减免管理费。

（4）辞退、辞职：凡符合人事部《关于印发〈全民所有制事业单位辞退专业技术人员和管理人员暂行规定〉的通知》（人调发［1992］18号）规定的，按此文件规定办理；凡由本人申请辞职的，按人事部《关于印发〈全民所有制事业单位专业技术人员和管理人员辞职暂行规定〉的通知》（人调发［1990］19号）办理，各单位可酌情给予一次性的补贴，补贴标准最高可为本人年工资的3倍。

（5）离岗过渡：上述方法不能分流的其他人员，列为编制之外，离岗过渡。离岗过渡人员，各单位可安排临时性工作（包括自收自支的公司）。无法安排工作或本人不接受工作安排的，前6个月工资、福利待遇不变；从第7个月至第12个月享受本人100%工资，不享受其他福利待遇（包括伙食补贴、岗位津贴等，下同）；从第13个月只发放本人职务工资，不再享受津贴和其他福利待遇（如低于当时北京市最低生活费标准，执行北京市最低生活费标准）。离岗过渡人员应定期与本单位领导取得联系。离岗过渡时间最长不超过2年，2年之后仍未找到接收单位，应办理辞职或辞退手续。离岗过渡期间，如发现已参加工作并有收入的，则停止发放工资。离岗过渡到达提前退休年龄时，办理退休手续。其间如遇国家统一调整工资（不含正常增资），将空调并装入档案，待办理退休计算退休费时作为基数。

第六条 调外单位、辞职（自谋职业）、辞退人员在未另外获得住房前，在一定期限内允许继续居住原单位住房。具体居住时间及住房收费标准，按财务基建计划局的有关规定执行。

第七条 辞职（自谋职业）、辞退人员的人事档案，院人才交流培训中心将按关于流动人员人事档案的规定，进行移交、接转和管理。

第八条 各单位党委、人事部门要积极做好人员分流工作，做深入细致的思想政治工作。

第九条 各单位按干部管理权限，申报审批分流人员的安置。

第十条 院内实行企业化管理的单位可参照本办法制定适应本单位富余人员的分流及管理办法。

第十一条 本办法由人事教育局负责解释。

第十二条 本办法自院务会议通过之日起执行。

五　中国社会科学院研究所业务经费分配管理试行办法

（一九九五年三月二十日　院务会议通过）

为了进一步加强我院业务经费管理，保证科研工作正常开展，根据科研实际需要和院财力情况，对研究所业务经费分配管理办法规定如下：

一、业务经费分为一般业务经费和专项业务经费两类。

二、一般业务经费的分配办法：

1. 一般业务经费按业务人员的人均定额进行分配。人均定额根据全院财力和科研发展需要进行核定。业务人员含研究人员、编辑人员、编译人员、图书资料人员。

所一般业务经费＝人均定额×所业务人员数

2. 由于学科特点不同，有些所的人均定额可略为提高一些，但差别不宜过大，一般应控制在5～10%之间，享受较高定额标准的所应限制在全院研究所总数的1/3以内。具体方案由科研局、计划局提出报院办公会审议通过。

3. 按本办法核定的所业务经费数额如低于该所1994年水平的，原则上按不低于该所1994年水平确定。

三、一般业务经费使用的范围及控制额度：

研究所一般业务经费中各节的使用标准，按各所业务经费总额乘以各项控制额度掌握使用。

1. 科研材料费。

使用范围：资料整理、打印，计算机上机等项费用。

控制额度：按一般不超过业务经费总额的15%掌握使用。

2. 会议费。

使用范围：为开展科研工作，本所召开的研讨会、论证会、审稿会等。

控制额度：按一般不超过业务费总额的10%掌握使用。

3. 出版印刷费。

使用范围：科研作品、专业资料及科研局批准期刊的出版补贴等项费用。

控制额度：各所期刊出版补贴按（94）社科研字34号确定的控制额度掌握使用；科研作品、专业资料等的出版印制费用按一般不超过业务费总额的5%掌握使用。

4. 科研调研费。

使用范围：没有其他经费来源的所、室重点课题的调研；所认定与学术有关的调查研究；编辑人员采访、组稿，参加学术会议等项费用。

控制额度：各所科研调研费所占额度＝60%－出版印刷费所占额度。

5．外事经费（外事局专项拨款以外部分）。

使用范围：出国制装费、小型宴请及礼品费。

控制额度：出国制装费、礼品费按国家规定标准开支。小型宴请依照外事局批准的来访接待项目及国家规定标准开支。支出数额应控制在该所业务经费总额的5%以内。

6．其他。

使用范围：前五项以外的其他业务费。

控制额度：一般不超过业务费总额的10%掌握使用。

四、业务费中各节控制额度的调剂：

前述一般业务经费中各节的控制额度，各所可根据实际情况进行调剂，但调剂幅度一般不得超过本所一般业务经费总额的5%。

五、专项业务经费：

1．考古发掘费。

使用范围：限于考古所用作考古、发掘等项费用。

控制额度：根据实际情况另行核定。

2．研究生教学。

使用范围：由研究生院按规定划定。

控制额度：待定。

六、文献中心、杂志社、研究生院业务经费分配办法另行拟定。

七、业务经费的管理：

业务经费的管理实行院、所（局）二级负责制。

院财务主管部门负责制（修）订业务经费分配管理办法，并对各所业务费使用情况进行检查、监督。

所（局）根据院业务经费分配管理办法及本单位实际情况制定实施细则，并依据院下达的业务经费预算指标安排本单位预算。

一切业务经费的使用都应本着“少开支多办事”的原则，注重实效，避免浪费。同时，有学会、重点课题经费的科研人员，其与学会活动和重点课题研究有关的开支应在项目经费中列支，不得挤占行政经费。

八、本办法是用来编制和安排预算的依据，是为了更好地加强宏观调控，不能以拨代支。

九、本办法由财务基建计划局负责解释。

十、本办法自1995年元月1日起试行。

六　中国社会科学院研究所职工代表大会条例

（一九九五年九月十五日　院党委会通过）

第一章　总则

第一条　根据《中华人民共和国宪法》第二条“人民依照法律规定，通过各种途径和形式，管理国家事务，管理经济和文化事业，管理社会事务”的规定，为加强研究所民主管理，保障职工民主权利，实行决策民主化、科学化，充分发挥广大职工的积极性和创造性，繁荣和发展社会科学事业，特制定本条例。

第二条　研究所要建立和健全职工代表大会（或职工大会，下同）制度和其他民主管理制度，保障工会组织和职工代表在民主管理、维护职工合法权益等方面的权力和作用。

第三条　职工代表大会是研究所实行民主管理和职工行使民主权力的基本形式。

研究所工会委员会是职工代表大会的工作机构，负责职工代表大会的日常工作。

第四条　职工代表大会要坚持党的基本路线，贯彻执行党和国家的方针、政策，正确处理国家、集体和职工三者利益的关系，在法律规定的范围内行使职权。

第五条　职工代表大会接受研究所党委的领导，积极支持所长行使行政管理和科研管理的职权。

第六条　职工代表大会实行民主集中制。

第二章　职权

第七条　职工代表大会行使下列职权：

（1）定期听取、审议所长年度工作报告，提出意见和建议，并可做出相应决议；

（2）审议通过所长提出的重要规章制度；

（3）审议有关职工生活福利的重大事项；

（4）监督、评议研究所各级领导干部的工作并提出奖惩建议。

第八条　职工代表大会对所长在其职权范围内决定的问题有不同意见时，可以向所长提出建议，也可以报告上级工会。

第九条　工会主席应为所务会议成员。

第三章　职工代表

第十条　按照法律规定享有政治权利的研究所正式职工，均可当选为职工代表。

第十一条　职工代表可以处室为单位，由职工直接选举产生。

职工代表大会代表人数一般为全体职工的10～20%左右。

第十二条　职工代表应有广泛的代表性，其中专业技术人员一般不应少于60%。

职工代表大会根据需要，可以聘请一定数量的领导干部、专业技术人员和其他人员为列席代表或特邀代表。

职工代表可分成小组，民主推选组长。

第十三条　职工代表实行常任制，每三年改选一次，可以连选连任。

职工代表对选举单位的职工负责。选举单位的职工有权监督或撤换本单位的职工代表。

第十四条　职工代表的权利：

（1）在职工代表大会上，有选举权、被选举权和表决权；

（2）有权参加职工代表大会对研究所执行职工代表大会决议、提案落实情况的检查和对研究所行政领导的质询；

职工代表按照规定行使民主权力，任何组织和个人不得压制、阻挠和打击报复。

第十五条　职工代表的义务：

（1）努力学习党和国家的路线、方针、政策、法律、法规，不断提高政治觉悟、专业技术水平和参加管理的能力。

（2）密切联系群众，维护职工合法权益，如实反映职工群众的意见和要求，认真执行职工代表大会的决议，做好职工代表大会交给的各项工作；

（3）模范遵守国家的法律、法规和院所的规章制度，遵守劳动纪律，努力做好本职工作。

第四章　组织制度

第十六条　职工代表大会选举主席团主持会议。主席团成员中专业技术人员应超过半数。

第十七条　职工代表大会每年至少召开一次，每次会议必须有三分之二以上的职工代表出席。

职工代表大会进行选举和做出决议，必须经出席会议的职工代表过半数通过。

第十八条　职工代表大会应根据研究所的中心工作和职工迫切关心的问题确定会议议题。

第十九条　职工代表大会根据需要，可设立若干精干的临时性或经常性的专门小组，完成职工代表大会交办的有关事项。其主要工作是：审议提交职工代表大会的有关议案；在职工代表大会闭幕期间，根据职工代表大会的授权，审定属本专门小组分工范围内需要临时决定的问题，并向职工代表大会报告予以确认；检查督促有关部门贯彻执行职工代表大会决议，处理职工提案；办理职工代表大会交办的其他事项。

各专门小组对职工代表大会负责。

第二十条 职工代表大会闭幕期间，需要临时解决的重要问题，由所工会委员会召集有关人员协商处理，并向下一次职工代表大会报告予以确认。

第二十一条 职工代表大会的工作情况，应定期向研究所全体职工通报，接受全体职工的监督。

第五章 职工代表大会与工会

第二十二条 研究所工会委员会作为职工代表大会的工作机构承担下列工作：

(1) 组织职工选举职工代表；

(2) 提出关于职工代表大会议题的建议，主持职工代表大会的筹备工作；

(3) 主持职工代表专门小组负责人会议，组织专门小组进行调查研究，向职工代表大会提出建议；

(4) 检查督促职工代表大会决议的执行情况，发动职工落实大会的决议和决定；

(5) 向职工进行民主管理的宣传教育，组织职工代表学习政策、业务和管理知识，提高职工代表素质；

(6) 接受职工代表的申诉和建议，维护职工代表的合法权益；

(7) 组织研究所民主管理的其他工作。

第二十三条 院工会要指导、支持和维护研究所职工代表大会正确行使职权。

第六章 附则

第二十四条 本条例适用于院属各研究所、出版社、杂志社、研究生院。院直机关可参照本条例执行。各单位可结合实际情况，制定职工代表大会的工作细则。

第二十五条 本条例自发布之日起施行，由院工会负责解释。

七　关于对全院党员领导干部加强党内监督的暂行规定

（一九九五年十二月二十二日　院党委会通过）

为了贯彻落实党的十四届五中全会关于加强党内监督，对领导干部要严格要求、严格管理、严格监督的精神，进一步加强和改进党的建设，把中国社会科学院建成马克思主义的坚强阵地，根据《党章》、《关于党内政治生活的若干准则》、党和国家的有关规定，对全院党员领导干部的党内监督作以下规定。

（一）党内监督的主要内容

1．监督遵守政治纪律的情况。

监督检查是否在政治上与党中央保持一致，自觉维护中央权威；是否认真贯彻执行党的“一个中心、两个基本点”的基本路线，同资产阶级自由化和各种错误倾向做坚决斗争；是否坚持以马列主义、毛泽东思想、邓小平建设有中国特色社会主义理论为指导，紧密联系实际，进行社会科学理论的研究。

2．监督遵守宣传出版纪律的情况。

监督检查是否认真贯彻执行中央关于宣传工作的方针、指示，坚持正确的舆论导向；是否坚持党的“双百”方针，促进学术研究的繁荣；是否严格遵守党和国家的出版规定，把社会效益放在首位，做到严格管理，令行禁止；是否做到学风端正，尊重和保护他人知识产权。

3．监督贯彻民主集中制的情况。

监督检查是否做到个人服从组织、少数服从多数、下级服从上级、全党服从中央；是否认真执行集体领导和个人分工负责相结合的制度；是否自觉维护领导班子内部的团结；是否密切联系群众，倾听群众的意见，自觉防止和克服官僚主义；是否认真执行我院《研究所党委会工作条例》，坚持党委领导下的所长负责制。

4．监督遵守外事纪律的情况。

监督检查是否认真贯彻执行党和国家有关外事工作和对外学术交流的方针、指示，严守外事和保密规定；是否严格遵守出访规定的路线和期限；是否严格遵守与国外（境外）机构和人员联系、交往或接受采访的规定；是否严格遵守不得对外发表违背国家重大政策的主张和与四项基本原则相抵触的言论的规定。

5．监督遵守财经纪律的情况。

监督检查是否认真执行关于财经工作的规定，维护国家和集体的经济利益；是否做到对超出个人职权范围的重大经济事项提交领导班子集体讨论并严格履行审批手续；是否做到各项收入（包括国内外资助）均纳入本单位财务管理的范围，不得用公款设立小金库。

6. 监督选拔任用干部的情况。

监督检查是否按照干部队伍革命化、年轻化、知识化、专业化的方针和德才兼备的原则选拔任用干部，坚持任人唯贤，反对任人唯亲；是否严格按照党中央关于《党政领导干部选拔任用工作暂行条例》的规定办事。

7. 监督廉洁奉公的情况。

监督检查是否坚持全心全意为人民服务的宗旨，艰苦奋斗，遵纪守法，不以权谋私；是否认真执行党中央、国务院、中央纪委以及我院近几年来有关廉洁自律的规定；是否重视本单位的反腐倡廉工作，认真抓好落实。

8. 监督勤政为民的情况。

监督检查是否忠于职守，遵守工作纪律；是否以主要精力担负起治院、治所的领导责任；是否注重高质量、高效率地完成党组织和领导交付的工作任务。

（二）党内监督的制度和形式

1. 坚持党员领导干部民主生活会制度。会前要充分准备，广泛听取群众意见；会上认真自查自纠，开展批评与自我批评；会后向群众反馈，抓好整改，并及时向上级党委和纪检监察机关报告。

2. 坚持党支部组织生活制度。党员领导干部要以普通党员身份参加所在支部的组织生活，汇报自己的思想、工作、作风以及发挥先锋模范作用的情况，接受党员的监督。

3. 坚持办事公开制度。凡涉及重大改革措施和群众切身利益的重大问题，要公布办事方案和办事结果，接受党内外群众监督。

4. 建立离任廉洁审计制度。党员领导干部晋升职务或由于其他原因而变动工作之前，根据需要对本人进行以经济财务审计为中心内容的廉洁审计。

5. 严格评议制度。要结合党员民主评议、干部考核和年终工作总结，认真组织对党员领导干部的评议。

6. 做好群众信访工作。各级党组织和纪检监察组织要保证这条对党员领导干部实行监督的重要渠道畅通。

7. 建立听取党外群众意见制度。要定期听取各民主党派、无党派人士以及其他党外同志对党员领导干部的意见，每年不少于两次。

8. 坚持党内通报制度。对党员领导干部遵守党纪政纪的情况进行通报。对党员领导干部的先进事迹予以表彰，对违纪行为予以批评。

（三）党内监督的原则

1. 充分发扬党内民主。党员对党员领导干部进行监督、反映情况、提出批评、检举控告，这是他们的民主权利，必须受到保护。党员领导干部对涉及自己的问题提出申诉或说明情况，也是党员的民主权利，也同样受到保护。

2. 党内监督与党外监督相结合。加强党内对领导干部自下而上、自上而下以及党委内部的监督，同时要拓宽党外监督的渠道，接受群众监督、舆论监督。

3. 坚决做到违纪必纠。凡是触犯党纪政纪者，都要受到追究，不允许存在不受监督不受纪律制约的特殊党员。

4. 坚持预防为主。监督是手段，目的是防范，要把监督的关口前移，把重点放在事前教育和事中监督上来。

5. 充分发挥监督部门的职能。各级纪检监察组织对本单位党员领导干部发生的违纪违法问题，要进行调查核实，并及时向同级党委和上级纪检监察机关报告。

（四）党内监督的领导

各级党委要加强对党内监督工作的领导，不断完善对党员领导干部的党内监督机制。各级纪检监察组织要协助同级党委抓好本《规定》的落实，并通过年终工作总结向同级党委和上级纪检监察机关汇报本单位的执行情况。

本规定中的党员领导干部是指现职副处级以上的党员干部。

八　关于加强和改进我院研究所基层党支部建设的意见

（一九九五年十二月二十九日　院党委会议通过）

根据《中国共产党章程》的规定和党的十四届四中全会《关于加强党的建设几个重要问题的决定》精神，结合我院实际情况，特就加强和改进我院研究所基层党支部建设提出以下意见。

（一）党支部的地位和作用

中国社会科学院所属研究所职能处室、研究室党支部是所党委领导下的党的基层组织，是研究所党的工作和战斗力的基础，是完成党的各项任务的战斗堡垒。党支部对所在处室的工作起保证监督作用。

（二）党支部的组织设置

1. 有正式党员三人以上的处、室应建立党支部。党员数量少的处室可以成立跨处室党支部，下设若干党小组。党支部的设置，由所党委决定。

2. 党支部委员会（以下简称“支委会”）由党员大会选举产生，每届任期三年，遇有特殊情况，经所党委批准，可以提前或推迟换届改选。支委会由三至五人组成，设书记一名，组织、宣传、纪检、群工委员视情况设定。党员人数较少可不设支委会，由党员直接选举书记一名，必要时增选副书记一名。

3. 党支部委员会选举结果及委员的分工报所党委批准。为了便于协调工作，党支部书记一般可由处室行政、业务负责人兼任。

4. 支委会要由拥护党的路线方针政策、廉洁奉公、热爱党的工作、密切联系群众、善于做思想政治工作的党员组成。

5. 支委会要坚持民主集中制，实行集体领导和个人分工负责相结合的制度。重大问题必须集体讨论决定，由委员分工执行。支部书记要当好“班长”。

6. 党支部书记在任职期间，参加处室级干部文件传达会议、工作会议，支部工作应列入本人年终考核的工作实绩，计入工作量。

（三）党支部的职责和任务

1. 宣传、贯彻党的基本路线和方针、政策，执行上级党组织和本组织的决议，在政治上同党中央保持一致。

2. 组织党员和群众认真学习马克思列宁主义、毛泽东思想和邓小平建设有中国特色社会主义理论，学习党的基本知识，学习时事政策和有关的专业知识，坚持不懈地进行爱国主义、集体主义、社会主义和树立正确的人生观、世界观、价值观的教育，不断提高党员、群众的政治素质和思想水平。

3. 坚持党要管党、从严治党的方针，加强党的思想、组织、作风建设。教育党员切实执行党章和《准则》，认真履行党员义务，正确行使党员权利，充分发挥党员的先锋模范作用。严格党的组织生活，认真开展批评与自我批评。发扬党内民主，保障党员权利不受侵犯。严肃纪律，对违犯党纪的党员要及时妥善处理。

4. 加强对党员领导干部的监督。对党员领导干部执行党的路线、方针、政策，坚持党的民主集中制，遵守党纪国法、廉洁自律规定及履行工作职责等情况进行认真监督。

5. 引导党员和群众坚持正确的政治方向、理论方向和科研方向，正确处理国家、集体与个人利益的关系，刻苦钻研业务，恪守职业道德，努力完成本处室科研和行政工作任务，为繁荣社会科学事业贡献自己的聪明才智。

6. 密切联系群众，加强和改进思想政治工作。经常了解群众对党员、党的工作的批评和意见，维护群众的正当权益。认真执行党的知识分子政策，尊重知识、尊重人才。经常分析群众的思想状况，有的放矢地开展思想政治工作。

7. 积极慎重地做好发展党员的工作。支部要有年度党员发展计划，指定专人做好入党积极分子的培养、教育、考察工作，定期进行检查，按照党员标准和规定程序做好发展工作，保证新党员质量。教育考察预备党员，按期作好预备党员的转正工作。

8. 积极支持处室负责人行使职权，对本处室科研、人事、群众福利等工作提出建议和意见，充分发挥保证监督作用。

9. 支持工会、共青团、妇女组织的工作，充分发挥其联系群众的桥梁和纽带作用。

10. 教育党员和群众自觉抑制不良倾向，坚决同各种违法犯罪行为作斗争，维护社会稳定。配合有关部门做好安全保卫和保密工作。

（四）党支部的主要制度

1. 每季度一次支部党员大会制度。传达党内文件，学习政治理论，总结报告工作，讨论通过新党员和预备党员转正，讨论决定对党员的表彰和处分，研究讨论本单位重要工作任务，讨论决定支部其他重大问题。

2. 每月一次支部委员会制度。制定落实上级党组织指示、决定和支部大会决议的具体措施，分析党员和群众的思想情况，研究党员教育、管理及奖惩工作等。

3. 民主生活会制度。每半年召开一次党支部或党小组民主生活会，认真开展批评和自我批评。所、局级党员领导干部除了要以普通党员身份参加所在支部的民主生活会外，按照规定每半年还要参加一次双重民主生活会。民主生活会要主题明确，注重实效。支部要做好党组织活动的考勤和记录，定期向支部大会公布。

4. 党课制度。组织党员和要求入党的积极分子参加院、所党委组织的党课，接受党的教育。

5. 民主评议党员制度。每两年进行一次民主评议党员工作。民主评议党员工作一般分为学习理论、自我总结、民主评议、表彰和处理、总结整改五个阶段。

6. 创先争优制度。结合民主评议党员，每两年开展一次评选先进党支部、优秀党员和优秀党务工作者的活动，并参加上级党组织的评选表彰活动。

7. 党风廉政建设制度。坚持定期分析本支部党员的党风状况，按照中纪委及院纪检组制定的处以上党员领导干部廉洁自律要求，监督检查党员领导干部的执行情况。

8. 流动党员组织关系管理制度。党员脱产进修、借调外单位工作等外出时间超过三个月者，所在支部应及时报告上级党委，按规定为其办理党员证明信；超过六个月的，应转移党员正式组织关系。

9. 出国党员管理制度。出国进修、研究、讲学或留学，时间超过半年的党员，应通过适当方式与支部保持联系，按时交纳党费；回国后，要向组织汇报在国外期间的思想、工作及其他情况。

以上意见适用于院直机关和院属各单位的基层党支部。

第　七　编

一九九五年统计资料

一　一九九五年全院各类人员情况统计

单位：人

项目 人数 单位	合计	专业人员						行政人员	工人
		小计	正高级	副高级	中级	初级	未定职		
总　计	4119	3210	583	1044	1176	372	35	440	469
1. 经济研究所	166	135	28	45	44	18		13	18
2. 工业经济研究所	96	84	14	22	36	12		6	6
3. 农村发展研究所	95	86	9	29	41	7		5	4
4. 财贸经济研究所	79	75	16	22	30	6	1	3	1
5. 数量经济与技术经济研究所	84	72	18	21	27	3	3	4	8
6. 人口研究所	44	37	4	9	18	5	1	6	1
7. 考古研究所	181	153	25	51	57	19	1	13	15
8. 历史研究所	156	145	35	52	45	11	2	7	4
9. 近代史研究所	166	135	30	48	47	9	1	7	24
10. 中国边疆史地研究中心	13	11	3	3	5			2	
11. 中国地方志指导小组办公室	12	9	1	4	2	2		2	1
12. 世界历史研究所	104	92	18	35	34	5		7	5
13. 文学研究所	167	149	36	65	42	6		9	9
14. 少数民族文学研究所	45	38	6	14	17		1	4	3
15. 外国文学研究所	110	94	17	43	27	7		11	5
16. 语言研究所	100	87	18	28	33	8		5	8
17. 哲学研究所	176	158	44	61	47	6		10	8
18. 马列主义毛泽东思想研究所	51	45	8	16	18	1	2	3	3
19. 世界宗教研究所	90	85	19	26	30	9	1	2	3
20. 法学研究所	120	105	28	34	34	8	1	5	10

续表

项目 人数 单位	合计	专业人员 小计	正高级	副高级	中级	初级	未定职	行政人员	工人
21. 政治学研究所	31	27	2	8	12	4	1	1	3
22. 民族研究所	178	157	24	50	59	22	2	11	10
23. 社会学研究所	84	78	13	25	37	3		4	2
24. 新闻研究所	47	35	3	10	17	5		9	3
25. 世界经济与政治研究所	134	121	24	41	35	20	1	7	6
26. 美国研究所	50	46	10	7	22	6	1	2	2
27. 东欧中亚研究所	129	105	19	45	18	21	2	8	16
28. 日本研究所	46	36	7	11	13	4	1	8	2
29. 欧洲研究所	38	34	6	10	13	4	1	1	3
30. 西亚非洲研究所	56	47	9	16	17	5		8	1
31. 拉丁美洲研究所	69	58	11	24	16	7		8	3
32. 亚洲太平洋研究所	56	51	10	21	18	2		1	4
33. 城市发展与环境研究中心	10	9	3	2	2	2			1
34. 文献信息中心	171	158	12	45	77	20	4	6	7
35. 中国社会科学杂志社	61	52	13	13	17	6	3	4	5
36. 中国社会科学出版社	139	83	5	20	32	22	4	15	41
37. 社会科学文献出版社	22	18	2	4	8	3	1	2	2
38. 研究生院	138	83	11	21	35	16		21	34
39. 郭沫若纪念馆	27	14		5	7	2		11	2
40. 中国人文科学发展公司	15	9		1	5	3		3	3
41. 中国经济技术研究咨询公司	6	4		1	3			1	1
42. 服务总公司	250	56	1	3	21	31		36	158
43. 计算机室	15	4	1		3			1	10
44. 办公厅	54	7	1	1	4	1		43	4
45. 科研局	28	22	4	9	6	3		5	1

续表

单位＼项目＼人数	合计	专业人员						行政人员	工人
		小计	正高级	副高级	中级	初级	未定职		
46．人事教育局	29	12	1	3	7	1		15	2
47．外事局	42	30	3	6	15	6		9	3
48．财物基建计划局	45	30		7	14	9		13	2
49．老干部局	18	3			2	1		15	
50．保卫局	18	2			2			15	1
51．院党委办公室	22	10	2	2	5	1		12	
52．纪检、监察、审计	20	3		3				17	
53．院领导	14	11	9	2				3	
54．待分配	2							1	1

二 一九九五年专业技术人员年龄结构

单位：人

项目	各类专业技术人员总数	年龄结构									
		25岁以下	26至30岁	31至35岁	36至40岁	41至45岁	46至50岁	51至54岁	55至59岁		60岁以上
									小计	其中女	
总计	3210	25	296	460	500	565	327	291	557	106	189
其中：高级职称	1627		1	76	165	248	203	227	521	97	186
中级职称	1176		176	310	249	253	97	56	32	8	3
初级职称	372	19	107	68	82	62	23	7	4	1	
未定职	35	6	12	6	4	2	4	1			
1. 研究人员	1825	17	180	275	233	258	178	170	357	49	157
其中：研究员	479			1	9	18	45	63	203	19	140
副研究员	700			66	117	152	105	98	146	28	16
助理研究员	544		117	195	103	84	27	9	8	2	1
研究实习员	84	14	53	10	3	4					
研究未定职	18	3	10	3	1		1				
2. 编辑人员	514	4	37	73	92	116	48	44	88	26	12
其中：编审	68					1	4	8	48	8	7
副编审	171		1	8	28	47	26	21	35	17	5
编辑	217		22	53	49	58	17	13	5	1	
助理编辑	50	3	12	10	14	9	1	1			
编辑未定职	8	1	2	2	1	1		1			
3. 翻译人员	106		7	12	9	17	10	16	31	8	4
其中：译审	17						1		12	1	4
副译审	48				2	8	6	14	18	6	
翻译	30		2	10	5	9	1	2	1	1	
助理翻译	9		5	2	1		1				
翻译未定职	2				1		1				
4. 教学人员	67		8	7	8	13	8	9	9	2	5
其中：教授	11						1	3	3		4
副教授	22			1	4	4	2	4	6	2	1
讲师	28		4	6	3	8	5	2			
助教	6		4		1	1					

续表

项目	各类专业技术人员总数	年龄结构									
		25岁以下	26至30岁	31至35岁	36至40岁	41至45岁	46至50岁	51至54岁	55至59岁 小计	55至59岁 其中女	60岁以上
教学未定职											
5. 工程技术人员	63		5	6	11	13	5	6	16	1	1
其中：高级工程师	5							1	4		
工程师	37			5	6	7	5	3	10	1	1
助理工程师、技术员	21		5	1	5	6		2	2		
工程未定职											
6. 图书、文博、资料人员	451	3	53	60	108	104	48	24	47	15	4
其中：研究馆员	7							1	5		1
副研究馆员	82				5	16	12	8	38	14	3
馆员	256		30	34	74	73	28	13	4	1	
助理馆员、管理员	101	2	23	25	29	14	6	2			
图书未定职	5	1		1		1	2				
7. 会计人员	127	1	5	22	32	25	23	11	5	3	3
其中：高级会计师	9					1	1	2	2	1	3
会计师	36			5	7	5	9	8	2	1	
助理会计师	80		5	17	24	19	13	1	1	1	
会计未定职	2	1			1						
8. 经济人员	32		1	3	4	10	4	6	2	1	2
其中：高级经济师	7					1		3	1	1	2
经济师	12		1	1	2	2	3	2	1		
助理经济师、经济员	13			2	2	7	1	1			
经济未定职											
9. 统计人员	2			1	1						
其中：高级统计师											
统计师	1			1							
助理统计师、统计员	1				1						
统计未定职											
10. 卫生技术人员	23			1	2	9	3	5	2	1	1
其中：主任医师	1							1			
副主任医师											
主治医师	15					7	2	4	1	1	1
医师	7			1	2	2	1		1		
卫生未定职											

三　一九九五年专业技术人员文化结构

单位：人

项　　目	总人数	文化结构					
		研究生	大学本科	大学专科	中专	高中	初中及以下
总　计	3210	1114	1387	477	65	100	67
其中：高级职称	1627	658	892	44	6	10	17
中级职称	1176	403	391	306	27	25	24
初级职称	372	37	96	122	30	61	26
未定职	35	16	8	5	2	4	
1. 研究人员	1825	951	803	59	4	5	3
其中：研究员	479	209	264	5	1		
副研究员	700	363	322	11	2	1	1
助理研究员	544	336	168	36		3	1
研究实习员	84	31	46	5		1	1
研究未定职	18	12	3	2	1		
2. 编辑人员	514	122	257	107	9	14	5
其中：编审	68	19	49				
副编审	171	43	113	11	1	2	1
编辑	217	53	82	72	6	3	1
助理编辑	50	4	10	23	2	8	3
编辑未定职	8	3	3	1		1	
3. 翻译人员	106	10	87	8			1
其中：译审	17	3	14				
副译审	48	3	43	2			
翻译	30	3	23	3			1
助理翻译	9		7	2			
翻译未定职	2	1		1			
4. 教学人员	67	24	29	8	2	2	2
其中：教授	11	6	5				
副教授	22	9	13				
讲师	28	7	9	7	2	1	2
助教	6	2	2	1		1	

续表

项目	总人数	文化结构					
		研究生	大学本科	大学专科	中专	高中	初中及以下
教学未定职							
5. 工程技术人员	63		22	17	7	6	11
其中：高级工程师	5		5				
工程师	37		11	11	3	3	9
助理工程师、技术员	21		6	6	4	3	2
工程未定职							
6. 图书、文博、资料人员	451	7	166	192	14	48	24
其中：研究馆员	7	1	6				
副研究馆员	82	2	50	11		5	14
馆员	256	4	88	139	7	12	6
助理馆员、管理员	101		21	41	7	28	4
图书未定职	5		1	1		3	
7. 会计人员	127		7	63	21	22	14
其中：高级会计师	9		2	3	1	2	1
会计师	36		1	24	5	3	3
助理会计师、会计员	80		3	36	14	17	10
会计未定职	2		1		1		
8. 经济人员	32		9	14	1	3	5
其中：高级经济师	7		6	1			
经济师	12		3	8			1
助理经济师、经济员	13			5	1	3	4
经济未定职							
9. 统计人员	2		1	1			
其中：高级统计师							
统计师	1		1				
助理统计师、统计员	1			1			
统计未定职							
10. 卫生技术人员	23		6	8	7		2
其中：主任医师	1				1		
副主任医师							
主治医师	15		5	6	4		
医师	7		1	2	2		2
卫生未定职							

四　一九九五年

单位名称	预算数	实际				
		小计	工资	补助工资	职工福利费	离退休人员费用
总　计	13730.00	13295.86	2121.16	291.76	1068.68	1554.67
1. 经济研究所	382.86	348.99	89.20	7.10	35.52	113.17
2. 工业经济研究所	183.24	184.49	48.03	4.32	21.76	38.42
3. 农村发展研究所	192.36	187.21	39.24	6.48	30.02	37.30
4. 财贸经济研究所	157.04	154.98	41.25	5.29	22.26	35.20
5. 数量经济与技术经济研究所	136.28	144.73	43.20	5.29	16.12	11.40
6. 人口研究所	81.27	79.42	20.71	4.01	5.97	10.54
7. 考古研究所	612.76	562.75	101.68	10.41	69.94	60.09
8. 历史研究所	490.52	485.04	88.66	13.27	68.30	78.23
9. 近代史研究所	391.16	393.73	99.09	11.72	50.95	82.10
10. 世界历史研究所	213.76	209.87	60.51	2.96	27.31	44.50
11. 文学研究所	307.94	299.66	101.62	7.50	38.43	77.34
12. 少数民族文学研究所	77.78	76.31	20.78	2.25	9.83	14.81
13. 外国文学研究所	231.1	234.24	75.14	6.69	18.33	65.25
14. 语言研究所	181.85	187.81	59.19	5.21	23.88	45.11
15. 哲学研究所	307.36	309.26	104.50	8.34	43.49	74.48

科学事业经费预决算情况

单位：万元

支出					决算数为预算数的%
公务费	设备购置费	修缮费	业务费	其他费	
1490.49	1987.13	1679.21	2729.93	372.83	96.8
34.66	7.82	8.04	51.59	1.89	91.2
18.37	2.69	10.42	39.80	0.68	100.7
22.67	0.65	7.51	43.14	0.20	97.3
18.57	5.11	4.67	22.39	0.24	98.4
20.50	8.53	1.02	37.90	0.77	106.2
8.63	1.68	6.27	21.43	0.18	97.7
50.01	138.15	2.25	129.14	1.08	91.8
31.37	72.88	1.67	128.78	1.88	98.9
65.10	5.65	0.74	70.56	7.82	100.7
21.76	18.81	2.21	31.44	0.37	98.1
14.66	1.27	1.75	52.85	4.24	97.3
11.90	2.82	0.10	13.69	0.13	98.1
16.98	1.07	4.49	44.34	1.95	101.4
15.26	5.63	2.99	29.45	1.09	103.2
27.81	0.98	4.37	43.19	2.10	100.6

单位名称	预算数	实际				
		小计	工资	补助工资	职工福利费	离退休人员费用
16. 马列主义毛泽东思想研究所	88.26	89.79	25.91	4.65	10.40	14.20
17. 世界宗教研究所	171.26	169.54	50.92	2.20	22.51	26.64
18. 法学研究所	226.06	233.18	72.75	7.08	23.67	47.51
19. 政治学研究所	54.99	54.58	16.13	1.57	7.70	15.40
20. 民族研究所	452.37	442.68	99.76	6.61	68.44	118.46
21. 社会学研究所	130.44	130.66	43.10	4.18	20.59	20.10
22. 新闻研究所	89.48	90.83	22.40	2.72	26.29	19.66
23. 世界经济与政治研究所	234.68	239.13	69.31	7.08	36.34	62.11
24. 美国研究所	78.25	78.49	21.76	3.51	8.27	19.34
25. 东欧中亚研究所	317.86	294.34	63.52	13.38	43.21	54.04
26. 日本研究所	72.77	75.65	22.27	3.32	7.70	10.31
27. 欧洲研究所	70.23	72.97	19.77	2.45	5.63	12.00
28. 西亚非洲研究所	100.25	112.18	27.58	5.51	13.21	24.13
29. 拉丁美洲研究所	123.81	118.10	35.77	5.10	21.54	25.66
30. 亚洲太平洋研究所	105.25	103.20	35.87	5.65	17.18	17.13
31. 文献信息中心	275.89	271.98	81.23	9.29	21.46	51.06
32. 研究生院	391.00	424.56	57.92	37.41	16.65	41.04
33. 中国社会科学出版社	131.39	132.89				
34. 中国社会科学杂志社	182.00	164.68	30.62	6.27	20.46	33.97

续表

支出					决算数为预算数的%
公务费	设备购置费	修缮费	业务费	其他费	
8.30	2.24	0.66	22.49	0.94	101.7
23.77	20.38	1.36	21.36	0.40	99
36.83	4.93	2.11	36.28	2.02	102.9
6.14	0.27	0.60	6.44	0.33	99.3
33.81	31.10	3.90	76.95	3.65	97.9
16.07	1.25	2.06	22.90	0.41	100.2
8.39	0.57		10.56	0.24	101.5
16.54	4.25	7.79	34.85	0.86	101.9
5.94	4.68	1.04	13.20	0.75	100.5
55.51	20.58	13.75	28.11	2.24	92.6
8.45	9.33	0.75	13.12	0.40	104
11.70	3.44	0.31	16.89	0.78	103.9
12.92	5.08	4.20	18.61	0.94	111.9
7.18	0.78	2.67	19.40		95.4
8.60	4.73	1.46	12.39	0.19	98.1
24.77	32.05	3.52	47.39	1.21	98.6
132.48	68.92	-0.22	5.49	64.87	108.6
				132.89	101.1
20.76	5.34	2.92	27.76	16.58	90.5

单位名称	预算数	实际				
		小计	工资	补助工资	职工福利费	离退休人员费用
35. 郭沫若纪念馆	41.46	42.39	11.32	4.74	4.91	4.96
36. 院直机关	3830.73	3495.36	283.31	44.85	176.78	146.18
37. 当代中国研究所	418	390.45	28.80	5.84	9.98	2.83
38. 计算机室	17.00	20.48	5.78	1.67	2.45	
39. 城市发展与环境研究中心	33.08	24.65	2.56	0.85	1.20	
40. 外事局	570	566.41				
41. 科研局	100	138.67				
42. 保卫局	15	15.38				
43. 院图书馆	863.40	788.15		4.99		
44. 综合会计室	568.85	656.00				
45. 财务处	29					

续表

支出					决算数为预算数的%
公务费	设备购置费	修缮费	业务费	其他费	
9.82	-0.47	0.76	6.14	0.21	102.2
571.73	532.01	1541.94	111.64	86.92	91.2
70.54	212.73	21.44	35.19	3.10	93
3.09	5.76		1.50	0.23	120.5
6.70	11.54	1.05	0.75		74.5
			566.41		99.4
			138.67		138.7
5.80	3.17		6.41		102.5
6.40	728.73	6.64	13.34	28.05	91.3
			656.00		115.3

五　一九九五年职工工资总额构成

单位：千元

单 位 名 称	工资津贴未冲销津贴	奖 金	合 计
1. 经济研究所	891.9	26.1	918.00
2. 工业经济研究所	480.3	13.2	493.50
3. 农村发展研究所	392.4	22.2	414.60
4. 财贸经济研究所	412.5	11.7	424.20
5. 数量经济与技术经济研究所	432	12.2	444.20
6. 人口研究所	207.1	6.3	213.40
7. 考古研究所	1016.8	26.1	1042.90
8. 历史研究所	886.6	25.6	912.20
9. 近代史研究所	990.9	26.1	1017.00
10. 世界历史研究所	605.1	15	620.10
11. 文学研究所	1016.2	25.8	1042.00
12. 少数民族文学研究所	207.8	6.6	214.40
13. 外国文学研究所	751.4	17	768.40
14. 语言研究所	591.8	16.4	608.20
15. 哲学研究所	1045	25.3	1070.30
16. 马列主义毛泽东思想研究所	259	7.2	266.20
17. 世界宗教研究所	509.2	13.1	522.30
18. 法学研究所	727.5	17.3	744.80
19. 政治学研究所	161.3	4.5	165.80
20. 民族研究所	997.6	25.8	1023.40
21. 社会学研究所	431	12	443.00

续表

单位名称	工资津贴未冲销津贴	奖金	合计
22.新闻研究所	224	6.8	230.80
23.世界经济与政治研究所	693.1	19.3	712.40
24.美国研究所	217.6	7.2	224.80
25.东欧中亚研究所	635.2	19.3	654.50
26.日本研究所	222.7	6.6	229.30
27.欧洲研究所	197.7	6.1	203.80
28.西亚非洲研究所	275.8	8.1	283.90
29.拉丁美洲研究所	357.7	10	367.70
30.亚洲太平洋研究所	358.7	7.9	366.60
31.文献信息中心	812.3	24.6	836.90
32.研究生院	579.1	19.9	599.00
33.中国社会科学出版社	1181	16.3	1197.30
34.中国社会科学杂志社	306.2	8.6	314.80
35.郭沫若纪念馆	113.2	4	117.20
36.院直机关	2833.1	82.4	2915.50
37.当代中国研究所	288	10	298.00
38.计算机室	57.8	2.3	60.10
总计	22366.6	605.5	22972.1

六 一九九五年派遣出国人员统计(一)

单位：人次

外事局主管处室 / 交流学科	合计	联络处	欧洲处	亚非处	美大处	国际处
总 计	1288	203	343	364	224	154
哲 学	66	19	25	14	3	5
经济学	429	23	92	133	124	57
政治学	29	3	0	2	22	2
法 学	61	10	17	25	5	4
社会学	39	13	10	8	5	3
民族问题	17	9	1	6	0	1
文 学	107	4	52	20	19	12
语言学	13	6	2	2	2	1
史 学	167	39	42	45	11	30
宗教问题	31	11	3	8	5	4
国际问题	122	16	30	47	12	17
新闻学	12	2	0	5	5	0
图书情报	13	0	11	0	0	2
综 合	56	33	9	12	0	2
其 他	126	15	49	37	11	14

一九九五年派遣出国人员统计(二)

单位：人次

外事局主管处室 / 交流方式	合计	联络处	欧洲处	亚非处	美大处	国际处
总 计	1288	203	343	364	224	154
学术访问	481	68	148	152	96	17
合作研究	46	0	4	15	23	4
讲 学	24	12	0	8	4	0
进 修	55	0	3	7	1	44
双边讨论会	166	88	21	56	1	0
国际会议	275	31	58	71	27	88
工作访问	71	0	20	29	22	0
其 他	170	4	89	26	50	1

七　一九九五年邀请来华人员统计(一)

单位：人次

外事局主管处室 / 交流学科	合计	联络处	欧洲处	亚非处	美大处	国际处
总　计	1406	235	91	501	161	418
哲　学	129	28	12	37	4	48
经济学	273	85	28	98	57	5
政治学	9	0	2	4	3	0
法　学	27	0	5	17	5	0
社会学	168	1	2	37	3	125
民族问题	22	2	19	1	0	0
文　学	25	0	2	13	10	0
语言学	251	0	0	113	12	126
史　学	230	49	7	61	21	92
宗教问题	23	1	2	20	0	0
国际问题	71	0	5	40	26	0
新闻学	5	0	0	5	0	0
图书情报	1	0	0	1	0	0
综　合	27	0	2	11	14	0
其　他	145	69	5	43	6	22

一九九五年邀请来华人员统计(二)

单位：人次

外事局主管处室 交流方式	合计	联络处	欧洲处	亚非处	美大处	国际处
总　计	1406	235	91	501	161	418
学术访问	396	87	47	177	85	0
合作研究	30	0	3	12	15	0
讲　学	8	0	5	1	2	0
进　修	323	0	2	175	20	126
双边讨论会	243	140	9	67	27	0
国际会议	328	0	18	23	0	287
工作访问	57	8	6	32	11	0
其　他	21	0	1	14	1	5

八 中国社会科学院一九九五年藏书情况

单位名称	合计（百册）	新购图书（册）			新购期刊（册）	
		小计	中文	外文	中文	外文
总计	50501	31337	26814	4523	3289	1542
1. 院图书馆	13424	12331	10157	2174	1360	637
2. 经济研究所	7174	1486	1263	223	652	107
3. 农村发展研究所	147	606	560	46		6
4. 考古研究所	1641	1201	1135	66		55
5. 历史研究所	7064	2433	2382	51		63
6. 近代史研究所	5832	2938	2858	80		65
7. 世界历史研究所	1122	950	549	401		39
8. 法学研究所	2426	1408	1245	163		61
9. 政治学研究所	627	768	700	68		18
10. 民族研究所	4227	2714	2488	226		74
11. 新闻研究所	574					12
12. 东欧中亚研究所	695	487	144	343	187	68
13. 日本研究所	836	185	138	47		26
14. 西亚非洲研究所	313	268	259	9	145	48
15. 拉丁美洲研究所	548	629	94	535		57
16. 亚洲太平洋研究所	261	481	390	91		63
17. 中国社会科学杂志社	1018	481	481		107	
18. 中国社会科学出版社	433	473	473		15	
19. 研究生院	2139	2734	1498	1236	838	143

九　中国社会科学出版社一九九五年图书出版情况

门　类	出版图书种数(种)		总印数（万册）	总印张（千印张）	新出图书排版字数（万字）	定价总金额（万元）
	合计	其中新出				
总　计	252	203	170.35	29881.92	8191.20	3339.57
使用中国标准书号部分合计	252	203	170.35	29881.92	8191.20	3339.57
马克思主义、列宁主义、毛泽东思想						
哲　学	52	26	43.00	6768.21	1505.10	715.28
社会科学总论	14	19	12.62	2184.83	346.90	238.58
政治、法律	32	30	11.05	1991.62	1206.20	269.54
军　事	19	10	14.34	536.09	128.50	47.45
经　济	31	31	15.39	2504.31	1235.70	295.02
文化、科学、教育、体育	6	5	4.15	414.02	114	36.80
语言、文字	6	5	6.42	1387.55	274.3	158.84
文　学	45	36	39.17	7105.29	1225.3	632.43
艺　术						
历史、地理	41	35	18.13	3906.20	1433.20	467.66
农业科学						
综合性图书	3	3	2.73	2575.32	624	437.12
自然科学总论	1	1	0.15	22.09	29.00	2.25
医药、卫生	1	1	0.20	36.39	39.00	4.40
航空、航天	1	1	3.00	450.00	30.00	34.20

十　社会科学文献出版社一九九五年图书出版情况

门　　类	出版图书种数(种) 合计	其中新出	总印数(万册)	总印张(千印张)	新出图书排版字数(万字)	定价总金额(万元)
总　计	68	68	29.80	3493.08	2387.40	405.72
使用中国标准书号部分合计	68	68	29.80	3493.08	2387.40	405.72
马克思主义、列宁主义、毛泽东思想	1	1	0.12	33.79	62.4	3.19
哲　学	6	6	5.98	310.21	103	39.43
社会科学总论	9	9	1.67	296.15	334.3	40.23
政治、法律	11	11	4.06	599.03	362.9	51.76
军　事	1	1	0.35	34.11	21.20	3.08
经　济	7	7	1.85	292.72	231.2	40.18
文化、科学、教育、体育	1	1	1.00	60.01	1.00	8.60
语言、文字						
文　学	15	15	8.82	715.15	296.8	91.06
艺　术	1	1	2.00	120	43	11.60
历史、地理	13	13	2.55	502.28	594.00	63.65
农业科学						
综合性图书	3	3	1.40	529.63	337.6	52.94

十一 经济管理出版社一九九五年图书出版情况

门类	出版图书种数(种) 合计	其中新出	总印数(万册)	总印张(千印张)	新出图书排版字数(万字)	定价总金额(万元)
总计	161	144	165.09	21904.00	5458.20	2967.75
使用中国标准书号部分合计	161	144	165.09	21904.00	5458.20	2967.75
马克思主义、列宁主义、毛泽东思想						
哲学						
社会科学总论						
政治、法律						
军事	1	1	0.8	197.00	12.60	22.40
经济	160	143	164.29	21707.00	5445.60	2945.35
文化、科学、教育、体育						
语言、文字						
文学						
艺术						
历史、地理						
农业科学						
综合性图书						

十二 中国社会科学院一九九五年刊物名录

序号	主办单位	刊名	刊期	主编	发行量（万）
1	经济研究所	经济研究	月刊	何建章	2.4
2	经济研究所	中国经济史研究	季刊	李根蟠	0.1
3	经济研究所	经济学动态	月刊	王振中	0.7
4	工业经济研究所	经济管理	月刊	张卓元	5.0
5	工业经济研究所	中国工业经济	月刊	周叔莲	0.5
6	农村发展研究所	中国农村经济	月刊	陈吉元	1.2
7	农村发展研究所	中国农村观察	双月	陈吉元	0.15
8	财贸经济研究所	财贸经济	月刊	杨圣明	1.0
9	数量经济与技术经济研究所	数量经济技术经济研究	月刊	李京文	0.16
10	人口研究所	中国人口科学	双月	田雪原	0.26
11	考古研究所	考古	月刊	乌　恩	0.7
12	考古研究所	考古学报	季刊	任式楠	0.25
13	历史研究所	中国史研究	季刊	童　超	0.5
14	历史研究所	中国史研究动态	月刊	陈高华	0.4
15	近代史研究所	近代史研究	双月	曾业英	0.45
16	近代史研究所	抗日战争研究	季刊	张海鹏	0.3
17	中国边疆史地研究中心	中国边疆史地研究	季刊	邢玉林	0.2
18	世界历史研究所	世界历史	季刊	廖学盛	0.25
19	世界历史研究所	史学理论研究	季刊	陈启能	0.2
20	世界历史研究所	世界史研究年刊	年刊	秦海波	0.2
21	文学研究所	文学评论	双月	侯敏泽	1.26
22	文学研究所	文学遗产	双月	徐公恃	0.38
23	少数民族文学研究所	民族文学研究	季刊	刘魁立	0.1
24	外国文学研究所	外国文学评论	季刊	吴元迈	0.4
25	外国文学研究所	世界文学	月刊	金志平	1.5
26	外国文学研究所	外国文学动态	月刊	金志平	0.2

续表

序号	主办单位	刊　　名	刊期	主　编	发行量（万）
27	语言研究所	中国语文	双月	侯精一	1.1
28	语言研究所	国外语言学	季刊	沈家煊	0.6
29	语言研究所	方言	季刊	李　荣	0.6
30	哲学研究所	哲学研究	月刊	陈筠泉	1.25
31	哲学研究所	哲学动态	月刊	李立新	0.47
32	哲学研究所	中国哲学年鉴	年刊	陈筠泉	0.26
33	哲学研究所	真理的追求	月刊	许　毅	
34	哲学研究所	哲学译丛	双月	李树柏	0.52
35	哲学研究所	中国哲学史	季刊	方立天	0.15
36	马列主义毛泽东思想研究所	马克思主义研究	双月	靳辉明	
37	世界宗教研究所	世界宗教文化	季刊	高师宁	0.14
38	世界宗教研究所	世界宗教研究	季刊	郑天星	0.12
39	法学研究所	法学研究	双月	王保树	1.0
40	法学研究所	外国法译评	季刊	吴新平	0.2
41	政治学研究所	政治学研究	季刊	信春鹰	
42	民族研究所	民族语文	双月	照那斯图	0.17
43	民族研究所	民族研究	双月	杜荣坤	0.35
44	民族研究所	世界民族	双月	王明甫	0.08
45	社会学研究所	社会学研究	双月	张　琢	0.3
46	社会学研究所	青年研究	月刊	单光鼐	0.3
47	新闻研究所	新闻与传播研究	季刊	喻权域	0.1
48	新闻研究所	中国新闻年鉴	年刊	阎焕书	
49	世界经济与政治研究所	世界经济	月刊	谷源洋	0.3
50	世界经济与政治研究所	世界经济与政治	月刊	谷源洋	0.35
51	世界经济与政治研究所	世界经济与中国（英文版）	双月	谷源洋	0.2
52	世界经济与政治研究所	世界经济年鉴	年刊	谷源洋	0.58
53	世界经济与政治研究所	国际经济评论	月刊	龚荣进	0.1
54	美国研究所	美国研究	季刊	资中筠	0.53
55	美国研究所	美国研究（英文版）	年刊	资中筠	0.2

续表

序号	主办单位	刊　　名	刊期	主　编	发行量（万）
56	美国研究所	美国大观	月刊	吴　展	1.1
57	东欧中亚研究所	东欧中亚研究	双月	徐　葵	0.1
58	东欧中亚研究所	东欧中亚市场研究	双月	徐　葵	0.2
59	日本研究所	日本学刊	双月	冯昭奎	0.13
60	日本研究所	日本经济参考	双月	冯昭奎	0.14
61	欧洲研究所	欧洲	双月	陈乐民	0.15
62	西亚非洲研究所	西亚非洲	双月	赵国忠	0.1
63	拉丁美洲研究所	拉丁美洲研究	双月	苏振兴	0.07
64	亚洲太平洋研究所	当代亚太	双月	张蕴岭	0.04
65	亚洲太平洋研究所	南亚研究	季刊	黄心川	0.02
66	台湾研究所	台湾研究	季刊	姜殿铭	0.2
67	当代中国研究所	当代中国史研究	双月	万光明	0.4
68	研究生院	研究生院学报	双月	方克立	0.3
69	文献信息中心	国外社会科学论文索引	双月	蔡富有	0.23
70	文献信息中心	环球市场信息导报	月刊	李惠国	0.2
71	文献信息中心	中国社会科学文献题录	双月	莫作钦	0.54
72	文献信息中心	国外社会科学	月刊	殷世才	0.1
73	文献信息中心	第欧根尼	半年	殷世才	0.2
74	社会科学文献出版社	当代韩国	季刊	汝　信	0.8
75	中国社会科学杂志社	中国社会科学	双月	赵振英	1.0
76	中国社会科学杂志社	历史研究	双月	宋德金	1.0
77	中国社会科学杂志社	中国社会科学(英文版)	季刊	刘瑞祥	0.1
78	中国社会科学杂志社	国外社会科学(中文版)	季刊	冯世则	0.5
79	中国地方志指导小组办公室	中国地方志	双月	诸葛计	0.35
80	办公厅	现代文明画报	双月	秦其明	0.4
81	办公厅	中国城市年鉴	年刊	刘国光	1.0
82	办公厅	中国城市年鉴(英文版)	年刊	刘国光	
83	办公厅	中国社会科学院年鉴	年刊	吴介民	

第　八　编

一九九五年大事记

一九九五年大事记

一 月

1.6 汝信副院长就我院改革方面的有关问题接受中央电视台记者的采访。

1.9 院党委副书记、副院长滕藤出席全国人大教科文卫委员会会议，讨论教科文卫委员会1994年工作总结和1995年工作重点。

1.12 郭永才秘书长主持院保密委员会会议，研究国家机关第八保密协作片1995年的工作和活动经费等问题。

1.13 院党委副书记、副院长龙永枢召集院党委办公室负责同志研究“1995年全院党的工作要点”。

郭永才秘书长主持召开院社会治安严打整治综合治理工作动员会，传达中央国家机关和北京市有关会议精神，并对认真做好治安、严打和综合治理工作提出具体要求。

中央机构编委会办公室事业司司长李渊河、处长武建华来我院座谈事业单位“三定”问题。副院长龙永枢、人事教育局长单天伦等参加座谈。

1.16 汝信副院长出席全国宣传部长会议。

滕藤副院长出席中美科技合作第二次会议。

1.17 胡绳院长、王忍之书记到人民大会堂出席由中共中央办公厅、中宣部、中共中央文献研究室、中共中央党史研究室、解放军总政治部举办的纪念遵义会议60周年座谈会。胡绳院长在大会上发言。

1.18 胡绳院长出席政协第八届全国委员会第23次主席会议。

1.19 龙永枢副院长出席共青团中国社会科学院第五次代表大会并讲话。

1.20 中纪委驻我院纪检组长李英唐和中纪委委员汪文风出席中纪委第五次全体会议。

院法学研究所研究员王家福被邀在中南海怀仁堂为江泽民、李鹏、刘华清等中央领导讲述有关社会主义市场经济法律制度建设问题。

1.23 胡绳院长出席《中国社会科学》编辑委员会成立大会。该委员会由胡绳任主任，汝信、赵振英任副主任。

滕藤副院长出席俄罗斯研究中心成立大会，并被推选为主任。

1.25 我院召开1995年度信息工作会议。汝信副院长出席会议并讲话。会议总结了过去一年的工作，表彰了优秀信息工作者和先进单位，提出了进一步搞好信息工作的措施。

1.26 胡绳、王忍之、汝信、滕藤、龙永枢、李英唐等院领导出席中国社会科学院1995年春节团拜会，与各所(局)的领导和从事科研、党、政、后勤工作的人员及离退休老干部代表欢聚一堂，共庆佳节。

1.29 胡绳、王忍之、汝信、滕藤、龙永枢、郭永才、李英唐、刘国光等院领导出席中共中央、国务院举办的春节团拜会。

1.30 我院召开党委会和院务会议，审议有关住房、医疗、设备及经费管理的改革措施和有关人事安排。

二　月

2.5 滕藤副院长与办公厅有关同志到陈翰笙先生家，祝贺他98岁华诞。

汝信副院长赴日本参加第二届亚洲学术会议——科学家论坛会，并在会上作了演讲。

2.6 胡绳院长召集陆学艺、张厚义、晓亮、刘文璞、戴园晨、陈东琪和科研局有关人员，座谈私营经济问题。胡绳指出，私营经济是个热点问题，也是理论上的难题。目前理论研究落后于实际。他要求我院学者应加紧研究，不能回避。

2.8 滕藤副院长主持召开学习江泽民总书记关于台湾问题讲话的座谈会。滕藤指出，江泽民总书记关于《为促进祖国统一大业的完成而继续奋斗》的重要讲话，精辟地阐述了邓小平关于"和平统一、一国两制"指导思想的主要精神实质。既体现了中国共产党和中国政府坚定的原则立场，又体现了要解决问题的诚意，应当引起海峡两岸所有中国人的关注。院党委办公室主任张显清、副主任孙叔林、外事局局长姜汉章及院专家学者20多人参加会议。

2.10 汝信副院长出席哲学研究所召开的《阳刚与阴柔——中国历史上的圣杯与剑》审稿研讨会并讲话。

2.11 王洛林副院长会见以金荣国理事长为团长的韩国现代中国研究会访华团一行。

2.13 龙永枢副院长主持召开院属各单位所(局)长、党委书记、纪委书记、监察小组长会议，汝信副院长在会上传达了全国宣传部长会议精神。

2.14 院人口研究所举办"中国12亿人口日"座谈会。王忍之、刘国光和国家计生委副主任杨魁孚等领导出席会议并讲话。

汝信副院长主持"世界文明"课题组会议并讲话。他说，我们设计的世界文明研究课题，是一项具有综合性、涉及多学科的大工程，它覆盖了从古到今、从东到西的世界文明的发生和发展。开展对世界文明的研究，将对人文学科的研究工作起到积极的推动作用。

2.15 中国社会科学院1995年度工作会议开幕。院领导胡绳、王忍之、汝信、滕藤、王洛林、龙永枢、李英唐，院属各所(社)长、中心主任、党委书记、公司负责人、院职能部门正副局长及中组部、中宣部、中科院、人事部代表共130多人参加会议。院长胡绳主持会议，党委书记、副院长王忍之代表院党委和院务会议作1995年度工作会议报告。

2.16 滕藤副院长主持我院台湾研究所与国家计委经济研究中心联合召开的"海峡两岸产业合作学术研讨会"开幕式。海峡两岸关系交流协会会长汪道涵致开幕词。

汝信副院长会见以金荣国理事长为团长的韩国现代中国研究会访华团。

2.17 中国社会科学院1995年度工作会议闭幕。院领导王忍之、汝信、滕藤、王洛林、刘吉、龙永枢、李英唐出席。汝信副院长主持会议，院党委书记、副院长王忍之作总结讲话。

胡绳院长出席全国政协主席会议。

2.21 滕藤副院长出席八届全国人大第十二次常委会。

2.24 汝信副院长赴武汉出席由我院哲学所、武汉大学、台湾孙文学术思想研究交流基金会、台湾师范大学三民主义研究所联合举办的“孙逸仙思想与伦理社会之重构”学术研讨会。

王洛林副院长出席“金融改革与发展”论坛第四次会议。

三　　月

3.8 胡绳院长会见美国驻华大使芮效俭先生，双方就中美关系、中国经济改革现状及前景、国际形势等感兴趣的问题交换了看法。

院党委书记、副院长王忍之会见加拿大新任驻华大使潘德夫妇及大使馆参赞王仁强夫妇，就中加两国经济及我院与加拿大方面的学术合作与交流进行了会谈。

3.9 院党委召开院属各单位党委(直属总支、支部)书记、党办主任会议，部署和讨论“1995年全院党的工作要点”和“关于在我院全体党员中开展建设有中国特色社会主义理论学习活动的安排意见”。龙永枢副书记主持会议并讲话。

3.10 院党委书记、副院长王忍之主持会议，听取我院史学代表团8月出访加拿大参加第18届国际历史科学代表大会及申办2000年的第19届国际历史科学代表大会的情况汇报。

3.11 王洛林副院长，世经政所所长谷源洋、副所长徐更生等人参加由温家宝同志在中南海主持召开的研究制定“九五”计划和2010年发展规划的专题调研工作会议。

3.15 院领导龙永枢、郭永才主持召开赴陕西丹凤县帮扶团成员座谈会。

3.16 我院召开纪检、监察、审计工作会议。院领导王忍之、滕藤、李英唐及院属各单位党委书记、纪委书记、纪检监察小组组长共90多人参加了会议。滕藤同志代表院党委讲话，李英唐同志作《反腐倡廉要在深入上下功夫》的报告。

3.18 院经济所召开庆祝经济学家顾准80诞辰纪念会。王洛林副院长出席会议并讲话，张劲夫、杜润生同志及顾准生前好友、亲属等70多人参加会议。

3.20 院党委书记、副院长王忍之主持召开院党委会、院务会议，讨论通过的事项有：(1)正式颁布实行《学科调整方案》；(2)确定语言所、社会学所、工经所、世界历史所、世经政所等五单位为“双向选择”工作试点；(3)以汝信(组长)、滕藤、王洛林、刘吉等院领导组成院实施学科调整方案和制定“九五”科研规划领导小组；(4)由龙永枢(组长)、郭永才、单天伦、张显清、何秉孟、姜汉章、朱锦昌等同志组成院跨世纪人才工程领导小组；(5)关于事业发展规划，由郭永才同志牵头和有关职能局的负责同志研究提出方案。

3.21 龙永枢副院长主持院办公会，讨论通过了《关于实施双向选择工作的暂行办法》、《富余人员分流及管理暂行办法》、《关于建立职工年度考核奖励制度的暂行办法》。

3.22 滕藤副院长出席由国务院外办主任刘华秋主持的“今后15年国际政治形势的走向”研讨会。

院党委书记王忍之主持召开院领导干部会议。汝信、刘吉、龙永枢等院领导出席了会议。汝信、龙永枢分别就《学科调整方案》、制定“九五”规划和“双向选择”试点工作等问题讲了话。各所所长、党委书记和院机关各局领导70多人到会。

3.23 滕藤副院长赴西班牙马德里参加“各国议会联盟第93届大会”。

3.25 郭永才秘书长赴陕西商洛了解我院扶贫小学和帮扶团到位等情况，同时带去了大棚蔬菜种植和黄牛养殖两个扶贫项目。

四　月

4.2 王洛林副院长主持经济学科片所长、党委书记会议。通报了当前国内经济形势，传达了近期中央有关文件精神，交流了各所科研工作及思想动态，并就“九五”期间经济学科片的课题规划进行了深入研讨。

4.3 汝信副院长会见韩国国际交流财团崔昌润一行，双方就两国文化交流等问题交换了意见。

龙永枢副院长及院人事教育局、部分所的领导，为我院赴河北香河锻炼干部送行。此次下基层锻炼干部共19人。

4.5 汝信副院长会见波兰驻华大使古拉尔赤克和参赞爱娃。大使转达了波兰科学院派团访问的愿望，并介绍了波兰科学院的近况和波兰目前经济、政治情况。汝信代表我院表示欢迎波兰科学院派团来访。

院党委书记、副院长王忍之主持召开“瞿秋白就义60周年纪念暨学术研讨会”筹委会预备会议。出席会议的有中共中央党史研究室副主任李传华、科研局长王朝美，中共中央文献研究室副主任金冲及、科研局副局长王玉璞，中共江苏省委宣传部副部长黄文虎及我院有关人员。另外还特邀了温济泽和郑惠两位专家出席会议。

4.6 “院跨世纪人才工程领导小组”举行第一次会议，副院长龙永枢在听取大家发言后，提出了实施“跨世纪人才工程”的目标、方向、任务、步骤及工作重点。

4.7 汝信副院长应韩国国际交流财团理事长崔昌润的邀请，参加“韩国现代美术展”开幕式。

4.10 院党委书记王忍之和副院长滕藤出席“苏南模式和江阴的实践——邓小平同志关于农业两个飞跃理论”研讨会开幕式并讲话。

汝信副院长参加国务院学位委员会第十三次会议，并当选为本届学位委员会副主任。

4.12 院党委书记、副院长王忍之主持召开院党委会、院务会议，审议研究员职称和我院关于禁止用公款“吃喝玩乐”的规定。

4.17 院党委召开学习《邓小平文选》经验交流会。院党委书记王忍之在会上讲话。院党委副书记滕藤主持会议并作总结讲话。院领导刘吉、中央国家机关党工委负责人、各所党委书记、党委宣传委员和党办主任及院直机关党委、各总支(支部)书记共100人到会。

4.18 汝信副院长赴大连参加“台、港、东北亚地区经济发展与经济合作研讨会”，并在会上发言。

王洛林副院长赴湖北襄樊参加我院办公厅和中国农业银行总行联合举办的“农村金融体制改革和农村发展”研讨会。

4.21 院党委书记、副院长王忍之率团赴荷兰、奥地利进行学术访问。

4.24 中央国家机关党工委通知，我院社会学所所长陆学艺被批准为全国先进工作者。

4.29 汝信副院长出席庆祝“五一”国际劳动节暨全国劳模和先进工作者表彰大会。

五　月

5.1 郭永才秘书长应天津社科院邀请，出席第43届世乒赛开幕式。

5.2 王洛林副院长参加由温家宝同志主持的会议，听取体改委关于以公有制为主体、多种经济成分共同发展专题调研的汇报。

5.3 王洛林副院长出席由数技经所和加拿大工商研究院联合召开的“人力资源开发与管理研讨班”开幕式。

5.4 汝信副院长应以色列驻华大使邀请出席以色列独立日招待会。

滕藤副院长出席东欧中亚研究所建所30周年暨“关于苏东剧变和转轨的思考”学术研讨会。

5.5 汝信副院长会见美国哈佛大学费正清东亚研究中心学者斯图尔特教授，双方就一些感兴趣的问题进行了交谈。

滕藤副院长出席全国人大常委会第13次会议。

5.8 汝信、滕藤副院长应独联体驻华大使邀请，出席大使馆举办的庆祝世界反法西斯战争胜利50周年招待会。

5.10 汝信副院长出席庆祝《胡志明主席与中国》画册出版发行仪式。

5.11 汝信副院长主持韩国国务总理李洪九在我院举行的演讲会。北京大学、中国人民大学、中央民族大学、中国国际问题研究会、中国现代国际关系研究会、中国国际战略学会、外交学会和我院有关单位的专家学者160人出席。

5.14 汝信副院长应以色列特拉维夫大学校长约拉姆·斯坦的邀请率团出访以色列。

5.15 院党委书记、副院长王忍之会见国际史学会主席巴克夫妇，就中国史学会申办2000年第19届国际历史科学代表大会事宜进行了交谈。

5.16 滕藤副院长参加国务院外办主任刘华秋主持召开的“美国国会问题”座谈会。

5.29 王洛林副院长会见加拿大工商研究院副院长白瑞德先生一行。

5.31 龙永枢副院长出席由国务院副秘书长刘奇葆主持的研究地方志指导小组的有关问题座谈会，财务基建计划局局长朱锦昌参加了会议。

六　月

6.5 王忍之、汝信、滕藤、王洛林、龙永枢、郭永才、李英唐等院领导参加由中组部、中直机关工委联合组织的中央机关和国家机关部级干部听党课活动。

6.9 滕藤副院长率团赴捷克、俄罗斯访问。

6.12 院党委书记王忍之出席由中共中央文献研究室等单位联合举办的“陈云同志生平和思想”研讨会。

王洛林副院长会见以竹内实为名誉团长的日本静冈综合研究机构访华团，双方就一些感兴趣的问题进行了友好交谈。

6.13 院长胡绳、院党委书记王忍之出席中共中央举行的《陈云文选》(1～3卷)、《陈云》画册出版发行暨纪念陈云同志诞辰90周年座谈会，胡绳院长在会上发言。

6.14 院党委书记王忍之主持院党委廉洁自律民主生活会。中纪委、中组部、中宣部、党工委等单位派人参加了会议。

副院长汝信、秘书长郭永才会见日本著名学者隅谷三喜男夫妇。

6.16 我院日本研究基金理事会和日本所联合主办“跨世纪：中国与日本——亚太地区经济和合作发展与中日关系”研讨会。日本研究基金会会长刘国光和日方团长隅谷三喜男教授先后在开幕式上致辞和讲话。

6.18 纪念瞿秋白就义60周年暨学术研讨会在京召开。中共中央政治局常委刘华清等领导和有关方面负责人及专家学者出席了开幕式。院党委书记、副院长王忍之主持会议，院长胡绳讲话。

6.22 院党委召开全院所局党委书记会议，就全院党员如何深入扎实地开展学习活动作进一步动员。院党委副书记龙永枢在会上讲话。

院语言研究所召开庆祝建所45周年大会，汝信副院长出席会议并讲话。

6.29 汝信副院长上午会见康宝大局长率领的韩国统一代表团，中午会见台湾淡江大学战略研究所研究员李子弋。

七　月

7.3 院党委书记、副院长王忍之会见加拿大皇家学会代表团，与加拿大皇家学会会长曼塞尔教授共同签署了《中国社会科学院与加拿大皇家学会学术交流协议》。

7.5 院党委书记、副院长王忍之出席由中国史学会举办的“纪念中国抗日战争暨反法西斯战争胜利50周年学术会议”开幕式。

7.12 我院研究生院召开95届博士生毕业典礼暨“金时光”奖学金、“青年社科人才”成果奖颁奖大会。副院长汝信、滕藤出席会议。

汝信副院长代表我院与波兰科学院副院长威查斯签署了两院1996～1998年科学合作计划。

7.17 院党委书记王忍之、副院长汝信在人民大会堂出席由我院举办的世界反法西斯战争胜利50周年座谈会。

龙永枢副院长出席由我院和中央电视台联合举办的领导者媒介形象座谈会。

7.18 汝信副院长出席全国青联八届一次会议和中华全国学生联合会第二十二次代表大会开幕式。我院有6人当选为新一届全国青联委员，其中李汉林、翁杰明被选为常委。

郭永才秘书长会见台湾“亚洲与世界社”主任魏萼教授，双方就继续召开第二次扶贫会议等事项进行了磋商。

7.21 院党委书记王忍之、副院长王洛林、秘书长郭永才、中纪委驻我院纪检组组长李英唐等领导到中南海怀仁堂，听中共中央政治局常委、书记处书记胡锦涛讲党课。

汝信副院长出席全国青联八届一次会议社会科学界分组座谈会。

龙永枢副院长参加院中国人文科学发展公司成立15周年大会，并在会上讲话。

7.24 院党委书记王忍之、副院长汝信、王洛林和刘国光、江流同志出席院学位委员会会议。会议讨论了我院今年增设5个博士点、1个硕士点的计划。

院行政后勤“九五”规划研讨会在天津蓟县召开。院属各单位办公室主任和有关单位负责人出席了会议。与会者共提交论文48篇。院领导龙永枢、郭永才在会上讲话。

7.25 汝信副院长出席“祝贺刘大年80华诞座谈会”，并在会上讲话。

汝信副院长会见联合国教科文组织《中亚文明史》编委会会议代表。

八　月

8.2 院党委书记、副院长王忍之赴大连考察国营大中型企业改革的情况。

8.8 滕藤副院长在学术报告厅主持美国国际经济研究所、亚太经济合作会议名人小组主席F. 伯格斯坦教授讲演会。我院世界经济与政治研究所、亚洲太平洋研究所、经济研究所和北京大学、中国人民大学等单位有关学者150余人参加了会议。

8.9 院党委召开纪念中国人民抗日战争胜利50周年老干部座谈会。院党委副书记、副院长滕藤、龙永枢和院秘书长郭永才、中纪委驻我院纪检组组长李英唐出席会议。

8.10 郭永才秘书长与科研局、人事局、党办、财务基建计划局和我院三个出版社的负责人讨论出版社的改制问题。

8.11 汝信副院长赴北戴河出席海峡两岸“传统社会与当代中国社会史”学术研讨会并在开幕式上致辞。

8.21 中纪委驻我院纪检组组长李英唐赴广东、广西参加中央督查组会议。

院党委书记、副院长王忍之赴加拿大出席第18届国际历史科学代表大会。

8.22 院党委副书记、副院长滕藤、龙永枢会见我院参加第四届世界妇女大会和非政府论坛组织的人员。

我院召开“中韩论坛第四次会议——抗战胜利50周年及中韩建交3周年纪念：环黄海地区国际合作与发展”学术讨论会。与会人员中韩各40人。

汝信副院长出席院社会学所主办的“私营企业主社会属性及新时期阶级阶层结构变化”学术研讨会。

8.23 院党委副书记滕藤和院特邀顾问刘国光出席全国人大第十五次常委会。

8.24 我院举行会议，隆重纪念现代杰出的哲学家、逻辑学家、一代宗师金岳霖诞生100周年。副院长汝信、刘吉等150多人出席了开幕式，胡绳院长书面为开幕式致辞。

8.29 汝信副院长召集哲学所、马列所、历史所、文学所、外国文学所和世界宗教所等单位负责人开会，传达中宣部领导的有关指示精神。

8.30 我院与中共中央党史研究室联合召开“纪念抗日战争胜利50周年”学术讨论会。副院长汝信、刘吉出席会议。

8.31　王洛林副院长赴青岛参加由国家经贸委举办的外商投资联系会。

九　月

9.1　滕藤副院长参加我院亚太经合组织(APEC)政策研究中心成立大会并讲话。

9.4　汝信副院长会见以德意志研究联合会主席弗吕瓦尔德教授为首的代表团。双方就合作协议的执行情况及改进建议等问题交换了意见。

9.8　汝信副院长会见古巴科学技术环境部副部长 Soledad Dtero 一行,宾主进行了亲切的交谈。

9.15　院党委书记、副院长王忍之主持院党委会、院务会议,讨论审定《研究所职代会条例》、“双向选择”试点工作情况的报告、《住房分配办法》和《住房分配办法实施细则》、《领导干部、科研人员宿舍公费安装电话和支付月租规定》等文件。

9.19　滕藤副院长出席院“海湾研究中心”成立大会并讲话。

刘吉副院长会见台湾中华宗教哲学研究所理事长、淡江大学教授李子弋先生。

院考古研究所举行夏鼐考古研究成果奖第二次颁奖活动,院党委书记、副院长王忍之向获奖者颁发了奖状和奖金。

9.20　王洛林副院长主持“环球市场与经济国际化”演讲会。葡萄牙前财政部长、葡萄牙天主教大学欧洲研究中心主任洛佩斯教授在会上讲话。

9.21　院欧洲所和德国阿登纳基金会联合举办“亚洲背景下的中德关系”研讨会。中德有关专家学者 25 人出席会议。

院拉美所与阿根廷驻华大使馆联合召开“中国与阿根廷双边关系”研讨会。副院长滕藤出席会议并讲话。

9.24　院领导王忍之、汝信、王洛林出席中共第十四届五中全会。

9.29　院党委召开会议,传达中共第十四届五中全会精神。院党委副书记龙永枢主持会议、副院长汝信传达会议文件。院机关正副局长、副局级调研员;各所党委正副书记、党员正副所长参加了会议。

十　月

10.4　院图书馆工作会议召开,龙永枢副院长在会上强调指出,科学、健全的人事管理制度是搞好我院图书馆工作的基本保证,要不断建立和完善各项规章制度,使图书馆工作逐步实现优质量化管理。

10.5　院经济学科片与国家统计局共同举办了 '95 中国经济形势分析预测报告会。王洛林副院长出席会议并讲话。

10.6　滕藤副院长赴澳门参加澳门大学成立 30 周年校庆并商谈我院研究生院与澳大合作有关事宜。

10.7　龙永枢副院长赴江阴市参加“乡镇企业走向国际市场”研讨会。

10.9　院党委书记、副院长王忍之出席“首届国土资源开发与保护理论研讨会”开幕式。

郭永才秘书长赴北戴河出席院各单位工会主席会议。

我院与美国凯特林基金会来访团就中美关系问题进行了双边对话。美方此次来访人员有美国前卫生、教育和福利部长马修斯和世界银行行长麦克纳马拉等。晚上,副院长王忍之、汝信在中山公园来今雨轩设宴款待美国客人。

10.14 “21世纪中日关系的展望及亚洲太平洋地区的发展国际研讨会”在京开幕。赵朴初、张香山、韩树英等领导应邀出席会议。汝信副院长出席会议并讲话。

10.16 滕藤副院长率团出席在印度新德里举行的“亚洲社科联大会”。滕藤副院长在会上被选为该组织1995年至1997年度主席。

10.17 院领导刘国光参加我院国情与研究中心经济委员会召开的中国南北私营企业家对话会。

院世界宗教所与日本《中外日报》社共同举办“中日第六次佛教学术研讨会”,汝信副院长出席会议。

10.18 汝信副院长会见来访的美国明尼苏达大学校长哈尔莫一行,并代表我院签署了《中国社会科学院和美国明尼苏达大学交流与合作协议》。

10.19 我院根据国务院领导有关指示召开国家粮食购销政策座谈会。院领导王忍之、王洛林主持会议,刘国光出席。应邀参加会议的有国内贸易部、国家计委、国务院政策研究室、中财办和《人民日报》、《光明日报》、《经济日报》等单位的有关领导同志。

院文学研究所举办《文学遗产》创刊40周年暨复刊15周年庆祝会。汝信副院长代表院领导到会表示祝贺。薄一波、卢嘉锡、布赫、胡绳、刘云山、汝信、刘吉等领导同志为刊物题写了贺词。

院文献信息中心举行仪式授予日本学者镰田茂雄先生荣誉教授称号。汝信副院长到会向镰田茂雄先生颁发证书并讲话。

10.22 王忍之、滕藤、龙永枢、李英唐等院领导赴河北西柏坡参加院各所、局党委书记思想政治工作研讨会,并分别作了重要讲话。院属各单位党委书记、各部门负责人参加了会议。

10.24 汝信副院长出席首都各界纪念台湾光复50周年大会,并作了题为“中国对台湾拥有无可争辩的主权”的发言。

汝信副院长出席首都纪念联合国成立50周年招待会。

10.26 刘吉副院长赴德国、法国进行学术访问。走访了法国人文科学中心、德国红堡大学,参观了马克思故居。

王洛林副院长出席在北京召开的由我院美国所、中国世界经济学会首倡,海南世界经济对华投资咨询公司与中国民族国际信托投资顾问公司共同承办的“非银行金融管理机构与经济发展”国际研讨会。

龙永枢副院长前往芬兰、瑞典进行为期15天的访问。

十 一 月

11.2 院经济研究所举办《经济研究》创刊40周年、《经济学动态》创刊35周年庆典暨全国市场经济理论研讨会。中共中央政治局委员、国务委员李铁映为大会题词:"解放思想,大胆探索,发展社会主义经济学"。王忍之、王洛林、刘国光、于光远、孙尚清、桂世镛、王梦奎等领导同志出席了会议。

11.3 院亚洲太平洋研究所与美对外关系委员会代表团在王府饭店举行"亚太发展及中美关系学术研讨会",我院滕藤副院长,美前国防部长布朗、前财政部长布卢门撒尔、前驻印度尼西亚大使沃尔福威茨和美对外关系委员会主席、前助理国务卿盖尔布等出席了会议。

11.8 汝信副院长赴韩国出席我院与韩国启明大学共同举办的第一次中韩国际学术研讨会。访问期间,汝信副院长接受了启明大学授予的名誉哲学博士学位。

11.13 滕藤副院长在徐州出席中国非洲问题研讨会第六届大会暨学会成立 15 周年纪念大会,并在会上结合目前国际形势的特点、国际问题研究的情况,对非洲问题的研究方向、任务以及学术队伍的建设等问题发表了意见。

王洛林副院长一行 3 人根据我院与日本学术振兴会签定的学术交流协议赴日访问。

11.16 汝信副院长赴深圳出席 1995 年深圳国际美学美育会议。

11.20 院党委副书记龙永枢出席中央国家机关第十次党的工作会议。

11.21 中国社会科学院'95 管理体制改革研讨会在学术报告厅召开。院研究单位、管理部门 70 余人参加会议,副院长龙永枢、秘书长郭永才出席会议并讲话。

院党委书记、副院长王忍之主持院党委会、院务会议,审议院职称评定改革意见和研究人事问题,同时,决定新闻所由哲学学科片划到政法社会学科片。

刘吉副院长应新加坡南洋理工大学邀请,参加新加坡卓越企业家颁奖大会,并在会上发表了"跨世纪企业的发展"的演讲。

11.23 院党委书记王忍之主持召开院党委民主生活会。中纪委、中组部、中宣部及院有关人员到会。

11.24 我院召开 1995 年度专业考核和职称评定工作会议,院领导汝信、龙永枢出席会议并讲话。

我院召开 1995 年度财务大检查动员会,郭永才秘书长作动员并通报了院 1994 年度财务大检查的有关情况。

11.25 世界经济与政治研究所第三世界研究中心与山东省潍坊市政府联合召开"农业产业化与合作制研讨会",滕藤副院长出席会议并讲话。

11.29 汝信副院长主持召开我院第二届青年优秀成果奖评选委员会终审评审会。共有 19 部专著、6 部译著、33 篇论文、7 篇研究报告、1 部普及读物分获一、二、三等奖。

十 二 月

12.7 中纪委驻院纪检组、院监察室召开各所局纪委书记、纪检监察小组长会议,学习江泽民总书记在党的十四届五中全会上的重要讲话;讨论修改我院《关于对处级以上党员领导干部加强党内监督的暂行规定》(征求意见稿)。院领导滕藤、李英唐在会上讲话。

12.11 汝信副院长应意中经济文化交流协会和特伦托大学的邀请,率团出席“匡卫国研讨会”,并在会上致词。在意期间,汝信副院长还就我院与意大利国家科学研究委员会1992年签定的合作协议执行情况和今后双方继续开展交流的可能性与意方进行了商谈。

12.13 我院邀请在我国进行国事访问的巴西总统费尔南多·恩里克·卡多佐来院发表重要演讲。王忍之副院长主持会议并致欢迎词。中央、国务院有关部委、高等院校和我院有关研究所的专家学者及一些外国驻华使馆的官员200多人出席演讲会。

12.16 龙永枢副院长出席院近代史研究所与香港新亚文化基金会有限公司联合举办的“香港史研讨会”,并在会上发言。

12.20 副院长汝信、刘吉出席国家教委举办的全国高校人文社会科学研究优秀成果颁奖大会。

12.21 汝信副院长出席国家教委举办的《中国传统道德》多卷本和简编本出版座谈会。

滕藤副院长出席由国务委员李铁映、宋健主持的“夏、商、周断代史研究”座谈会,并在会上发言。我院仇士华、李学勤等有关专家也参加了会议。会上宣布成立以国家科委副主任邓楠为组长,国家自然科学基金委员会副主任陈佳洱为副组长,国家教委副主任韦珏、中科院副院长路甬祥、社科院副院长滕藤、国家文物局局长张德勤、中国科协书记处书记刘恕为成员的“夏商周断代工程领导小组”;李铁映、宋健同志为特别顾问。任命李学勤、仇士华、李伯谦、席泽宗同志为首席科学家,李学勤同志兼任专家组组长。

副院长汝信、刘吉出席哲学所举行的建所40周年暨《哲学研究》创刊40周年庆祝大会并讲话。胡绳院长题词:“学而不思则罔,思而不学则殆。”钱学森同志发来了贺信。

12.22 我院举行第二届青年优秀成果颁奖仪式。院领导王忍之、汝信、龙永枢,全国青联副主席俞贵麟出席会议并向获奖的76位青年学者颁发了证书。王忍之代表院领导向获奖人员表示祝贺。

12.25 院机关党委召开表彰会,对在“创先争优”活动中评选出来的28名优秀党员和3个先进支部进行了表彰和奖励。院党委书记王忍之、副书记龙永枢向获奖单位和个人颁发了证书和奖状。